한국인의 평화사상 II

IPUS 평화인문학 총서 007 | 서울대학교 통일평화연구원

한국인의 평화사상 II

유영모에서 김대중까지

서보혁 · 이찬수 편

인간사랑

차례

2부 통일평화의 다른 한 길 · 179

간행사

21세기 한반도는 다양한 문제들과 역동적인 가능성이 공존하는 현장이다. 탈냉전과 세계화의 격랑 속에서 통일과 평화로 나아가지 못하고, 해묵은 불신과 대립이 반복되는 상황이 국내뿐 아니라 남북한과 동아시아에서 재연되고 있다. 이런 복합적인 역내 상황에 북한의 미래와 한반도 비핵화 및 평화체제 구축의 문제가 가로놓여 있다. 한반도의 분단과 정전체제가 세계 냉전구조와 관련이 있다면, 미래 통일과 평화는 한민족의 특수과제인 동시에 세계 보편사적인 의미를 함께 갖고 있다.

서울대학교 통일평화연구원은 이런 상황을 정확하게 분석하고 최선의 대안을 모색하기 위하여 2006년 설립되었다. 우리는 통일과 평화를 연구하고 교육하는데 국내적인 차원과 세계적인 차원을 함께 고려하고, 냉철한 분석과 지혜로운 대안을 제시하기 위하여 학제간 연구를 진행하고 있다. 2010년부터는 한국연구재단의 인문한국(HK) 사업의 일환으로 평화인

문학연구단을 구성하여 한반도 문제에 기초한 새로운 평화학 정립을 위해 노력하고 있고, 2014년부터는 서울대학교에서 통일과 평화에 관심을 갖고 있는 연구자와 연구기관들 간의 유기적 협력을 위한 네트워크를 구성해 운영하고 있다. 이에 기초하여 2015년부터는 연구 기반을 확충하는 통일기반 조성사업을 시작하였고, 2016년부터는 통일교육을 선도하는 대학으로서의 면모를 갖추어 나가고 있다.

평화인문학연구단은 '한반도발 평화학 정립'을 목표로 그동안 관련 기초조사와 연구체계를 구축해왔다. 평화인문학은 21세기 인류가 필요로 하는 평화의 총체성을 구현하기 위한 종합 지식체계로서 사회과학과 인문학, 자연과학과 예술까지 포함하는 융합학문이다. 물론 평화연구는 학술작업은 물론 평화교육, 평화문화, 평화운동과 손잡고 나아갈 때 본연의 목표를 풍부하게 실현할 수 있다. 평화인문학연구단은 반전평화, 녹색평화, 민주평화, 연대평화 등 평화학의 보편적인 연구 어젠다를 한반도에 적용하는 한편, 그것을 종합해 통일평화를 구현할 방안을 찾고 평화학의 지평을 확대하는데 기여하고자 한다. 그 과정에서 모아진 연구결과는 평화인문학 총서, 파라파첌 시리즈, 평화학 아카이브, 그리고 평화교실 등으로 간행되어 독자들과 만나고 있다.

금번에 IPUS(서울대학교 통일평화연구원) 평화인문학 총서 시리즈로 출간하는『한국인의 평화사상 Ⅰ·Ⅱ』는 그 의미가 크다. 한국 평화학을 정립하기 위한 자양분을 한국의 역사와 문화 속에서 만들어진 평화사상에서 찾는 일이 필수적인데 이 책이 그런 노력의 결실이다. 이 일에 참여한 모든 필진은 전공과 연구 분야가 다양함에도 불구하고 학제간 연구의 중요성을 공유하고 이 작업에 흔쾌히 참여해주셨다. 깊이 감사드리는 바이다. 또 초고를 갖고 가진 네 차례의 학술회의에서 유익한 토론을 해주신 각 분야의 선생님들, 연구원의 실무진들, 지난 2년 이상 이 연구·출판사업을 진행해 주신 서보혁, 이찬수 교수, 그리고 윤지은 연구원에게 특별히 고마움을 전하고 싶다. 참고로 이 책에 실린 글은 본 연구원이 발간하는『통일과평화』에 수록되어 있음을 알려드린다. 이 책이 독자들에게 오랜 굴곡의 역사 속에서 선각자들이 궁구해온 다양한 측면의 평화를 만나는 기쁨과 함께, 한국의 평화통일과 통일 이후 평화공동체를 구상하는데 적지 않은 교훈을 줄 것으로 확신해마지 않는다. 아울러 5천여 년의 역사에서 면면히 이어져온 한국인의 평화사상이 그 시대적 배경과 필요, 그리고 제약 속에서 다양한 색깔로 만들어져 왔고, 그런 가운데서도 공통된 보편 규범과 정향을 갖고 있음을 발견하게 될 것이다.

한반도의 평화는 이제 새로운 장을 열어가야 할 것이다. 전쟁 위기 이후 조성된 2018년 한반도에서의 평화만들기 노력이 자리잡기를 고대하는 마음 간절하다. 평화 위에 통일이 가능하고 평화와 함께 한반도 모든 구성원들의 인간다운 삶도 꿈꿀 수 있다. 서울대학교 통일평화연구원은 이 길을 닦아가는 사명을 묵묵히 수행해 갈 것이다. 통일과 평화의 상호조화가 어떻게 가능한지를 탐구하고 그 길을 겨레와 세계 앞에 내놓도록 더욱 정진해나갈 것이다.

2018년 11월

서울대학교 통일평화연구원 원장

HK평화인문학연구단 단장

임경훈

머리말

한국인의 평화 상상과 실천, 그 100년의 기록

이찬수

평화라는 말이 넘쳐난다. 한반도에서는 높았던 분단의 벽이 다소 낮아져가고, 한반도(사실상 북한의) 비핵화를 둘러싸고 북미 간에도 여러 모양으로 대화가 오가면서 평화가 아주 익숙한 일상어처럼 느껴지는 형국이다. 하지만 정작 평화라는 것이 무엇인지, 어떻게 평화를 이룰 수 있는지, 평화의 개념은 물론 실천의 방법론이 상이한 데서 오는 갈등도 여전하다. 평화를 구현하겠다는 남한과 북한의 입장이 다르고, 미국의 평화와 중국의 평화가 서로 부딪친다. 평화를 두고 저마다 이해관계에 얽히고, 평화라는 이름으로 사실상 국익을 앞세우다가 위기도 지속된다. 평화라는 이름으로 갈등하는 이 모순적 현실을 어떻게 이해하고 또 극복할 수 있을 것인가.

기본적으로 평화란 무엇인지, 어떤 평화가 우리의 오랜 정서와 부합하며, 오늘날 실천적 의미를 지니겠는지에 대한 공감대를 확보하고 확산시켜 나가야 할 때다. 온 세계의 더 많은 이들이 공감하는 평화 담론을 형성해 나가야 한다. 설령 전 세계까지는 가지 않더라도, 적어도 한국인은 그동안 평화를 어떻게 상상해왔고 기획했으며 또 실천해왔는지 알아보고, 더 많은 한국인이 공감할 수 있는 평화의 지평을 확보해야 한다. 이를 위한 의미 있는 방법 중의 하나가 한국 근현대사의 지도적 사상가들이 보이고 살아냈던 평화론을 되새기는 일이다.

서울대학교 통일평화연구원에서는 이러한 상황을 의식하고서 한국인은 오랫동안 평화를 어떻게 상상하고 실천해왔는지, 설령 '평화'라는 용어 자체는 근대에 형성되었다고 해도, 예전에는 어떤 언어로 평화에 대응하는 사유 체계를 형성해왔는지 알아보는 네 차례의 학술회의를 2년간에 걸쳐 열었다. 이 책은 그 결과물로서, 신라시대부터 조선시대 주요 사상가들의 평화론을 다룬 첫 번째 권에 이어, 지난 100여년 사이에 활동했던 근대 한국 사상가 및 실천가의 평화론을 다룬 두 번째 권이다.

제1권에서는 신라시대의 천재적 사상가인 최치원의 풍류사상과 한국 사상사에 두고두고 회자되는 원효의 화쟁 사상을 평화적 감각으로 해설하는 것부터 시작해, 조선 시대의 퇴계 이황, 율곡 이이, 정조 대왕, 다산 정약용과 조선말 동학운동의 지도자로 등장한 해월 최시형, 녹두장군 전봉준, 소태산 박중빈, 만해 한용운, 안중근 등을 다루었다.

제2권에 해당하는 이 책에서는 근대 이후 오늘에 이르기까지 여러 분야의 대표적 사상가, 문학자, 예술인에게 보이는 한국적 평화론을 모색하고 있다. 철학, 문학, 종교학, 역사학, 정치학, 음악학 등 다양한 분야에서 활동하는 연구자들이 이를 위해 발표자 및 필자의 대열에 합류했다. 이 책을 기획 편집한 두 사람은 몇 차례의 논의를 거쳐 현대 한국인 가운데 평화학적 함의가 크다고 여겨지는 시대의 스승 열한 분을 토론과 기록의 대상으로 모셨다. 개인의 철학이 분명하고 사회 참여적이면서 평화 관련한 적절한 업적을 남긴 선각자들이었다. 구체적으로는 다음과 같은 분들이었다.

교육자이자 심오한 영성가였던 유영모(1890~1981), 우리 사회의 생명운동가이자 동양적 사유를 체화시키며 살았던 장일순(1928~1994), 문필가이자 현실 참여적 민권운동가였던 함석헌(1901~1989), 종교 지도자면서 사회의 인간화에 힘을 쏟았던 김수환(1922~2009), 대한민국 임시정부의 지도자로서 독립운동을 주도해왔던 김구(1876~1949), 독립운동가이자 사회주의적 정치인이었던 조봉암(1898~1959), 평화 지향의 통일운동가이자 신학자이며 시인이었던 문익환(1918~1994), 남북을 오가며 통일을 염원했던 세계적 작곡가 윤이상(1917~1995), 지성적 언론인이자 비판적 사회개혁자였던 리영희(1929~2010), 전쟁의 참상을 평화문학으로 승화시켰던 소설가 박완서(1931~2011), 한국 최초의 노벨평화상 수상자였던 정치인 김대중(1924~2009). 이 열한 분의 생각 및 사상을 평화론적 시각에서 정리했다.

이 책의 필자들과 그 필자들이 다루는 인물들의 면면이 다양했기에, 산만하게 흩어지지 않고 단행본으로서의 일관성을 갖도록 하기 위해 모든 글마다 다루는 인물의 시대적 배경과 개인사에 대한 이해를 포함시키고, 해당 인물이 추구한 평화의 내용을 오늘의 언어로 번역 및 해설하였으며, 이들이 추구했던 평화 실천의 길들을 알아보는 내용을 포함시켰다. 그리고 오늘 한국사회에 주는 함의도 알아보았다. 그랬더니 연구 대상이 되는 선각자들이 활동하던 시대와 장소가 다양했음에도 불구하고, 그리고 때로는 필자에 따라 문체가 다양하고 난이도상 차이가 있기도 하지만, 비교적 일관성이 있는 한 권의 단행본으로 탄생되었다. 게다가 그동안 한국학계에 전에 없던 책이 만들어졌다는 점에서 기획자로서는 감회가 남다르다.

오늘날 평화 연구는 어느 특정 분야에 있는 일부 전문가의 전유물이 아니다. 학제적 혹은 융복합적 연구를 통해서만 실질적인 개관이 가능한 학문이다. 기본적으로 평화가 무엇인지 그 개념과 사상을 정리해야 하고, 정치사회적 정책의 차원과 경제적 구조도 살펴야 하며, 정치인의 입장과 철학자의 입장, 시대를 거슬러 올라가면 왕의 입장과 민의 입장 등 다양한 내용을 고려하고 소화해야 한다. 그리고 저마다 처한 자리에서 평화를 어떻게 실천해왔는지 그 구체적 사례들을 종합적으로 파악해야 한다. 무엇보다 폭력으로 인한 상처를 어루만지고 아픔이 더 큰 사회적 약자의 편을 더 들어야 하는 참여 학문이다. 이 책이 제목 그대로 한국인의 평화 '사상'에 중점을 두고 있지만, 그 사상 속에서 생생한 정치사회적 맥락이 읽히고, 평화를 이루고자 했던 선구자들의 피와 땀이 느껴지며, 평화야말로 인류가 성취해야 할 최후의 과제라는 사실이 실감나게 와 닿는다.

평화 연구는 온 세계가 폭력을 지속적으로 축소해가고 우리의 삶터가 인간의 얼굴을 한 따뜻한 사회가 될 수 있기를 염원하는 과정적이면서도 목적 지향적 작업이다. 이 책은 이러한 융복합적 평화 연구의 성격을 잘 보여주는 작품이다. 특정한 입장만으로는 다 파악할 수 없는 우리 시대 선구적 사상가이자 실천가들의 치열한 삶을 인문학자와 사회과학자들이 두루 탐색한 결과물이라는 점에서 그렇다. 무엇보다 폭력이 구조화된 사회에서 어쩔 수 없이 당하는 아픔을 어루만지고 이를 넘어 평화를 향해 나아가려는 선구적 스승들의 열정이 고스란히 녹아들어있기 때문이다. 지난 2년 이상의 작업을 마무리하면서 이러한 평화를 만들고 지키고 쌓아가는 일이 오늘 우리의 필연적인 과제라는 사실이 분명하게 다가온다. 물론 이 책에 실린 내용이 한국인의 평화사상 전부는 아니다. 사실 이 작업에 포함시키려 했지만 진행 과정에서 아쉽게 빠진 사례들도 있다. 향후 새로운 기회를 만들 것을 기약하며 독자 여러분들의 질정과 제언을 기다린다.

1부 생명공동체의 비전과 실천

1장

유영모의 평화사상 :

국가주의적 폭력의 해체와 민주 평화사상의 확립

Ⅰ. 시대배경과 유영모 평화사상의 특징

1. 유영모의 시대배경과 사상적 특징

다석 유영모(1890~1981)는 국가주의적 전쟁과 폭력의 시대를 살았다. 그는 평생 동안 동학농민전쟁, 청일전쟁, 러일전쟁, 일제의 식민통치, 1~2

차 세계대전, 남북분단과 전쟁, 5·18 민중항쟁을 거치면서 국가주의의 폭력을 경험하였다. 그는 일제의 식민통치에서 일본군국주의의 야만과 폭력을 보았고 1~2차 세계대전에서 세계의 국가주의적 광기와 혼란을 느꼈고 남북분단과 전쟁에서 국가주의적 폭력의 잔혹과 파괴를 겪었다. 전쟁과 폭력의 역사 속에서 그는 기독교신앙, 과학적 진리정신, 민주정신을 바탕으로 국가주의적 폭력을 극복하고 민주 평화의 정신과 사상을 확립하는 데 힘썼다.

그는 나라가 주권을 잃었던 1905년에 기독교신앙을 받아들이고 서구정신과 문화를 익혔으며 경신학교에서 기독교사상과 과학을 배웠다. 1910~1912년에 오산중학교에서 과학교사로 근무했다. 오산중학교는 안창호가 조직한 신민회의 강령과 목적에 따라 이승훈이 세운 학교로서 민주정신, 민족정신, 진리정신이 사무친 학교였다. 안창호와 이승훈은 민을 나라의 주인과 주체로 깨워 일으켜 나라를 되찾고 바로 세우기 위해서 교육독립운동을 일으켰다. 민을 나라의 주인과 주체로 받들어 섬기면서 깨워 일으키려 했던 교육독립운동은 삼일독립운동으로 이어졌다. 이승훈은 삼일운동을 이끌었으며 함석헌은 삼일운동에 참여했다가 오산중학교에서 배우고 가르친 후 민주화운동에 헌신하였다. 삼일운동 직후에 오산중학교에서 유영모와 함석헌은 교장과 학생으로 만나서 사제관계를 맺었다. 70대 초반에 유영모는 이승훈과 함석헌이라는 두 벽 사이에서 살았다고 고백하였다.[1] 이러한 그의 고백은 그의 삶과 정신이 한국근현대사의 큰 흐름

1 "서(西)에 함옹이 있으면 동(東)에 남강선생이 있어 커다란 벽 둘레 안에 내가 있다고 믿었다오." 유영모, "제자 함석헌을 말한다," 『올다이제스트』 (1964년 12월

속에서 형성되고 발전된 것임을 말해준다. 그는 신민회, 오산학교 삼일독립운동을 움직인 민주정신에 사무쳐서 살았으며, 안창호, 이승훈, 함석헌으로 이어지는 한국현대의 정신사적 흐름 속에서 민주정신과 평화사상을 형성했다.

그는 1912년에 일본 도쿄에 유학하여 물리학교를 마치고 대학입학 자격을 받은 후 깊은 고민 끝에 대학공부를 포기하고 농사지으며 살기 위해 귀국했다. 당시 일본제국시대의 대학 이념은 부국강병과 입신양명을 고취하는 것이었다. 그는 조선왕조가 남에게 일시키고 놀고먹으며 족보 자랑하는 양반도덕으로 망했다고 보았다. "지식을 취하려 대학에 가는 것은 편해보자, 대우받자 하는 생각에서입니다. 이것은 양반사상, 관존민비 사상입니다." 그는 "이마에 땀 흘리며 사는 농부"를 이상으로 알았다. 이마에 땀 흘려 일해서 먹고 남는 것을 가지고 어려운 이웃을 사랑으로 돕고 사는 것이 진리의 삶이라고 생각했다.[2] 지배와 수탈을 통해 부국강병을 추구한 국가주의의 폭력에 맞서 그는 일하며 섬기는 평화의 삶을 추구했다. 그는 아무에게도 잔심부름을 시키지 않았고 자신의 짐은 자기가 지려고 했다. 가난하고 힘없는 민중과 더불어 살려고 했던 그는 이렇게 말했다. "나는 지금 노동자 복장을 하고 밖에 나가라면 나가겠지만 부자(富者)의 차림을 하고는 못 나가겠습니다."[3] 그는 철저하게 민중의 한 사람으로서 민중과 더

호); 김흥호 편, 『多夕日誌 (上)』 (영인본, 1982), p. 688. 이승훈과 함석헌이 다석의 벽이라고 한 것은 이들이 다석의 정신세계를 지켜주고 다석이 의지하는 존재였음을 밝힌 것이다.

2 박영호, 『진리의 사람 다석 유영모 (上)』 (서울: 두레, 2001), p. 204.

3 박영호, 『진리의 사람 다석 유영모 (下)』 (서울: 두레, 2001), pp. 227~228 참조.

불어 살려고 하였다. 권력과 부를 위해서 위로 올라가는 대신 참되고 풍성한 삶을 위해서 역사와 사회의 바닥으로 내려간 유영모는 자신의 삶과 정신 속에서 민중에 대한 국가주의적 지배와 폭력을 해체하고 민중과의 화해와 평화에 이르렀다.

2. 국가주의적 평화에서 민주적 평화로

부국강병을 추구한 제국들이 전쟁에서 승리하여 이룩한 평화는 전쟁 없는 상태를 가져왔지만 이는 지배와 정복, 억압과 수탈의 폭력을 내포한 평화였다. 로마제국이 전쟁에서 승리하여 이룩한 '로마의 평화'는 전쟁이 그쳤다는 점에서 의미가 있다. 그러나 그것은 억압과 수탈과 소외 속에서 살았던 민중에게는 참된 삶의 평화가 될 수 없었다. 그것은 전쟁에서 승리한 정복자들의 평화일 뿐 역사와 사회의 바닥에서 고통당하는 대다수 민중의 평화가 아니었다. 나라를 잃고 헤매며 강대한 제국들의 종살이를 했던 히브리인들에게 평화 '샬롬'(Shalom)은 단순히 전쟁이 없는 상태가 아니라 삶의 '조화, 충만, 완전, 번영, 복지, 평안'을 의미했다. 그것은 사랑과 정의로 충만한 삶의 기쁨과 실현이었다.

민중에게 참된 평화는 삶의 충만한 실현과 완성이다. 다석의 제자로서 평화운동에 앞장섰던 함석헌은 평화를 삶의 역동적 실현으로 보았다. 함석헌은 평화를 폭력의 구조적 현실 속에서 그 폭력의 구조를 깨트리고 일어나는 생명운동으로 파악하였다. 함석헌에 따르면 평화는 "씨ᄋᆞᆯ(grassroots)이 자유로운 정신활동을 할 수 있는 것"이다. 평화의 평(平)이란 글자는 땅을 뚫고 하늘로 솟아오르는 모습을 나타낸다. 평화의 평(平)이란 글자는 "막힌 기운을 활짝 열어 젖혀서 쑥쑥 발산되도록 하는 뜻"을 가진 것이며 "단순히 기계적 물리적 정지상태라기 보다는 갇히고 눌리는 기운을 헤쳐서 자유롭게 발산시킨 때에 오는 시원한 정신상태를 표시하는 것"이다. 따라서 평화는 "격동 속에서 자기를 잃지 않는 것", "속 정신이 활발하게 피어오르는 것"이다.[4]

사회역사적 폭력의 구조를 깨트리고 민중의 삶을 실현하고 펼치는 것으로 평화를 이해하는 함석헌의 평화이해는 민중의 삶 속에서 국가주의적 폭력을 극복하고 민주적 평화를 실현하려고 했던 다석의 평화이해와 일치한다. 그리고 유영모와 함석헌의 이런 평화이해는 저명한 평화학자 요한 갈퉁(Johan Galtung)의 평화이해보다 더 적극적이고 역동적이다. 갈퉁은 구조적 폭력이 없는 상태를 평화라고 하였다.[5] 구조적 폭력은 기아, 빈곤, 의료시설부족, 인종차별, 무질서, 환경오염, 여성차별, 종교갈등을 포함한다. 이것을 적극적으로 표현하면 평화는 생명과 정의의 충만한 실현(샬롬)이라고 할 수 있다. 갈퉁의 평화이해가 폭력적인 사회 구조를 관찰하고 분석하는 학자의 객관적 관점을 반영한다면, 유영모와 함석헌의 평화이해는 민중의 삶 속에서 민중의 한 사람으로서 폭력을 극복하고 평화를 실현해가는 주체적이고 실천적인 관점을 반영한다.

---

4 함석헌, "세계구원과 양심의 자유," 『함석헌전집』 9권 (서울: 한길사, 1983), p. 293.

5 Johan Galtung, "Violence, Peace and Peace Research," In Mattew Evangelista, ed., *Peace Studies: Critical Concepts in Political Science,* Vol.1. (New York: Routledge, 2005), p. 27; Johan Galtung, *Peace by peaceful Means. Peace and Conflict, Development and Civilization* (London: Sage Publication, 1966), 2ff.

유영모가 살았던 한국현대사는 봉건왕조의 신분적 체제에서 벗어나 민의 주체를 확립하는 과정이었으며 국가주의적 폭력에 맞서 민의 주체적 삶을 실현해가는 과정이었고 국가 민족의 지역적 문화적 제약에서 벗어나 동서정신문화가 합류하여 세계 보편적 시민정신을 확립해가는 과정이었다. 그의 평화사상은 낡은 봉건적 신분질서와 사상에서 벗어나 자유롭고 과학적인 주체적 정신을 확립하는 해방의 사상이고 국가주의적 폭력에 맞서 민의 자유롭고 충만한 삶을 실현해가는 정의로운 삶의 사상이고 민족국가의 지역적 문화적 한계(편견)를 넘어서 소통과 일치를 추구하며 세계 보편적인 사상과 정신을 확립하는 대종합의 사상이었다.[6]

II. 평화사상의 내용

국가주의 폭력을 극복하고 민중의 삶 속에서 평화를 실현하려고 했던 유영모의 평화사상은 민의 평화사상이고 삶의 평화사상이었다. 삶의 평화가 이루어지려면 삶의 주체인 맘의 평화가 먼저 이루어져야 했다. 맘의 평화를 이루려면 맘의 핵심이고 주체인 정신(생각)의 평화가 이루어져야 했다. 또 정신의 평화를 이루려면 정신의 근원과 목적인 하늘(神)의 평화에 이르러야 했다. 따라서 그는 민, 삶, 맘, 정신, 하늘의 평화를 추구했다. 그

6 동서사상을 회통하는 유영모의 민주평화철학에 대해서는 박재순, 『다석 유영모–동서사상을 아우른 생명철학자』 (서울: 홍성사, 2017) 참조.

의 평화사상을 민의 평화, 삶의 평화, 맘의 평화, 정신의 평화, 하늘의 평화로 나누어 설명하려고 한다.

1. 민의 평화: 서로 주체의 확립과 평화

다석이 추구한 민의 평화는 국가주의적 평화와 대립된 개념이다. 국가주의는 민을 국가의 구성요소와 기능으로 보고 국가의 권력과 이념을 민보다 우위에 둔다. 민은 국가의 이념과 목적을 위해 동원되고 사용할 수 있는 자원과 힘에 지나지 않는다. 민은 제국의 이념과 목적을 실현하기 위한 전쟁에 동원되는 군인이거나 국가의 산업생산력을 증대시키기 위한 노동력이며 인적 자원이다. 그러나 민주 국가에서 민은 국가의 주권자로서 국가의 주인과 주체이며 존재 이유와 목적이다. 민이 국가의 실체일 뿐 아니라 중심과 목적이다. 민은 국가의 구성원으로서 국가 자체일 뿐 아니라 국가권력의 원천이다. 민은 국가권력보다 우위에 있다. 철저한 민주주의자였던 유영모에게는 민이 곧 나라였다. 민 한 사람 한 사람의 '나'와 나라를 직결시켰다.[7] 그는 민의 한 사람, 한 사람의 '나'가 주체로서 자기선언을 한 것이 나라라고 하였다. '나'가 '나!라'고 한 것이 '나라'라는 것이다.[8] 민과 국가를 직결시킴으로써 민에 대한 국가의 지배와 폭력은 해체된다.

---

7 유영모, "긋 끝 나 말씀," 『多夕日誌 (上)』, p. 736.

8 유영모, "'나! 라'며 나아온 '나'와 '나!라'며 나아온 '남'이 서로 엇 바뀔 때 마다 '나는 나라!'고(1963.7.26.)," 『多夕日誌 (中)』, pp. 475~476.

민을 국가의 실체와 주체로 보는 다석의 평화사상은 민을 국가의 구성요소와 기능, 힘과 자원으로 보는 국가주의적 평화사상과 대립된다. 부국강병을 위해 국민을 동원하고 희생시키는 국가주의 권력은 민의 평화를 해친다. 국가가 생겨난 고대 국가사회 이래 근현대에 이르기까지 민은 국가권력의 통치대상으로 여겨져 왔다. 민을 국가의 통치(정치)의 주체로 보는 관점은 근현대에 비로소 생겨난 것이다. 이성적 통치를 말한 플라톤에게서도 민은 언제나 통치의 대상에 지나지 않았다. 민본사상과 역성혁명을 말한 맹자의 경우에도 민은 통치의 대상일 뿐 통치에 참여하는 주체가 되지 못했다. 근현대에 이르러서도 부국강병을 내세운 국가주의적 관점을 가진 사람들에게 민은 국가의 구성요소와 자원으로서 통치의 대상이었다.

국가주의적 폭력을 해체하고 민의 평화를 이룩하려면 민을 국가의 주체로 확립하는 사상과 철학이 요구된다. 역사와 사회를 형성하고 이끌어가는 '주체'는 근현대의 개념이다. 동서양 어디에도 역사와 사회의 주체를 나타내는 개념은 없었다. '主體'(주체)란 말은 정치, 사회, 교육, 종교, 철학이란 말과 마찬가지로 19세기 후반에 일본에서 만들어진 것이다. 서양에서 주체를 나타내는 'subject'는 고대와 중세의 용어다. '아래 던져진, 아래 놓인'의 뜻을 가진 'subject'는 지배 권력과 체제에 예속된 신민(臣民)을 가리키는 말이다. 한국에도 동양에도 주체를 의미하는 말은 없었다.

한국에서 민의 주체를 확립해간 사상가는 안창호, 유영모, 함석헌이다. 안창호, 유영모, 함석헌처럼 '나'란 말을 주체의 의미로 강조하고 앞세우고 중심에 놓은 사상가는 없다. 특히 유영모는 '몸나', '맘나', 역사와 사회의 주체로서의 '제나', 얼과 혼의 주체로서의 '얼나'를 말했고 '나'가 끊임없이 탈바꿈하고 새롭게 태어나고 창조되어야 할 것으로 보았다.[9] 그리고 '나'가 타자에 대하여 무한히 열린 개념으로서 '우리'와 일치하고 통하는 것으로 보았으며 내가 참된 나가 될 때 '나라'가 이루어진다고 보았다.

유영모는 민의 평화를 위해서 민을 국가의 주체로 확립했을 뿐 아니라 민의 존엄과 가치를 밝혔다. 민을 나라의 중심과 꼭대기로 볼 때 국가주의적 폭력을 해체하고 민의 평화에 이를 수 있다. 그는 식량을 생산하는 농부와 집을 짓고 옷감을 짜고 상품을 만들어내는 노동자가 국가를 먹이고 돌보는 부모라고 하였다. 통치자인 왕과 관료는 부모이고 민은 자녀라고 본 전통 유교의 관점을 뒤집어서 유영모는 민이 나라의 부모라고 하였다. "(지극정성으로 섬기는) 우리나라 농부는 우리의 어머니시다. 어머니가 밥을 지어주듯이 농부는 농사를 지어준다. 마음을 다해서 농사를 짓는 이는 우리의 어머니다. 땀 흘려 김매는 농부는 어버이의 상(像)과 같다."[10] 민을 나라의 부모로 보는 관점을 그는 『대학(大學)』의 '친민(親民)'을 '씨알 어뵘'(민을 어버이 뵈옵듯 함)으로 풀이함으로써 표현하였다. 다석이 민을 국가의 부모로 이해한 것은 국가권력과 민 사이의 적대와 대립을 극복하고 화해와 일치에 이른 것이다. 민을 국가의 부모로 이해할 때 민에 대한 국가권력의 폭력적 억압과 지배는 해소되고 국가권력은 민을 섬기고 받들고 돌보는 도구적 기능과 기관으로 전환될 수 있다.

지배와 정복을 추구하는 국가권력을 장악한 지배 권력층의 관점에서

9 박영호 엮음, 『多夕 柳永模 어록』 (서울: 두레, 2002), p. 108.
10 박영호 엮음, 『죽음에 생명을 절망에 희망을: 씨알의 메아리』 (서울: 홍익재, 1993), p. 180.

보면 민은 국가권력체제의 바닥에서 힘들고 성가신 일을 해야 하는 하찮은 존재들이다. 부국강병을 추구하는 지배 엘리트의 관점에서 보면 민은 가난하고 무지하고 어리석고 무능한 존재들이다. 유영모는 이러한 지배 엘리트의 관점을 철저하게 뒤집는다. 다석은 땀 흘려 일하는 농부의 햇볕에 그은 얼굴에서 노자가 말하는 진인(眞人)의 경지인 화광동진(和光同塵)을 보았다.[11] 노자(老子) 도덕경(道德經) 4장에 나오는 "화기광 동기진(和其光同其塵)"(빛을 부드럽게 하여 티끌과 같아짐)은 이상적인 진인(眞人)의 모습을 나타낸다. 가난하고 힘없고 어리석고 못나 보이는 농부의 검은 얼굴에서 인간의 가장 고귀한 모습을 봄으로써 다석은 국가주의적 권력의 폭력적 지배를 해체하고 민에게 최고의 존엄과 가치를 부여하고 민을 국가의 중심과 정점에 둔다.

민에 대한 국가권력의 폭력적 지배를 해체하고 민을 국가의 중심과 절정에 놓음으로써 유영모는 국가 사회 안에서 가해자와 피해자의 화해와 일치에 이르고 민의 평화를 이룬다. 민은 역사와 국가사회의 무거운 짐을 진 희생자들이다. 민은 역사와 사회의 무거운 짐을 지고 고난을 당하지만 합당한 대가를 얻지 못할 뿐 아니라 정당한 평가를 받지 못하고 업신여김을 당하고 소외된다. 동서고금을 막론하고 역사와 사회의 무거운 짐을 지고 역사와 사회를 지탱해 온 민은 억압과 수탈과 소외의 대상이었고 무능하고 게으르고 부도덕한 존재로 규정되었다. 유영모는 역사와 사회의 무거운 짐을 지고 고난을 당하는 민에 대한 지배 엘리트의 오만한 관점을 철저하게 뒤집었다. 그에 따르면 역사와 사회의 무거운 짐을 지고 있는 민중이

11 박영호, 『진리의 사람 다석 유영모 (上)』, p. 42.

역사와 사회의 구원자다. 그는 역사와 사회의 무거운 짐을 지고 역사와 사회를 지탱해온 민을 인류의 구원자 예수와 일치시켰다. 고난 받는 민중은 "우리 대신에 고생하는 사람들"이다. "우리들의 더러움을 대신 지는 어머니, 농민, 노동자는 모두 우리를 대신해서 짐을 지는 예수"[12]다.

가난한 민중은 우리를 대신해서 역사와 사회(국가)의 무거운 짐을 지고 고생하는 이들이다. 이들이 사회를 구원하는 희생양이요 이들의 삶이 세상을 구하는 희생제사이다. 가난한 민중이 '고난의 종' 메시아다. "종교가 양반이 되면 자기도 모르게 남을 짓밟는 종교가 되지 않겠나? 자본주의나 유물사상이 모두 양반종교 아니겠나? … 세상에 예수처럼 내가 십자가를 지겠다는 놈은 하나도 없고 남에게 십자가를 지우겠다는 놈만 가득 찼다."[13] 서로 남에게 십자가를 지우려다 보니 세상이 혼란스럽고 흉악해진다. 서로 남의 짐을 지려 할 때 정의롭고 평화로운 밝은 세상이 온다. 우리가 편안하고 안락하게 살기 위해서는 민중이 사회의 무거운 짐을 대신 지고 고난과 시련을 겪어야 한다. 우리의 죄와 허물 때문에 우리 사회와 역사의 죄와 병을 치유하기 위해서 민중이 고난을 겪으며 신음하는 것이다. 불의와 전쟁에서 벗어나 정의와 평화에 이르는 지름길은 어디 있을까? 정치인들의 정책이나 지식인들의 주장에서 그 지름길을 찾기는 어려울 것이다. 전쟁으로 고통 받는 민중의 실상을 보고 고난 받는 민중의 신음소리와 절규를 듣는 데서 그 지름길을 발견할 수 있을 것이다.

---

12 유영모, "짐짐," 『多夕日誌 (上)』, p. 792.

13 유영모, "짐짐," 『多夕日誌 (上)』, pp. 791~792; 유영모, 『다석강의』 (서울: 현암사, 2006), p. 564.

국가권력의 희생자와 피해자인 민을 끝까지 주체로 보는 유영모의 사상은 국가권력의 희생자를 타자로 본 에마뉘엘 레비나스(Emmanuel Lévinas)와 구별된다. 레비나스는 '존재 저편의 선'이라는 플라톤의 정식을 지표로 삼아서 타자와의 관계에서 자기 초월의 윤리를 제시한다. 그에게 자아는 무의식의 잠에서 깨어난 의식으로서 자기의 존재에 묶여 있는 관념적 주체다. 인간의 이러한 주체는 타자를 만남으로써 자기를 초월하여 윤리적 관계를 맺게 된다. 그가 존재의 세계를 넘어선 형이상학적 이데아의 세계를 지표로서 끌어들였지만 자기 존재에 사로잡힌 인간의 자아를 자기의 존재에서 해방하기 위해서 끌어들인 것은 유대(히브리)적 '절대 타자의 초월적 하나님'이다. 그는 시공간적인 사회적 관계 속에서 타자와의 만남을 통해서 자아의 윤리적 초월을 추구한다.[14] 그에 따르면 타자의 얼굴은 신을 드러낸다. "타인은 저 높은 것(hauteur)의 현시이며, 이 현시 속에서 신은 나타난다."[15] 레비나스가 존재의 동일성과 전체성을 부정하고 타자의 초월성과 절대성을 강조한 것은 타자의 주체성과 존엄을 지키기 위한 것이지만 이러한 타자 중심의 레비나스 철학은 공동체적 협동과 사귐에 이를 수 없다. 나의 이웃인 타자가 무한히 초월적이고 이질적인 존재로 남아 있는 한 '나'와 가까이 사귈 수도 없고 서로 협동할 수 없기 때문이다.[16] 타자 중

---

14 에마뉘엘 레비나스, 서동욱 역, 『존재에서 존재자로』 (서울: 민음사, 2009) pp. 7~8, 148, 160~163, 215 이하 참조.

15 E. Levinas, *Totalité et Infiniti,* (la Haye: Maritinus Nijhoff, 1961), p. 51. (서동욱, "옮긴이 해제," 에마뉘엘 레비나스, 『존재에서 존재자로』, pp. 216~217 재인용.)

16 레비나스에 따르면 주체로서의 자아와 타자의 "비대칭성, 불균등성이 인간들 사이의 진정한 평등을 이룰 수 있는 기초이고, 이런 의미의 평등만이 약자를 착취하는 강자의 법을 폐기할 수 있다." E. Levinas, *Totalité et Infini*, p. 190 참조. 레비나

심의 레비나스철학이 지닌 이런 한계는 민의 역사적 주체를 몰랐던 고대 세계의 플라톤철학과 히브리신론에서 비롯된 것이다. 플라톤은 구체적 인간의 역사 사회적 존재를 부정하고 초월하는 이성적 이념(이데아)을 앞세워 민에 대한 이성의 지배와 통치를 주장했다. 제국주의적 폭력 앞에 무력했던 히브리인들은 무력한 자신들을 구원할 절대적 초월적 타자로서의 하나님을 믿고 기다렸다. 인간의 역사적 존재와 주체를 부정하는 이런 고대의 철학과 사상을 비판하지 않고 받아들이면 서로 주체로서 민의 정의와 평화에 이를 수 없다.

타자와의 만남에서 자기 존재로부터의 초월을 추구한 레비나스와는 달리 유영모는 자기 존재의 속에서 자기부정과 초월을 통해서 자기 존재를 새롭게 변화시키고 서로 주체의 관계 속에서 타자와의 화해와 해방에 이른다.[17] 주체에 대한 이런 근본적인 차이는 제국주의적 폭력에 대한 경험적 차이에서 비롯된 것이다. 레비나스는 독일의 제국주의적 폭력을 무력하게 개인으로 체험했다. 일본 제국주의적 폭력에 맞서 민족을 주체로 깨워 일으키는 안창호·이승훈의 민족독립교육운동에 참여했던 유영모는 근현대의 한국 민중과 함께 자기 자신의 삶과 정신 속에서 그리고 역사와 사회 속에서 국가주의적 폭력을 주체적이고 능동적으로 극복하였다. 삼일혁명

스는 주체를 두 가지로 규정한다. 첫째 세계를 향유하고 즐기는 주체다. 이것은 거주와 노동을 통해 세계를 소유하고 지배함으로써 자신을 무한히 확장하려는 욕망을 보여준다. 둘째 내가 어떤 수단을 통해서도 지배할 수 없는 타자를 영접하고 대접할 때 진정한 의미의 주체성이 성립된다. 강영안, “해설: 레비나스의 철학,” 에마뉘엘 레비나스, 강영안 역, 『시간과 타자』 (서울: 문예출판사, 2012), pp. 149~150.

17 유영모, “매임과 모음이 아니!” 『多夕日誌 (上)』, pp. 742~743.

과 촛불혁명에서 보듯이 민은 자기의 존재와 삶뿐 아니라 역사와 사회를 변화시킬 수 있는 주체다.

민을 생명과 역사의 창조자적 주체로 파악한 유영모는 인식주체뿐 아니라 인식대상의 인식론적 존재론적 깊이와 존엄을 강조한다. 그는 인간과 생명체뿐 아니라 만물, 물체까지도 이성적 인식의 대상으로만 보지 않고 한없는 깊이와 값, 의미와 연관을 지닌 주체로 이해했다.[18] 인식주체와 인식대상을 서로 주체로 보는 다석의 인식론과 존재론은 물체뿐 아니라 일, 기관, 조직, 단체까지도 존재의 깊이와 역사를 가진 주체로 보게 함으로써 나와 상대, 주체와 대상을 본성과 이치에 따라 서로 실현하고 완성해가는 평화통일의 길을 열 수 있다.

2. 삶의 평화: 알맞게 사는 중용의 평화

1) 국가주의 폭력과 생명의 대립

생명은 스스로 하는 자발적 주체를 가진 것이며 전체가 유기적으로 통합된 것이다. 자발적 주체로서의 '나'는 내적으로 통일된 하나의 초점을 가진 것이고 생명의 유기체적 전체성은 전체가 하나로 통합된 것이다. 이러한 생의 원리와 본질은 근본적으로 자유롭고 평화로운 것이며 지배와 정복을 추구하는 국가주의의 조직 및 이념과 상충된다. 스스로 하는 주체와 전체의 통일인 민의 삶을 자원과 병력으로 보고 동원하고 통치하는 국가

---

18 유영모, 『다석강의』, pp. 237, 250.

는 반드시 민의 삶을 억압하고 파괴한다. 민의 삶을 억압하고 파괴하는 국가주의적 국가는 필연적으로 전체가 아니라 부분을 대변하는 조직이며, 합법적 폭력(물리적 강제력)에 의해 민의 자발적 주체성을 억압한다.

욕망, 감정, 이성을 인간 존재의 구성요소와 기능으로 파악한 플라톤과 달리 유영모는 인간의 존재를 이루는 몸, 맘, 얼을 생의 서로 다른 차원을 지닌 주체와 전체로 파악하였다. 몸과 맘과 얼이 서로 다른 주체와 전체로서 저마다 그리고 함께 실현되고 완성됨으로써 인간 안에서 내적 통일과 평화에 이른다고 본 것이다. 인간 존재의 내적 통일과 평화의 원리를 유영모는 '몸성히, 맘놓아, 얼(뜻)태워'로 제시하였다.[19] '몸성히'는 몸을 온전하고 건강하게 지키는 것이다. 몸성히는 몸을 주체와 전체로 몸의 본성과 이치에 따라 실현하는 것이다. 몸이 성하면 맘이 편안하고 놓이게 된다. 그러나 몸이 성한 것이 맘이 놓이는 필요조건은 되지만 충분조건은 아니다. 몸이 성하고도 맘이 편하지 않은 경우도 있고 몸이 성하지 않아도 맘이 평안하고 놓이는 경우도 있다. 그러나 대체로 몸이 성할 때 맘이 놓인다. 맘이 놓인다는 말은 맘이 자유롭고 편안하다는 말이다. 맘이 놓인다는 것은 맘이 욕망과 감정에 휘둘리지 않고 걸림이나 막힘이 없이 자유롭고 온전하다는 것이다. '맘 놓아'는 맘의 주체와 전체를 실현하고 완성하는 원리를 나타낸다. '얼 태워'는 인간의 가장 내면적인 주체인 얼과 뜻을 불태워서 자기부정과 초월을 통해서 솟아올라 나아간다는 말이다. 얼과 뜻을 불태워서 솟아올라 나아감으로써 인간의 생명과 정신은 고양되고 정화되며 진화하고 전진한다.[20]

19 유영모, 『다석강의』, pp. 223~224.

몸의 욕망과 맘의 감정과 지성, 얼의 영성이 저마다 주체와 전체로 존중되고 실현되며 전체가 하나로 통합될 때 평화가 온다. 몸이 성하고 맘이 놓이고 얼과 뜻을 불태움으로써 생명과 정신은 새로워지고 승화되며 역사와 사회는 고양되고 진화, 진보한다. 유영모에게 삶의 평화는 관념적이고 정태적인 것이 아니라 역동적이고 개혁적이며 자기부정과 초월을 통해 변화와 고양을 이루는 것이다.[21] 몸과 맘과 얼이 새롭게 변화되고 고양되고 자기를 부정하고 초월하여 새롭게 태어날 때 몸, 맘, 얼의 통일과 평화에 이른다. 몸, 맘, 얼의 통일과 평화에 이를 때 인간의 삶은 이웃(타자, 적대자)과 함께 정의와 평화에 이르는 길에 들어설 수 있다. 몸이 성하고 맘이 놓여서 얼과 뜻이 솟아올라 나아가면 민은 서로 주체가 되어 함께 나라의 주인이 되어 올라가고 나아감으로써 나라를 바로 세우고 높여서 정의와 평화 속에서 나라의 통일을 이룰 수 있다.

2) 몸, 맘, 얼에 알맞은 중용(中庸)의 평화로운 삶

유영모는 '알마지'(알맞음)를 적절함과 적합함을 나타내는 말로 썼을 뿐 아니라 사물과 생명의 알맹이, 본질에 맞음을 나타내는 말로 썼다. 더 나아가서 체험적으로 깨달은 '앎'에 맞음이란 의미에서 알마지를 철학을 대

---

20 박재순, 『다석 유영모의 철학과 사상』 (서울: 한울, 2013), pp. 71~72, 82~85.

21 유교에서는 하늘로부터 타고난 본성을 지키려하고 서양의 근현대 자연주의철학에서는 자연적으로 주어진 인간의 본성을 그대로 존중하고 받아들이려 하지만 생명진화와 역사 속에서 인간의 본성을 이해한 유영모는 인간의 본성을 끊임없이 새롭게 생성변화하고 고양되는 것으로 본다. 더 나아가서 그는 생각함으로써 생의 주체인 '나'를 창조하고 낳는다고 하였다. 유영모, "정(2)," 『多夕日誌 (上)』, p. 740.

신하는 말로 쓰기도 했다.[22] 유영모는 몸, 맘, 얼에 알맞은 평화로운 삶을 추구하였다. 물질적 부와 권력, 지배와 정복을 추구하는 국가주의 조직과 이념은 생의 본성과 원리에 충실한 삶을 살지 못하게 한다. 생의 본성과 원리는 스스로 하는 주체의 자발성, 유기체적 전체의 통일성, 주체와 전체를 일치시키는 진화(진보)다. 건강하고 평화롭게 살려면 생의 본성과 원리에 충실하게 살아야 하고 생의 본성과 원리에 충실하게 살려면 몸이 성하고 맘이 놓이고 뜻을 불태우며 살아야 한다. 그리고 몸성히 맘놓아 뜻태워 살려면 몸, 맘, 얼에 알맞게 살아야 한다. 인간 생명의 구성요소이며 주체인 몸, 맘, 얼은 수 십 억 년 생명진화와 수 백 만 년 인류역사를 통해 형성된 것이면서 스스로 자신을 형성해온 것이다. 자신의 피조물이면서 창조자인 몸, 맘, 얼은 깊고 미묘하고 복잡한 것이면서 전체가 하나로 통합되고 통일된 것이다. 몸, 맘, 얼은 서로 다른 존재의 차원들을 가진 것이다. 몸은 물질·신체적인 생명의 차원을 가지고, 맘은 욕망과 감정과 의식을 지니고, 얼은 뜻과 혼을 지닌 것이다. 서로 차원이 다르고 갈등과 대립 속에서 상충하면서도 서로 주체로서 일치하고 통일되어 있다는 점에서 인간의 몸, 맘, 얼은 그 자체가 평화와 통일의 놀라운 상징이자 실재이다.

몸, 맘, 얼은 저마다 속에 생명진화와 인류역사의 오랜 과정을 거치면서 축적되고 체득한 큰 힘과 지혜를 지니고 있다. 평화롭고 통일된 건강한 삶을 살려면 몸, 맘, 얼에 축석되고 체현된 힘과 시혜를 잘 살려내서 써야 한다. 그러기 위해서는 몸, 맘, 얼에 알맞게 먹고 자고 움직이고 말하고 행동

22 박영호, 『진리의 사람 다석 유영모 (下)』, pp. 179~180; 유영모, 『다석강의』, pp. 132~133.

해야 한다. 나의 몸, 맘, 얼에 알맞게 행동한다는 것은 내가 내게 알맞게 행동하는 것이다. 내가 내게 알맞게 하려면 내가 먼저 알맞게 되어야 나에게 알맞게 행동할 수 있다. 유영모는 알맞게 사는 삶을 먹는 일에서 시작한다. 그에 따르면 몸은 과식에서 탈이 난다. 너무 적게 먹어도 몸은 탈이 나지만 너무 많이 먹어도 탈이 난다. 몸이 필요한 만큼 알맞게 먹으면 몸은 건강하고 평안하게 살 수 있다. 더 나아가서 금식을 함으로써 물질적 음식에 대한 의존과 집착, 물질적 욕망의 지배에서 벗어날 때 몸과 맘속에 깊이 잠겨 있는 생명의 힘과 지혜가 살아나서 삶의 평화와 통일에 이를 수 있다.

사람은 생존의 필요와 몸의 요구를 넘어서 너무 많은 생명을 잡아먹는다. 욕심으로 먹기 때문에 과식하고 과식하기 때문에 많은 생명을 죽이고 자신의 생명도 병들어 죽어간다. 다석에 따르면 우주자연세계도 인간도 지나치게 많이 먹으면 '속 허물'(병)이 생긴다. 우주의 빈탕(허공)에 몬(물질)이 지나치게 가득차면 '속 허물'이 생기고 사람의 몸도 지나치게 많이 먹으면 '속 허물'이 생긴다. 그리고 이 '속 허물'에서 '속 쓰림'이 나온다. 다석은 우주자연세계도 큰 쓰림이 있고 한숨이 있다고 하였다. 그리하여 다석은 우주도 사람도 탈이 나면 먹기를 끊고 몸과 마음을 곧게 해야 낫는다고 보았다. "큰 빈탕에도 큰 쓰림이 있느니라. 이것이 한늘[우주]의 한숨이다. 한늘이나 사람이나 탈은 고디[貞]를 직혀야만 곧힌다. 속이 쓰린 것이 낫도록 먹기를 끊는 것이 고디다."[23] 과식하는 것은 물질의 유혹에 매이고 굴복한 것이며 물질과 물질의 유혹에 매이고 굴복하는 것은 생명의 주체적 자유와 전체적 통일을 잃은 것이다. 금식을 하면 맘과 정신의 주체가 곧고

23 유영모, "1955년 11월 1일 일지," 『多夕日誌 (上)』, p. 76.

자유로워지며 주체가 곧고 자유로워질 때 생명 전체가 통일과 평화에 이른다.

유영모는 굶을 때 생명 자체의 평화와 통일에 이를 뿐 아니라 '나'의 생명과 우주만물 사이에 평화와 통일이 이루어짐을 시사한다. 1957년 2월 2일의 일지에 그는 이렇게 썼다. "120시간 숨만 쉬고 설교하니 입술이 마른다. 물을 먹고 자고 일어난 오늘은 퍽 피곤이 풀린다. 바람이 양식이요 물이 양식인 것을 깨닫는다. 날알이 양식이거니 못하고, 고기 약재(藥材)를 생각하는 것은 숨결과 물이 밑바탕 됨을 잊어버린 것이다." 1960년 3월 11일에 금식한 후 느낌을 쓴 일지에서 이렇게 말했다. "2~3일만 안 먹고 안 마시고 보면 살에 닿는 바람이나 낯에 닿는 물이 마치 목구멍으로 넘어가는 물과 같이 시원하다… 저(自己)가 받을 수 있게 되는 터(환경)라고 느끼는 것은 모두(빛, 소리, 냄새, 맛, 맨치[만짐], 올[이치]) 먹이(食物)가 되는 생리(生理)가 있는 것 같다." 다석은 모든 신체감각과 앎까지도 생명을 살리는 먹이가 될 수 있다고 느꼈다. 오늘 먹은 날알의 힘으로 사는 이는 쉽게 지치고 병들게 되지만 몸과 마음속에 숨겨진 힘으로 사는 이는 지치지 않고 생기 넘치게 살 수 있다. 삶의 깊이에서 오는 힘과 지혜가 충만한 평화를 가져온다.

3. 맘의 평화: 가온찌기와 중도의 평화

부국강병을 추구하는 국가주의 폭력은 인간의 생명과 정신을 물질적인 부와 권력에 대한 욕망과 집착으로 끌어내리기 때문에 생명과 정신, 욕망과 감정을 오염시키고 타락하게 만든다. 부국강병을 추구하는 국가주의 폭력은 물질적인 부와 권력에 대한 욕망과 국가에 대한 충성심과 애국심에 근거한다. 부와 권력을 향한 욕망과 경쟁심, 국가와 집단에 대한 충성스러운 애국심이 지배하는 사회에서 민의 평화로운 삶은 실현될 수 없다. 욕망과 경쟁, 충성과 애국심이 지배하면 인간의 맘은 안정되고 평안할 수 없다. 일제 식민통치와 남북분단과 전쟁 그리고 군사독재를 거치면서 국가주의적 욕망과 경쟁, 충성과 애국심이 지배해온 한국사회에서 사회구성원들이 서로 온갖 특권을 휘두르고 부당행위를 하면서 가해자와 피해자가 되는 것은 당연하다. 국가주의적 욕망과 경쟁, 충성과 애국이 지배하는 사회는 결코 평화로운 삶을 살 수 없다.

국가주의적 폭력과 결합된 욕망과 애국심을 해체하려면 욕망과 감정을 정화하고 승화하는 맘의 자유와 평화에 이르러야 한다. 살아 있는 인간의 몸과 맘에서 욕망과 감정 자체를 제거하거나 부정하고 억압하는 것은 정당하지도 않고 성공할 수도 없다. 국가주의가 조장하는 욕망과 감정은 생명과 정신의 자연스러운 욕망과 감정이 아니라 인간의 생명과 정신을 해치고 파괴하는 지나친 욕망과 감정이다. 국가주의가 조장하고 강요하는 이런 욕망과 감정은 나라의 주인과 주체인 민을 나라의 종(도구)으로 만들고 서로 해치는 가해자와 그 가해자의 피해자로 만든다. 국가주의가 조장하는 욕망과 감정은 민의 자유로운 주체를 억압하고 약화시키며 국가의 전체적 통일을 깨트린다. 국가주의가 조장하는 욕망과 감정은 인간의 생명과 정신을 오도하는 잘못된 의식과 관념을 낳고 잘못된 의식과 관념은 온갖 편견과 왜곡된 생각과 주장으로 이어진다.

스스로 자유롭게 욕구하고 느끼고 생각하고 판단하는 자유민주주의를 가로막는 이런 그릇되고 지나친 욕망과 감정, 왜곡된 의식과 관념에서 벗어나서 맘의 자유와 평화에 이르기 위해서 유영모는 '가온찍기'를 말했다. 가온찍기는 국가주의 폭력의 토대가 되는 그릇된 욕망과 감정, 왜곡된 의식과 관념을 깨트리고 허물어서 참된 생명과 순수한 정신에 이르는 것이다.[24] 그릇된 욕망과 감정, 왜곡된 의식과 관념이 가득할 때 맘의 가운데는 은폐되고 사라진다. 맘의 가운데(中心)를 잃을 때 자유로운 주체도 사라지고 전체를 통일적으로 볼 수 있는 자리도 없어진다. 맘의 중심은 자아의 인격적 주체가 서는 자리이며 국가 전체를 보고 느끼고 드러낼 수 있는 자리다. 또한 맘의 중심은 과거와 현재와 미래를 하나로 관통하는 때의 중심이며 새로운 미래를 창조하고 열 수 있는 자리다. 유영모가 맘의 가운데를 찍는다고 했을 때 그것은 맘과 관련된 모든 것의 중심을 찍는 것이고 그 중심을 찍음으로써 새로운 존재의 차원을 여는 것이고 그와 함께 새로운 창조적 미래를 시작하는 것이다. 그것은 생의 참된 주체와 전체에 이르는 것이며 생의 참된 주체와 전체에 이름으로써 민의 주체와 전체가 일치하는 민주적이고 평화롭고 통일된 나라를 여는 것이다.

가온찍기는 평화와 통일의 새로운 중심에 이르러 가운데 길(中道)을 여는 것이다. 유영모는 '우리 아는 예수'라는 시에서 "예수는 믿은 이 높·낮, 잘·못, 살·죽 가온대로 솟아오를 길 있음 믿은 이"[25]라고 노래했다. 형식논리와 이해관계의 평면적 지평에서 남보다 높은 자리에 서려하고 남보다 잘하려 하고 남을 희생시키고 죽이면서까지 살려고 하면 전쟁과 갈등은 피

24 유영모, "긋 끝 나 말씀," 『多夕日誌 (上)』, p. 734.
25 유영모, "우리 아는 예수," 『多夕日誌 (上)』, p. 921.

할 수 없다. 적대적 관계 속에 있는 인간들과 집단들이 평화세계로 들어가려면 높고 낮고, 잘하고 못하고 살고 죽는 비교와 경쟁, 갈등과 대립의 한가운데로 솟아오를 길을 찾아야 한다. 우리는 전쟁과 폭력을 낳는 욕망의 소용돌이 속에서, 전쟁과 폭력이 지배하는 현실의 논리를 넘어서 그리고 국가주의가 만들어낸 폭력적 위계질서를 깨트리고 정의와 평화에 이르는 '가운데 길'을 찾아가야 한다. 그 가운데 길은 막힌 현실의 벽을 뚫고 그 벽을 넘어서 새로운 현실을 여는 길이다.

다석은 가운데 길을 가는 기쁨과 신명을 노래로 표현했다. 다석은 '이 세상 중도(中道)를 사는 노래'(노래 누리긴)에서 하루를 가온찍기로 살면 늘 법도에 어긋나지 않고, "오늘 하루가 자기의 날이고 영원을 사는 날"이라고 했다. 불평불만 없이 기쁘게 사는 삶이 "늘늘늘늘 늘느리야" 노랫가락이 터져 나온다고 했다. 다가 올 "하늘나라를 위하여 "오늘 우리가 "새것, 옳은 것을 힘껏 하여… 햇것, 올것이 밝아지는 하루"가 되어야 한다.[26] 늘늘이야 생명의 춤을 추면서 평화와 통일의 새로운 미래를 열어간다는 것이다.

유영모가 가온찍기를 통해서 열어놓은 중도(中道)는 양 극단을 평균적으로 절충하고 타협한 중도가 아니다. 그것은 삶의 깊이와 높이에서 새로운 존재의 차원을 열고 새로운 미래를 여는 창조와 혁신의 중도다. 그것은 국가주의적 폭력이 맞서 있는 대립과 갈등, 적대와 충돌의 꽉 막힌 상황에서 솟아올라 평화와 통일의 미래를 열 수 있는 깊고 높고 창조적인 길이다. 그러한 창조적인 중도를 역사와 사회의 현실 속에서 열기 위해서 먼저 몸,

---

26 김흥호, 『다석일지공부』 제6권 (서울: 솔출판사, 2001), p. 57.

맘, 얼의 실현과 통일이 이루어지는 자리를 열어야 한다. 가온찍기는 맘속에 하늘을 열어서 물질과 생명과 정신의 실현과 통일이 이루어져 평화로 나아가는 중도의 길을 여는 것이다.

4. 정신의 평화: 종교철학의 회통과 평화

맘을 움직이는 것은 정신이다. 그리고 정신은 생각과 뜻, 사상과 이념으로 움직인다. 맘의 평화를 이루려면 정신의 평화에 이르러야 하고 정신의 평화에 이르려면 민의 주체와 국가의 평화를 실현하는 사상과 이념을 확립해야 한다. 특히 국가주의 폭력을 극복하고 평화와 통일의 국가사회를 이루려면 국가주의 사상과 이념을 비판 극복하고 민주정신과 민주국가의 사상과 철학을 확립해야 한다. 국가주의 폭력(지배)을 지탱하는 마지막 근거는 그것을 정당화하는 사상과 이념의 체계, 국가주의 이념이다. 흔히 국가주의 이념은 그 지역의 인종, 민족, 종교, 문화의 전통과 감정, 사고방식과 사상과 결합되어 있다. 그 지역의 종교, 문화, 역사, 민족과 결합됨으로써 국가주의 이념은 더욱 강화된다. 국가주의 폭력을 극복하려면 국가주의이념을 비판하는 것만으로는 부족하다. 국가주의 이념을 조장하고 강화하는 지역의 종교, 문화 사상의 역사적 지역적 한계와 문제를 비판하고 극복하여 세계시민적 보편 정신과 사상에 이르러야 한다. 국가주의 이념과 결합된 그 지역의 전통적인 종교 문화 사상은 한계와 제약을 가지면서도 지역과 전통을 넘어서는 보편적 의미와 진리를 내포하고 있다. 지역의 종교 문화적 사상과 정신을 비판하면서도 그 사상과 정신 속에 내포된 보편적 의미와 진리를 살려낼 수 있어야 한다.

한국의 근현대는 민의 주체적 자각(민주화)이 이루어지고 동서의 정신문화가 합류하는 시대였다. 시대정신에 충실했던 유영모는 철저한 민주정신에 비추어 국가주의 이념을 해체하고 동서의 전통 종교문화 사상을 비판적으로 재해석함으로써 동서의 사상과 철학을 회통하고 민주적, 과학적, 세계시민적 사상과 철학을 확립했다. 동서 사상을 회통하는 유영모의 민주 평화사상은 국가주의 이념을 해체한 것이면서 동서의 낡은 정신과 사상을 비판하고 극복한 것이다. 그의 평화사상을 이해하기 위해서는 먼저 국가주의 이념을 따져보아야 한다. '국가주의'는 말 그대로 국가를 최고의 가치와 목적으로 삼는 이념이다. 국가주의는 민 사람을 국가의 부분이나 인적 자원으로 여기고 민을 국가의 이념과 목적에 따라 동원하고 소모하는 것이다. 국가가 민 위에 있고 민은 국가에 예속된다. 국가와 국가권력을 신성화, 절대화한다. 또한 부국강병을 추구하는 국가주의는 물질적 부와 군사력에 의존한다. 물질적 부와 권력을 추구하고 그것들에 의존하면서 민의 삶과 정신을 지배하고 동원한다는 점에서 국가주의는 반민주적일 뿐 아니라 물질적 부와 힘을 숭상하는 우상숭배다. 인간이 만든 국가와 국가권력을 신성화, 절대화하는 것은 창조자인 인간이 피조물인 국가와 국가권력에 굴복하고 숭배하는 것이다. 이것은 우상숭배일 뿐 아니라 인간의 자기 모독이다. 국가의 물질적 부와 권력을 위해 인간의 생명과 정신을 희생하는 국가주의는 물질에서 생명, 감정과 의식을 거쳐 이성과 얼로 진화향상해온 생명진화와 인류역사의 근본적인 흐름과 방향을 거스르는 것이다.

민이 곧 나라이며 천자(天子), 최고 통치권자라고 봄으로써 유영모는 국가주의 이념과 사상을 근본적으로 뒤집고 해체했다. 그는 민을 나라의 어버이라고 함으로써 민을 국가의 자원이나 동원 대상으로 보는 국가주의 이념을 부정했다. 부국강병을 추구하며 물질적 힘과 부를 위해 인간을 동원하고 부리는 것은 반민주적일 뿐 아니라 인간의 생명과 정신을 훼손하고 모독하는 것이다. 민을 곧 나라라고 보고 나라의 어버이와 주권자(최고 통수권자)로 보는 민주적 국가에서는 민이 국가의 주인과 주체이며 국가는 민을 지키고 보호하고 받드는 기관이고 기구다. 민, 사람은 국가의 존재 이유이고 목적이다. 민이 국가보다 위에 있다. 민의 창의적 자유와 사귐을 위해 국가는 존재한다. 민의 생명과 자유, 뜻과 사귐, 정신의 고양과 향상을 위해 국가는 존재하고 움직인다. 국가는 민을 위한 도구적이고 수단적인 기관이다.

국가와 국가권력을 신성화, 절대화하는 국가주의 이념은 비민주적 비과학적인 낡은 인간관과 세계관에 근거를 둔 것이다. 유영모는 국가주의 이념의 토대가 되는 반민주적이고 비과학적이며 지역주의적인 낡은 사상과 정신을 비판하고 창조적으로 재해석하였다. 그는 동양의 주역, 음양오행, 풍수지리, 운수론 등 비과학적, 운명론적 사상들을 비판했다. 이런 사상들은 인간의 생명과 정신에 대한 물질적 요소들과 힘들의 지배와 결정을 의미하는 것이라고 보았다. 그는 더 나아가서 무위자연, 무아, 천인합일처럼 보편적 전체에 개인을 귀속시키는 유불도의 전통사상을 비판하고 넘어서려고 하였다. 과학적으로 탐구하고 인식하는 개인의 인식론적 주체와 도덕적으로 판단하고 행동하는 개인의 윤리적 주체를 확립하기 위해서 정약용도 개인을 보편적 전체에 예속시키는 성리학(천인합일), 불교(무아사상), 도교(무위자연)를 비판하였다.[27] 유영모는 생각하는 개인의 창조적 주체를 강조함으로써 개인의 주체와 국가(세계)의 통일적 전체와의 일치를 추구했다. 그는 무극(無極)과 천상(天上)을 생각하지 않고 상대세계의 음양오행에 매달린 것이 동양사상의 치명적 결함이라고 하였다. "동양에서는 음양오행을 찾다가 멸망한 것이다… 유교가 발전하지 못한 것은 우주의 근원인 무극(無極)을 잊어버리고 천상(天上)을 생각하지 않았기 때문이다."[28] 유영모는 무극(無極)과 천상(天上)을 하나님으로 이해했고, 하나님을 인간의 참된 나와 전체의 통일로 보았다. 주체인 '나'이면서 전체 '하나'인 절대자는 인간의 '나'를 참된 '나'가 되게 하고 '전체 하나'로 이끈다. 인간이 절대자인 신(하나님)과 만날 때 인간의 주체는 확립되고 강화된다. "내 정신과 신이 통할 때 눈에 정기가 있고 말에 힘이 있다."[29] 그는 주역은 "내 생명을 내가 산다."는 것이라고 함으로써 주역을 결정론이나 운명론에서 벗어나 주체적이고 적극적으로 이해했다.[30]

유영모는 신화와 교리에 매인 기독교의 맹목적 신앙을 비판하였다. 그는 예수 그리스도를 신앙의 대상으로만 보지 않고 예수의 삶과 정신을 이어서 사는 것이 중요하다고 보았다.[31] 동양의 신비적 운명론과 마찬가지로 신화와 교리에 매인 기독교의 반지성적 신앙은 쉽게 국가주의 이념과 결합

---

27 마테오 리치, 송영배 외 역, 『천주실의』 (서울: 서울대학교 출판부, 2003), pp. 73~74, 103, 192, 200, 221, 348; 윤사순, 『韓國儒學思想論』 (서울: 열음사, 1986), p. 138; 김영일, 『丁若鏞의 上帝思想』 (서울: 경인문화사, 2003), pp. 83, 87, 96~97; 丁若鏞, 『與猶堂全書』 (서울: 影印刊, 1982), II, 36/24a.

28 박영호 풀이, 『다석 유영모 명상록』 (서울: 두레, 2001), p. 330.

29 유영모, "밀알(2)," 『多夕日誌(上)』, p. 821.

30 유영모, 『다석강의』, p. 425.

31 유영모, 『다석강의』, pp. 178, 183, 902~903.

된다. 그는 서양의 이성철학을 받아들여서 '생각'을 삶과 정신의 중심에 놓았다. 그에게 생각은 사변적이고 관념적인 사유가 아니라 생명의 자각이고 삶의 근본행위다. 더 나아가서 생각이 나를 낳는다고 함으로써 생각하는 이성을 최고로 강조하였다.[32] 생명의 자각과 근본행위로서 생각은 역사와 사회의 현실에서 단절된 사변(思辨)이 아니라 민의 자아를 혁신하고 역사와 사회를 새롭게 변혁하고 창조할 수 있는 현실적인 정신이다. 그래서 그의 제자 함석헌은 "생각하는 백성이라야 산다."고 말할 수 있었다. 민은 스스로 생각해야 살 수 있고 나라를 바로 세울 수 있다. 개인의 주체를 약화시키는 동양의 운명론적 사상과 보편주의적 사상을 넘어서고 서양의 신화적 교리적 기독교 신앙과 사변적 이성철학을 비판한 유영모는 동서의 정신과 사상을 창조적으로 새롭게 해석함으로써 동서의 정신문화를 회통하고 융합하는 민주적이고 세계시민적인 철학을 형성하였다. 전통적인 종교문화와 사상을 비판적으로 그리고 창조적으로 재해석함으로써 유영모는 국가주의 이념을 극복하고 세계인류가 국가와 민족과 종교문화의 경계와 장벽을 넘어서 평화와 통일의 세계로 나아갈 수 있는 길을 열었다.

인간의 정신을 움직이는 것은 사상과 이념이다. 사상과 이념이 민주적이고 과학적이고 세계 보편적으로 바르게 확립될 때 국가주의 폭력에서 벗어나 정신의 자유와 평화에 이를 수 있다. 국가주의 이념과 폭력에서 벗어나려면 국가와 세계의 평화와 통일을 위한 철학적 윤리적 기초를 확립해야 한다. 국가주의적 폭력을 극복하고 국가와 세계의 평화와 통일에 이르는 철학적 윤리적 기초는 사변적 지성에 의해서 인위적으로 만들어낼

32 박재순, 『다석 유영모의 철학과 사상』 (서울: 한울, 2013), pp. 81~82, 84.

수 없다. 그것은 삶과 역사의 깊이에서 체험적 깨달음과 실천을 통해서 닦여져 나와야 한다. 다석은 자신의 삶과 정신 속에서 민주정신, 과학정신, 세계보편정신을 체화함으로써 그리고 동서양의 종교와 철학을 비판하고 새롭게 해석함으로써 동서의 서로 다른 종교사상과 철학의 회통에 이르렀다.

한국현대사에서 동양문화와 서양문화가 합류하였다. 한반도는 동서문화가 합류하는 두물머리였다. 유영모는 동서문화의 합류와 민주화 과정으로 전개된 한국근현대의 시대정신과 역사에 충실하게 살았다. 유영모의 삶과 정신 속에 시대정신과 역사가 온전히 스며들 수 있었다. 유영모는 한국과 동아시아의 근현대사에 대해 충실하게 사유했던 독보적인 사상가다. 동서정신문화의 창조적 융합을 추구한 철학자이고 깊은 영성을 지닌 풀뿌리 민주철학자다. 그는 평생 "동양 문명의 뼈에 서양 문명의 골수를 넣으려" 했고, 동양정신문화와 서양정신문화가 서로 대등하고 주체적으로 참여하는 융합을 추구했다.[33] 유영모의 삶과 정신 속에서 동양의 유불선과 서양의 기독교정신, 이성 철학, 민주정신이 합류했다. 그리하여 그는 그리스와 서양철학의 로고스(이성, 생각), 기독교의 말씀(사랑), 동아시아의 길(道), 한민족의 한(韓; 크고 하나임)을 통합하여 대종합의 사상을 형성할 수 있었다. 동서문화의 만남과 민주정신을 바탕으로 이룩된 이러한 대종합의 사상은 전쟁과 폭력을 조장하는 국가주의 이념과 사상을 극복하고 민주국가의 평화와 정의로운 세계평화를 이루는데 기여할 수 있다.

33 유영모, 『다석강의』, p. 310.

5. 하늘의 평화: 하나로 돌아감으로써 하나를 이루는 상생평화의 통일세계

순수 이성은 생명과 정신의 주체와 전체를 인식하고 이해할 수 없다. 순수한 이성은 땅의 물질세계를 평면적으로 초월한다. 평면적으로 초월하기 때문에 이성은 물질세계를 이해하고 설명할 수 있지만 물질세계의 주체와 전체, 깊이와 가치를 온전히 실현하고 완성할 수 없다. 더욱이 생명과 정신의 주체와 전체를 순수이성은 온전히 이해하지도 못하고 실현하거나 완성할 수 없다. 이성은 비과학적 숙명론적 낡은 의식을 청산하는데 도움이 되지만 욕망과 감정을 승화하고 고양시켜서 민의 주체와 국가의 전체를 일치시키는 정의와 평화와 통일의 길을 열 수 없다. 과학적 이성은 국가주의 이념을 해체하고 극복하는데 도움을 줄 수 있지만 인간의 자아를 혁신하고 고양시켜서 정의와 평화와 통일의 새로운 민주국가를 형성하도록 이끌어 주지는 못한다. 국가와 세계의 평화와 통일을 이루기 위해서는 과학적 이성을 넘어서서 주체와 전체를 함께 실현하고 완성하는 영성적 사유가 요청된다. 영성적 사유는 땅의 물질적 차원을 초월하는 하늘의 깊고 높고 큰 세계를 드러내는 사유다.

그리스·로마의 건국신화에 따르면 그리스·로마인들은 하늘을 거세하고 전복한 후 정의롭고 합리적인 국가를 세웠다. 그리스·로마의 건국신화가 시사해주듯이 그리스의 철학은 하늘의 영성과 영감이 제거된 에로스와 로고스의 철학이다.[34] 에로스는 결핍된 것에 대한 욕망과 충동이며 로

34 에로스와 로고스의 철학에 대해서는 남경희, 『플라톤 서양철학의 기원과 토대』

고스는 논리·계산적으로 이해하고 설명하는 것이다. 결핍된 것에 대한 욕망과 사물에 대한 이해와 설명인 철학은 잘못된 욕망과 지나친 감정을 승화 고양시켜 평화와 통일에 이를 수 없다. 로고스는 에로스의 충동에 휘둘리는 종이거나 에로스를 통제하는 압제자다.

그리스·로마의 건국신화와는 달리 한국의 건국신화는 하늘을 열고 하늘에서 내려와 하늘의 높은 뜻과 이치를 실현하는 국가를 세웠다고 말한다. 한민족은 높은 산에서 하늘을 우러러 제사하는 종교문화전통을 오랜 세월 지켜왔다. 하늘을 우러러 한 점 부끄러움이 없기를 염원한 겨레다. 유영모는 사람이 머리를 하늘에 두고 곧게 섬으로써 사람이 되었다고 보았다. 하늘에 머리를 둔 사람은 하늘을 그리워하고 탐구하는 본성을 지니고 있다.[35] '하늘을 향해 솟아올라 나아간다.'는 말이 유영모의 철학에서 가장 중요한 말이다.[36] '하늘'은 만물과 생명과 정신의 통일을 나타낸다. 인간의 생명과 정신 속에서 몸, 맘, 얼의 통일적 초점을 가진 것이 인격, 주체, '나'이고 인간의 생명과 정신 밖에서 사회와 역사가 서로 이어지고 소통하여 크게 하나로 통합된 것이 전체(국가, 세계)다. 인간의 안과 밖에 '하나'(하늘)가 있다.

다석은 평생 하나를 추구하고 하나에 이르고 하나가 되려고 하였다. 유영모가 내세운 가장 중요한 철학의 원리는 '하나로 돌아감'(歸一)이다. 하늘은 큰 하나, 하나이신 임, 하나님을 나타낸다. 하늘은 한없이 깊고 크지

(서울: 아카넷, 2006), pp. 178~179, 183~184 참조.

35 유영모, "꽃피," 『多夕日誌 (上)』, pp. 825~828.

36 유영모, "매임과 모음이 아니!" 『多夕日誌 (上)』, p. 744; 유영모, "소식2," 김흥호 편, 『제소리: 다석 유영모 강의록』 (서울: 솔출판사, 2001), pp. 347, 349~350.

만 쪼갤 수 없고 나눌 수 없는 전체 하나다. 하늘은 개인의 주체와 세상 전체가 하나로 되는 자리다. 하늘은 주체의 깊이와 자유에서 전체의 하나 됨에 이를 수 있는 곳이다. 하늘, 하나로 돌아감으로써 서로 다른 주체들이 서로 주체로서 화해와 평화와 통일에 이른다. 저마다 하늘의 하나로 돌아가면 '나는 나답게 너는 너답게' 서로 자유로우면서 큰 하나 전체가 될 수 있다. 그래서 그는 주체와 전체가 일치되는 하늘을 '큰 나, 참 나, 한 나'라고 하였다. 하늘, 한(하나님)을 유영모는 평생 구도자적으로 추구하였다. 그의 일상생활은 '하나, 하늘'에 이르고 하늘을 모시고 하늘 속에서 자유롭게 살려는 구도자적 삶이었다. 그는 앉거나 서거나 밥을 먹거나 말을 하고 행동을 하는 경우에도 하늘을 그리워하고 하나에 이르고 하나로 돌아가려고 하였다. 그는 하늘, 참된 하나를 자신의 속의 속에서 찾고 발견하였다. 속의 속으로 파고들어감으로써 하늘로 초월할 수 있다고 보았다.[37] 자아의 속의 속에서 하늘(하나)로 초월함으로써 참나(주체)가 되고 평화와 통일이 실현되는 전체에 이를 수 있다.

1) 통일보다 귀일이 먼저다

1955년 6월 2일 일지에 다석은 '통일'이란 한시를 썼다.

> 統一爲言人間譌(통일위언인간와) 歸一成言大道誠(귀일성언대도성)
>
> 太初一命宗敎義(태초일명종교의) 咸有一德信仰城(함유일덕신앙성)

37 유영모, "하나," 『多夕日誌 (上)』, pp. 759~760.

이것을 풀어 보면 이렇다: "통일하기 위해서 행동하고 말하면 인간은 더욱 어긋나고, 하나로 돌아가 말씀을 이루면 하늘 길을 정성으로 가게 된다. 태초의 한 목숨이 종교의 깊은 뜻이고 함께 한 가지 덕을 품고 사는 것이 신앙의 틀이다."

다석은 통일을 하나님의 일로 보고 사람이 통일을 말하는 것을 싫어했다. 사람은 오직 하나님께 돌아갈 뿐이라는 것이다. 사람의 일은 귀일(歸一)이다. "나는 통일은 싫어한다. 통일은 되는 게 아니다. 하나님께로 돌아가는 귀일(歸一)이라야 한다."[38] '서로 다른 것을 하나 되게 하는' 통일은 하나님이 이루는 것이다. 사람은 하나로 돌아갈 뿐이다. 인간은 자신의 편견과 욕심을 가지고 자신의 주장과 관점에 매여서 통일을 추구하기 때문에 인위적으로 조작된 통일은 타자에 대한 폭력과 지배를 전제한다. 다석이 인간에 의해서 조작된 통일을 싫어한 것은 타자의 '스스로 함'과 다름을 존중했기 때문이다.[39]

서로 다른 주체들이 저마다 하나로 돌아가면 자연스럽고 평화롭게 통일에 이를 수 있다. 귀일을 통해 이루어지는 통일은 지배와 정복의 통일이 아니라 서로 주체가 실현되고 완성되며 상생과 공존에 이르는 평화롭고 풍성한 통일이다. 하늘에 이르러 빈탕한데의 자유를 가지면 몸은 몸대로 되고 맘은 맘대로 자유로워 몸과 맘이 온전히 실현되고 완성되며 몸·맘·얼의 평화로운 통일에 이른다.[40]

---

38 박영호, 『진리의 사람 다석 유영모 (下)』, p. 393.

39 김흥호, 『다석일지공부』, p. 60.

40 유영모, "하게 되게," 『多夕日誌 (上)』, pp. 809~810.

2) 하나로 돌아감으로써 하나를 이루는 상생평화의 통일세계

유영모 사상의 중심에서 전체를 꿰뚫고 이끌어가는 것은 '하나'이다. '하나'를 찾고 '하나'로 돌아가자는 것이 다석 사상의 시작과 끝이다.[41] '하나'로 돌아감으로써 '하나' 속에서 물건과 인간의 생명이 완성되고, 자유와 공평의 대동세계가 열리고, 상생평화의 통일세계가 시작된다. 유영모에 따르면 사람의 본성과 사명은 하늘과 땅 사이에 곧게 서서 하늘로 솟아오름으로써 하늘과 땅과 사람의 하나 됨에 이르는 것이다. 상대세계의 물질에 집착하고 향락하면서 뱀처럼 땅 위를 기면, 혼란에 빠져 멸망할 수밖에 없다. 하나님을 향해 위로 솟아오를 때 열리는 하늘나라는 "…곧디[貞]를 가진 사람들의 나라다. 그것은 하나로 통일된 한데나라다." 하나이신 하나님을 향해 곧게 올라갈 때 남의 아픈 마음을 헤아릴 수 있고 남과 하나 될 수 있다.[42] 서로의 슬픈 심정과 아픈 처지를 하나로 경험할 때 자유와 공평의 대동세상이 열린다.

상대적 유무의 환상에서 벗어나 하나님 안에서 깨어나면 천국이다. 다석은 하나님의 품을 '그늘'이라고 하며, 그늘[안식]과 그느름[거느림]을 가지고 하나님 나라를 설명한다. "그 품속에 앉아 주는 것이 그느름이요 이것이 통치(統治)다…그늘에는 금이 없다. 갈라짐…싸움이 없다. 제 그늘은 자기가 통치하는 자유의 왕국이다." '하나'(하나님)의 그늘은 쉬는 것이면서 다스리는 것이고 저마다 자유로운 것이다. 하나님의 품인 그늘을 또 이렇게 말한다. "절대세계에는 분열이 없고 문제가 없고 조건이 없다. 거기는

41 박영호 엮음, 『多夕 柳永模 어록』, p. 40.

42 유영모, "속알," 『多夕日誌 (上)』, p. 863.

영원한 평화만이 깃들이는 그늘이요 완전과 성숙이 영그는 영원한 그늘이다."[43] 제가 저를 다스려서 스스로 서고 홀로 설 수 있을 때 비로소 민주의 평화가 이루어진다. 성숙한 사람은 제 욕망과 감정을 스스로 다스려서 승화하고 고양시키며 스스로 충족시키고 실현시킨다. 남을 이용하고 남에게 의지해서 자신의 욕망과 감정을 처리하는 사람은 자립과 독립을 못한 사람이고 그런 사람은 자신과 남의 주체를 해치고 민주주의를 파괴하고 불화와 파멸에 이른다.

전쟁과 폭력이 주도한 민족국가주의를 청산하고 세계평화문명 시대를 열기 위해서는 동서 문명의 통합과 세계평화의 이념에 대한 철학이 요구된다. 사회주의사회의 실패를 딛고 상생과 공존의 공동체적 세계를 실현하기 위해서는 몸과 맘과 얼이 통합되고 속이 뚫려서 자발적 주체성과 공공적 헌신성을 지닌 새 인간이 형성되어야 한다. 그리고 세계자본주의 체제의 모순과 병폐를 극복하기 위해서는 물질적 탐욕과 유혹에서 벗어나 하늘의 빈탕한데에서 돈과 힘과 기술을 이치와 필요에 따라 바르게 씀으로써 사랑과 정의를 실현하는 자유인이 나와야 한다.

III. 한국사회에 주는 교훈

고대사회에서 국가가 생겨난 이래 수천 년 동안 국가는 안으로 민에 대

---

43 유영모, "깨끗," 『多夕日誌 (上)』, pp. 843~844.

한 폭력적인 통치를 통해 민을 억압하고 지배해왔으며 밖으로 다른 국가들과 전쟁하면서 폭력을 행사해왔다. 국가는 법적 질서를 확립하고 개인들과 집단들의 사적이고 자의적인 폭력을 금지함으로써 국가의 안정과 평화를 실현하려고 하였다. 막스 베버(Max Beber)가 말했듯이 국가는 합법적 폭력을 독점한 기관이다.

현대의 민주국가도 사회질서를 유지하기 위해서는 법적 강제력을 사용해야 하며 다른 국가의 침략과 부당한 개입에 맞설 수 있는 군사력을 가져야 한다. 그런 의미에서 베버가 말한 합법적 폭력을 독점한 기관으로서의 국가이해는 여전히 유효하다. 그러나 민주화, 과학화, 지구화가 동시에 이루어지는 현대세계에서 국가의 본질과 목적은 세계정의와 평화를 지향하는 미래의 전망 속에서 보다 적극적이고 전향적으로 이해되고 규정되어야 한다.

오늘날 합법적 폭력을 독점한 기관으로서의 국가이해는 두 가지 관점에서 비판을 받을 수 있다. 첫째, 민주국가에서는 국민이 국가의 주인과 주권자로서 진정한 통치권자다. 국가의 통치권자인 국민에 대한 국가의 폭력적 통치는 국민주권을 앞세운 민주적 헌법정신에 배치되고 모순된다. 국민에 대한 민주국가의 통치는 기본적으로 주권자인 국민이 스스로 자신을 통치하는 국민 자치다. 국민으로부터 주권을 위임받은 공직자들은 국민의 대리자로서 대의정치를 통해서 국민을 위해 권력을 행사해야 한다. 국민에 대한 국가의 통치는 국민이 국가의 주권자로서 자유롭고 평등하며 정의롭고 평화로운 삶을 살 수 있도록 국민을 보호하고 섬기는 통치여야 한다.

둘째, 세계가 하나로 이어지고 소통하는 지구화 시대에 국가가 다른 국가들에 대해서 합법적이고 정당한 전쟁과 폭력을 수행할 수 있다는 국가

이해는 세계의 정의와 평화를 실현하는데 장애가 될 수 있다. 국가의 주권과 군사력이 다른 국가들과 합법적으로 정당하게 전쟁을 할 수 있는 권한과 힘을 가진 것으로 보는 국가이해는 점차 시대착오적인 낡은 국가이해가 되고 있다. 민주화와 세계화가 실현되는 21세기에 세계 정의와 평화는 인류의 생존과 번영을 위한 필수조건이 되고 있다. 이제 민주국가의 주권과 군대는 자기 국가의 이익을 실현하고 영향력을 확대하기 위해서 다른 국가들과 전쟁을 할 수 있는 권한과 힘으로 이해되어서는 안 된다. 기본적으로 민주국가의 주권과 군대는 세계정의와 평화를 실현하기 위해서 전쟁과 폭력을 방지하는 권한과 힘으로 이해되어야 한다. 세계정의와 평화를 위해서 어쩔 수 없이 국가가 전쟁을 하고 폭력을 행사할 경우에도 국가의 전쟁과 폭력은 매우 소극적으로 그리고 제한적으로 인정되고 받아들여져야 한다. 기본적으로 민주국가에서 주권과 군대의 목적과 사명은 세계정의와 평화를 실현하고 지키는 것으로 이해되어야 한다.

민주국가는 국민을 섬기고 보호하는 기관이며, 세계정의와 평화를 실현하고 보호하는 단체다. 이런 국가이해를 전제할 때 민, 삶, 맘, 정신, 하늘의 평화를 추구한 유영모의 평화사상을 제대로 이해할 수 있다. 유영모의 평화사상이 한반도의 평화통일과 세계평화를 지향하는 한국사회에 어떤 교훈과 지침을 줄 수 있는지 살펴보자.

첫째, 유영모는 강제적이고 일방적인 통일이 아니라 당사자들이 저마다 하나로 돌아감으로써 자연스럽게 통일이 이루어져야 한다고 주장했다. 그가 말한 귀일(歸一)은 자연스럽고 평화롭게 통일에 이를 수 있는 길을 시사해 준다. 남북의 평화통일을 이루려면 먼저 남한사회가 하나로 되어 평화롭고 통일된 사회가 되어야 한다. 남한사회가 분열과 갈등, 대립과 적대로 가득 차 있으면 남한과 북한 사이에 평화와 통일의 길을 열 수 없다. 서로 다른 주체들과 집단들이 공존하는 사회는 획일적으로 동일한 전체 사회가 될 수도 없고 되어서도 안 된다. 유영모가 말한 '하나로 돌아감'은 서로 다른 집단들과 주체들의 서로 다름과 다양성 속에서 '하나'에 이르는 것이다. 욕망과 감정, 주장과 관점, 생각과 이념의 차이와 다양성 속에서 하나 됨에 이르는 것이 유영모가 말한 '하나로 돌아가는 것'이다. 먼저 남한사회가 하나로 돌아가서 서로 다름 속에서 서로 다름을 넘어서 하나에 이를 때 남한과 북한 사이의 막힌 벽을 뚫고 평화 통일의 길로 갈 수 있다. 유영모가 말한 '하나'는 하늘로 상징되고 표현되는 깊고 높고 큰 하나다. '하나'(하늘)로 돌아가면 나를 잃거나 버리지 않으면서도 남(상대방)의 입장과 처지에서 남을 헤아리고 이해할 수 있다. 내가 내 안에서 '하나'에 이르면 남의 입장과 처지에서 남을 위해 생각하고 판단하고 행동하고 결정할 수 있다. 남한과 북한의 정치 사회 경제의 현실을 존중하면서 북한의 형편과 처지를 헤아리고 이해하고 북한의 입장과 처지에서 생각하고 판단하고 말하고 행동할 수 있어야 한다. 그래야 남북의 대립과 갈등을 풀고 평화통일의 실마리를 잡을 수 있다.

둘째, 민의 삶의 평화를 말한 유영모의 평화사상은 민이 주도하는 삶 중심의 평화통일 방안을 시사한다. 남한과 북한 사이에 대화와 소통, 교류와 협력이 잘 이루어지지 않을 때는 북한정부와 남한정부가 평화통일을 위한 대화와 소통, 교류와 협력을 시작하고 주도할 수 있다. 그러나 정부 차원의 교류와 협력만으로는 평화 통일에 이를 수 없다. 그것은 남북한의 민과 민의 삶 중심의 교류와 협력을 위한 마중물이 되어야 한다. 남한정부는 북한정부만 보고 생각하지 말고 북한의 민과 그 민의 삶을 더 중요하게 보고 북한의 민을 위해 생각하고 판단하고 행동해야 한다. 평화 통일의 주체와 목적은 남한과 북한의 민이다. 북한과 남한의 민이 대화와 소통, 교류와 협력을 통해 평화 통일의 길을 열고 평화통일을 실현하고 완성해 갈 수 있게 해야 한다.

셋째, 유영모는 모든 것을 주체와 전체의 관점에서 보았다. 그는 물체도 물질의 주체라고 했다. 일과 물건, 기관과 기계, 제도와 체제도 주체로 존중해야 한다는 것이다. 북한 지배체제와 권력자도 주체로서 인정하고 존중할 수 있어야 한다. 아무리 파행적이고 비정상적으로 보여도 북한체제와 권력은 그 나름의 역사와 사연을 가진 것이고 현실적인 힘과 정당성을 가진 것이다. 북한의 권력자 김정은 위원장은 한반도의 평화통일을 위해 결정적인 구실을 할 수 있다. 세계 보편적 관점에서 북한 인민의 인권과 삶을 평가하고 중시하면서도 특수한 북한체제와 권력을 존중할 수 있어야 한다. 북한의 권력자인 김정은 위원장과 김여정 부부장을 존중하고 진실과 성의로써 돈독하게 대해서 깊은 신뢰관계를 맺을 수 있어야 한다. 그런 자세라야 남북한 정상이 합의한 "평화와 번영, 통일"의 길을 닦아갈 수 있고, 급변사태 시에도 남북의 협력을 기약할 수 있을 것이다.

넷째, 유영모는 한국 근현대의 역사 속에서 민족정신과 문화의 주체성을 가지고 서양의 정신과 문화를 받아들여 민주적인 평화사상을 확립했다. 남과 북이 한민족의 오랜 역사와 전통 속에서 이어온 정신과 문화의 깊이와 풍부함을 확인하고, 한민족의 삶과 정신과 문화를 바탕으로 교류하고 대화하여 한민족의 역사 문화적 정체성과 동일성을 확립해 가야 한다. 한민족의 역사적 주체성과 문화적 정체성을 가지고 세계보편적인 정의와 평화와 통일을 실현하는 것은 한민족뿐 아니라 세계 인류를 위해서 창조적이고 위대한 미래를 개척하는 것이다. 온갖 역경과 장애를 극복하고 남과 북이 민주적으로 평화 통일을 이루어가는 과정이 세계 인류가 민주와 평화와 통일을 실현해 가는 길에 귀감이 되게 해야 한다. 낡은 봉건질서와 체제, 식민통치, 남북분단과 전쟁, 군사독재를 거치면서 민주화와 산업화를 이룬 한국의 근현대사는 세계사의 온갖 문제와 과제를 압축해서 경험하고 극복하고 실현해가는 과정이다. 세계사의 온갖 문제와 고난을 압축해서 경험하고 극복해온 한국사회가 남과 북의 국가주의적, 이념적 대립과 갈등, 적대와 불신을 극복하고 민중의 힘으로 정의와 평화와 통일을 실현해가는 것은 민주, 정의, 평화의 세계를 지향하는 인류의 미래를 개척하는 것이다.

다섯째, 유영모는 민의 한 사람으로서 국가주의 폭력과 지배를 해체하고 민의 평화를 실현하려고 했다. 민의 평화를 실현하기 위해서 그는 자신의 삶 속에서 맘, 정신, 하늘의 평화에 이르기까지 평화와 통일을 구도자적으로 탐구하고 실존적으로 체험하였다. 그가 실존적 체험적으로 확립한 평화 통일의 사상은 모든 민을 위한 것이다. 모든 사람이 유영모와 함께 그가 개척한 생명 철학적 민주적 평화사상을 공부하고 체득하고 실천한다면 평화 통일의 지름길이 열릴 것이다.

전호근

2장

장일순의 평화사상

©(사)무위당사람들

Ⅰ. 어느 철학자의 삶과 죽음

1994년 5월 24일자《한겨레신문》에는 '보이지 않는 가운데 민주화 헌신 재야원로 서예가 장일순 씨 타계'라는 제목으로 아래와 같은 기사가 실렸다.

> 민주화운동을 음양으로 지원하면서 재야의 원로 구실을 해왔던 서예가 장일순 씨가 22일 오후 6시 30분 강원도 원주시 봉산2동 929 자택에서 숙환으로 별세했다.
>
> 83년부터 한살림운동 본부를 만들어 박재일 씨, 김지하 시인 등과 함께 생명사상 실천운동에 전념해온 장씨는 20~30대에게는 잘 알려져 있지 않으나 70년대 초 민청학련사건을 경험한 40대 이상의 세대들에게는 민주화운동의 정신적 지주와도 같은 존재로 여겨지고 있다.
>
> 1928년 원주에서 태어나 서울대 미학과를 다니다가 6·25로 학업을 중단한 장씨는 53년 25살의 젊은 나이로 도산 안창호 선생의 평양 대성학원의 맥을 잇고자 원주에 대성학원을 설립해 초대 교장을 지냈다.
>
> 장씨는 천주교를 우리 것으로 수용하고 유·불·선의 전통사상을 탐구하면서 '더불어 함께 삶'을 중시하는 생명사상으로 나아갔다. 서예가로서도 뛰어난 실력을 발휘해 6차례 개인전을 가졌고 …[1]

무위당 장일순은 평생 스스로 무직(無職)을 자처하면서 살았던 사람이지만,[2] 그의 부고를 전하는 위의 기사에서 알 수 있듯이 독재정권과 맞서 싸운 민주화 운동의 정신적 지주로, 대성학원의 설립자이자 교장으로 학

---

1 《한겨레신문》, 1994년 5월 24일. 18면.

2 장일순은 일찍이 청년들과 이야기를 나누면서, "직업이 불분명할수록 좋다", "어느 시기에는 화전이나 파먹으며 푹 썩는 게 좋다"고 말한 적이 있다. 전호근, 『한국철학사』 (서울: 메멘토, 2015), p. 804 참조.

생들을 가르쳤다는 점에서 교육자로, 의인란(擬人蘭)이라는 독자적인 서화의 영역을 개척한 당대의 서예가로, 생명운동을 제창하여 '더불어 함께 삶'을 중시했다는 점에서 생명사상가로, 천주교를 수용하고 유·불·선의 전통사상을 탐구한 철학자로 알려져 있다.

뿐만 아니라 장일순은 1950년대 이래로 '중립화 평화통일이론'을 주장한 통일이론가로 알려져 있기도 하고,[3] 신용협동조합운동을 펼친 공동체주의자이기도 했으며, 강단 중심의 한국 현대 지성사에서 함석헌과 함께 강단 밖의 공간에서 자신의 주장을 펼쳤다는 점에서 지성사의 이단아로 불리기도 했다.[4] 이처럼 그를 호명하는 지평이 한 마디로 아우를 수 없을 정도로 다양하다는 점에서 장일순이라는 인물이 지녔던 사유의 폭과 깊이를 짐작할 수 있다.

무위당 장일순에 대한 지금까지의 연구는 그가 서예가였다는 점에서 그가 남긴 서화작품을 중심으로 예술세계를 조명하는 경우가 가장 많았다. 그 외에 독재정권에 맞서 싸운 민주화운동가였다는 점에 초점을 맞추거나 환경운동가, 생명운동가로서 면모를 살펴보는 것이 대부분이었다.

---

3 장일순은 1961년 5월 18일 "우리가 비록 약소민족이기는 하나 미국이나 소련과 같은 외세의 영향과 간섭을 받지 않기 위해서는 중립화 평화 통일이 돼야 한다"고 주장했는데 이로 인해 8년 형을 언도 받고 3년간 복역했다. 무위당좁쌀만인계, 『무위당 장일순』 (원주: 무위당좁쌀만인계, 2008), p. 12.

4 이창언은 사람들이 장일순을 두고 '우리 시대의 마지막 도덕 정치가', '마지막초야서가', '문인화가', '걷는 동학'이라고 호칭한 예를 소개하고, 그를 '남북한 근현대 지성사의 이단아'라고 기술했다. 이창언, "모심과 살림의 삶과 사상: 좁쌀 한 알 장일순 선생," 『7th Marx Communnale』 맑스코뮤날레 주최, 서울: 서강대학교 (2015.5.16.), p. 88.

그가 남긴 말과 글, 서화 작품, 나아가 사회적 실천에 함축되어있는 일관된 사유를 체계적으로 연구한 글은 드문 편이다. 그 때문에 이 글은 한국철학의 역사적 맥락을 중심으로 장일순의 사유가 어떤 점에서 한국의 전통적 사유와 긴밀하게 연결되어 있는지 고찰함으로써 장일순 사상의 기원을 체계적으로 밝히는 데 일차적인 목적이 있다. 그리고 한 걸음 더 나아가 평화사상가로서 장일순의 면모를 살펴봄으로써 현대 한국사회가 당면하고 있는 극심한 분열과 대립, 갈등 따위의 사회적 과제를 해결하는 데 조금이나마 도움이 되고자 한다.

II. 장일순 평화사상의 형성 배경

1. 장일순 사상 형성의 시대적 배경

장일순은 1928년 10월 16일 강원도 원주시 평원동에서 태어났다. 아버지는 장복흥(張福興), 어머니는 김복희(金福姬)였는데, 어린 시절부터 할아버지 장경호(張慶浩)에게 한학과 글씨를 배웠다. 훗날 장일순은 생전의 할아버지에 대해 "아주 검소하고 겸손한 분이어서 곡식 한 알이라도 땅에 떨어지면 주워 그릇에 담아 모았고, 걸인이 오면 겨울에는 상을 차려 방에 모시고 여름에는 마루에 모셨는데, 그런 식으로 사람들을 정성껏 대했기 때문에 집에 늘 식객이 끊이지 않았다"고 회고했다. 아마도 장경호의 이런 태도가 장일순으로 하여금 사람과 생명을 공경하며 살아가게 하는 데 큰 영향을 끼쳤을 것이다. 또 할아버지로부터 글씨를 지도 받으면서 할아버지와 절친했던 차강(此江) 박기정(朴基正)에게 정식으로 서화를 배웠다.

1940년에는 천주교 원동교회에서 영세를 받고 서울로 유학하여 배재중학교를 졸업하고 경성공업전문학교에 입학했는데, 1945년에 국립서울대학교 설립안 반대 투쟁에 참여했다가 제적당했다. 1946년에 서울대학교 미학과에 입학했지만 1950년에 한국전쟁이 일어나자 학업을 중단하고 원주로 갔고, 1952년 이후부터 줄곧 원주에 머물렀다.

1954년에는 원주에 대성학원을 설립했고, 1955년부터 봉산동에 토담집을 지어서 살면서 1958년, 1960년에 국회의원 선거에 출마했으나 극심한 정치적 탄압으로 낙선했다. 1961년에는 중립화 평화통일론을 주장했다는 이유로 서대문형무소와 춘천형무소에서 3년간 옥고를 치른 뒤 1963년에 출소하여 대성학원으로 돌아왔으나 당시 대성학원 학생들이 한일굴욕외교반대운동으로 구속되자 학생들을 석방하는 조건으로 이사장직을 내려놓았다. 이때부터 정치활동정화법과 사회안전법 등에 묶여 철저한 감시를 받기 시작한다.

1968년부터 신용협동조합운동을 펼치기 시작했고, 1971년에는 지학순 주교 등과 함께 박정희 정권의 부정부패를 폭로하고 사회 정의를 촉구하는 가두시위를 주도했는데, 이후 민주화 운동에 직접 나서지 않고 뒤에서 조력하는 역할을 하면서 1974년에는 민청학련 사건으로 구속된 이들의 석방을 위해 노력했다.

1977년에는 노동 운동과 농민 운동만으로는 한계가 있다고 보고 공생의 논리에 입각한 생명 운동을 펼치기 시작하여, 1985년에 도농 직거래조직인 '원주소비자협동조합'을, 1986년에는 '한살림농산'을 창립했다.

1988년에는 한살림운동 기금을 조성하기 위해 다섯 차례에 걸쳐 서화전을 열었고, 1989년에는 동학의 2대 교주였던 최시형의 뜻을 기리고자 원주시 호저면 송곡에 비문을 쓰고 기념비를 세웠다.

1991년에는 위암 진단을 받고 수술한 뒤 생명 사상을 주제로 여러 차례 강연을 했고 강의를 들은 제자의 도움으로 책을 펴내기도 했는데, 1993년에는 병세가 악화되어 다시 입원했다가 1994년 5월 22일, 67세를 일기로 봉산동 자택에서 세상을 떠났다. 그가 마지막으로 남긴 말은 "내 이름으로 아무것도 하지 마라"였다고 한다.[5]

장일순이 걸어간 삶의 궤적을 살펴보면 그는 어린 시절부터 가학으로 한학을 익히고, 박기정에게 서화를 배우면서 자연스럽게 전통적 사유의 훈습을 받은 것으로 보이는데, 이런 과정이 유·불·도와 동학 전반에 걸친 폭넓은 사유의 형성에 영향을 끼쳤다고 짐작된다. 이후 장일순은 1950년대에는 교육자의 삶을 살았고, 60년대에는 정치인의 길을 걸었다. 그리고 70년대에는 반독재 민주화 투쟁에 삶을 바쳤고, 70년대 말부터는 생명 환경운동에 매진했다.

장일순의 이 같은 삶은 동시대를 살았던 교육자나 정치인 대부분이 강한 국가를 만들어야 한다는 강박 아래 경제성장을 통해 민족과 국가의 운명을 개선하려고 했던 것과 비교할 때 크게 다를 뿐 아니라, 거듭되는 독재정권의 억압 아래 투쟁 중심의 정치운동을 지속해 왔던 민주화 진영의 인사들과 비교해 볼 때도 참으로 특이한 행보였다. 장일순의 이 같은 특이

---

5 이상 장일순의 약전은 졸고 『한국철학사』에 실린 내용을 요약한 것이다. 전호근, 『한국철학사』, pp. 805~808.

한 삶과 사유를 보다 정확하게 이해하기 위해서는 한국의 전통적 사유에 대한 그의 깊은 통찰을 살펴보아야 한다. 그가 남긴 말과 글, 서화작품에는 기독교뿐 아니라 동학은 물론이고 유교와 불교, 노자의 철학에 이르기까지 참으로 다양한 전통 철학적 맥락이 보이기 때문이다.

2. 장일순 사상의 철학사적 배경

필자는 졸고『한국철학사』에서 장일순의 사유를 다음과 같이 정리하고 평가한 바 있다.

> 장일순의 사유는 "좁쌀 한 알에 온 우주가 다 들어 있다."라고 이야기했다는 점에서 '하나가 곧 전체'라는 화엄 불교의 세계관과 일치할 뿐 아니라, 아무리 하찮은 사람일지라도 똑같은 인간으로 대했다는 점에서 "한 사람의 가치가 천하와 맞먹는다."고 이야기한 맹자의 정의론(正義論)과 상통하며, 나서서 무언가를 하려는 사람에게 '엎드려!'와 '기어!'를 강조했다는 점에서 물러남을 중시한 노장(老莊)의 철학과 이어져 있다.[6]

이 같은 정리에 따라 먼저 원효의 화쟁론과 의상의 화엄철학이 어떻게 장일순의 사유와 맞닿아 있는지 살펴보고 이어서 통일과 평화 등 한국사

---

6 전호근,『한국철학사』, pp. 800~801.

회가 당면하고 있는 현실적의 문제에 대한 그의 이해를 분석함으로써 장일순 사상의 일단을 밝혀보고자 한다.

1) 원효의 화쟁론(和諍論)과 장일순의 평화사상

원효(元曉, 617~686)는 동아시아 불교사에 빛나는 『금강삼매경론(金剛三昧經論)』과 『대승기신론소(大乘起信論疏)』를 비롯한 숱한 명저를 남긴 불교 철학자로 그의 핵심 사상은 '화쟁(和諍)'이라는 두 글자로 압축할 수 있다. 원효의 화쟁 사상은 통일신라라는 배경에서 탄생한 화해의 철학이다.

원효가 활동했던 즈음은 신라의 26대 진평왕(재위 579~632)부터 31대 신문왕(재위 681~692)에 이르는 6대에 걸친 시기로, 신라는 30대 문무왕(재위 661~681)의 재위기간인 675년에 고구려와 백제를 멸망시키고 불완전하지만 삼국을 통일하게 된다. 통일신라는 이전에 서로 적대시하던 고구려와 백제의 유민, 그리고 신라인들이 함께 섞여 살아가야 했기 때문에 숱한 국가적 과제를 떠안고 있었고, 그로 인한 외부의 위협과 내부의 대립 분열을 어떻게 극복하느냐에 따라 국가의 운명이 결정되는 상황이었다.

당장 한반도를 점령하려는 외부세력인 당나라와 5년여에 걸친 전쟁을 치러야 했을 뿐 아니라, 내부적으로는 백제와 고구려를 부흥하기 위해 봉기하는 유민들을 진압하거나 회유해야 했다. 또 각지에서 할거하던 호족세력의 힘을 통제하기 위해 왕권을 강화하고 국력을 안정시켜야 했다.

이런 시기에 원효의 화쟁론은 단순히 불교 내의 이론적 대립을 극복하기 위한 종교적 차원의 조정에 그치지 않고, 통일신라가 당면했던 외부의 위협과 내부의 분열을 극복하는 방안으로 제시된 사회 통합 이론이기도 하다. 곧 화쟁론은 과거 서로 적대적인 관계였던 다수의 구성원들이 평화롭게 살기 위한 방법을 철학적으로 모색한 결과이며, 지금에 이르러서도 사회의 분열이 극심할 때마다 '화쟁'을 화두로 삼아 논의를 시작하는 경우가 많다는 점에서 한국철학사에서 가장 오래된 평화이론이라고 할 수 있다.

원효의 화쟁론은 한 마디로 온갖 쟁론을 화해시키는 논리라고 할 수 있다. 문자 그대로 '화쟁(和諍)'이라는 말은 일체의 쟁론을 화해시킨다는 뜻이기 때문이다. 화쟁은 두 가지로 이해할 수 있는데, 먼저, '화(和)'는 화합, 통합한다는 뜻이고, '쟁(諍)'은 말로 다투는 것이다. 따라서 화쟁은 쟁(諍)을 화(和)한다는 뜻으로 온갖 논쟁을 화해시키는 논리를 말한다. 한편 화쟁의 '화(和)'와 '쟁(諍)' 자체가 상반되는 뜻이다. '화(和)'는 평화의 상태이고 '쟁(諍)'은 분쟁의 상태이기 때문이다. 얼핏 보면 '화'는 분쟁을 평화의 상태로 만드는 것이기 때문에 절대적으로 추구해야 할 목표이고 쟁은 절대적으로 피해야 할 상태인 것처럼 보이지만 원효는 '화'조차도 '쟁'의 다양한 모습 중 하나일 뿐이라고 이야기한다. 원효는 여기서 더 나아가 화와 쟁 자체는 대립되지만 화와 쟁이 다른 것이 아니라 모두 진리를 찾기 위한 방편이라는 논리를 이끌어낸다.

원효는 화쟁의 논리를 사물에 비유하여 '파도와 고요한 바다는 둘이 아니다'라고 이야기 한다. 이어서 화쟁은 모두 일심(一心)을 근본으로 하지만 그 양상은 여러 가지로 나타날 수 있다고 주장한다. 원효는 『대승기신론소』에서 화쟁을 다음과 같이 이야기하고 있다.

> 바람 때문에 고요한 바다에 파도가 일어나지만 파도와 고요한 바다는 둘이 아니다. … 우리의 마음 또한 이와 같아서 불생멸심(不生滅心)이 움직일 때 생멸상(生滅相)을 떠나지 않으며 생멸하는 상(相)도 참된

마음이 아님이 없기 때문에 생멸상 또한 마음을 떠나지 않는다.[7]

'파도'와 '고요한 바다'의 비유는 이 두 가지 현상이 비록 상반된 것처럼 보이지만 실은 모두 '물[水]'이라는 본체의 일부가 드러난 것일 뿐 애초에 다른 것이 아니라는 맥락을 함축하고 있다. 우리가 사물을 관찰할 때 감각으로 포착 가능한 것은 사물 자체가 아니라 사물의 응용형태에 지나지 않는다. 그런데 사람들은 자신의 감각이나 경험 안에 갇혀 사물을 각기 다른 관점에서 파악하기 때문에 자신의 경험과 다른 주장을 그르다고 판단하는데 이것이 분쟁이 일어나는 일차적인 이유다. 따라서 화쟁의 첫 단계는 자신의 경험이나 감각이 특정한 조건에서 형성된 것이라는 사실을 반성적으로 사유함으로써 타인의 주장에 귀 기울일 때 가능하다.

그러나 분쟁의 근본적 원인은 외부에 있는 사물에 대한 정확한 이해가 부족한 데서 비롯되는 경우보다 각자 지니고 있는 가치관이나 삶의 목표가 다른 데서 기인하는 경우가 더 많다. 그 때문에 원효는 불생멸심과 생멸상의 비유를 통해 각자의 가치관이나 삶의 목표가 다른 것처럼 보이지만 기실은 서로 떼어낼 수 없는 것이라고 이야기한다. 예를 들어 '진여(眞如)'는 진실한 실상, 있는 그대로의 모습으로 깨달음의 경지로 보고, '무명(無明)'은 명지(明知)가 없는 상태로 깨달음은커녕 자신의 모습을 제대로 알지 못하는 무식한 상태라고 하는데, 원효는 이조차도 둘이 아니라 하나라고 이야기한다. 파도와 고요한 바다의 비유에 이어 불생멸심(不生滅心)과 생멸상(生滅相)을 예로 든 것도 같은 맥락으로 이해할 수 있다. 불생멸

---

7 원효, "심생멸문(心生滅門)," 『대승기신론소(大乘起信論疏)』.

심은 진리이고 생멸상은 비진리라는 식으로 바라보아서는 안 되고, 그 둘이 서로 떠날 수 없으므로 둘이 아닌 하나의 마음, 일심이라고 주장하는 것이다.

원효는 깨달음을 얻기 위해서는 일심으로 돌아가야 한다고 주장하면서 만법귀일(萬法歸一)이라는 관점을 제시한다. 세상에는 만 가지 다른 법칙, 불법이 있지만 그 하나하나가 모두 깨달음을 얻기 위한 방편이고 그런 방편을 회통해서 설명할 수 있는 논리가 만법귀일이라고 본 것이다. 따라서 원효의 화쟁론이 지향하는 최종 종착지는 일심(一心)으로 돌아가는 환귀일심(還歸一心)으로 정리할 수 있다. 하나의 마음, 곧 일심으로 돌아가면 불국토가 되는 것이고 극락으로 갈 수 있다는 것이다. 이를테면 다 같이 불법의 세계로 가는 대승이든 혼자서 깨닫는 열반이든 모두 일심의 다른 이름에 지나지 않는다. 그 때문에 원효는 『대승기신론소』에서 환귀일심이 바로 본각(本覺)이라고 강조하면서 본각에 도달하면 삼라만상의 각기 다른 모습이 둘이 아니라 같은 것이라는 '불이(不二)'의 통찰에 이를 수 있다고 강조하기에 이른다.

그런데 원효는 사물의 두 가지 상반된 양상이 다른 것이 아니라 같은 것이라고 이해하면서, 그것을 같은 것이라고 이해하는 걸 따로 독립적인 대상으로 보고 그걸 다시 사유한다는 점에서 철두철미하다. 예컨대 파도와 고요한 바다는 둘이 아니라 한 가지라고 주장하는데 그것도 하나의 견해일 뿐이고, 불생멸심과 생멸상이 둘이 아니라 하나라고 주장하는 것도 하나의 견해에 지나지 않는다는 식이다. 곧 분명코 정견(正見)이라고 확신이 드는 주장이라 할지라도 그 또한 여러 견해 중의 하나일 뿐이라는 사실을 도외시하지 않아야 한다는 데서 자신을 향한 치열한 반성이 화쟁론의 핵심임을 알 수 있다.

원효는 화쟁을 이루기 위해 '개합(開合)', '여탈(與奪)', '입파(立破)'의 세 가지 방편을 제시한다. 먼저, 개합(開合)에서 '개(開)'는 여는 것, '합(合)'은 합치는 것, 곧 닫는 것이다. 원효는 이 둘을 합쳐서 같이 이야기하는데 '개'는 하나의 불법을 여러 가지 방식으로 펼치는 것이고 '합'은 여러 가지 방식으로 펼쳐진 불법을 하나로 모으는 역할을 한다. 상반되는 두 가지 주장이 사실은 불법의 한 방편으로 모두 진리를 찾는 데 도움이 될 수 있다는 것이다. 여탈도 같은 논리로 풀이한다. '여(與)'는 주는 것이고 '탈(奪)'은 빼앗는 것이다. 주는 것과 빼앗는 것이 상반된 것 같지만 사실은 주는 것이 빼앗는 것이고 빼앗는 것이 주는 것이라는 논리다. 입파 또한 마찬가지다. '입(立)'은 세우는 것이고 '파(破)'는 깨는 것이다. 자기가 세운 논리를 자기가 깨는 것이다. 이런 논리가 바탕에 깔려 있기 때문에 자신의 견해를 철저하게 반성하는 화쟁의 통찰이 가능했던 것이다.

현대 한국사회에서도 사회 분열이 심각해지면 종종 원효의 화쟁론을 통해 서로 다른 의견을 통합하려는 시도가 있다. 그러나 서로의 이익을 다투는 입장을 지키는 한 화쟁의 길은 멀기만 하다. 이익을 다투는 사람들 간에 몫을 어떻게 나누는 것이 합당한지, 그에 대한 합의는 예나 지금이나 쉽지 않기 때문이다. 화쟁을 말하기는 쉽지만 실천으로 옮기는 일은 참으로 어렵다. 화쟁을 위해서는 먼저 상반되는 주장을 살피기 위해 상대의 이야기에 귀 기울여야 한다. 그리고 인내를 넘어 상대를 포용하고 용서해야 한다. 하지만 상대를 나와 같은 존재로 인정하지 않는 상태에서는 이것이 불가능하다.

지금까지 살펴본 것처럼 원효의 화쟁론은 신라가 불완전한 통일을 이룬 뒤 고구려, 백제 유민들과 함께 살아야했던 시대적 배경에서 탄생한 평화의 철학이다. 그런데 20세기 평화사상가 장일순의 사유에서도 같은 맥락을 찾아볼 수 있다. 장일순 또한 독재와 민주로 나뉘어 서로를 적대시하며 싸우던 현대 한국 사회를 배경으로 구성원들이 증오심을 넘어 평화롭게 공존할 수 있는 조건을 만들기 위해 동일한 고민을 했기 때문이다. 그는 민주화 운동과정에서 상대를 적대시 하고, 악으로 규정하면 할수록 그것이 우리 사회의 문제를 풀기 어렵게 하는 한계를 갖고 있다고 지적했다. 그는 일찍이 자신의 호를 풀이하면서 이렇게 이야기한 적이 있다.

> 내 호에 대해 이야기하자면 좀 길어. 나는 이십 대에 백두산 천지란 뜻이 있는 호암이란 자호를 썼지. 자네들이 알고 있는 청강(淸江)이란 호는 내 나이 서른일곱에 붙인 호야. 그 호와 인연을 맺게 된 것은 나로서는 핍박의 시대에 있어서의 한 원한 관계 같은 거였지.
> 그러나 그 원한 관계를 원한으로만 생각하면 안 돼. 그렇게 되면 자신이 너무 초라해지고 추해져. 그래서 나를 핍박하고 욕되게 했던 이들까지도 사랑하자는 뜻에서 '푸른 강'이라고 지은 거지. 미운 감정을 푸른 물에 씻자는 것이었어.
> 지난 이야기 같지만 난 지금 그들을 사랑해. 그러니까 내 자신을 변화시키는 역할을 호가 해준 셈이야. 가정에서 말하면 가훈(家訓)이고 장일순 나에겐 '장일순훈(張壹淳訓)'인 셈이지.[8]

8 1990년 원주여고 교지 '新明'. 채희승, "무위당 장일순의 서화세계," 채희승 외, 『원주얼』, 제18호 (2013), pp. 282~283.

이처럼 그는 자신을 탄압했을 뿐 아니라, 대부분의 민주화 운동가들이 도저히 타협할 수 없는 악으로 지목한 독재자를 용서한다고 말하는가 하면 심지어 민주화의 선봉에 서 있었던 사람들에게 "가서 엎드려 기어라" 고까지 이야기했다. 그는 무엇보다 '나는 옳고 상대는 그르다'는 확신을 경계했다. 아무리 스스로 정의라고 확신하더라도 우리는 정의의 세력이고 저들은 악의 세력이라는 식으로 편을 갈라서는 어떤 일도 이룰 수 없다고 주장한 것이다. 독재정권 타도를 민주화 운동의 제1가치로 내세우는 시대의 한 가운데서 적대세력을 용서하고 "더불어, 함께 살아야 한다"고 주장한 것은 화쟁의 현대적 실천이라고 할 수 있을 것이다.

그는 또 '도관유리불가사 회성삼가화일가(道冠儒履佛袈裟 會成三家化一家)'[9]라는 부대사(傅大士)의 시구를 써서 작품으로 남겼는데, 이 또한 유·불·도의 서로 다른 이론을 하나의 이치로 꿰뚫어 일가를 이루고자하는 회통의 관점을 취했다는 점에서 원효의 불이(不二)사상과 동일한 통찰의 결과라 할 수 있다.

2) 의상의 화엄철학과 장일순의 평화사상

의상(義湘, 625~702)은 중국에 유학하여 화엄의 2대 조사였던 지엄에게 화엄 철학을 공부하고 돌아온 정통 불교철학자로 파격적 주장과 기행으로 불법을 전파했던 원효와는 사뭇 다른 방식으로 자신의 화엄철학을 전개했다.[10] 그러나 두 사람은 같은 시대를 살면서 동일한 시대적 과제를 고민

---

9 무위당사람들, 『무위당 서화자료집 I』 (원주: (사)무위당사람들, 2011), pp. 66~67.

10 중국 화엄 철학을 연 사람은 두순(杜順)이고, 그 다음이 지엄이다. 의상은 지엄의

하고 해결책을 제시하고자 했기 때문에 두 사람의 사유에는 모두 화해의 논리가 바탕에 깔려 있다.

의상은 화엄 철학의 근간이 되는『화엄경』을 깊이 연구함으로써 자신의 시대적 과제를 해결하려고 했는데 이는 당시 당나라를 비롯해 국제적으로 유행하던 화엄 철학을 통해 자신이 당면했던 현실을 고민했기 때문이다.

지금까지 전해지는 의상의 저술 가운데 가장 중요한 것은『화엄일승법계도(華嚴一乘法界圖)』다. 이 글은 80권이 넘는『화엄경』을 7언(言) 30구(句) 210자(字)로 간명하게 풀이한 일종의 게송(偈頌)으로 의상이 제시하는 통합의 논리가 담겨 있다.

『화엄일승법계도』는 '법성원융무이상(法性圓融無二相)'에서 시작해, '제법부동본래적(諸法不動本來寂)'으로 이어지면서 '구래부동명위불(舊來不動名爲佛)'로 끝나는 210자로 이루어져 있는데, 이 중에서 의상의 사유를 살펴보는 데 가장 중요한 게송이 '하나가 곧 전체이고 전체가 곧 하나다[一卽一切多卽一]'라는 대목이다. 해당 문구가 나오는 초반의 12구는 다음과 같다.

法性圓融無二相 법성은 원융하여 두 모양이 없고

諸法不動本來寂 제법이 부동하여 본래 고요하다네

無名無相絶一切 이름 없고 모양 없어 일체가 다 끊겼으니

제자로『삼국유사』"의상전"에는 의상이 중국에 가서 지엄을 만나는 과정이 기술되어 있다.

證智所知非餘境 지혜로 알 뿐 다른 경계로 알 수 없네

眞性甚深極微妙 진성은 깊고 깊어 지극히 미묘하니
不守自性隨緣成 자성이 있지 않고 인연으로 만들어지네
一中一切多中一 하나 안에 일체 있고 일체 안에 하나 있으니
一卽一切多卽一 하나가 곧 일체요, 일체가 곧 하나라네

一微塵中含十方 하나의 티끌에 온 세상(시방세계) 머금었으니
一切塵中亦如是 온갖 티끌이 다 이와 같다네
無量遠劫卽一念 셀 수 없는 무량겁(헤아릴 수 없이 어마어마하게 긴 시간의 흐름)이 한 생각에 지나지 않고
一念卽是無量劫 한 생각이 바로 셀 수 없는 무량겁이라[11]

첫 두 구절인 '법성원융무이상 제법부동본래적(法性圓融無二相 諸法不動本來寂)'은 우주에 존재하는 모든 사물의 본성, 곧 법성은 그 자체로 완전하여 두 가지 다른 모습이 없고 모두 고요할 뿐이라고 규정하고 있는데, 만물을 하나의 존재로 귀일시켜 이해하는 화엄불교의 종지일 뿐 아니라, 원효가 화쟁론에서 사물의 두 가지 다른 양상을 다른 것이 아니라 같은 것이라고 파악한 불이사상과 궤를 같이하는 통찰이기도 하다.

이어지는 두 구절 진성심심극미묘 불수자성수연성(眞性甚深極微妙 不守自性隨緣成)은 존재하는 모든 사물의 참된 본성은 따로 있는 것이 아니라

11 의상, 『화엄일승법계도(華嚴一乘法界圖)』.

다른 존재를 만날 때만 의미를 얻게 된다는 화엄불교의 연기설을 부연한 것이다. 여기서 '자성(自性)'이란 어떤 사물이 다른 사물과 구별되는 본성을 가리키지만 그 본성은 해당 사물만 따로 떼어놓아서는 성립되지 않는다는 뜻이다.

우리는 어떤 사물을 관찰할 때 그 사물의 크고 작음, 많고 적음에 따라 차이가 있다고 구분한다. 그러나 그런 차이는 다른 사물과 비교할 때 생기는 것이므로 그 자체로는 본래 차이가 없다는 것이다. 예를 들어 농구공과 지구는 얼핏 보기에 전혀 상관이 없는 물건처럼 보이지만 구형이라는 점에서 같은 종류다. 또 선인과 악인은 전혀 관계가 없어 보이지만 실은 서로 만날 때 비로소 선인과 악인으로 나누는 구분이 가능해지기 때문에 단독으로는 선인도 악인도 될 수 없다. 일(一)과 십(十)의 관계 또한 마찬가지다. 일과 십이 있으면 일도 자기 정체성이 있고 십도 자기 정체성이 따로 있다고 생각하기 쉽지만 사실은 일과 십이 서로 만나야, 곧 연기(緣起)를 통해서만 의미가 생성된다. 말하자면 일은 단독으로는 의미가 없고 십이 있어야 의미를 지니고, 십은 일의 열 배이기 때문에 비로소 의미를 가진다. 결국 십이 없으면 일이 의미가 없고, 일이 없으면 십도 의미가 없다. 곧 일과 십은 같다. 이것이 바로 우주 안의 모든 존재는 각자의 자성이 따로 없고 다른 사물을 만날 때만 자성이 확인된다는 의상의 법계연기설이다.

의상은 이런 사유를 거쳐서 마침내 '하나가 곧 전체이고 전체가 곧 하나다'라는 유명한 통찰을 이끌어낸다. 이어지는 일중일체다중일 일즉일체다즉일(一中一切多中一 一卽一切多卽一)은 하나 안에 일체가 있고 일체 안에 하나 있으므로 하나가 곧 일체이고 일체가 곧 하나라는 뜻으로 『화엄경』 전체의 핵심 명제라고 할 수 있다.

의상은 더 나아가 이 명제를 시공간적 지평에서 바라본다. 먼저 일미진중함시방 일체진중역여시(一微塵中含十方 一切塵中亦如是)라는 구절은 공간적 지평에서 하나와 전체의 관계를 정리하는 언명이다. 곧 세상에서 가장 하찮은 존재인 하나의 티끌에 온 세상 전체가 모두 들어 있을 뿐 아니라, 이 세상에 존재하는 모든 티끌이 다 그러하다고 풀이한 것이다.

티끌 하나에 온 우주의 이치가 있다는 말은 온 우주의 이치가 티끌 하나하나에 다 들어 있다는 이야기다. 공간적 지평에서 사물을 이와 같이 이야기할 수 있다면 시간 또한 마찬가지 방식으로 이해할 수 있다. 하나의 티끌에 온 우주가 들어 있다면 찰나의 순간에 영원이 들어 있다고 말할 수 있기 때문이다. 그래서 의상은 무량원겁즉일념(無量遠劫卽一念)이라고 하여 영원의 시간이 일념의 짧은 시간과 같다고 이야기한 다음 다시 일념의 짧은 시간이 헤아릴 수조차 없는 무량겁과 같다고 마무리한다.

무량겁이란 헤아릴 수 없이 어마어마하게 긴 시간의 흐름을 말한다. 그런데 의상의 화엄철학에 따르면 이 무량겁은 일념의 짧은 순간과 같다. 곧 영원의 시간과 찰나의 시간이 같다는 뜻이다. 그리하여 한 순간에 영원의 시간이 들어가 있고 영원의 순간을 이루는 찰나의 매 순간이 다 그렇다고 한다.

물론 이런 통찰은 의상이나 화엄철학에서만 찾아볼 수 있는 독점적인 사유물은 아니다. 이를테면 윌리엄 블레이크의 시 "순수의 예언"에서도 "한 알의 모래에서 세계를 보고 한 송이 들꽃에서 천국을 본다"고 했는데 이 시구는 "하나의 티끌에 온 세상 머금었으니 온갖 티끌이 다 이와 같다네[一微塵中含十方 一切塵中亦如是]"라고 한 『화엄일승법계도』의 법문과 동일한 통찰을 담고 있다. 또 '영원은 지금이 모여서 생긴 것'이라는 에밀리 디킨슨의 단호한 시구는 물론이고, '한 사람을 구하는 것이 온 세계를 구하는 것'이라는 탈무드의 오랜 경구도 모두 동일한 사유에서 비롯된 통찰이다.

화엄철학의 이 같은 통찰은 장일순의 사유에서도 발견된다. 장일순은 "세상 일체가 하나의 관계다"라는 말을 자주했는데, 이 또한 기본적으로 의상의 법계연기설과 닮은 꼴 사유라는 점에서 화엄철학의 연장으로 이해할 수 있다. 특히 그가 한살림 운동을 펼치면서 소비자와 생산자의 관계를 아래와 같이 이야기하고 있는 데서 동일한 사유의 흔적을 찾을 수 있다.

> 우리가 모두 소비자인데 농사짓는 사람이 없으면 우리가 먹고 살 수 있어요? 또 소비자가 없으면 농사꾼이 생산할 수 있어요? 바로 그런 관계다 이 말이야. 이게 없으면 저게 없고, 이게 있으면 저게 있고 우주의 모든 질서는, 사회적인 조건은 그렇게 돼 있다 이 말이야. 그러니 누구를 무시하고 누구를 홀대할 수 있느냐는 말이지.[12]

여기서 소비자와 생산자의 관계는 이익추구를 근간으로 형성되는 자본주의적 생활양식의 한계를 넘어 상대의 존재가 곧 자기 생존의 근거임을 확인하는 공존의 양식으로 확장되고 있다. 따라서 장일순의 소비자와 생산자에 대한 이해는 단순한 소비자 운동의 차원이 아니라 소비자와 생산자의 공동체적 관계를 회복하는 공존의 양식으로 이해해야 할 것이다. 생산자가 없으면 소비자도 없고 소비자가 없으면 생산자도 존재할 수 없다고

12 무위당좁쌀만인계, 『무위당 장일순』 (원주: 무위당좁쌀만인계, 2008), p. 17.

지적하고 있기 때문이다. 이 또한 의상의 법계연기설과 같은 논리에 근거하고 있다는 점에서 화엄철학의 연장으로 이해할 수 있다. 장일순은 이런 사유를 통해 온 우주의 사물을 다음과 같이 바라보아야 한다고 이야기한다.

> 해월 선생님의 말씀 중에 밥 한 그릇이 만들어지려면 거기에 우주 일체가 참여해야 한다는 말씀이 있어.
> 우주 만물 가운데 어느 것 하나가 빠져도 밥 한 그릇이 만들어질 수 없다 이거야. 밥 한 그릇이 곧 우주라는 얘기도 되지. 잡곡밥 한 그릇, 김치 한 보시기 같은 소박한 밥상도 전 우주가 참여해서 차려 올리는 밥상이라는 거야. 그러므로 거기에 고기반찬이 없다고 투정하는 건 무엇이 올바르게 사는지를 모르는 엉터리 짓이야.
> 사람도 마찬가지야. 요즘 출세 좋아하는데 어머니 뱃속에서 나온 것이 바로 출세야. 나, 이거 하나가 있기 위해 태양과 물, 나무와 풀 한 포기까지, 이 지구 아니 우주 전체가 있어야 돼. 어느 하나가 빠져도 안 돼. 그러니 그대나 나나 얼마나 엄청난 존재인가. 사람은 물론 풀 한 포기, 벌레 한 마리까지도 위대한 한울님인 게지. 밥 한 사발만 알면 모든 것을 알 수 있어. 해월도 그런 말씀을 하셨지. 우리가 평생 배워 아는 것이 밥 한 사발 아는 것만 못하다고. 대단한 말씀이지. 이 밥알 하나라도 하늘과 땅과 사람이 서로 힘을 합하지 않으면 생겨날 수 없는 법이야. 하찮게 보이는 밥알 하나라도 우주를 백그라운드로 삼고 있는 셈이야. 청와대 빽 좋아하는데, 그런 건 아무 것도 아니야. 밥알 하나, 티끌 하나에도 대우주의 생명이 깃들어 있거든.[13]

장일순은 자신을 '조 한 알'이라고 부르며 "좁쌀 한 알에 우주가 담겨있다"고 자주 이야기했는데 이 또한 의상의 화엄철학에 보이는 '일즉다다즉일(一卽多多卽一)'이라는 체계 속에서 이해할 수 있다. 우리가 살아가는 찰나의 한 순간 한 순간이 영원과 맞닿아 있고, 한 사람을 만나는 일이 온 우주와 대면하는 일이다. 사람만 그러한 것이 아니라 우리가 하찮은 사물 하나하나를 만날 때마다 온 우주와 마주하고 있는 것이다. 심지어 인간에게 해를 끼치는 존재라 해도 이런 통찰은 달라지지 않는다.

> 묵암선사라는 옛 스님 말씀에 이런 말이 있어요.
>
> 爲鼠常留飯 쥐를 위해 밥을 남기고
>
> 憐蛾不點燈 모기(나방)가 불쌍해 등불을 켜지 않노라[14]
>
> 自從靑草出 절로 푸른 풀이 돋아나니
>
> 便不下階行 계단을 함부로 딛지 않노라
>
> 이건 옛날의 불가에서 말하는 게송이고, 곧 시인데, 생명을 존중한다는 그 도리에서, 모기도 남이 아니고, 쥐도 남이 아니고, 미물 전체도 남이 아니다. 그 말이에요.
>
> 묵암선사의 이 말씀은 다른 것이 아니라, 쥐는 곡식이라든가 이불이라든가 옷이라든가 이걸 다 쏠아대고, 모기는 여름철이면 붕 하고 날아와서 사람의 피를 빨아먹는 그런 미물이지만, 소중한 생명이란 말이에요.

---

13 1988년 서울 한살림 월례강좌. 채희승, "무위당 장일순의 서화세계," pp. 289~290.

14 '憐蛾不點燈'에서 '蛾'는 나방인데, 장일순은 모기로 바꾸어 풀이했다. 그 까닭은 아마도 인간에게 해를 끼치는 존재의 비유로 쥐와 모기가 짝을 이루는 게 더 적절하다고 생각했기 때문인 듯하다.

그래서 쥐를 위해 항시 밥을 남겨놓고, 모기를 위해 등불을 켜지 않고, 풀이 나면 그 계단을 밟지를 못하겠다는 말씀이지요. 여지까지 산업문명에서는 경쟁과 효율을 따지면서 일체가 이용의 대상이 되는데, 그렇게 해서는 살 수가 없어요. 생명이 존재하기가 어렵게 되고, 생명이 무시된다. 이 말이에요.[15]

여기서 장일순은 경쟁과 효율이라는 말로 자본주의적 생활양식을 정리하면서, 나에게 이로운 존재는 선(善)으로, 해로운 존재는 악(惡)으로 규정하는 이런 식의 삶으로는 생명을 유지할 수 없게 된다고 비판하면서 모기나 쥐 같은 미물도 생명으로 존중해야 한다고 이야기하고 있다. 이어서 그는 우주 안의 모든 생명체와 유기체가 하나로 연결되어 있기 때문에 끊을래야 끊을 수가 없다고 말한다.

옛날에 어느 공부하는 중이 스승에게,

"부처님이 어디에 계십니까"

하고 물으니까,

스승이,

"저기 문 앞에 있는 잣나무를 봐라.(庭前柏樹子)"

그러셨다는 얘기가 있어요.

그러니까 저 잣나무가 곧 부처다. 온 우주다. 그 말이지요.

일미진중함시방(一微塵中含十方)이라. 이건 불교의 『화엄경』에 있는

15 1991년 서울 한살림 연수회. 채희승, "무위당 장일순의 서화세계," p. 292.

애긴데, 티끌 하나에도 우주가 들어 있다는 이야기예요. 그러니까 날파리 하나도 우주가 없으면 존재할 수 없지 않아요? 지구가 없다든가, 태양이 없다든가, 달이 없다든가, 별이 없다든가, 어떤 조건 하나만 빠져도 존재할 수 없는 거다, 이 말이에요.

오늘 이 자리에서 하고 싶은 얘기는, 모든 생명체와 모든 유기체는 하나로 연결되어 있어 끊을래야 끊을 수가 없다는 것입니다.[16]

선승의 문답을 소개한 뒤 장일순은 『화엄경』의 법문을 인용하면서 티끌 하나에도 온 우주가 다 들어 있다고 이야기하고 있는데, 이 대목은 의상이 『화엄경』의 종지를 압축하여 지은 "화엄일승법계도"가 장일순의 세계관에 직접적으로 영향을 끼쳤음을 확인할 수 있는 대목이기도 하다.

이처럼 거대한 존재와 하찮은 존재에 동일한 가치를 부여하는 사유는 일견 사회적 실천과는 무관해 보인다. 하지만 이 같은 통찰을 우리 현실에 적용하면 '대를 위해 소를 희생하는 것이 정당하다'는 전체주의적 발상이 들어설 자리가 없게 된다는 점에서 실천적 의미 또한 크다. 이를테면 "마태복음"에서 나사렛 예수가 99마리 양을 놔두고 한 마리 길 잃은 양을 찾아 나선다고 이야기한 것이 그런 실천에 해당한다고 할 수 있을 것이다. 그 또한 길 잃은 한 마리 양이 전체와 맞먹는 가치를 지닌다고 생각했다는 점에서 화엄철학의 세계관과 상통하기 때문이다.

---

16 위의 책, p. 293.

Ⅲ. 통일과 평화의 시각에서 본 장일순 사상의 핵심과 특징

지금까지 살펴본 것처럼 장일순의 사유에는 한국 불교 전통의 화쟁론과 화엄철학이 깔려 있다. 이런 의미에서 장일순은 자신의 시대가 당면한 문제를 해결하기 위해 전통적 사유 속에 깔려 있는 오래된 통찰을 현대 한국 사회의 맥락에 맞게 재해석하여 실천한 철학자라고 할 수 있다. 따라서 그의 평화사상을 살펴보는 일은 현대 한국이 당면한 여러 문제를 해결하는 데 적잖은 시사가 될 수 있을 것이다.

일제 강점기에 태어난 장일순은 광복 후 세상을 떠날 때까지 한 마디로 격동의 시대를 살았다. 민족의 분단과 한국전쟁, 연이은 독재정권의 집권으로 민주적 가치와 인권이 탄압받는 어둠의 시대를 살았던 것이다. 이런 시대의 민주화 운동의 최우선 과제는 필경 독재정권과 맞서 싸우는 일일 수밖에 없기 때문에 불가피하게 투쟁적이고 영웅적인 삶이 요청되는 시대이기도 하다. 장일순 또한 1960년대 한일 굴욕외교반대 투쟁과 1970년대의 민청학련 사건 관련자 석방운동 등에서는 일시적으로 투쟁적 면모를 보이기는 했지만 그런 경우는 드물었고, 1950년대부터 세상을 떠날 때까지 비폭력 저항을 중심으로 평화운동을 이어갔다.

현재 우리가 살고 있는 한반도는 세계 그 어느 곳보다 평화의 가치가 절실하게 요구되는 정치적 공간이다. 우리는 아직 민족의 분단으로 인해 발생하는 온갖 구조적 문제를 해결하지 못하고 있을 뿐 아니라 오히려 적대적 공존이 고착화되어 가는 상황에 직면해 있기 때문이다. 분단 모순을 근본적으로 해결하는 유일한 방법은 말할 것도 없이 통일이다. 하지만 현재 통일에 관한 한 한국사회의 정서는 장일순이 생존했던 시대에 견주어도 퇴행적이다. 장일순의 시대에는 방법은 달랐을지라도 분단 문제를 해결하기 위해 남북의 통일을 추진해야 한다는 주장은 진영을 떠나 이론의 여지가 없을 정도로 명백한 공감대를 형성했다. 그러나 현재 한국사회에서 통일은 절대적인 명제가 아니라 선택의 문제로 전락한 것으로 보인다. 왜 이렇게 되었을까? 장일순은 일찍이 이런 상황의 도래를 예견이라도 한 것처럼 다음과 같이 말했다.

> 지금 더러 통일운동 하는 사람들이 온단 말씀이야. 그래서 내가 자네들 통일운동을 북쪽하고 하는 건가? 하고 물었더니 그렇다고 해. 그래서 이렇게 말했지. 자네들 국민하고도 통일운동을 제대로 못하면서 무얼 북쪽하고 통일운동을 해? 또 나아가서 남한 내부가 지역감정으로 갈가리 찢어져 있는데 그 이해관계도 감정적으로 골이 깊은데, 그런 통일운동도 못하면서 뭐 어디하고 통일운동을 해? 나는 이해가 안 돼.[17]

장일순은 통일이라는 민족적 과제를 해결하기 위해서는 먼저 우리 내부의 대립과 갈등부터 해소해야 한다고 주장한 것이다. 예컨대 한국사회가 진영의 논리에 매달려 있는 한 통일의 길은 멀 수밖에 없다는 이야기다. 따라서 내부의 지역감정이나 진영논리를 넘어 적대적 관계를 해소할 때 비로소 참된 의미의 통일이 가능하게 될 것이라는 전망이다. 이는 그가

17 무위당사람들, "무위당의 글," 『원주에서 세계의 공동체 정신을 돌아보다』 (원주: (사)무위당사람들, 2015), p. 17.

분단의 원인을 외부 세력의 개입 탓으로만 돌리지 않는 이해에서 비롯된 것이다.

> 우리가 미국이나 소련, 그리고 그네들 욕심으로 만들어진 이데올로기에 관계없이, 남북이 스스로 내왕하고 우리 전통, 우리 살던 방식대로 살겠다고 했더라면 분단이 되었겠어요? 안 되었을 거란 말이에요. 지금까지 우리는 우리의 전통, 우리 사는 방식을 너무도 무시해왔어요.
> 하지만 이것은 비단 우리 한국만의 문제가 아니라 전 세계가 그런 형편이죠. 한마디로 주판을 잘못 놓고 있다 이 말이에요. 그런데 주판을 잘못 놓게 되면 완전히 털어버리고 다시 놓아야지요.[18]

장일순의 이 같은 통일관은, 한반도 분단은 외세의 개입보다 내부의 분열이 더 크게 작용했다는 점을 중시한 합리적 주장이다. 물론 한반도의 분단은 외세의 개입이 작용한 것이 틀림없는 사실이다. 그러나 외세가 개입하게 된 근본적 원인은 내부에 있고, 지도자들이 직면했던 민족의 여러 문제를 스스로 해결하지 못하고 외세에 의존하는 방식으로 생존을 도모했기 때문에 분단의 비극을 초래한 것 또한 부정할 수 없는 사실이다. 장일순은 통일 문제를 이야기할 때 늘 "소련이나 동구라파가 써먹던 방법, 미국이 써먹던 방법을 가지고 이 땅의 문제를 해결할 수 없다."고 했다.

---

18 1988년 9월 19일 한살림 월례강좌. 채희승, "무위당 장일순의 서화세계," pp. 289~290.

> 일을 처리하는 데는 순서가 있어. 박정희가 아무리 무서워도 우리끼리 해결해야 할 상대거든. 근데 자기 탄압한다고 해서 그냥 기대는 모습은 옳지 않아. 외국 애들한테, 전부 저놈 좀 죽여 달라고 하고 말이지. 이건 자주적인 역량을 뿌리째 뽑아버리는 거야.[19]

통일을 이루기 위해서는 먼저 자주적 역량을 갖추는 것이 필요하다는 주장이다. 분단의 원인을 전적으로 외세에 돌린다면 통일 또한 외세의존적일 수밖에 없을 것이라는 점에서 장일순의 이 같은 주장은 타당해 보인다. 그러나 장일순은 통일을 한반도에 국한된 문제로만 보지는 않았다.

> 한반도 내부의 그 동안의 역사적인 환경 내지는 조건 속에서 어려움이 있기는 하지만 이 한반도는 세계 속에 있어서의 한반도이고 전 우주 속에 있어서의 한반도다 말이야. 그럼 이제는 문명에 대한 반성과 문명이 우리에게 갖다 준 결과가 뭐를 가져오고 있느냐? 그것 속에서 우리 삶에 대해서 땅바닥서부터 다시 정착시켜가는 그런 시기여야 된단 말이야.[20]

여기서 장일순은 한반도를 전 우주 안의 한반도로 보고, 작은 마을의 일을 전 세계, 전 우주의 일로 보아야 한다고 강조하고 있다. 이처럼 분단

---

19 무위당사람들, "무위당의 글", 『원주에서 세계의 공동체 정신을 돌아보다』, pp. 18~19.

20 위의 책, p. 14.

의 근본적 원인을 내부의 분열에서 찾는 장일순이 한반도의 문제를 한반도만의 문제로 보지 않는 통찰에 도달한 것은, 그가 깊이 이해하고 있는 화엄철학을 통일이라는 현실적 문제를 해결하는 데 적용한 데에서 비롯되었다. 이에 따라 장일순은 통일의 목적을 국가적 가치에 국한시켜 이해해서는 안 된다고 주장한다.

> 통일을 국가 이익 내지는 국민국가 형태의 이익만 가지고 밀어 붙여서는, 엄청난 변화를 요구하는 이 상황 속에서 그건 효과가 없게 될 걸세. 문제는 이 땅과 그 이웃과의 관계 속에서 삶을 어떻게 제대로 처리해 가는 것이 중요하냐는 문제야. … 남북의 통일문제도 생명에 대한 생각을 구축하는 속에서 얘기가 돼야지. 이것을 국민국가의 어떤 힘만 가지고 힘의 조정만 가지고 하려고 해서는 안 돼요. 아무리 작은 한 마을의 일이라고 하다라도 그건 전 세계의 일이요. 전 우주의 일 아닙니까.[21]

이처럼 장일순은 남북의 통일 문제 또한 하나의 민족이나 한 국가의 이익에 국한된 문제가 아니라 전 세계의 평화와 온 우주의 생명을 살리는 운동의 일환으로 생각했다. 이 또한 하나가 곧 전체이고 전체가 곧 하나라는 화엄철학의 논리를 현실에 적용한 결과라고 할 수 있다.

---

21 무위당사람들, "무위당의 글," 『원주에서 세계의 공동체 정신을 돌아보다』, p. 16.

IV. 장일순의 사상이 한국사회에 주는 교훈

장일순의 이야기에 따르면 한국 사회가 당면하고 있는 여러 문제를 해결하기 위해서는 먼저 내부의 적대세력을 포용하고 대화하는 일이 필요하다. 여기서 적대세력을 철학자들이 쓰는 말로 바꾸면 '타자(他者)'가 될 것이다. 타자란 단순히 나 아닌 타인을 가리키는 말이 아니라 나와 생각이나 가치관이 다른 사람, 그래서 말이 안 통하는 사람을 가리킨다. 장일순의 일화 중에는 그런 타자와의 관계를 어떤 식으로 풀어가야 하는지 시사해 주는 이야기가 많다.

> 도둑을 만나면 도둑이 돼서 얘기를 나눠야 해. 도둑은 절대 샌님 말을 안 듣거든. 뭐냐 하면 저 사람도 나와 같은 도둑이다 싶으면 그때부터 말문을 열기 시작한다 이 말이야. 그때 도둑질을 하려면 없는 사람 것 한두 푼 훔치려 하지 말고 있는 사람 것 털고, 그것도 없는 사람과 나눠 쓰면 좋지 않겠냐고 하면 알아듣는다.
> 부처님은 마흔네 개의 얼굴을 갖고 계시다는 말이 있는데, 말하자면 이런 거지. '누구를 만나든 그 사람과 하나가 된다' 이 말이야.[22]

여기서 도둑은 타자의 다른 이름이다. 이 이야기는 그런 타자 또는 적대자와 공존할 수 있는 방법을 이야기하고 있다는 점에서 원효의 화쟁론과

---

22 최성현, 『좁쌀 한 알 장일순』 (서울: 도솔, 2004), pp. 86~87.

닮은꼴이다. 화쟁을 이루기 위해서는 '나는 옳고 너는 그르다'는 식의 자의식을 넘어 상대와 온전히 같은 존재가 되어야 한다. 그렇게 하기 위해서는 나의 처지를 내려놓고 상대를 이루어 주는 과정이 있어야 함께 할 수 있다. 도둑의 경우도 마찬가지다. 흔히 도둑을 만나면 도둑이라고 욕만 하니까 그 사람에게 도둑은 도둑으로만 남는 것이다. 그런데 장일순은 도둑과 이야기를 나누기 위해서는 자신도 도둑이 되어야 한다고 이야기한다. 이는 실제로 도둑질을 한다는 뜻이 아니라 자신이 가지고 있는 일체의 도덕적 조건과 물질적 기득권을 내려놓고 상대와 같은 자리에 선다는 뜻이다.

> 친구가 똥물에 빠져 있을 때 우리는 바깥에 선 채 욕을 하거나 비난의 말을 하기 쉽습니다. 대개 다 그렇게 하면서 살고 있어요. 그러나 그럴 때 우리는 같이 똥물에 들어가야 합니다. 들어가서 여기는 냄새가 나니 바깥에 나가서 이야기하는 게 어떻겠느냐고 하면 친구도 알아듣습니다. 바깥에 서서 입으로만 나오라고 하면 안 나옵니다.[23]

세상에는 수많은 타자가 있다. 그중에서 가장 멀리 있는 타자는 아마도 범죄자일 것이다. 범죄자는 그저 생각이나 가치관이 다른 정도가 아니라 그릇된 자로 지목되어 더럽다고 비난받는 사람을 가리키기 때문이다. 하지만 장일순은 그런 사람을 변화시키기 위해서는 손가락질할 것이 아니라 그와 같은 처지가 되어서 이야기를 나누어야 한다고 주장한다. 그러니 도둑을 만나면 도둑이 되고 더러운 자를 만나면 함께 더러운 자가 되어 이야

23 위의 책, p. 151.

기를 나누어야 한다. 장일순이 원주역의 소매치기를 설득하여 돈을 돌려주게 한 일도[24] 이런 마음이었기에 가능했을 것이다. 일찍이 리영희는 장일순을 두고 이렇게 평가한 적이 있다.

> 내가 일면적이고 평면적인 사고나 사상과 정서로 인간적 포용력을 못 가진 데 비하여 그 분(장일순)은 다면적이고 복합적이고도 중층적이면서 아무 모순 없이 이질적으로 보이는 제반 사상들을 하나의 커다란 용광로처럼 융화시켜 나가는 분이었어요. 그 인간의 크기에 압도되지. … 그 분의 생활양식은 노자적이면서 불교적이고, 오히려 비기독교적이라 볼 수 있었어요. 그 분의 생활양식은 가톨릭의 규율이나 범주에는 전혀 매이지 않았어요. 어느 이념이나 종파에도 매이지 않았기 때문에 모든 것을 포용할 수 있었다고 봅니다.[25]

장일순은 어린 시절 세례를 받고 천주교 신자가 되었다는 이유로 기독교 계열 사상가로 분류되는 경우가 많다. 하지만, 리영희의 이 회고에 따르면 그는 가톨릭의 규율이나 범주는 물론이고 어느 이념이나 종파에도 얽매이지 않았고 그 때문에 모든 것을 포용할 수 있었다고 한다. 실제로 장일순은 자신을 탄압한 독재자라는 커다란 악과 시골 아낙네의 혼수 돈을 훔친 길거리의 소매치기에 이르기까지 모든 사람을 용서하고 포용하는 삶을 살았다. 하지만 그의 이런 삶을 단순히 '탈이념'이나 '탈정치'의 결과로

24 최성현, 『좁쌀 한 알 장일순』, p. 136.
25 리영희, 『대화』 (서울: 한길사, 2005), p. 135.

이해해서는 안 될 것이다. 오히려 생명과 평화라는 가장 큰 이념, 가장 큰 정치를 지향한 결과로 보아야 할 것이다.

김대식

3장

함석헌의 평화사상 :
비폭력주의와 협화주의를 중심으로

I. 비폭력의 실천철학자로서의 함석헌

19세기 생철학자 니체(Friedrich W. Nietzsche)는 「전쟁과 전사에 대하여」에서 다음과 같이 읊었다. "너희들은 너희들에게 걸맞은 적을 찾아내어

일전을 벌여야 한다. 너희들의 사상을 위해! 설혹 전쟁에서 너희들의 사상이 패배하더라도 너희들의 성실성만은 그에 굴하지 않고 승리를 구가해야 하리라! 너희들은 평화를 사랑하되, 또 다른 전쟁을 위한 방편으로서 그것을 사랑해야 한다. 그리고 긴 평화보다 짧은 평화를 더 좋아해야 한다. 내가 너희들에게 권하는 것은 노동이 아니라 전투다. 내가 너희들에게 권하는 것은 평화가 아니라 승리다. 너희들이 하는 노동이 전투가 되고 너희들이 누리는 평화가 승리가 되기를 바란다!"[1] 니체가 실제적인 폭력이나 전쟁을 찬미하는 것은 아닐지라도 사상의 승리를 위해서조차도 적과의 전쟁을 불사하고 단발적인 평화만을 원할 뿐 경쟁을 마다하지 않는 인간의 폭력적인 생의 의지 혹은 힘의 의지를 반영하는 현실은 예나 지금이나 다르지 않을 것이다.

오늘날 폭력은 정신적 외상으로서 개별적 존재를 넘어 다수의 타자에게까지 영향을 주고, 그것은 급기야 사회적 신경증이나 정치적 테러의 형식으로 출몰한다. 게다가 폭력의 승화는 은밀하게 법과 질서, 그리고 권력으로 위장되어 나타나고 있다.[2] 이러한 폭력이 자행되는 현실을 목도하면서 그것이 폭력이라고 말은 하지만 실제로 그 폭력성을 어떻게 무화(無化) 시킬 것인가 하는 논의와 실천은 미약하다. 폭력 혹은 폭력성을 완전히 무화시키지 않는다면 음성적 발화만으로는 폭력을 막을 수 없다. 무화시킨다는 것은 무력화시킨다는 것과는 다르다. 폭력은 인간에게 하나의 부정

1 Friedrich W. Nietzsche, 정동호 역, 『차라투스트라는 이렇게 말했다』 (서울: 책세상, 2004), p. 77.

2 Terry Eagleton, 서정은 역, 『성스러운 테러』 (서울: 생각의나무, 2007), p. 109; Jacques Rancière, 주형일 역, 『미학 안의 불편함』 (고양: 인간사랑, 2008), p. 177.

적인 힘이자 비생산적 힘이기 때문에 그것을 사라지게 만드는 것이 궁극적인 목표여야 한다. 폭력이 상상으로는 누구에게나 열려 있는 분노의 표출이 될 수 있을지는 몰라도 그것이 모방된 형태로서 재생되는 순간 자신뿐만 아니라 모든 타자들에게까지도 심각한 상처와 무력감(無力感), 생의 의지를 좌절하게 만든다. 그와 같은 폭력성을 무화시키는 것이 평화라면 그것이 함의하고 있는 바를 논하기에 앞서 폭력(暴力)은 아니 된다(非)는 비폭력의 양태가 무엇인가를 짚어보아야 한다.

그것을 실천적 이론으로 접목시킨 인물이 바로 한국의 현대 사상가이자 실천철학자 함석헌이다. 그는 단순히 이론적 토대를 구축하여 평화로 나아가는 인간의 존재론적 방향성을 모색한 것이 아니라 그 비폭력의 철학을 몸으로 구현한 인물이다. 그래서 그가 하는 말마디는 이론의 실천적 기반들을 언어로서 담아내는 특이한 형태의 서술 양식을 띤다. 따라서 폭력의 양상들을 극복하고 점차 폭력의 권력 주체들과 대상 사이가 해체되는 평(平, 고른 몫)-화(和, 화합과 일치의 몫)의 정착과 그 가능성을 함석헌을 통해서 살펴보는 것은 의의가 있다. 이를 위해서 함석헌에게 영향을 미친 간디의 비폭력 저항운동과 그로부터 저항철학의 실마리를 발견한 함석헌의 비폭력 저항의 핵심과 특징이 무엇인지 알아보는 것은 머드러기를 발견하기 위한 중요한 작업이다. 동시에 좀 더 적극적인 의미에서 함석헌에게서 새로운 평화의 철학 혹은 영성은 무엇인지를 톺아보고, 그 비폭력의 미학의 정수로서 함석헌의 아나키즘적 평화의 가능성을 살펴봐야 한다. 더 나아가서 함석헌의 비폭력주의가 갖는 의미와 오늘날의 현실을 향해 주는 메시지의 울림의 깊이를 가늠해보는 것은 폭력이 만연한 세계의 방향타 역할을 해줄 것이다.

II. 폭력의 무화와 삶의 형식으로서의 평-화

함석헌은 "이제 우리의 나아갈 길은 간디를 배우는 길밖에 없다"[3]고 말할 정도로, 그의 비폭력주의 평화사상은 간디로부터 지대한 영향을 받았다.[4] 게다가 그는 비폭력주의의 산실인 인도에 대해서 무관심하다는 것에 대해서 적이 놀라면서, 인도는 비폭력정신을 기조로 하여 국가가 운영된다는 데에 방점을 둔다. 그렇기 때문에 세계의 장래를 위해서는 인도를 알아야 할 뿐만 아니라 서로 교류하고 그 나라의 역할을 간과해서는 안 될 것을 피력한다.[5] 이런 의미에서 그에게 있어 간디는 존경을 받을 만한 위대한 인물로 기억된다. 특히 함석헌은 3·1운동[6] 직후 인도에서 사티아그라하(satyagraha, 진리파지; 진리를 단단히 붙듦, 참을 지킴) 운동을 벌일 때 간디를 처음 알았다. 그뿐만 아니라 그는 로맹 롤랑(R. Rolland)의 『간디전』을 읽었을 것이라고 추측된다. 하지만 보다 구체적으로 반국가적 평화주의에

---

3 함석헌, 『함석헌전집7-간디의 참모습: 간디자서전』 (서울: 한길사, 1984), p. 9.

4 사실 간디의 비폭력주의는 톨스토이로부터 영감을 얻었고, 함석헌에게 영향을 끼쳤던 우찌무라 간조도 톨스토이의 관련성을 빼놓고는 논할 수 없다. 따라서 간디나 함석헌의 비폭력주의 평화론은 톨스토이로부터 연원한다고 봐야 하고, 그런 의미에서 그 상관성에 대한 연구는 차후에라도 다루어져야 마땅하다. 박홍규, 『함석헌과 간디』 (서울: 들녘, 2015), pp. 129~130.

5 함석헌, 『함석헌전집2-인간혁명의 철학』 (서울: 한길사, 1983), pp. 48~49.

6 최근에 '3·1운동'은 '왕'이 지배하는 나라에서 '민중'이 나라의 주인이 되는 민주사회[主權在民]를 지향했다는 점에서 '3·1혁명'으로 봐야 한다는 주장이 제기되었다. 윤경로, "평화와 연합운동으로서의 '3·1혁명'," 『종교와 공동체문화』, 한국종교연합 주최 제86차 평화포럼(2016년 10월 25일), pp. 9~21 참조.

관해서는 해방 후, 특히 6·25한국전쟁 이후에 본격적으로 관심을 갖게 되었다. 그러한 간디의 사상과 운동의 핵심을 잘 간파했다고 볼 수 있는 흔적은 1965년 4월호 《사상계》에서 "간디는 목적보다 수단의 옳음을 외쳤다"는 기록에서 발견하게 된다.[7] 이와 같은 근거 하에서 김삼웅은 함석헌을 아예 간디주의자라고 단정 짓는다. "… 비폭력저항, 불복종, 비협력주의, 불가촉민(씨알)의 지위 향상, 민중교육운동, 인도 고유의 전통사상은 사티아그라하 운동의 절제된 생활원칙인 브라마차리아(bramacharya) 등 종교적 행위와 정치적 행위를 결합하여 '국가의 도덕성'을 실천한 간디의 사상과 철학을 실천한 간디주의자다."[8]

실제로 간디의 아힘사(ahimsa, 비폭력)는 사랑, 자비, 용서를 포함[9]하는 것으로서, 그는 "비폭력주의는 가장 활동적인 힘이다. 거기엔 비겁이나 나약함이 들어갈 자리가 없다"고 말하였다.[10] 더 나아가서 "사티아그라하의 목적은 악행을 저지르는 사람을 강요하는 게 아니라 개심(改心)시키는 데 있다… 사티아그라하는 부드러울 뿐, 절대로 상처를 입히는 법이 없다 사티아그라하는 강제와는 정반대의 것이며, 폭력을 완전히 대치시킬 수 있는 것이라고 할 수 있다… 그것 사티아그라하는 사회뿐만 아니라 한 개인도 역시 사용할 수 있는 힘이다… 비폭력은 인류가 행사할 수 있는 힘 중에

---

7 김삼웅, 『저항인 함석헌 평전』 (서울: 현암사, 2013), pp. 306~307; 박홍규, 위의 책, p. 165, p. 390.

8 위의 책, p. 380.

9 Raghavan Iyer 편, 허우성 역, 『진리와 비폭력(하)—마하뜨마 간디의 도덕·정치사상 권2』 (서울: 소명출판, 2004), p. 283.

10 Mahatma Gandhi, 최혁순 엮음, 『모든 인간은 한 형제』 (서울: 을지출판사, 1983), pp. 153~154.

최대의 힘이다"[11]라고 역설했다. 이와 같은 간디의 "'진리 파악'이나 '비폭력'은 깊은 도덕의식과 종교의식에서 나오는 정신력으로, 그것의 본질은 상대방을 폭력으로 패배시키는 대신 정신력으로 상대방의 마음을 변화시키는 데 있고 스스로 고통이나 고난을 당함으로써 상대방의 마음속에 있는 사랑과 인간적 감정을 불러일으키는 데 있다"[12]고 덧붙여 해석할 수 있다. 동일한 맥락에서 함석헌은 이렇게 말한다. "비폭력주의는 서로 경쟁이 아니고 문제가 있는 때에도 자기희생에 의하여 서로 저쪽의 속에 숨어 있는 좋은 힘을 끌어내도록 하자는 노력이다."[13]

이러한 간디의 사상적 기반 하에서 함석헌은 비폭력이란 진리라고 말한다. 진리를 행하는 데 예외는 없다. 비폭력적 진리는 보편적이어야 한다.[14] 흔히 비폭력이라는 것이 약자가 강자에 대해서 이루어지는 약자의 진리인 양 인식되는 경향이 있다. 하지만 함석헌은 비폭력, 즉 폭력을 무화시키는 데는 강자와 약자, 지배자와 피지배자가 따로 없다. 약자가 강자의 폭력에 맞서 똑같은 행위의 원칙을 실행하는 것이 아니라 그것을 되레 무화시키려는 더 강한 의지의 저항임을 분명히 한 것이다. 그것은 시간성의 역행과도 맞닿아 있다. 지금까지의 역사, 인간의 시간은 폭력주의로 점철되어 왔다.[15] 그 시간성의 흐름, 그 시간의 의지를 무화시키는 것이 폭력의 무화라

---

11 위의 책, p. 151, pp. 172~173.

12 이재봉, "함석헌의 비폭력사상과 한반도의 비폭력통일," 함석헌학회, 『생각과 실천 2』 (파주: 한길사, 2012), p. 198.

13 함석헌, 『함석헌전집2－인간혁명의 철학』, p. 49.

14 위의 책, p. 34.

15 위의 책, p. 34.

는 것은 말할 것도 없다. 행동과 존재는 시간과 역사에 의해서 규정된다. 축적된 강력한 시간과 역사를 거슬러 새로운 형태의 삶의 양식, 곧 평화를 일구겠다는 의지는 비폭력저항 의식의 발로이다.

여기서 폭력의 무화는 폭력의 부정(negative, 否定)이 아니라 폭력의 부정(indefinite, 不定)으로서 제3의 차원을 뜻한다고 볼 수 있다. 즉 그것은 비-폭력으로서 폭력에 내재하는 과잉의 폭로인 것이다. 함석헌이 "비폭력이라니 단순히 주먹이나 무기를 아니 쓴다는 말이 아"[16]니라고 한 것도 그렇게 이해를 해야 한다. 이것은 주디스 버틀러(Judith Butler)의 입장과 매우 흡사하다. 그녀는 레비나스(E. Levinas)의 철학적 윤리학을 빌려서 다음과 같이 말한다. "레비나스가 보기에 비폭력은 평화로운 장소보다는 오히려 폭력을 겪을 것이라는 두려움과 폭력을 입힐 것이라는 두려움 사이의 끊임없는 긴장으로부터 도래한다. 평화는 폭력과의 생생한 싸움이고, 평화가 저지하려 하는 폭력이 없다면 평화도 있을 수가 없다. 평화는 이런 긴장의 이름이다. 왜냐하면 평화란 항상 어느 정도는 폭력적인 과정이고, 비폭력이란 이름으로 벌어지는 일종의 폭력이기 때문이다."[17] 흥미로운 것은 평화의 기표(signifiant)는 바로 "긴장의 이름"이라는 것이다. 평화란 상식적인 의미에서 폭력의 종식이나 폭력의 무화가 아니라는 것을 암시한다. 평화를 이루기 위해서는 폭력에 저항하기 위한 폭력이-아님, 폭력이-아닌 것으로서의 비-폭력이라는 수단이 강화되어야 되는데, 여기에서 발생하는 폭

16 위의 책, p. 40.

17 Judith Butler, 양효실 역, 『지상에서 함께 산다는 것』 (서울: 시대의창, 2016), p. 115.

력인 것과 폭력이 아닌 것 사이의 긴장과 갈등이 발생한다. 어쩌면 그 '과정' 자체가 폭력을 무화하는 것인지도 모른다. 비-폭력이라는 말 사이의 하이픈(-)이 주는 기표적 의미는 시간성의 고정과 지연의 양극단의 시차와 거리를 가능한 한 단절시켜서 비폭력이 폭력이 되지 않도록 하려는 의지의 표명으로 읽히도록 하려는 것이다. 동시에 폭력이 폭력으로서 확정되지 않도록 하려는 시니피앙을 통한 시니피에의 불확정성 혹은 알튀세르(Louis Pierre Althusser) 말한 이데올로기적 호명(interpellation)이 되지 않도록 하려는 강한 언명으로 봐야 할 것이다.

이것은 함석헌의 다음의 문장에서도 잘 드러난다. "그것은(비폭력은) 너 나의 대립을 초월한 것입니다. 차별상(差別相)을 뛰어 넘은 것입니다. 그러므로 인류 역사상 이것을 처음으로 큰 규모로 실행했던 간디는 이것을 참, 곧 진리파지(眞理把持)라 불렀습니다. 여기는 인격의 차별이 없는 것은 물론, 인축(人畜)의 차별조차도 없습니다. 생에 대한 절대의 존경을 그 도덕의 토대로 합니다. 그러므로 사람에서 버릴 사람이 없습니다."[18] 차별 없음 그리고 자아와 타자와의 대립을 초월한다는 것이 비폭력이라는 것이다. 비-폭력은 피아를 차별하고 구분하지 않는다. 폭력은 나와 너를 구분하고 차별할 때 발생한다. 폭력의 맥락은 지젝의 논리를 빌려서 말한다면, "타인의 과도한 향락"이 편중되는 데서 비롯된다고 말할 수 있다. 상호주관적인 평화를 해치는 이유는 지배자 혹은 폭력의 행사자가 과잉적, 잉여적 향락, 곧 주이상스를 소유하기 때문이다. 잉여적 향락이 동등성이나 평등성으로 분할되지 않을 때 그 향락을 즐기고자 하는 지배자는 힘의 균형과 향

18 함석헌, 『함석헌전집2-인간혁명의 철학』, pp. 40~41.

락의 분할을 깨버리고 만다. 차별은 그렇기 때문에 보편적 주이상스에 대한 독점과 강제에서 출발한다고 말할 수 있다. 민주주의 사회에서 보편적 주이상스에 대한 강제는 평화를 저해하는 요인이다. 앞에서 함석헌은 바로 이 점을 지적하였다. 보편성과 획일성, 그리고 다수성의 원칙하에 그 보편성과 다수성의 대중을 위한 주이상스를 확대하다 보면 소수는 그 주이상스의 동등성의 원칙에서 멀어지게 되고 차별과 차이, 구분과 구별이 생기게 되는 것이다. 그런 의미에서 평화는 향락에 대한 접근성의 동등성 혹은 주이상스의 동등성을 확보하지 못할 바에야 동등하게 금지하는 방향으로 선회하는 것이 옳을 것이다. 지젝이 말한 바와 같이 "동등한 금지의 공유"가 평-화(平-和), 평-화의 감성을 가능하게 하기 때문이다.[19]

함석헌은 다수결 제도에 의한 민주주의에서도 폭력을 엿볼 수 있다고 말한다. 정치적 체제에서 다수가 소수에게 행사하는 지배적 폭력을 염두에 둔 것이라 생각되는데, 다수가 소수의 의견을 묵살하는 것조차도 타자를 자기와 동일화하려고 하는 전체성의 폭력이 내재해 있다. 한병철이 "이질적인 것, 낯선 것뿐만 아니라 같은 것도 폭력의 원천이 될 수 있다"고 말한 것은 그런 차원을 지적한 것이다. 민주주의와 연동하고 있는 자본주의 사회에서 인간이 얼마나 신경증적 폭력에 시달리고 있는가를 예리하게 분석한 그는 현대 사회가 "긍정성의 폭력"에 시달리고 있다고 주장한다. 과거에는 타자가 불러일으키는 부정성의 폭력에 의해서 인간이 공포를 느꼈지만, 지금은 "박탈(privativ)하기보다 포화(saturativ)시키며, 배제(exklusiv)하는

19 S. Zizek, 박정수 역, 『How to read 라캉』 (서울: 웅진지식하우스, 2007), pp. 60~61.

것이 아니라 고갈(exhaustiv)시키는" 긍정성의 폭력을 경험한다는 것이다. 부정성의 폭력은 거부할 수 있고 저항할 수 있지만 긍정성의 폭력은 내재화되고 부정(不定)할 수 없기 때문이다. 따라서 그는 "긍정성의 폭력은 적대성을 전제하지 않는다. 오히려 관용적이고 평화로운 사회에서 확산되며 그 때문에 바이러스성 폭력보다도 눈에 덜 띈다"고 말한다.[20]

박노자는 이러한 타자에게 상처와 폭력을 안겨 주는 민주주의를 "형식적 민주주의"라고 꼬집으면서, 이와 같은 지배 권력이 피지배층을 억압하는 현실에서 스스로 '피통치민'으로서의 위치를 거부하는 행동을 하지 않는다면 그에 대한 극복은 어렵다고 진단한다.[21] 그렇다면 함석헌은 이러한 폭력에 대한 해결을 어디에서 찾고 있는가? 그는 "새로운 세계관, 새로운 인생관, 새로운 윤리, 새로운 종교가 나와야" 한다고 강조한다.[22] 새롭다고 하는 것은 지금과는 전혀 다른 형태의 삶의 양식들을 전제로 한다. 이것은 비-폭력의 현상학으로 나아가기 위해서 과거와의 단절을 의미하는 비(非)의 해석을 통한 새로운 질서와 삶의 양식으로서의 평-화 혹은 평화의 감성으로 봐야 하지 않을까.

---

20 한병철, 김태환 역, 『피로사회』 (서울: 문학과지성사, 2012), pp. 17~21.

21 박노자, "저신뢰 사회, 대한민국," 《한겨레신문》, 2016년 10월 5일, p. 25.

22 함석헌, 『함석헌전집2-인간혁명의 철학』, p. 40.

III. 평화의 영성을 위한 예수의 비폭력 투쟁과 퀘이커 사상

함석헌에게 있어 비폭력은 "모든 사람 속에 불멸의 영성(靈性)을 보는 것이요, 그것을 불러내자는 운동입니다. 그러기 때문에 다 죽은 것 같던 민족에서 새 창조가 나올 수 있었습니다"[23]에서 보는 것처럼 인간의 영성 문제와 관련이 있다. 영성이 도피가 아니라 현실을 초월하는 삶을 일컫는 것이라면, 현실 세계가 품고 있는 갈등과 폭력, 긴장과 지배의 감정들을 극복하기 위한 하나의 장치는 비-폭력이어야 한다. 국가 사이, 종교 사이, 집단 사이, 사람 사이에서 발생하는 현실적인 문제에 올바른 정신과 영성이 바탕이 될 때 현실의 욕망과 본능에 집착한 시각에서 탈피하여 새로운 삶으로의 도약이 가능할 수 있다. 이러한 사이성(betweenness)에 대한 통찰이 적극적인 평화의 길로 가는 지름길이 될 수 있을지 모른다. 이찬수는 바로 이러한 사이성의 전제로 "공감적 관계성"(empathic relationship)을 주장한다. 결국 폭력과 살인의 원인에는 인간이 사물화 되는 데서 비롯된다는 것인데, 이것을 극복하기 위해서는 파편화된 인간을 넘어서 사이성과 관계성에 토대를 둔 공감적 감수성을 회복하는 것이 중요하다는 것이다.[24]

이와 같은 공감적, 공생적 평화의 영성은 반드시 '운동'의 성격으로 드러나야 한다. 현실에 고착화된 욕망에 매몰되어 민중을 기만하는 정치와 국

---

23 위의 책, p.41.

24 이찬수, "자연의 타자화, 인간의 사물화, 그리고 '세월호'," 김성철 편, 『재난과 평화』 (서울: 아카넷, 2015), pp. 60~61.

가의 욕망, 자본의 이익을 위해 인간을 사물로 취급하는 기업의 욕망,[25] 인간을 거세된 부속품 정도로 취급하는 교육의 욕망에는 공감적 감수성은 존재하지 않는다. 그렇기 때문에 전쟁과도 같은 현실 세계에 대한 저항운동이 필요한 것이다. 적극적인 의미에서의 전쟁과 소극적인 의미에서의 전쟁은 이미 가상의 현실이나 증강현실처럼 실제와 가상을 넘나들면서 혹은 혼동을 일으키면서 전개되고 있는데, 이것은 평화의 사상적 인식만으로는 부족하다는 것을 깨닫게 해준다. 고착화시키려는 현실의 폭력적 사태에 대해서 생성, 변화하면서도 사람들 안에 있는 변하지 않는 진리, 곧 평화의 영성, 평화에 대한 공통감각을 실천적으로 전개해야 한다. 그것을 잘 대변해 주고 있는 종교 공동체가 바로 퀘이커(Quaker)라고 볼 수 있다. 조직, 제도, 교리, 체제 등에 대해서 거부하면서도 개별적인 신앙의 단독자로서의 신자가 초월자의 영감에 따라서 자신의 자유로운 신앙 표현을 한다는 것에는 초월자와 신자, 신자와 신자 사이의 공감적 영성이 자리 잡지 않으면 불가능하다. 더 나아가서 신자와 신자 사이의 신뢰와 확신, 개별적 보편성의 신앙은 제일 먼저 노예 해방의 문제를 제안할 수 있었던 기폭제 역할을 하였다. 지배와 피지배자, 정상과 비정상이라는 사이성의 윤리, 틈의 윤리적 차원을 평화롭게 해결하기를 바라는 그들에게는 반전운동(反戰

25 함석헌, 『함석헌전집3-한국기독교는 무엇을 하려는가』 (서울: 한길사, 1983), pp. 168, 323. 함석헌은 "최고의 사치가 전쟁이다"는 말을 하면서 기업, 곧 자본이 사치품을 만들어서 판매를 하고 있다고 비판한다. 기업이 그 사치품을 통해서 유지하기 위해서 전쟁을 한다는 것이다. 그렇게 "사치 향락을 위한 대규모의 공장조직의 기업을 하면서 평화는 어렵다"고 보았다. 자본의 폭력성을 지적하고 있는 것이다.

運動)은 매우 자연스러운 일이다. 그래서 그들은 전쟁이라는 폭력 행위에 대한 사상적 갈등과 충돌에서 더 나아가서 폭력적인 전쟁에 불참하는 적극적인 태도로서 집총을 거부하는 적극적인 평화 운동을 전개하였다. 이러한 퀘이커 영성의 시작이 '농민'에게서 일어났다는 것도 주목할 만하다. 우리가 잘 아는 바와 같이 퀘이커는 조지 폭스(George Fox)가 창시한 것으로 알려져 있지만, 실질적인 운동의 주체는 농민, 즉 씨을에게서 비롯되었다는 것을 간과해서는 안 된다.[26]

프로이트(S. Freud)가 주창한 타나토스(공격의 충동, 죽음의 충동)와 에로스(사랑의 충동)에서 타나토스는 인간의 권력에의 의지, 다수의 권력을 상징한다. 전쟁과 폭력, 그리고 독재권력이라는 죽음의 충동은 에로스를 짓밟으려고 한다. 하지만 에로스는 권력과 폭력을 몰아내고 평화를 정착시키려고 노력한다. 프로이트가 볼 때 전쟁과 폭력은 에로스가 타나토스로 힘의 균형이 쏠리게 될 때 발생한다. 프로이트는 이에 대한 대안으로 폭력(권력)의 억압(Zwang der Gewalt)과 감정결합(Gefühlsbindung)을 제시한다. 감정의 결합은 특정 사회의 구성원들 사이의 의사소통을 통한 의견 일치를 가능하게 한다.[27] 바로 이러한 감정의 결합 혹은 공감적인 감수성을 잘 보여준 집단이 퀘이커교도들이다. 종교친우회(Friends of Religious Society) 모임(meeting)의 회의 진행 방식만 보아도 그들은 만장일치제도를 따르고 있는데, 개별 신자의 소수 의견도 묵살하지 않고 끝까지 존중하면서 의사소통

26 위의 책, pp. 152~155.

27 강영계, 『니체와 정신분석학』 (서울: 서광사, 2003), pp. 322~323; S. Freud, *Gesammelte Werke 16* (1978), p. 19.

의 일치로 귀결시키려는 의지는 그들이 얼마나 평화의 정신을 수호하려고 하는가를 엿보게 된다. 이렇게 종교친우회, 즉 퀘이커가 평화주의자라고 하는 것은 상호주관적인 자기희생을 통해서 타자를 존중하려는 의지에서 간취할 수 있다. 자기희생이 없이 공동체가 유지될 수 없거니와 의사소통의 만장일치를 이끌어내기가 어렵기 때문이다. 이 자기희생은 종교적 사랑에서 기원하는 "절대적인 자기 부정"으로서 "전체적으로 '자기'를 방기"(放棄)하지 않고서는 어려운 일이다.[28] 이렇듯 자기희생인 자기 방기를 통해서 소수자에 대한 배려, 누구라도 배제하지 않고 포용하려는 태도는 종교 공동체 및 그로 인한 세계 평화 운동을 펼치는 원동력이라고 해도 과언은 아닐 것이다. 여기에는 함석헌의 다원론적 철학 및 사상과도 맞물려 있다. 그는 우주의 법칙이나 생명의 법칙이 다원적이라고 말하면서 종교와 사상이 왜 동일성만을 고집하는가에 대한 의문을 제기한다. 그래서 다양한 생명, 다양한 생각, 다양한 종교, 다양한 의견, 다양한 사상이 중요하다는 것을 설파한다.[29] 이렇듯 평화는 사태에 대한 정확한 사상적 무장과 인식에서 출발을 해야 하지만 그것이 운동의 성격으로 나타나기 위해서는 결코 소수의 타자를 배제하거나 무시하는 일이 없이 존중하는 데에서 출발을 해야 한다. 또한 소수의 타자를 포용하기 위해서는 그 무엇보다도 다양성과 다원성의 인식을 통한 평화의 공존을 모색해야 할 것이다.

우리는 여기서 퀘이커의 철학과 영성, 그리고 사상이 만나는 최초의 지

28 니시타니 게이이치(西谷啓治), 정병조 역, 『종교란 무엇인가』 (서울: 대원정사, 1993), pp. 380~381.

29 함석헌, 『함석헌전집3—한국기독교는 무엇을 하려는가』, pp. 163~166, 174.

점을 발견하게 된다. 함석헌은 예수를 통사람[全人]이라고 부른다. 예수는 산숨이며 생명–참–길의 님이다. 그런데 그가 비폭력 투쟁의 화신이 된 데에는 전체를 건지기 위해서, 전체를 살리기 위한 것이었다.[30] 그래서 예수의 평화는 전체의식, 즉 우리는 하나라는 자각에서 비롯한다. 모든 존재는 생명적 존재이자 우주적 존재와 맞닿아 있다. 개별적 존재는 서로 떨어져 있는 것이 아니라 전체인 생명이다. 모든 씨ᄋᆞᆯ은 전체가 하나의 생명인 까닭에 "역사는 하나"라는 형이상학적 선언에 통합된다. 역사속의 씨ᄋᆞᆯ은 하나 됨의 완성을 향해서 나아가는 존재인 동시에 역사는 바로 그러한 씨ᄋᆞᆯ들이 하나 되기 위해서 노력해가는 과정이다. 그래서 '살아라'는 것은 평화의 인식이 아니라 평화의 행동이다. '살아라'는 것이 정언명령, 절대명령이 되어야 하는 이유는 모든 존재는 하나이기 때문에 삶과 생명은 자명한 것으로 평화적 공존도 역시 자명한 것이어야 한다. 그렇기 때문에 전체는 함께 살아야 하고 그 더불어 삶만이 평화일 수 있는 것이다. 이와 같은 정언명령에 의해서 목적으로서의 왕국, 혹은 타자를 인격체로 대하면서 상호호혜적 삶, 유기체적 전체주의적인 삶을 살기 위해서는 비폭력적인 윤리공동체를 지향해야 한다.[31]

---

30 위의 책, pp. 319~320.

31 안병무, "비폭력 저항운동과 평화사상," 함석헌기념사업회 편, 『민족의 큰 사상가 함석헌 선생』 (파주: 한길사, 2001), pp. 387~395; 정대현, 『한국현대철학』 (서울: 이화여자대학교출판문화원, 2016), p. 59; 함석헌, 『함석헌전집2–인간혁명의 철학』, pp. 42~43.

IV. 비폭력의 미학과 함석헌의 아나키즘적 평-화의 감성

아나키즘(anarchism)은 단적으로 "국가가 없는 상태"로서 "집단적 결정을 결코 강요하지 않는 사회"라고 정의를 한다.[32] 어원적으로 두 가지의 해석이 가능한데, an(무)과 arche(지배자, 통치자)에서 유래하여 권위나 정부가 없는 상태를 의미하기도 하고, 아나르코스(anarchos), 즉 선장이 없는 배의 선원을 뜻하면서 상징적으로는 선장이 없는 선원들이 상호 대화, 상호 판단, 상호 결정, 상호 책임이라는 공동체성을 지향하는 것을 뜻한다.[33] 그럼에도 이를 무정부주의라고 매도하고 폭력적이거나 불순한 테러 세력으로 몰아가는 경향이 있는 듯하다. 슈티르너(Max Stirner)와 같은 아나키스트는 "국가와 나, 우리 둘은 적이다"라고 말하였고, 크로포트킨(Peter Kropotkin)은 국가란 16세기 이후 자유 공동체가 파괴되면서 군대 권력, 사법 권력, 토지 소유자와 자본주의자 사이의 상호보험 사회가 창조되면서 등장한 집단이라고 본다.[34] 근본적으로 이러한 아나키즘은 개인의 자유를 억압하는 지배와 체제, 조직 등에 불복종하고 거부 행위로 저항함으로써 자율적 공동체를 지향한다.[35] 그래서 아나키스트들은 이렇게 말한다. "아나키즘은 권

---

32 Michael Taylor, 송재우 역, 『공동체, 아나키, 자유』 (서울: 이학사, 2006), pp. 13~16.

33 하승수, 『아나키즘』 (서울: 책세상, 2008), p. 26.

34 Daniel Guerin, 김홍옥 역, 『아나키즘』 (서울: 여름언덕, 2015), p. 45; Peter Kropotkin, 백용식 역, 『아나키즘』 (청주: 충북대학교출판부, 2009), p. 41.

35 James C. Scott, 김훈 역, 『우리는 모두 아나키스트다』 (서울: 여름언덕, 2014), pp. 40~49; 하승수, 『아나키즘』, pp. 16~17.

력이 드러나는 모든 현상 속에서 권력을 폐기하고, 종속을 강요하기 위한 법과 메커니즘을 폐기하며, 모든 문벌 조직을 부정하고 자유로운 협약을 옹호합니다… 우리와 함께 자유를, 그 결과 개인의 생명을 존중하기 원한다면, 형태에 상관없이 여러분은 인간에 대한 인간의 지배를 단호히 거부해야 합니다."[36] 또한 "아나키즘은 잘못된 결정이나 부당한 대우에 맞서 저항하고 싸울 때에만 나의 자치와 행복이 보장될 수 있다고 믿는다."[37]

이러한 아나키즘과 맥을 같이 하는 함석헌은 폭력이란 다름 아닌 자기만 옳다는 생각, 자기만 살자는 것이라 말한다. 타자성 혹은 타자에 대한 인식이 결여된 인간은 같이 삶, 더불어 삶이라는 유기체적 삶과 상호부조라는 삶의 근간을 뒤흔들게 된다. 폭력과 반대로 평화는 개인으로, 공동체로 존재하더라도 자유를 존중하면서 모든 존재는 유기적이면서 하나의 생명이라는 인식을 가질 때 가능한 것이다. 게다가 생명은 전체로서의 생명이고 서로가 전체를 위해서 봉사하는 존재가 되어야 한다. 이에 폭력을 극복하는 길은 오직 같이살기운동으로서의 평화운동은 연대의식, 공동체의식, 무차별주의에서 비롯된다고 보았다. 개별 민중인 씨ᄋᆞᆯ이 어떻게 서로 잘 사는가하는 것이 평화요, 씨ᄋᆞᆯ이 평화의 담지자요 평화의 원천이라는 측면에서 이것이 현실이 되어야 한다. 함석헌은 예수가 바로 이것을 깨우쳐 주었다고 주장한다.[38]

---

36 Peter Kropotkin, 백용식 역, 『아나키즘』, p. 53, p. 69.

37 하승수, 『아나키즘』, p. 19.

38 함석헌, 『함석헌전집3–한국기독교는 무엇을 하려는가』, pp. 322~323; 유석성, "함석헌의 평화사상–예수·간디·함석헌의 비폭력저항," 씨ᄋᆞᆯ사상연구소 편, 『생각하는 백성이라야 산다』 (서울: 나녹, 2010), pp. 442~445.

특히 이러한 예수의 평화사상에서 기원한 함석헌의 비폭력주의는 아나키즘과 많이 닮아 있다고 볼 수 있다. 그는 국가주의에 반대하고 폭력을 합리화하는 군사화와 정부지상주의에 강하게 반대를 하였기 때문이다. 정치의 최종 목표는 권력을 장악하고 그것을 유지하기 위해서 폭력 집단의 실체인 군대 병력을 양성함으로써 군사주의로 귀결된다. 또한 정부는 그의 폭력이 미치는 영역만큼 그 판도를 확장하려고 한다. 그리고 그 판도의 경계를 합리화하기 위해서 국가라는 것을 만드는 것이다. 더욱이 국가는 폭력으로 얻은 전리품을 지키기 위해서 국경을 확정짓고 타자가 국경을 넘보지 못하도록 전쟁을 하는 악순환의 전철을 밟는다. 이런 의미에서 국가는 애초에 폭력을 바탕으로 하고 있다.[39] 이러한 근거 하에서 김삼웅은 함석헌을 평가할 때 그가 아나키스트로서의 성격을 갖고 있다고 주장한다. "함석헌은 누구인가? 첫째, 아나키스트다. 세계평화주의와 자연론적 사회관, 개인의 자주성을 부르짖고 부당한 권위에 저항한 아나키스트다. 일본인 게무야마 센타로(煙山專太郎)가 의도적으로 오역한 무정부주의자가 아니라 크로포트킨에 의해 체계화된 반봉건·반전제·반강권주의, 개인의 자율과 자치를 존중하는 아나키스트다."[40] 또한 "함석헌의 자아상… 아니 씨올, 이단자, 아나키스트, 아웃사이더, 유목민, 풍류가의 진정한 모습이다."[41] 안병무도 "그의 평화사상은 반정치, 반폭력, 반국가로 이어졌다. 그는 한 번도 그런 용어를 쓰지 않았으나 결국 무정부주의(Anarchism)에 도

---

39 유석성, "함석헌의 평화사상–예수·간디·함석헌의 비폭력저항," p. 443; 안병무, "비폭력 저항운동과 평화사상," p. 389.

40 김삼웅, 『저항인 함석헌 평전』, p. 380.

41 위의 책, p. 388.

달했다. 이것은 정부란 도덕성이 없고 폭력에 뿌리를 박고 있다고 단정한 것과 직결된다"[42]고 주저하지 않고 말한다.

함석헌은 평화적 공존만이 살 길이라고 주장한다. 같이 삶, 그것은 가능태가 아니라 현실태여야 한다. 그가 힘주어 말하고 있듯이, "같이 삶만이 삶이다." 공존과 생존은 떼려야 뗄 수 없는 관계다. 평화적 생존은 단순히 생물학적 현상이나 자연적 현상만이 아니다. 평화적 생존은 인류가 생존하려는 의지, 자유로운 의지를 통해서 이루려고 하는 시급한 사안으로서의 "윤리적 행동"이다. 그러므로 전쟁은 모든 존재가 망하자고 하는 것이요 반드시 사라지지 않으면 안 되는 것이다. 전쟁을 없애고 평화적 공생과 공존을 하기 위해서는 큰 인격을 갖춘 국가 도덕이 필요하다. 물론 국가가 도덕적인 존재가 아닌 것은 분명하다. 그렇게 전쟁을 하려고 하는 것은 국가와 국가 사이의 신뢰가 두텁지 못하고 오히려 끊임없는 경쟁을 하려고 하기 때문이다.[43]

지금까지의 국가는 무력국가였다. 그것을 나타내는 것이 바로 나라 국(國)인데, 이는 입구[口, 사람], 하나 일[一, 땅], 창과[戈, 무기] 세 요소를 국경을 표시하는 경계선[口]으로 두른 것이다. 그러므로 국가는 강제적인 통일 기관이다. 함석헌은 전쟁이 나라를 만들고 군주를 만들었다고 말한다. 동시에 민중이 원하지도 않는데 지배자가 강제로 전쟁을 일으키기도 한다. 하지만 오늘날은 대립이나 원수지간이 아니라 상생과 상존을 통해서 살아야 한다는 것을 깨우치는 시대가 되었다. 이것은 일찌감치 생물이 생

42 안병무, "비폭력 저항운동과 평화사상," p. 409.
43 함석헌, 『함석헌전집11-두려워 말고 외치라』 (서울: 한길사, 1984), pp. 370~371.

존경쟁을 통해서 진화하는 것이 아니라 서로 도우면서 살아간다는 것을 일깨워 주었다. 이것을 크로포트킨은 상호부조론에서 서로 협조를 해야만 생명의 목적을 성취할 수 있다고 명시적으로 말하고 있지 않은가. 여기에서 우리는 함석헌의 아나키즘을 짐작하게 될 뿐만 아니라 이미 아나키즘의 사상적 영향을 받았다는 것을 암시한다. 그러므로 이것을 부단히 밀고 나갈 수 있는 '정신', 다시 정신이 요구된다. 정신은 배척이나 혐오나 대립이 아니라 무한히 주고 받는 관계에서 성숙되는 것이다. 정신은 평화적 나눔과 증여, 상호호혜를 통해서 확장되며 그것을 근본으로 한다는 것을 말해준다.[44]

그런데 그러기 위해서는 세계정신 혹은 민중의 정신을 통한 세계정부, 세계 연방을 수립하는 것이 필요하다. 하지만 이것은 강제성이나 보편성을 말하는 것은 아니다. 이러한 공동체가 실현되려면 민중의 평화정신과 평화사상이 더 성숙되지 않으면 불가능하다는 것을 염두에 두어야 한다. 함석헌은 여기에서 전쟁의 현실성에 주목하면서 전쟁 현상이 발생하는 동기가 바로 식량 문제와 인구 문제인데, 이것을 해결하는 것은 과학과 종교가 서로 연대함으로써 가능하다고 믿는다. 과학이 인류의 식량 문제를 해결하고, 종교는 과학과 대척점에 서 있는 것이 아니라 종파적 관념과 광신적이고 맹신적인 신앙 태도를 벗어나서 더 넓고 깊은 시야를 가지고 노력할 때 인류를 포용적인 관점에서 바라볼 수 있다는 것이다. 그동안 종교가 인류에 대해서 편견과 당파심을 가지고서 바라보던 것을 과학적 이성을 통해서 극복했다는 것이 함석헌의 생각이다. 그러므로 과학적 이성과 종교는

44 위의 책, pp. 366~377.

세계의 하나 됨과 평화를 위해서 순기능을 할 수 있는 충분한 도구가 될 것이라는 전망이다. 왜냐하면 과학적 인식과 종교로 인해서 우주와 인간의 근본적인 이치가 꿰뚫어지는 때가 나타날 것이기 때문이다. 그것이 바로 인간의 마음속에 염원하는 평화인 것이다. 함석헌은 이를 현실화할 수 있는 "새 종교"를 주창한다. "새 과학이라는 이 시대의 말을 잘 부려타고 정말 천마공행(天馬空行)의 형세로 새 우주적인 활동을 할 수 있게 하는 새 종교말이다."[45]

함석헌은 1968년 9/10월에 민중과 국가, 그리고 전쟁의 관계를 재조명하면서, 우선 정부와 나라가 동일한 것이 아님을 분명히 한다. 게다가 전쟁은 없어야 할 것, 없어져야 할 것이라고 주장하는데, 이는 민중이 전쟁을 싫어하기 때문이다. 따라서 전쟁의 원흉이 되는 국가주의에 대한 강한 반감을 나타내면서 이를 완강하게 거부해야 한다고 본다. 특히 전쟁이 일어나게 되는 배경에는 교육이나 학습을 통해서 이루어지는 민족감정이 문제가 된다는 것을 지적한다. 그에 따라서 민중은 민족이 다르다고 해서 타자를 적대감을 가지고 대하면 안 되며 서로 더불어 살기, 같이 살기라는 인간성에 토대를 두는 삶의 민중, 곧 협화(協和)하는 민중이 되어야 한다고 언명한다. 지금까지 이렇게 되지 않은 까닭은 민중 자체가 결단해오지 못해서 폭력과 전쟁의 문제가 발생한 것이다. 그러므로 이제부터라도 남의 생각으로서의 정치, 남의 사상으로서의 종교인 지배의식으로 사는 것이

45 위의 책, pp. 378~379. 이에 대한 자세한 논의는 황보윤식, "함석헌의 세계평화운동에 대한 역사인식론적 검토," 함석헌학회 기획, 『생각과 실천2』 (파주: 한길사, 2012)를 참조.

아니라 민중의 "자기 생각"으로 살아가도록 해야 한다. 그래야만 평화의 세계로서의 민중의 세계를 구현해 나갈 수 있을 것이다.[46]

평화의 욕망은 누구의 것인가? 이 물음은 라캉의 문제의식인 자아의 욕망은 곧 타자의 욕망이라는 것과 통한다. 평화는 대타자(Autre)가 되어서는 안 된다. 다시 말해서 평화는 타자의 욕망이 아니라 주체적인 욕망의 실현을 위한 심리적, 행동적 장치여야 한다. 지젝(S. Zizek)은 "이 때문에 대타자는 어떤 단일한 대행자로 인격화될 수 있는 것이다. 내 뒤에서 항상 나를 지켜보고 있는 '신'이나, 내게 명령하며 내 인생을 바치도록 만드는 실제의 개인이나 대의(Cause, 자유, 공산주의, 민족) 같은 것"[47]이라고 말한다. 이것은 달리 종교와 흡사한(religionlike) 이데올로기와 같은 성격을 지닐 수 있을 뿐만 아니라 충분히 오도될 가능성도 있다.[48] 유아의 거울 단계에서 제일 먼저 대타자로서의 표상이 되는 사람이 바로 어머니이다. 그런데 이 어머니는 바로 초자아를 형성시키는 지대한 영향력을 가진 존재이다. 라캉에 의하면 초자아는 "주체의 원초적 경험에서 가장 파괴적이면서 가장 매혹적인 부분과 동일시되어 버리는 것"[49]이다. 자기 생각으로서의 평화, 비-폭력이 아니라 대타자의 욕망에 의해서 인식되고 만들어진 것은 결국 또 하나의 폭력을 불러올 수 있기 때문이다.

---

46 함석헌, 『함석헌전집19–영원의 뱃길』 (서울: 한길사, 1985), pp. 366~369; 함석헌, 『함석헌전집2–인간혁명의 철학』, pp. 43~49.

47 S. Zizek, 박정수 역, 『How to read 라캉』, p. 20.

48 Timothy Fitzgerald, *The Ideology of Religious Studies* (New York, Oxford: Oxford University Press, 2000), p. 56.

49 J. Lacan, 맹정현 역, 『자크 라캉 세미나 1권–프로이트의 기술론』 (서울: 새물결 출판사, 2016), p. 188.

평–화의 호명도 마찬가지다. 평화의 호명과 결핍 호명 이전의 관계와 호명 이후의 관계는 다르다. 호명은 대상 의존적 관계를 나타낸다. 호명은 가능성이다. 현실과 실재적인 관계를 맺는 것은 아닐지라도 상상적, 상징적 질서 안에서 어떤 가능성을 발견하게 된다. 호명함으로써 자기 세계를 구축하게 된다. 평화를 호명하는 순간 우리는 그것을 통해 자신의 현실을 인식할 뿐만 아니라 수많은 언어를 확장하여 그 평화를 정착시키고자 하는 의지를 갖게 된다.[50] 더불어 평화는 그것 이외에 다른 어떤 목적도 갖지 않는 놀이와도 같다. 이 목적 없는 활동으로서의 놀이는 인간의 지성의 권력을 중지시킨다. 놀이는 지성, 이성의 계급적 권력을 해체시키고 주체와 대상 간의 지배와 차이를 거부하고 자유와 평등을 표현하고자 하는 데 있다.[51] 이처럼 평화는 그것 자체가 목적이며 궁극적으로 인간의 자유와 평등에 기초한다. 평화가 또 하나의 수단으로 전락하는 순간 평화는 이데올로기가 되는 것이고 대타자가 되어 인간의 삶을 인위적이고 작위적으로 바꾸려고 할 것이다. 하지만 평화가 그 자체로서의 놀이와 같은 성격을 띤다면 개별자의 영역과 공간 안에서 동등한 소리를 낼 수 있을 뿐만 아니라 주인과 노예의 관계에서 빚어지는 지배를 넘어서는 평화의 형이상학을 실재화할 수 있을 것이다.

평–화를 호명의 분할이나 대타자의 감성의 분할로 재분배되면서 타자와 균등한 놙[平]과 성냥한 몫을 나누며 이울리는[和] 삶과 정치, 곧 협화[크로포트킨식의 상호부조]의 철학을 구상할 수는 없는 것일까. 평화를

50 위의 책, pp. 152~158.

51 Jacques Ranciere, 주형일 역, 『미학 안의 불편함』, pp. 62~65.

(정치)미학적 측면에서 접근할 수 있는 가능성을 열어 놓은 사람이 프랑스 철학자이자 미학자인 자크 랑시에르(J. Rancière)이다. 그는 정치적 감성의 분할과 정치미학의 상관성에 대해서 이렇게 말하고 있다.

> 정치는 실제로 권력의 행사와 권력을 위한 투쟁이 아니다. 그것은 특수한 공간의 구성이고, 경험의 특수한 영역의 분할이며, 공동으로 놓여 있고 공동의 결정에 속하는 대상들의, 이 대상들을 지칭하고 그것들에 대해 주장할 수 있다고 인정된 주체들의 특수한 영역의 분할이다… 정치는 시간을 "갖지 못한" 사람들이 공동 공간의 거주자로 자리 잡기에 필요한 시간을 가질 때, 자신들의 입이 고통을 표시하는 목소리뿐만 아니라 공동의 것을 발화하는 말을 내보낸다는 것을 증명하기 위해 필요한 시간을 가질 때 발생한다. 자리와 신분의 이러한 배분과 재배분은, 공간과 시간의, 보이는 것과 보이지 않는 것의, 소리와 말의 이러한 절단과 재절단은 내가 감성의 분할이라고 부르는 것을 구성한다. 정치는 공동체의 공동의 것을 규정하는 감성의 분할을 재구성하는 일을 하며, 새로운 주체와 대상들을 공동체에 끌어들이고 보이지 않던 것을 보이게 만들고 시끄러운 동물들로만 지각됐던 사람들의 말을 들리게 하는 일을 한다. 대립을 창조하는 이러한 작업은 정치의 미학을 구성한다.[52]

평화가 정착되기 위해서는 삶의 공동의 장 혹은 정치의 장에서 시민 혹은 민중의 목소리들이 발언될 수 있는 감성적인 배분, 분할이 선행되어야

---

52 위의 책, pp. 54~55.

한다. 평화가 한낱 구호나 호명으로 그치지 않기 위해서는 지배자와 피지배자와의 경험의 영역 안에서의 감성의 몫과 분할이 이루어져야 한다. 그것은 결국 말을 할 뿐만 아니라 말이 들리게 하는 일이다. 정치와 평화가 공동의 방향성을 추구한다고 볼 수 있는 이유가 여기에 있다. 주체와 대상이 동일한 장 혹은 각기 특수한 공간의 장 안에서 주이상스를 동등하게 향유할 수 있어야 평화가 시작되는 것은 물론이거니와 존속 여부도 결정이 된다. 남과 북, 북과 남, 지구적으로 보아서 동북아의 평화의 정착이 요원한 것도 주체와 대상의 관계도 모호하거니와 설령 주체와 대상이 확정이 되었다고 하더라도 잉여의 감성의 몫을 편중되게 분할함으로써 주이상스의 불균형을 낳고 있기 때문이다. 평화를 미학적 측면에서 분석, 접근하는 것도 소리라고 하는 청각의 감각적 차원이 적절하게 분할이 되지 않으면 심각한 폭력으로 발전될 수 있다는 반증인 셈이다.

이러한 평-화와 비-폭력의 정치미학적 차원을 인권의 몫의 관점에서도 고찰해볼 수 있다. 근현대사에서 대두된 인권이라는 문제는 비단 어떤 특수한 권리를 지칭하는 것만은 아니었다. 랑시에르는 "인권은 새로운 민족 전쟁들의 희생자인 사람들의 권리, 자신들의 파괴된 집에서 쫓겨난 개인들, 강간당한 여자들이나 살해당한 남자들의 권리가 됐으며, 또한 권리를 행사하는 상태에서 벗어나 있던 사람들의 특수한 권리가 됐다"고 보았다. 하지만 그들이 인권을 가지려면 적어도 벌거벗은 상태로서의 인권, 인간으로서의 인권을 누릴 수 없었다. 그들은 인간이 아니라 시민이 되어야 했다. 시민은 인간을 비인간과 구분시키는 잣대였던 것이다. 타자의 법에 의해서 통제되어야 하는 비인간은 시민이 아니었다. 비인간 취급을 받는 그들은 동일성과 배제 사이에서 희생양이 될 수밖에 없었던 존재들이었고 존재론

적, 인식론적 지위조차도 가질 수 없었던 존재였다.[53]

마찬가지로 20세기 한국근현대사에서도 동일한 균등화, 동일성, 배제라는 재앙의 함수를 설정했던 당시 함석헌을 인권과 평화론적 측면에서 중요한 사례를 거론할 필요가 있다고 본다. 그는 인간의 존재론적, 인식론적 지위를 부여 받지 못한 여직공에 대한 인권과 권리에 대해서 말을 아끼지 않았다. 함석헌은 평-화의 감성적 분할을 위해서 여성 노동자의 인권에 대한 관심을 가지고 있었던 것이다. 그들은 제대로 된 의식주의 기본적인 복지도 누리지 못하는데다가 실질적인 연봉도 받지 못하는 열악한 환경에 있었다. 그런 상황적 인식과 인권을 빼앗긴 여직공의 실존에 대하여 타자의 인권을 유린하는 행위에 대해서 자신의 인권이 소중한 만큼 타자의 인권도 소중하다는 생각, 그래서 그 인권을 지키기 위해서 전쟁보다 더 과격한 싸움, 곧 훈련이 필요하다고 역설하였다. 인권에 대한 훈련이 되어 있지 않다는 것은 인권에 대한 교양적 지식, 정보, 습관이 형성되지 않았다고 볼 수 있는데, 자칫 훈련이 되지 않은 인간이 자신의 인권을 위해서 폭력을 행사하는 극단적인 행동을 취하게 될 수 있다는 것을 경계한다. 물론 인간의 인권에 대한 근거는 예수가 주장한 것처럼, 모두가 초월자(하나님)의 자녀요 다 영이기 때문이라는 논리에 토대를 둔다. 따라서 인권을 위한 투쟁 방식 또한 예수의 길, 곧 예수의 비폭력으로부터 나와야 한다. 함석헌은 그런 입장에서 예수를 정치적 혁명가라는 시각에 반대한다. 더 나아가서 민주주의라는 대의를 위해서도 결코 폭력은 용납할 수 없는 것이다. 예수가 말한 소금과 빛의 역할을 하면서 화해, 평화를 위한 존재가 되어야

53 위의 책, pp. 182~185.

하는 것은 물론이거니와 반드시 목적을 위해서 수단을 정당화하는 폭력의 투쟁은 있어서도 안 된다. 오직 참과 사랑의 비폭력만으로 인권과 민주주의를 실현하기 위해서 노력을 해야 한다.[54]

V. 폭력이라는 언어와 실재에 대한 저항을 넘어 협화의 정신을 향하여

주디스 버틀러는 "우리는 언어의 힘에 저항하고자 할 때조차 언어의 힘을 행사하게 된다"고 말한 바 있다. 폭력이라는 말, 심지어 최근에 회자되고 있는 혐오라고 하는 말조차도 언어의 힘에 의해서 압도당하고 만다. 폭력이라는 말만 들어도 우리는 트라우마를 경험하게 된다. 온갖 개인적, 사회적, 국가적, 자본주의적, 정치적 트라우마를 안고 살아간다. 경험 이전에 이미 폭력이라는 말을 듣게 되면 몸과 의식이 경직되는 것은 언어가 갖고 있는 힘 때문이다. 동일한 지평에서 버틀러는 언어에 상처를 입힐 수 있는 권력이 귀속된다는 것을 확언한다.[55] 우리는 여기서 그 언어가 가진 힘, 언어에 귀속된 권력으로부터 벗어나기 위한 또 다른 언어철학적 장치가 필요하다. 버틀러는 그것을 오스틴(J. L. Austin)의 언어철학에서 끄집어 들인다. "오스틴은 '발언내적'(illocutionary) 언어 행위와 '발언효과적'(perlocutionary)

---

54 함석헌, 『함석헌전집3−한국기독교는 무엇을 하려는가』, pp. 325~328.

55 Judith Butler, 유민석 역, 『혐오 발언』 (서울: 알렙, 2016), p. 11.

언어 행위를 구별한다. 발언내행위는 말하는 순간에 말하는 것을 행하는 언어 행위이다. 발언효과행위는 어떤 효과들을 자신의 결과로 생산하는 언어 행위이다. 즉 무언가를 말함으로써, 어떤 효과가 따라 나오는 것이다. 글나 발언내적 언어 행위는 그 자체로 자신이 야기하는 행동이지만, 발언효과적 언어 행위는 그 언어 행위 자체와는 같지 않은 어떤 효과들로 단지 이어질 뿐이다."[56] 다음의 문장이 더 중요하다. "발언내행위적 언어 행위는 발언의 순간에 행동을 수행하기는 한다… 의례 내에서의 그 '순간'은 압축된 역사성을 지닌다. 다시 말해서 그 순간은 과거와 미래의 방향으로 스스로를 넘어서는, 말의 사건을 구성하고 이를 벗어나는 인용의 효과인 것이다."[57] 발언내적 언어 행위에 의하면 폭력(비폭력) 혹은 폭력적(비폭력적) 발언은 행동이 수반되거나 행동을 하도록 추동한다. 언어가 억압하기도 하고 해방을 가져올 수 있다는 것을 방증하는 것이다.

아나키스트적 언어학자 촘스키(N. Chomsky) 역시 인간의 언어 사용에 주목한다. 인간은 자율적인 행동을 선택할 수 있고 거부할 수도 있다. 정치인들과 지식인들이 민중의 자유를 감추기 위해서 궤변을 늘어놓는 경우가 있는데, 그럴수록 민중은 창조적 방식으로 언어를 사용함으로써 인간 특유의 생각과 착상의 자유를 발견할 수 있어야 하며 동시에 의식의 각성을 가져와야 한다. 왜냐하면 아나키스트는 어떤 개인과 사회로부터도 제약받지 않고 자유롭게 활동할 수 있는 여건을 만들어가야 하기 때문이다.[58] 비

56 위의 책, p. 14.

57 위의 책, p. 15.

58 N. Chomsky, 이정아 역, 『촘스키의 아나키즘』 (서울: 해토, 2007), pp. 25~50.

폭력이나 폭력 혹은 저항이라는 언어를 사용한다는 것은 그만큼 민중이 깨어있고 또 자유로운 삶을 살고 싶다는 의지의 표현이다. 버틀러가 오스틴의 언어철학을 인용하면서 주장한 논변도 그와 다르지 않다. 발언을 하는 순간 행동을 하는 것이다. 미래를 향해서, 그리고 현재의 폭력적 상황에 대해서 넘어서려는 의지를 나타내는 것이라고 볼 수 있다.

이와 함께 평화를 정착시키기 위해서는 민중의 감각의 공동성을 확보해야 한다. 평화의 감성, 공통성, 공동체적 감각을 공유하기 위해서는 이성적인 소통과 합의를 통해서 평화가 하나의 형이상학적 가치를 지니고 있다는 것을 인식해야 한다.[59] 칸트는 인간에게 있어 개별적인 보편성의 합의와 의사소통의 가능성을 지닌 선천적 인식 능력인 공통감, 혹은 공동체적 감각(sensus communis)을 확신하였다. 함석헌도 예수의 비폭력을 설명하면서 비폭력의 근저에는 바로 '양심'이라는 것이 있음을 적시했다. 양심은 하나다. 양심은 인종을 초월하며 언어의 장벽을 넘어서서 너의 양심, 나의 양심이 따로 없는 비폭력의 촉발제요 매개체이다.[60] 따라서 이 양심은 비폭력의 감성과 비폭력의 윤리 공동체를 가능하게 만드는 보편적 알속이요 능력인 것이다. 또한 양심은 비폭력의 감성을 분할하며 공유하게 하는 인간 정신 기저에 깔린 선험적 장치이다.

하지만 역사 안에 나타난 예수의 인격을 통한 비폭력은 미완성이다. 아니 예수의 인격은 그렇기 때문에 영원히 자라나야 한다. 역사적 예수를 넘어서 예수의 인격은 폭력을 사용했는지 사용하지 않았는지 그런 차원에

59 최신한, 『헤겔철학과 형이상학의 미래』 (서울: 서광사, 2015), pp. 324~336.
60 함석헌, 『함석헌전집3-한국기독교는 무엇을 하려는가』, p. 324.

서는 이해할 수가 없다. 다만 그는 아버지 하나님의 뜻대로 한 인격이다.[61] 그런 의미에서 향후 평화의 정신은 예수의 인격을 드러내는 비폭력에 기반을 두어야 할 것이다. 이에 대해 유석성은 예수의 비폭력을 자유의 비폭력이자 적대감을 극복하는 비폭력이라고 주장하면서 "예수의 비폭력정신은 간디에게로, 간디의 비폭력정신은 함석헌에게로 계승된다"고 보았다. 그뿐만 아니라 "예수·간디·함석헌의 비폭력사상은 비폭력무저항이 아니라 다같이 비폭력저항이다"라고 규정한다.[62] 비폭력무저항과 비폭력저항은 분명히 다르다. 비폭력저항은 적대감과 폭력을 놓아버리는 대신에 자유를 향한 적극적인 저항의 의미가 담겨 있기 때문이다. 마찬가지로 우리가 일반적으로 알고 있는 비폭력이라는 것은 무폭력과는 다르다는 것을 알아야 한다. 다시 말해서 비폭력의 반대는 폭력이 아니다. 폭력은 과격과 과능(過能)과 비진리이지만, 오히려 무폭력은 비겁과 무능(無能)과 진리라는 의미와 일맥상통한다. 폭력은 모든 사태에 있어 원칙의 후퇴이지만, 비폭력은 원칙이다. 따라서 우리가 반드시 알아야 할 것은 "비폭력이란 모름지기 폭력을 사용할 수 없는 약자의 무기가 아니라 충분히 폭력을 사용할 수 있음에도 불구하고 비폭력을 사용하는 강자의 무기"이다.[63]

김삼웅은 시종일관 비폭력의 언어와 감성을 실천적으로 펼쳐왔던 함석헌을 평화주의자라고 평가하면서 이렇게 말한다. "그의 모든 탐구실천도

61 위의 책, p. 327.

62 유석성, "함석헌의 평화사상—예수·간디·함석헌의 비폭력저항," pp. 452~462 참조.

63 황필호, "비폭력은 폭력의 반대가 아니다," 『씨올의 소리』, 통권 166호 (2002년 5/6월호), pp. 29~30.

전저항의 궁극적 목표는 평화에 있었다. 국가주의와 국수적 민족주의를 거부하고, 제국주의와 공산주의를 거부하고, 일체의 권위주의를 배격했다. 칼을 녹여 보습을 만들어야 한다는 고전적 평화정신으로 현대의 '무장된 평화체제'를 반대했다."[64] 평화의 언어, 비폭력의 언어, 저항이라는 언어를 발언한다는 것이 실재의 폭력에 대한 강한 부정일 수 있는지는 의문이다. 하지만 언어가 곧 행위라는 측면에서 볼 때 언어가 행위를 수반한 발화행위라고 말할 수 있겠다. 함석헌은 실제적으로 국가주의나 군사주의, 정부지상주의 등에서 강력한 저항운동을 펼쳤던 언행일치의 인물이었음을 부인하기 어려울 것 같다.

이러한 비폭력저항운동을 펼쳤음에도 불구하고 민중운동이나 인권운동 차원의 전개는 무력하기 짝이 없었다. 물론 함석헌의 철학과 사상을 언어로는 알아들었으나 실천력이 부족하였던 것이 사실이다. 함석헌의 비폭력저항운동은 결국 구호로만 그치고 정치경제적 혼란과 종교문화적, 교육, 통일 등에 대한 혼란한 시국에도 단지 '사랑의 폭력'이니 '방어적 폭력'이니 하면서 폭력을 정당화하는 해석을 내놓기가 일쑤였다. 따라서 앞으로 함석헌의 비폭력평화주의 사상을 당대의 문제와 관련하여 일부분만 수용하거나 왜곡, 호도하는 소극적인 비겁한 해석학적 성격에서 벗어나 적극적인 운동으로 전개해야 할 것이다.[65] 비록 간디와 같은 상징적 정치 행위, 곧 비폭력저항운동으로서 물레질이나 소금행진을 한 것은 아니었으나, 함석헌은 단식을 비폭력적인 정치적 압박의 수단으로 이용하였다. 이에 박홍규

64 김삼웅, 『저항인 함석헌 평전』, p. 381.
65 박홍규, 『함석헌과 간디』, pp. 152~153.

가 지적한 것처럼, 오늘날 함석헌의 사상을 미화할 것은 아니지만, 적어도 간디나 함석헌의 비폭력주의 평화주의를 단순히 사상으로만 받아들이는 것이 아니라 상징적 평화운동으로서 구조적인 폭력에 대한 의식과 행동을 변화시킬 수 있는 가능성을 모색해야 할 것이다. 더불어 간디의 비폭력주의를 계승한 함석헌의 평화주의를 단지 시민저항운동으로만 볼 것이 아니라 시대가 요구하고 문제에 대응하는 좀 더 능동적인 "전략적 수단"으로 볼 필요가 있다.[66] 그 비폭력의 전략적 수단들이 장애자, 성적 소수자, 외국인 노동자, 여성, 어린이 등의 사회적 약자이자 개별 민중으로서의 씨을을 배려하고 하나의 생명, 서로가 연결되어 있는 전체로서의 인간을 어떻게 배려해야 하는가에 대한 인간으로서의 인권조건을 형성하는 데 기여해야 할 것이다.[67]

또한 통일과 관련해서는 함석헌의 비폭력주의가 갖는 의미를 좀 더 현실적으로 구체화하고 정책적으로 이끌어 낼 수 있는 의지가 있어야 한다. 이를테면 남한의 폭력적 통일 방안(흡수통일이나 남한의 체제나 사상 우월성을 앞세운 통일)에서 화해와 협력에 근거를 두면서 서로 갈등과 긴장을 완화하여 전쟁의 가능성을 낮추는 이른바 '한반도 비폭력통일론'이라 할 수 있는 '연방제 통일론'이나 '중립화 통일론'에 대한 논의도 적극적으로 검토할 필요가 있다. 그러나 그 무엇보다도 함석헌은 이러한 모든 일을 전개해 나가기 위한 정신력, 혼의 힘, 민중의 정신이 우선해야 한다고 강조한다.[68]

---

66 위의 책, pp. 295~296, pp. 303~304.

67 정대현, 『한국현대철학』, p. 63.

68 이재봉, "함석헌의 비폭력사상과 한반도의 비폭력통일," 함석헌학회 기획, 『생각과 실천2』 (파주: 한길사, 2012), pp. 206~218; 함석헌, 『함석헌전집2–인간혁명의 철

모름지기 함석헌의 평화론은 절대명령, 곧 정언명령과도 같다. 그것은 당위와 의무이다.[69] 더욱이 "함석헌의 신앙·철학·평화·비폭력·인권·역사·저항·교육·언론·시·예술·아나키즘과 이것의 통섭은 한 세기 우리 민족을 상징하고도 남는다."[70] 그런 측면에서 단연코 "함석헌과 간디는 우리에게 소박한 자율의 삶이 우리가 나아갈 삶이라는 믿음을 준다. 지금 우리를 둘러싸고 있는 세계나 국가, 사회나 제도가 그러한 믿음을 갖지 말라고 강요하는 대세의 분위기이기 때문에 더욱 그렇다. 그럴수록 우리는 더욱더 그들의 생각과 삶을 모범삼아 외롭게 걸어가야 한다."[71] 그러기 위해서는 함석헌의 교회관의 확장, 즉 화(和)의 사상적, 철학적 정착이 절실히 요구된다. 앞에서 필자가 말한 폭력의 무화 혹은 비-폭력과 같이 결국 감성적 아름다움인 평화의 화로서의 타자를 동일화하려고 하려는 욕망을 제어하고 적당하게 절충하고 혼합하려는 것이 아니라 일치하되 상호 조화를 이루는 세계를 이루도록 노력해야 한다.[72] 함석헌은 이와 같은 화를 평화와 동일한 개념으로서 알파와 오메가로 보았다. 황보윤식에 따르면 함석헌은 폭력을 휘두르는 국가를 근본악으로 규정짓고 이를 극복하기 위해서 하나 됨, 즉 획일성과 통제성에 바탕을 둔 전체주의가 아니라 타자와 공존하는 전체주의 혹은 세계주의를 표방했다.[73] 결국 화의 사상 혹은 협화(協

학』, p. 45.

69 유석성, "함석헌의 평화사상-예수·간디·함석헌의 비폭력저항," pp. 440~441.

70 김삼웅, 『저항인 함석헌 평전』, p. 393.

71 박홍규, 『함석헌과 간디』, p. 307.

72 함석헌, 『함석헌전집3-한국기독교는 무엇을 하려는가』, p. 18; 최인식, "함석헌의 교회관," 『씨ᄋᆞᆯ의 소리』, 통권 163호(2001년 11/12월호), pp. 73~87.

73 황보윤식, "함석헌의 세계평화운동에 대한 역사인식론적 검토," p. 237, p. 270.

和)의 철학을 통한 일치나 상호조화는 서로 다르지만 하나가 아름다움을 드러내는 하모니와 같은 것으로서 더불어 삶이라는 함석헌의 연장선상에 있다.

마지막으로 함석헌의 비폭력주의는 우리 한국사회의 경쟁중심의 성과사회를 향해서 생존경쟁이야말로 삶의 전쟁으로 치달을 수밖에 없다는 냉혹한 현실을 적시하고 있다. 한병철이 신랄하게 풀어 밝히고 있는 것처럼 오늘날의 성과사회는 자기착취를 하면서 우울증에 빠지고 병리적인 인간으로 전락할 가능성을 내포하고 있다. 따라서 서로 더불어 살기, 협화하는 정신을 통해서 서로 돕고 격려하는 사회를 만드는 그런 비폭력적인 사회, 비폭력적인 윤리 공동체를 구체화해야 할 때가 아닌가 싶다. 그런 의미에서 비폭력적 저항운동으로서의 아나키즘에는 그것이 anarcho-individualist가 되었든, 아니면 anarcho-communist나 anarcho-syndicalist가 되었든 삶의 자유와 자율성을 지배하는 모든 체제와 지배, 심지어 국가에 대한 저항과 반성이 절실하게 요구된다고 본다. 그것이 곧 함석헌이 말하고 있는 '자기 생각', '자기 정신'으로 살아가는 길일 것이다.

박일영

4장

김수환 추기경의 평화사상

I. 김수환의 생애와 시대상

천주교 박해 시절 옹기장수로 생계를 이어갔던 조상을 둔 김수환은 1922년 5월 8일(음력) 대구 시내 남산동에서 출생했다. 그런 집안 내력으로 말미암아 그는 만년에 옹기라는 아호를 선택하게 된다. 출생 직후 그의 가족은 이미 누이 부부가 자리를 잡고 옹기 가마를 운영하던 경상북도 군위군 군위읍 용대리로 이주하여 어린 시절을 보낸다. 군위초등학교 4학년을 마친 그는 1933년 4월에 두 살 위 형인 김동한과 함께 대구 소재 유스티노 신학교 예비과에 입학한다. 1936년 4월에는 서울 동성상업학교(현재. 동성중고등학교) 소신학교 과정인 을조에 진학하여 1941년 3월에 졸업한다. 그해 4월 일본 동경 상지대학교 예과에 입학한 후, 다음 해 9월 같은 대학 문학부 철학과로 진학한다. 1944년 1월 제2차 세계대전으로 인하여 학업을 중단 후 학도병으로 강제 징집된다. 남태평양 지치시마에서의 군생활과 전후 일본군 전범 재판의 증인으로 괌에서 상당한 기간을 보낸 후, 1947년에 귀국길에 오르게 된다. 1947년 9월부터 1950년 6월 한국전쟁이 발발하기까지 서울 성신대학(현재. 가톨릭대학교 신학대학)에서 신학을 전공한다.

1951년 9월 15일에 대구 계산동 성당에서 사제 서품을 받고 경북 안동[현재 안동시 목성동] 천주교회 주임신부로 부임한다. 1953년 4월에는 천주교 대구교구장 주교 비서로 전임되어 활동한 후, 1955년 6월부터 1956년 7월까지는 경북 김천 황금동 천주교회 주임신부와 성의중고등학교와 성의여자중고등학교의 교장을 겸임한다. 1956년부터 1963년까지 독일 뮌스터대학교로 유학하여 '그리스도교 사회론'[1]을 전공하였다. 유학생활을 마치고 귀국 한 후에는 1964년 6월부터 1966년 5월까지 주간 가톨릭시보(현재

1 독일어로는 Christliche Sozial-Lehre, 영어로는 Christian Social Teaching, 최근 한국에서는 [가톨릭] 사회교리라는 이름으로 불리고 있다. 그리스도교 내지 가톨릭의 신앙내용을 어떻게 시대상황에 맞게 실천할 것인지를 연구하고 방법을 찾아가는 학문영역이라고 할 수 있다.

《가톨릭 신문》 사장을 역임한다. 1966년에 마산교구장 주교로 서임되었다. 그리고 2년 후인 1968년에 대주교로 승품되면서 서울대교구장으로 전보되었고, 이듬해인 1969년에 한국 역사상 최초의 추기경으로 서임되었다. 당시 130여 명의 전 세계 추기경들 중에서 최연소 추기경이라는 기록도 가지게 되었다. 또한 독일 유학 당시 지도교수였던 요셉 회프너(Josef Hőffner) 쾰른(Kőln) 대교구장과 한날한시에 추기경이 되었다는 진기록도 특히 당시 독일 사회에서는 크게 주목 받기도 하였다. 1975년부터 1998년까지는 평양교구장 서리를 겸임한다. 1997년 11월에는 민족화해 주교특별위원회 위원장을 맡는다. 1998년 4월 19일부터 5월 14일까지는 교황청 아시아주교대의원회의 공동의장으로 활동한다. 1998년 6월 29일에 천주교 서울대교구장 및 평양교구장 서리직에서 퇴임한다. 퇴임 후에도 활발한 사회활동을 이어간다. 1999년 4월 29일에 자녀 안심하고 학교보내기 국민재단 이사장을 맡았으며, 2003년 1월에는 생명21운동 홍보대사 등의 소임을 다하다가 2009년 2월 16일 선종한다.

1981년도 어느 일간지에 게재된 옹기 김수환(1922–2009)의 자전적 글은 그의 인간적인 풍모를 솔직하게 드러내 보이고 있다. 조금 긴 글이지만 중간 중간 생략해가면서 인용해 보기로 하겠다.

> 그날따라 대구 계산동 대성당의 종소리는 유난히 성스럽게 울려 퍼졌다. 많은 신도들과 선배 신부들의 따스한 눈길을 받으며 나는 로만 컬러 위에 수단[2], 다시 그 위에 희고 긴 장백의(長白衣)[3] 차림으로, 왼손에 제의를 걸친 채 발소리를 죽여 사제서품식을 집전하는 최덕홍[4] 주교님 앞으로 걸어 나갔다. 십자가도 그날따라 유난히 뚜렷하게 시야에 들

어왔고 최 주교님의 목소리도 그날따라 유난히 엄숙했다. 어머니, 그해 69세이셨던 어머니는 '자식이 신부가 되는 게 소원'이었던 당신의 꿈이 이루어지는 가슴 벅찬 순간을 맨 앞자리 마룻바닥에 꿇어앉은 채 지켜보고 있었다.

식순에 따라 나는 두 손을 모아 이마를 받친 자세로 마루에 엎드렸다. 성가대와 선배 신부들이 불러 주는 성인열품도문(聖人列品禱文)의 성스러운 메아리가 성당을 맴돌 때, 주님께서 내 안에 들어와 자리하실 수 있도록 나는 내 마음을 비워 내는 작업을 하고 있었다. 나로 하여금 신부가 되는 것을 망설이게 했던 그 많은 신념들, 내게 1년쯤 고민을 안겨 줬던 추억 속의 여인, '네가 어떻게 신부가 되겠느냐'고 나 자신을 긁어 대던 자격지심 등… 이런 것들의 환영(幻影)을 지워냈다. [중략]

충남 연산(連山)이 고향이던 할아버지 보현(甫鉉)씨는 독실한 신자로 병인년 교난(1866~1868)때 잡혀 충남 덕산(德山) 근처에서 교수형을 당해 순교하셨고, 아버지 영석(永錫)씨는 그 유복자였다. 그렇게 태어난 아버지도 천주교를 뿌리치지 못한 채 당시 박해를 받던 많은 신도들이 그러했듯이 옹기장수로 변신해 전전하다가, 대구의 처녀 서중하(어머니)와 결혼한 뒤 옹기 터를 경북[5]으로 옮겨 생계를 꾸렸으나 장사가

---

2 신부들이 평상복으로 입는 로만 칼라가 있고 앞에 단추가 30−40개 달린 발목까지 닿는 검은색의 긴 옷.

3 사제가 미사 집전할 때 개두포(사제가 미사 때 가장 먼저 착용하는 아마포로 된 장방형의 흰 천. 蓋頭布) 위에 입는 발끝까지 내려오는 흰색의 긴 옷.

4 崔德弘 세례자 요한(1902~1954). 제5대 천주교 대구교구장(1948.12~1954.12).

5 경상북도 군위군 군위읍 용대리. 김수환이 어린 시절을 보낸 이곳의 옛집 터와 인근 초등학교 부지 등에는 2018년 3월 27일에 청소년수련관과 기념관 등을 포함

잘 안 돼 이곳저곳으로 전전은 했어도 한순간도 천주교를 떠난 적은 없었다고 한다.

5남 3녀의 막내로 내가 태어난 곳은 대구시 남산동. [중략] 내가 일곱 살 되던 해, 아버지가 별세하셨으나 가톨릭을 향한 어머니의 신앙심은 더욱 깊어 갔던 것 같다. 주일에는 물론 평시에도 가톨릭 교리를 가르쳐 주셨고, 내가 신앙심을 갖도록 노력을 기울이셨다. 초등학교 3학년 때이던가 4학년 때이던가, 어머니는 처음으로 손위 형님(동한)과 내게 '신부가 되라'는 말씀을 꺼냈다. [중략]

내가 사춘기를 넘긴 것은 서울 동성상업학교로 동성상업학교는 갑조(상업학교 코스)와 을조(신부 코스·전원 장학생)로 나누어 학생을 뽑았는데 형님과 나는 을조였다. 도서관에서 일본문학전집을 닥치는 대로 읽어 대면서 막연하나마 이성에 대한 눈을 뜨기 시작했다. 그러나 당시 내가 느끼기로는 이 같은 소설은 읽으면 읽을수록 스토리가 비슷한 몇 개의 틀로 요약되는 것들이었다. 요컨대 남녀가 만나 사랑을 하다가 삼각관계로 발전했다가 누군가 자살을 하고…. 아무튼 쉽게 싫증을 느꼈다.

그래서 접하기 시작한 게 『가톨릭 성인전』이었다. 돈 보스코 성인의 이야기와 소화 데레사 성녀의 이야기 등이 이때 읽은 것들로, 특히 소화 데레사 성녀의 이야기는 내게 소설에서는 맛볼 수 없었던 무한한 뜨거움을 안겨 주었다. '하느님은 미미한 존재를 통해서도 당신의 사랑을 충분히 드러내시는 분입니다. … 기쁨과 고통 등 모든 것이 사실은 하느님

하는 '김수환 추기경 기념 사랑과 나눔 공원'이 개장되었다. 《가톨릭신문》, 2018년 4월 8일 참조.

의 사랑에서 옵니다.'라는 대목은 내가 지금도 좋아하는 대목이다.

그러나 이 같은 대목이 좋고 동성상업학교 을조가 신부 코스라고 해서 내가 사실 당시부터 신부가 되리라고 마음먹은 것은 아니었다. 우선 여성에 대한 동경이 없지 않았고 날이 갈수록 한 예비신부로서는 고사하고 한 인간으로서도 부족함을 통감하게 됐기 때문이었다. '과연 나는 신부가 될 자질이 있는가?' 그것에 대한 나의 대답은 항상 '아니다'였다. 고민 끝에 어느 날 프랑스인인 공벨 신부를 찾아가 심경을 털어놓으면서 '신부가 되기 싫다'는 내 의사를 밝혔다. 공벨 신부는 한참 동안 그윽한 눈빛으로 나를 쳐다보다가 입을 열었다. '신부는 되고 싶다고 해서 되는 게 아니고, 되기 싫다고 해서 안되는 게 아니다'고. 나는 두말 못하고 물러났으나 신부가 될 것인가에 대한 내면적인 갈등은 그 뒤 일본 유학(상지 대학)시절에도 줄기차게 계속됐다. 더구나 당시는 이 나라가 일본의 식민지가 되어 있던 때라 신부 쪽보다는 이 나라 독립을 위한 투쟁에의 길이 훨씬 더 내 마음을 잡아끌고 있던 때였다. [중략]

아무튼 신부수업을 했으면서도, 그리고 신부가 무한한 동경의 대상이었으면서도 나는 '신부가 되겠다.'는 결정을 내리지 못하고 있었다. 해방 후 귀국하여 만나 뵌 대구 남산동성당 장병화 신부님(1912~1990)[6]은 바로 그 부분에 대해 내게 결정적인 조언을 해 주신 분이다. '신부로서는 부적당하다'는 나의 고민을 듣고 난 장 신부님은 '바로 그 점, 그렇게

6 1912년 대구 출생, 1932~1938년 대구 유스티노 신학교에서 수학, 1938년 사제서품, 1954~1956년 벨기에 루뱅 대학교에서 사회학 전공, 1968년부터 제2대 천주교 마산교구장 주교 역임.

생각하고 있기 때문에 너는 신부 될 자격이 있는 것이고 꼭 신부가 돼야 한다.'는 것이었다. [중략]

다음으로 여성 이야기를 해 볼까 한다. 나는 두 번 여성과 인연이 있을 뻔했다. 한 번은 일본 유학시절 친구가 자기 여동생과 결혼하지 않겠느냐는 권유를 한 일이 있고, 또 한 번은 해방 후 우연히 교회에서 만난 세 살 연하의 여인이었다. 첫 번째 여인은 별 진통 없이 사양했으나 두 번째의 여인은 내가 거의 1년 동안 고민을 했다.

니체를 좋아한다는 이 여인은 이북에서 월남한 피난민으로 정신적으로 내게 상당한 부담을 주면서 접근해 왔다. 신부가 될 것인지 아직 결정하지 않았던 때라 나는 많은 고민을 했다. 어쩌면 그 여인에게 상처가 될 수도 있고, 그보다도 내 스스로 '어떤 결정을 내려야 하느냐'하는 기로에 빠져들었기 때문이다. 고민에 고민을 거듭한 끝에 나는 하나의 결론을 얻었다. '한 여성을 완전한 의미로 사랑해 줄 자신이 없다'는 것이었다. 그보다는 많은 사람에게 도움을 주는 일이 내게 주어진 길이라고 판단했던 것이다. 그리고 나는 신부가 됐다.

올해(1981)로써 신부가 된 지 30년이 되었다. 그 30년 동안 나는 무엇을 했는가? 30년의 연륜만큼 거룩하게 됐는가? 신부가 되기 전에 그랬듯이 여기에 대한 대답 역시 '아니다'이다. 거룩하게 되었기보다는 오히려 때 묻은 30년이고, 그러기에 나는 지금도 무릎을 꿇고 엎드려 주님께 용서를 비는 것이다.[7]

7 "지금도 주님께 무릎 꿇어 용서를 빈다," 《중앙일보》, 1981년 9월 22일, 『김수환 추기경 전집 17-7』에서 재인용.

위의 인용문에서 볼 수 있다시피, 김수환은 이 땅에서 천주교가 박해를 받던 시절부터 천주교 신앙을 지켜온 유서 깊은 신앙가문의 후손이다. 어려운 가정환경 속에서도 꿋꿋하게 신앙을 지키고 물려준 부모의 영향을 절대적으로 받았다는 점을 생전에 여러 번 언급한 적이 있다. 특히 어머니로부터의 감화가 절대적이었던 것으로 알려져 있다.

그런 까닭에 만 11세의 어린 나이에 신학교 문을 처음 두드렸고, 18년에 걸친 장기간의 수련 과정을 거쳐, 사제의 길에 들어서게 되었던 것이다. 김수환이 대구에서 천주교 신부로 사제서품을 받은 시기는 한국전쟁으로 우리 민족의 고통이 극에 달해 있던 1951년이었다. 김수환은 한국 가톨릭교회 230여 년의 역사상 최초의 추기경으로, 전 세계 가톨릭교회 내부의 입장으로서는 교황 다음의 최고위직에 오른 첫 번째 한국인이었다. 사회적으로는, 잘 알려져 있다시피, 교회와 사회에 가로놓였던 높은 벽을 허물고 한국사회 전체의 인권회복과 정의구현, 그리고 민족의 화해와 평화를 위하여 앞장서 온 대표적인 선구자 중의 한 사람이기도 하다.

김수환은 1960년대 말 서울대교구장이 되고, 추기경으로 서임되면서 한국 천주교회를 대표하는 역할을 맡게 되었다. 그때 김수환의 제1성이 바로 "교회의 벽을 허물자!"는 것이었다. 당시 한국은 경제개발의 기치 아래 다른 모든 가치들은 희생되거나, 유보된 상황이었다. 특히 사회적 약자였던 농민, 공장 노동자들, 도시 빈민들이 인간적 대접을 받으면서 모든 사회 구성원들이 더불어 잘 살 수 있는 길을 제시하고자 많은 관심과 열정을 기울였다.

사회 문제에 한하여 말하자면, 1987년 이전에는 주로 인권회복과 정의구현에 관심을 기울였다고 할 수 있고, 정치적 민주화가 어느 정도 이루어진 1987년 이후에는 민족의 화해와 일치에 더 많은 관심을 가졌던 것으로 기억된다. 그리하여 '한마음 한몸 운동' 등을 통하여 북한 주민들의 삶에 구체적인 도움을 주는 일에도 지원을 아끼지 않았다. '사랑의 장기 기증 운동'에도 적극 동참하여, 선종 당시 안구 기증으로 두 사람에게 시력을 찾게 해 준 일화도 유명하다.[8] 또한 남한 사람들이 동서로 갈라져 다투는 모습에 대하여도 염려를 금치 않고, 기회 있을 때마다 서로의 화합을 위하여 힘쓰고, 여러 방면의 지도자들에게 고언을 하기도 하였다.

이렇게 김수환은 우리 헌법에서 강조하는 자유민주주의를 바탕으로 원칙과 진실된 사회를 갈구하였다고 평가할 수 있겠다. 김수환의 기본 입장은 언제나 한결 같고 분명하였다. 그것은 다름 아니라, 승리자가 되거나 영광을 탐하는 입장에서가 아니라, 인간이 된 하느님의 모습, 즉 예수 그리스도의 겸허한 자세에서 모든 사물과 현상을 바라보라는 자세이다. 요즘 표현대로 하자면, 그리스도의 영성(靈性. spirituality)을 통하여 보라는 말이다. 인간이 되기까지 자신을 최대한 낮추는 하느님의 모습을 본받아 나 자신부터 실천하고, 이 세상에 실현시키려는 것이 김수환이 평생 간직하였던 자세라고 할 수 있다. 또한 한국 가톨릭교회의 제일 웃어른으로서, 한국 사회의 큰 스승으로서 모두를 아우르는 질그릇, 옹기 같은 인물이 되고자 하였다고 볼 수 있다. 한 쪽으로 쏠리고 편향되지 않고, '모든 이를 위하여 모든 것'(Omnibus omnia)이 되고자 한 것이 그의 일관된 자세이었다.

8 "봉사의 삶을 일깨워주신 김수환 추기경. 가톨릭대학교 의과대학 학장 주천기 교수 인터뷰," 박일영 편, 『그리운 김수환 추기경』 제3권 (부천: 가톨릭대학교 김수환 추기경연구소, 2015), pp. 91~207 참조.

김수환은 독일 유학 시절에 '그리스도교 사회론'을 전공하였다. 그리스도교 사회론의 가르침에 따르면, 하느님의 나라는 죽어서 천당 간 다음에 처음 겪는 것이 아니다. 바로 지금 여기에서 시작된다는 것이다. 그렇게 하느님의 뜻에 맞는 아름답고 바른 세상을, 성경의 말씀처럼 "정의가 강물처럼 흐르는 세상"을 실현하는 것이 그리스도인들의 사명이라고 여기는 것이다. 그러한 신념을 배경으로 김수환은 앞장서서 모범을 보인 인물이라고 여겨진다.

김수환이 천주교 서울대교구장을 물러나 은퇴한 후에는, 사제성소를 최종적으로 다듬었던 모교이기도 한, 서울 혜화동의 가톨릭대학교 신학대학 구내에 위치한 공간에서 되도록 조용히 여생을 보내고 싶어 하였다. 그렇지만 소외받고 외로운 고아나, 노인들, 그리고 외국인 노동자들을 남모르게 찾아다니면서 신앙적으로, 또 인간적으로 따뜻하게 위로해 주고 용기를 북돋아 주었다. 또한 후배 성직자들을 양성하기 위하여 신학생들을 지원하는 장학재단을 만들어, 그 이름을 자신의 아호를 따라 '옹기장학회'로 짓기도 하였다. 물론 여러 차례 보도된 바와 같이, 정치 지도자들이 갈 길을 잃고 방황할 때에는 깊은 명상과 오랜 수련의 결과로 얻은 밝은 지혜를 바탕으로, 나라를 위한 귀중한 조언도 아끼지 않았다.[9]

옹기 김수환이 평생 강조했고, 우리에게 남긴 것은 "너희와 모든 이를 위하여"(Pro vobis et pro multis)라는 좌우명대로, 하느님이 인간에게 보여준

9 "그리스도 사랑의 사회화. 전 문화체육관광부 장관 정동채 대표 인터뷰," 박일영 편, 『그리운 김수환 추기경』 제4권 (부천: 가톨릭대학교 김수환추기경연구소, 2016), pp. 413~436 참조.

조건 없는 사랑을 그대로 따라서 모두에게 실천하는 것이라고 요약할 수 있겠다. 인간다운 삶, 노동자의 권익, 정의구현, 민족의 화해와 일치, 세계평화… 이 모든 것이 김수환에게는 결국 '인간을 향한 하느님의 가없는 사랑의 실천'[10] 이 한 마디로 모인다고 볼 수 있겠다.

II. 김수환의 평화사상과 그 특징

현대는 다문화와 다종교의 시대이다. 소위 '종교백화점 혹은 종교의 슈퍼마켓'에서 각자의 취향에 따라 제각기 마음에 드는 품목(items)을 선택해서 종교생활을 영위하는 사람들도 있는 실정이다. 한 편으로 자유 의식이 그 어느 때에 견줄 수 없을 만큼 고취되는가 하면, 다른 한 편으로는 대중 조작에 따른 우민화를 염려하는 세상 속에 우리는 살아가고 있다. 종교를 빙자한 테러가 난무하는 세계적 모순이 증대되는 시대에 직면하고 있는 것이 또한 현대인이다.[11]

우리가 처한 세계는 동서 냉전으로 대표되는 상극의 시대를 지나, 이제 다중심(multi-centrism), 다문화, 다종교를 내세우는 상호협력과 호혜적 대화를 갈망하는 상생의 시대를 지향하고 있기는 하다. 인종적, 지역적으로

10 신약성경, 디도서 3장 4절 참조.

11 김경재, "위기극복의 과제와 종교의 역할," 한국종교인평화회의, 『문명충돌 위기와 종교』 한국종교인평화회의 주최 2001 하반기 이웃종교 이해강좌 (서울: 종로성당, 2001년 12월 4일), pp. 7~11 참조.

급격하게 변하고 있는 종교인구의 비율 분포나 특정 지역에서 발생하고 있는 폭발적인 종교인구의 증가 등은 현대 종교지형의 근본적인 변화를 감지하게 만든다.[12] 이러한 변화의 소용돌이 속에서 종교가 지니는 또는 지녀야만 하는 '적극적이고 참된 평화'[13]의 실현이라는 역할을 탐구하고자 하는 요청은 더 이상 미룰 수 없는 과제이다.

그러기 위해서 각자는 자신이 신봉하는 종교를 자신에 대한 배타적 보호 방책이나 제한적 울타리로 여길 것이 아니라, 열린 자세로 세상과 인간을 더 잘 그리고 더 깊이 알아듣는 배경으로 삼아야 한다는 종교학과 신학의 새로운 조류, 즉 '응용종교학' 내지는 '종교신학'의 주장에 귀를 기울일 필요가 있다.[14]

그 중에서도 그리스도교의 전통은 하느님의 평화, 즉 샬롬(shalom)이라고 지칭 되는 완전한 형태의 적극적인 평화를 그 이상으로 이야기 해 오고 있다.[15] 이하에서는 현대 사회 안에서 평화실현의 비전을 탐색하는 차원에서 김수환의 평화 이해와 실천 내용을 중심으로 논의를 전개한다.[16] 즉, 우

---

12 William A. McGeveran, *The World Almanac and Book of Facts*, New York: World Almanac Book, 2005; 〈http://www.globalreligiousfutures.org〉 참조.

13 현대 평화 이론에 관한 내용은 김명희, "종교, 폭력, 평화: 현대 평화연구에서 종교의 위치," 『종교문화비평』, 제18호 (2010), pp. 15~47 참조.

14 유정원, "한스 큉의 평화신학," 이찬수·유정원, 『종교신학의 이해』 신학총서 32 (왜관: 분도출판사, 1996), pp. 195~204; Wilfred Cantwell Smith, *Towards a World Theology. Faith and the Comparative History of Religion* (Philadelphia: The Westminster Press, 1981), pp. 21~44; Leonard Swidler, ed., *Toward a Universal Theology of Religion* (Maryknoll, New York: Orbis Books, 1987), pp. 1~50 참조.

15 Richard Friedli, 박일영 역, 『현대의 선교. 선교인가 반선교인가』 (서울: 성바오로출판사, 1989), p. 27~29: "샬롬" 개념 참조.

16 오지섭, "평화," 강영옥 외, 『김수환 추기경 시민 아카데미 매뉴얼 및 교재 개발연

리와 동시대를 살아간 구체적 인물인 김수환의 삶과 행동 속에서 실제적이고 구체적으로 드러나는 평화의 개념과 '평화 감행'(平和敢行. Frieden Wagen)[17]의 발자취를 따라가 본다. 그렇게 함으로써 김수환이 제시했던 평화의 의미와 평화 실현을 위한 노력[평화 감행]을 바탕으로 한반도의 통일과 평화의 단초를 그 윤곽이나마 제시하리라 기대하게 된다.

1. 김수환의 평화 개념

주지하다시피, 김수환은 종교나 사회사상에 관한 구체적인 논증을 담은 전문적 학술 저서를 남기지는 않았다. 다만 그가 실제 삶의 현장에서 드러내 보여준 언행을 통해 그의 사상과 실천덕목을 확인할 수 있을 뿐이다.[18] 그러나 오히려 이러한 사실이 김수환의 '사회영성'(social spirituality)이

구』 (서울: 감사랑, 2015), pp. 119~137 참조.

17 Cfr. Richard Friedli, Frieden Wagen. *Ein Beitrag der Religionen zur Gewaltanalyse und zur Friedensarbeit* (Freiburg/Schweiz: Universitätsverlag Freiburg Schwei, 1981).

18 김수환추기경전집편찬위원회 편, 『김수환추기경전집』 (서울: 가톨릭출판사, 2001) 참조. 『김수환추기경전집』은 총 18권으로 구성되어 있다. 전집 출간을 기획한 가톨릭신앙생활연구소 [소장 신치구]는 1965년부터 2000년까지의 일기, 메모, 강론, 강연, 기고, 인터뷰, 축사 등 각종 원고 총 3,481편 가운데 2,078편을 선정하여 출판하고, 2001년 6월 27일 김추기경의 팔순을 기념하여 봉정했다. 이하 『전집』으로 표기. 그 이후 가톨릭신앙생활연구소와 [천주교 서울대교구장] 비서실에서는 1965년부터 2008년까지 수집된 김수환 추기경의 모든 원고들을 빠짐없이 수록하여 『김수환추기경말씀집』을 2001년 11월부터 2008년 12월까지의 기간에 걸쳐 총 33권의 한정판으로 간행하여 관련 기관에 비치하였다. 이하 『말씀집』으

지니는 특장점이라고도 할 수 있다. 김수환은 그런 의미에서 순수한 이론가라기보다 생생한 삶의 현장에서 용기 있는 모범을 보여준 실천가였다고 할 수 있다. 그가 생전에 보여준 모든 관심과 행동은 현실 삶의 절박한 상황 안에서 벌어진 실제적이고 구체적인 성찰을 토대로 하고 있다. 더 나아가서 그러한 심고원려의 내용을 자신부터 삶 속에서 실천하고자 노력했다. 1970~80년대 한국 사회의 극심한 혼란과 갈등 속에서 김수환이 보여주었던 용기 있고 진솔한 모습에서 이러한 사회영성의 특징을 도드라지게 확인할 수 있다.

'평화'라는 주제에 초점을 맞추어 보면, 김수환의 실천적 사회영성이 더욱 중요한 의미를 지닌다. 그의 평화 이해는 막연한 이론 탐색의 결과로 나온 것이 아니라, 혼란스러운 반(反)평화의 현실 안에서 치열하게 이루어진 실제 삶의 모색이요, 그 결과이기 때문이다. 평화실현이란 학문적으로만 접근할 수 있는 분야라기보다, 실천적 삶으로 이어질 수밖에 없는 특성을 지니고 있다.[19] 평화는 본질적으로 '인간성의 실현에 이바지'하는 것을 목표로 하며, 더 나아가 '구조적 폭력'이라는 사회적 불공정과 억압이 없는 상태까지를 포함한다. 비폭력적 분쟁 해결을 선호하고, 정치-경제적 정의와 사회-환경적 균형을 목적으로 삼고 있다는 점에서 참다운 평화는 가치를 앞세우며, 능동적이고 실천적인 성격을 지닌다.[20]

로 표기.

19 김명희, "종교, 폭력, 평화: 현대 평화연구에서 종교의 위치," 참조.

20 위의 글 참조.

> 한반도 평화의 또 다른 원칙은 이데올로기, 군사, 경제 등의 문제를 떠나 인간에 대한 애정에서 비롯되어야 한다는 점입니다. 진정한 평화는 화해하는 마음과 사람에 대한 사랑에서 출발하지 않으면 진정으로 서로의 마음의 문을 열 수 없기 때문입니다. 과거에 통일은 북한의 영토와 남한의 영토를 어떻게 합치느냐의 문제였습니다. 이제 우리에게 통일의 문제는 갈라져 사는 동포들의 마음을 어떻게 열고 서로 믿고 사랑하는 관계를 만드는 문제, 즉 평화의 문제로 바뀌었다고 봅니다. 경제의 논리처럼 주는 것이 있어야 내놓을 수 있다는 식의 이윤 논리나 어느 체제가 우월한가에 대한 이데올로기 논쟁, 그리고 확전을 불러일으킬지 모르는 군사의 논리가 아니라 이제는 인간에 대한 깊은 애정에 중심을 둔 평화의 논의가 전개되어야한다고 믿습니다.[21]

하느님이 가장 관심 있고 사랑하는 인간이 하느님 창조의 뜻대로 존엄성을 간직하며 참된 삶, 행복과 구원을 이루는 것이 곧 참된 평화이다. 이런 의미에서 김수환의 평화 개념은 '하느님의 뜻이 온전히 실현된 상태'에 해당한다. 김수환은 이러한 평화를 실현할 수 있는 방법으로 일상에서의 실천을 강조한다.

> 참된 평화는 마음의 평화입니다. 진리에 살고 정의를 실천하고 사랑을 베풂으로써 이룩되는 평화입니다… 진리, 정의, 사랑이야말로 평화의

21 "남북화해를 통한 한반도 평화와 동북아시아(1999.4.20)," 『말씀집. 1999년』, p. 59.

참 무기입니다… 매일 매일의 생활에서 만나는 모든 사람들에게 말과 행동으로, 미소 하나로써 일지라도 사랑을 실천합시다. 지금도 굶주림에 시달리는 사람이 많습니다. 먹을 것이 적어서만이 아닙니다. 그보다 더 사랑에 굶주리고 있기 때문입니다. 목마른 사람이 많습니다. 마실 물이 없어서가 아니라 누구도 그 메마른 마음을 적셔 줄 사랑을 베풀지 않기 때문입니다. 헐벗은 사람이 많습니다. 옷이 없어서라기보다 아무도 그들을 사랑과 이해로써 감싸주지 않기 때문입니다. 그렇게 옥에 갇힌 사람처럼 고독하고, 중병을 앓는 사람처럼 고통 중에 있는 이들이 많습니다. 모두가 그리스도의 사랑을, 우리의 사랑을 기다리고 있습니다. 여러분이 그들 하나에게 한 것이 곧 그리스도께 한 것이 될 것입니다(마태 25, 40). 우리 하나 하나가 고통 중에 있는 사람들에게 사랑을 베풀 때, 참 평화는 증진될 것입니다.[22]

김수환의 평화 이해를 앞서 살펴본 현대 평화 이론에 견주어보면 '적극적 평화' 개념 내지는 완전한 평화에 해당한다.[23] 김수환 스스로도 교회의 공식문헌을 인용하면서, 소극적 평화인 전쟁이 없는 상태를 넘어서서 정의의 실현으로써 이룩되는 적극적 평화 개념을 소개하며 그 실천 방안을 구체적인 사회적 맥락을 통하여 제시한다.

제 2차 바티칸 공의회 〈현대 세계의 사목헌장〉은 평화에 대해서 이렇

22 "평화의 참무기(1976.1.1)," 『말씀집. 1975~76년』, pp. 239~240.

23 김명희, "종교, 폭력, 평화: 현대 평화연구에서 종교의 위치," 참조.

게 말하고 있습니다. "평화는 전쟁 없는 상태만도 아니요, 적대 세력 간의 균형 유지만도 아니며, 전제적 지배의 결과도 아니다. 정확하게 말해서 평화는 정의의 실현인 것이다. 인간 사회의 창설자이신 하느님께서 인간 사회에 부여하신 질서, 또 항상 더욱 완전한 정의를 갈망하는 인간들이 실현해야 할 그 질서의 현실화가 바로 평화인 것이다." 그렇다면 그 정의란 무엇을 의미합니까? 그 정의란 존엄한 인격체로서 인간 서로가 올바른 관계에 서서 의롭게 산다는 것을 뜻합니다. 이것을 실현하는 것이 곧 평화라는 말입니다. 그러므로 폭력, 억압, 공포, 위협에 의해 강요된 질서, 강자가 약자를, 물질적인 부(富)를 가진 사람이 가난한 사람들을 지배하는 질서는 거짓된 질서이며, 그렇게 해서 유지되는 평화는 거짓 평화인 것입니다. '평정'(平靜)이라는 말은 흔히 압제를 의미합니다. 거짓된 질서 위에 세워진 거짓 평화는 진정한 평화가 아닙니다. '평화'라는 두 자를 보아도 벼(禾)가, (곧) 밥이 모든 입(口)에 골고루(平) 들어감을 드러내고 있습니다.[24]

2. 김수환 평화사상의 특징

이런 맥락에서 김수환이 실천한 평화 감행의 여정은 특정 종교라는 테두리를 넘어서서, 보편적 인간과 사회 전반에 걸친 의미를 지닌다고 할 수 있다. 그는 참 평화와 거짓 평화를 구분한다. 그에 따르면, 물리적 힘으로

---

24 "평화에의 갈망(1988.11.25)," 『말씀집. 1988년』, pp. 523~524.

얻고 지키려는 평화는 참된 평화일 수 없다고 한다. 김수환이 자신의 삶으로 온전히 드러내 보여준 평화사상의 특징을 다음과 같이 정리할 수 있을 것이다.

1) 정의의 실현

1972년에 대통령을 위한 연례 '조찬기도회'에 참석한 자리에서도 '물리적 강압에 의한 안녕과 질서'가 아닌 참 평화에 대한 김수환의 소신은 거침없이 표출되고 있다. 2014년 여름 한국을 방문한 프란치스코 교황이 청와대를 방문한 자리에서 행한 연설에서 "고통 앞에 중립은 없으며, 평화는 정의의 실현"[25]이라고 힘주어 말한 대목과 오버랩 되는 장면이기도 하다.

> 평화는 오늘날 모든 이의 소망입니다. 하오나 세상은 아직도 힘의 평화, 즉, 무력과 경제력 등 힘의 균형과 질서 유지를 평화라고 믿고 있습니다. 때문에 "평화를 원하면 전쟁을 준비하라."는 냉혹한 현실이 우리를 지배하고 있습니다. 그러나 이는 분명히 주께서 우리에게 주시는 평화와는 다르옵니다. 주는 외아들 그리스도의 십자가 희생으로써 세상에 평화를 주셨사오니 주여, 우리에게 당신의 그 평화를 주소서! 당신의 진리와 정의와 사랑으로 불목의 죄악과 전쟁의 화를 우리 안에서 없애 주소서! 우리 모두가 당신의 자녀들이고, 따라서 우리는 서로 형제됨을 깊이 깨닫게 하시며 평화를 원하면 먼저 주님의 정의를 실천하는 사람

---

25 2014년 8월 14일에 행한 프란치스코 교황의 "청와대 연설 전문"은 방송, 신문 등 국내 각 언론에 일제히 보도되었다.

들이 되게 하소서![26]

조지 부시(George Bush) 미국 대통령이 한국을 방문했을 때 국회에서 행한 '힘에 의한 평화'를 언급한 연설에 대하여도 준열한 비판을 서슴지 않는다.

> 지난번 부시 미국 대통령이 방한했을 때, 그는 국회에서 한 연설에서 "힘이 있어야 평화를 지킬 수 있다."고 말했습니다. 현실정치에서는 그 길밖에 다른 도리가 없어 보이기도 합니다. 그러나 힘으로 유지되는 평화는 힘의 균형이 깨질 때 더 큰 재난으로 우리를 파괴로 몰아넣을 것입니다. 특히 그 힘이 핵무기를 비롯한 고도의 화학무기를 뜻할 때 더욱 그러합니다. 마찬가지로, 전쟁도 없고 사회도 조용하다고 해서 그것을 곧 평화라고 할 수는 없습니다. 가령, 독재정권 아래서는 국민은 무섭고 떨려서 아무 말도 못하고 숨죽여 살기 때문에 겉으로는 사회질서가 잘 잡혀 있을 수 있습니다. 그러나 우리는 그런 상태를 평화라고 할 수 없습니다. 극단의 비유일지 모르나 그런 것은 무덤의 평화와 질적으로 다를 바 없습니다.[27]

평화는 인간존엄성과 인간권리의 존중 그리고 정의의 실현을 토대로 한다. 그렇다면 김수환이 말하는 평화는 어떤 내용을 담고 있는가? 그것

---

26 "이 땅에 평화를 주소서(1972.5.1)," 『말씀집. 1971~74년』, p. 180.

27 "하느님의 선물이며 사랑의 열매인 평화(1989.3.6)," 『말씀집. 1989년』, p. 68.

은 한 마디로 표현하면 인간다움이 제대로 실현된 모습이다.

> 인간에 대한 존경과 사랑 없이 평화는 가능하지 않습니다. 물리적 힘에 의한 안정은 평화가 아닙니다. 한 국가사회 안에서 인간에 대한 존경과 사랑이 위정자와 국민 간에 있고, 국민 상호간에 있을 때, 참된 평화가 달성될 수 있습니다. 너무나 이상적인 말로 들릴 수 있겠습니다. 그러나 인간에 대한 존경과 사랑을 사람의 마음에서 뿌리째 뽑아 보십시오. 무엇이 남습니까? 시기, 질투, 미움, 야심, 탐욕 등 남는 것은 모두 죄악뿐입니다. 혼은 타락하고 마음은 메마르고 황폐됩니다. 그것은 바로 생명이 발붙일 곳 없는 황무지 사막입니다.[28]

2) 인간에 대한 사랑

마찬가지 맥락에서 김수환은 평화 실현을 위해서 무엇보다 우선되어야 하는 인간 존중과 인간 사랑의 실천도 강조한다.

> 참 평화, 보편적 가치로서의 평화, 세계 모든 정치 지도자와 온 인류가 추구해야 할 평화는 인간존엄성과 인간권리를 존중하고, 또한 사회정의를 토대로 하는 데 있다는 것입니다. 다시 말하여, 우리가 모두 우리 이웃을 그 사람의 신분이나 사회적 지위 또는 민족·국가 등의 차별을 떠나서 형제로 볼 줄 알고, 그 사람의 인간 존엄성을 인정하고 사랑하면 그 곳에 참된 평화가 있다는 것입니다. 사실 거기에 인간의 참된 삶,

28 "국가의 공권력과 국민과의 관계(1973.3.24)," 『말씀집. 1971~74년』, pp. 306~307.

> 번영과 행복·구원이 있습니다. 인간은 참으로 존엄한 존재입니다. 하느님은 인간을 위해 당신을 비우시고 바치셨습니다. 하느님의 제일의 관심사는 인간입니다. 하느님께서 가장 사랑하시는 것, 그것은 인간입니다. 하느님은 인간에게 당신의 모든 것을 주시고, 당신과 같이 신으로 만들고자 하십니다. 인간은 그렇게 고귀한 것입니다. 그러므로 우리는 인간을 사랑해야 합니다.[29]

그렇다고 김수환이 제시하는 평화는 결코 추상적이거나 내세적인 데 만족하고 머무르는 평화가 아니다. '지금 여기'에서부터 실현해야 하는 현실적 평화, 일상생활 속의 평화이다.

> 남한 내의 휴대폰 수요의 폭발적인 증가에는 여러 가지 사회적인 해석과 평가가 있을 수 있겠지만 저는 의사소통욕구가 그만큼 큰 사회가 아닌가 하는 생각을 해봅니다. 이것에 비추어 볼 때, 남한과 북한사회의 의사소통은 초기에는 많은 문제를 야기할 것이고 부작용도 심각할 것이라고 보지만 우리가 지니고 있는 의사소통의 욕구를 건강하게 유도한다면 사람과 사람이 만나서 마음의 문을 활짝 여는 에너지로 전환시킬 수 있지 않을까 하고 희망해봅니다. 문제는 우리의 의사소통에 인간을 소중히 여기고 서로 존중하며 배려하는 자세가 깃들여있는가 하는 것입니다. 국민 모두가 준비하는 평화는 바로 이러한 사람에 대한 사랑의 철학과 생활을 내면화하는 것에서 출발해야 한다고 생각합니다. 우

29 "사랑과 평화(1986.1.1)," 『말씀집. 1986년』, p. 2.

리에게 익숙한 가족에 대한 사랑을 이웃에 대한 사랑, 동포에 대한 사랑, 인류에 대한 사랑으로 확대시키고 이것에 익숙해져야 한다는 것을 말씀드리고 싶습니다.[30]

3) 세계를 향한 개방

김수환은 평화 실현을 위한 노력의 일환으로서 '대화'가 가지는 중요성을 교황 요한-바울로 2세의 말을 빌어서 힘주어 강조하기도 한다.

> 교황 요한-바울로 2세께서는 오늘 제16차 평화의 날 메시지를 발표하시면서 오늘의 사회와 세계가 평화를 얼마나 갈망하고 있는지를 말씀하시고, 이 평화를 위해서는 참된 대화가 필요하다고 하셨습니다. 나라와 나라 사이에, 나라 안의 여러 계층 사이에, 지도자와 국민, 노동자와 사용주 등 여러 계층 간에 진리와 정의에 입각하여 함께 공동선을 찾는 자세로 대화를 하여야 함을 강조하셨습니다. 그리고 모든 분쟁과 전쟁의 위험, 사회의 모든 갈등과 불안은 이런 진정한 대화를 통해서 해결될 수 있기 때문에 대화는 평화의 필수조건이라고 말씀하셨습니다. 대화라는 것은 그 자체, 상대방을 존경하고 받아들이는 것입니다. 상대방을 향해서 나의 마음의 문을 여는 것입니다.[31]

30 "남북화해를 통한 한반도 평화와 동북아시아(1999.4.20)," 『말씀집. 1999년』, p. 61.

31 "대화는 평화의 필수조건(1983.1.1.)," 『말씀집. 1983년』, p. 16.

이런 맥락에서 김수환은 우리 사회가 직면해 있던 여러 정치 사회 문제에 깊은 관심을 표명했다.

> 우리는 이미 보아 온 대로 우리가 살고 있는 이 땅이 평화를 누리고 있지 못함을 잘 압니다. 광주사태 해결, 5공 비리 청산, 삼청교육대 문제 등, 문제가 산적해 있습니다. 그런 가운데, 무엇보다도 민족과 국토가 남북으로 갈라져 있고, 심지어 서로 적대관계에 서 있습니다. 다음으로 큰 문제는 지역감정입니다. 특히 영호남간의 지역감정은 골이 깊습니다. 다음은 노사 간 계층 간 도농(都農) 간 등, 가진 자와 못 가진 자 간의 격차입니다. 또한 세대 간의 격차, 스승과 제자 간의 신뢰 결핍도 심각합니다. 뿐더러 남존여비의 사상도 아직 불식되지 못하고 있으며, 이에 따른 여성 경시의 관념과 폐습은 여성에 대한 비인간적 처우와 인신매매 등의 심각한 죄악을 낳고 있습니다. 이와 아울러 장애자 노약자 나환자 결핵환자 고아들에 대한 사회적 인식도 아직 너무나 부족합니다. 이런 문제의 해결 없이 평화를 논할 수 있습니까? 이렇게 보면 이 땅의 평화는 첫째, 우리 모두의 인간다움을 위하여, 둘째, 국민화합과 발전을 위하여, 셋째, 이 나라의 민주화와 통일을 위하여 추구되어야 할 최고의 가치입니다. 정치도, 경제도, 교육도, 문화도, 국방도, 종교도 이를 위해 있어야 하며 그것을 목표로 삼아 생각하고 활동해야 합니다.[32]

김수환은 목적이 수단을 정당화하지 못한다는 점을 상기시키기라도 하

32 "하느님의 선물이며 사랑의 열매인 평화(1989.3.6)," 『말씀집. 1989년』, pp. 76~77.

듯이, '평화적 수단에 의한 평화 실현'을 힘주어 강조하기도 한다.

> 예수 그리스도가 우리의 평화이신 것은 그분이 사랑 자체이시고 자신의 원수까지도 용서하셨기 때문입니다. 그분도 불의에 저항해서 싸웠습니다. 그러나 폭력은 일체 쓰시지 않았습니다. 자신이 불의와 폭력의 희생이 되면서도 용서하셨고 사랑하셨습니다. 그 본을 받아 아씨시의 프란치스코가 그러했고, 샤를르 드 푸코가 그러했습니다. 우리가 잘 아는 간디도 그런 분이었고, 우리의 독립운동가 도산 안창호 선생님도 그런 분이었으며, 미국의 흑인 민권운동가 마틴 루터 킹 목사도 그러했습니다. 남아프리카의 노벨 평화상 수상자 투투 대주교도 그런 비폭력 평화 투쟁가 입니다. 때문에 오늘의 우리의 문제가 아무리 어렵고 복잡다단하다 할지라도 우리는 그것을 어떤 거짓된 술책이나 폭력을 수반한 혁명적인 방법으로 해결하려고 생각해서는 안 됩니다.[33]

김수환의 평화사상과 그 특징은 그리스도교의 근본 가르침과 그에 대한 자신의 깊이 있는 성찰에 따른 결과라고 할 수 있다. 실제로 김수환은 자신이 제시하는 평화를 '하느님의 평화' 혹은 '그리스도의 평화'라고 표현했으며, 평화를 이룰 수 있는 구체적 노력의 본보기로 '예수 그리스도의 사랑과 희생'을 제시한다. 하지만 여기서 우리가 주목할 점은 김수환 이 그리스도교의 가르침을 통해 제시하는 평화의 원리는 그리스도인에게 뿐만 아니라 모든 인간과 사회 전반에 걸쳐 유효한 의미를 지닌다는 사실이다.

---

33 위의 글, pp. 77~78.

Ⅲ. 김수환의 평화사상이 한국사회에 주는 교훈

이 글에서는 진정성 있고 적극적인 평화의 실현을 위한 종교의 과제를 한국의 가톨릭이라는 맥락에서 하나의 구체적 사례를 통하여 접근하였다. 즉, 우리 시대 영성의 아이콘이라 할 수 있는 옹기 김수환의 평화 이해와 실천 내용을 중심으로 논의를 전개하였다. 구체적 인물인 김수환의 삶과 행동 속에서 실제적이고 구체적으로 드러난 평화의 개념과 '평화 감행'(平和敢行)의 발자취를 따라가 보았다. 그렇게 함으로써 김수환이 제시한 평화의 개념과 평화 실현을 위한 발자취를 통하여 평화 실현의 비전을 그 윤곽이나마 제시하였다.

김수환이 참 평화의 구체적 내용으로 강조한 '인간의 존엄성과 권리', '사회정의', '생명의 소중함', '자기희생', '나눔과 배려', '평화적 수단에 의한 평화 실현', '생활 속의 평화' 등의 주요 원리는 단지 어느 종교 단체의 교리나, 일부 정치 집단의 소위 진영논리에 국한되지 않는다. 그런 의미에서 특정 집단의 노선과 울타리를 넘어서는, 한국 사회 전반에 걸쳐 보편적 의미를 지닌다고 하겠다. 현대 평화 이론과 김수환의 평화사상 사이에서 확인할 수 있는 공통점 역시 이러한 포괄적인 평화의 실현이다. 김수환의 평화 이해와 그 실천과정에 천착함으로써 오늘날 세계가 처한 시급하고 심각한 과제로서 평화 실현을 위한 보편적 관심을 한층 깊이 이해할 기회로 삼을 수 있을 것이다.

여전히 위협적인 요소를 드리우고 있는 문명 간 충돌이나 민족의 이름으로 자행되는 대학살, 인종 청소, 테러 등 비극적이고 야만적인 행태들도 그 명분으로 내세우는 것은 대부분 종교의 이름이다. 뒤집어 말하면, 21세기에도 종교는 여전히 인류의 정신적 기조를 이룰 뿐 아니라, 긍정적이거나 부정적인 삶의 결정적인 요소로 작동한다고 여겨진다. 달리 말하면, 세계문화의 평화적 진전에 종교의 역할이 얼마나 중요한 지를 극명하게 보여주는 반증적 사례들이라 할 수 있다.

위에서 살펴본 김수환의 평화이해와 특징에 대한 탐색은 테러와 분쟁 등에 불순한 의도로 왜곡되고 악용되는 종교가 아니라, 본연성(本然性)을 갖춘 종교 간의 만남과 그에 따르는 종교 간의 대화와 조화 그리고 협력이 진정한 평화의 실현을 위하여 본질적으로 중요함을 인식시키는 데 기여할 것이다. 이러한 점에서 김수환의 평화 이해와 그 특징에 대한 정리와 실천적 사례에 대한 분석은 바야흐로 한반도에서 무르익고 있는 평화적 분위기의 진전과 민족의 화해와 통일을 향한 발자취에도 크게 활용될 것으로 기대한다.[34]

---

34 박일영, "민족화해를 위한 남·북한 종교의 역할. 통일을 향한 가톨릭교회의 활동을 중심으로," 『현대사상연구』, 제7집 (1997), pp. 171~181 참조.

한시준

5장

백범 김구와 세계 평화*

I. 머리말

19세기 이래 제국주의가 번창하면서 지구상의 수많은 약소민족들이 제

* 이 글은 필자의 "백범 김구의 자주독립·통일국가 건설과 세계 평화의 꿈," 『동양학』, 제62호 (2016), pp. 99-122를 수정 보완한 것이다.

국주의의 침략과 식민지지배를 받았다. 제국주의의 침략과 식민지지배로 인해 약소민족들은 자유와 평화를 짓밟히게 되었고, 수탈과 착취에 시달렸다. 약소민족들은 이를 벗어나기 위해 제국주의를 상대로 독립운동을 전개하였다. 독립운동을 흔히 독립을 쟁취하기 위한 투쟁으로 이해하고 있지만, 독립운동이 갖고 있는 또 다른 의미가 있다. 인류의 보편적 가치인 자유와 평화를 짓밟는 제국주의를 상대로 인류의 자유와 평화를 지키기 위한 숭고한 투쟁이 독립운동이기도 했다.

한국의 독립운동도 마찬가지다. 한국은 일본제국주의의 침략과 식민지 지배를 받았고, 이를 극복하기 위해 독립운동을 전개하였다. 한국민족이 전개한 독립운동을 빼앗긴 국토와 주권을 되찾기 위한 것으로만, 즉 독립을 쟁취하려는 것으로만 이해하는 것은 문제가 있다. 한국의 독립운동도 세계사적 차원에서 이해할 필요가 있다. 일제에게 빼앗긴 국토와 주권을 되찾기 위한 것과 더불어, 일본제국주의에게 짓밟힌 인류의 자유와 평화를 되찾기 위한 투쟁이었다는 점을 이해할 필요가 있다는 점이다.

독립운동에는 목표가 있었다. 일차적으로는 일제에게 빼앗긴 국토와 주권을 되찾는 것이고, 궁극적으로는 독립국가를 건설하는 것이 독립운동의 목표였다. 독립운동 단체나 지도자들은 독립을 쟁취한 후 어떠한 독립국가를 건설하겠다는 구상을 갖고 있었고, 이를 강령·정강 등으로 표현하였다. 이러한 구상을 비교적 소상하게 밝힌 지도자로 백범 김구를 꼽을 수 있다.

백범 김구(1876~1949)는 일제의 침략과 식민지시기를 살아가면서 조국의 독립과 민족의 해방을 위해 그의 삶 전체를 바친 인물로, 대한민국 임시정부를 이끌었던 대표적 지도자였다. 독립운동 지도자로 활동하면서 백범은 독립국가 건설에 대한 구상을 가지고 있었다. 1941년 11월 광복후 어떠한 국가를 건설하겠다는 계획으로 '대한민국건국강령'을 발표한 일이 있고, 「나의 소원」이라는 글을 통해 이를 밝히기도 하였다.

백범 김구에 대해서는 헤아릴 수 없을 정도로 많은 연구가 이루어졌다. 연구의 상당수는 백범의 독립운동이나 통일운동과 관련된 것이었지만, 그가 건설하고자 한 독립국가의 모습을 밝히려는 연구도 적지 않게 진행되었다.[176] 이러한 연구를 통해 단지 일제를 상대로 투쟁한 독립운동가로서의 모습뿐만 아니라, '자주독립국가' '문화국가'를 건설하고 '세계 평화'를 제창하였다는 사실들이 밝혀졌다.

이 글은 「나의 소원」을 중심으로 백범 김구가 건설하고자 하였던 독립국가의 모습, 그리고 그가 궁극적으로 추구하고자 하였던 것이 세계 평화였음을 밝혀보려는 데 목적이 있다. 이를 위해 우선 백범은 어떤 삶을 살았던 인물인가 하는 것과 한국역사상 최초의 국민주권국가이자 민주공화제인 대한민국 임시정부를 이끌어간 지도자로서의 경륜을 가진 인물임을 언급하고자 한다. 그리고 자주독립국가와 문화국가를 건설하여 세계 평화에 공헌하겠다는 그의 구상에 대해 살펴보려고 한다.

---

1 한시준, "대한민국임시정부의 광복후 민족국가 건설론," 『한국독립운동사연구』, 제3집 (1989); 김삼웅, "백범 김구의 문화국가건설론," 『백범과 민족운동연구』 제1집 (2003); 한시준, "백범 김구의 신국가건설론," 『백범과 민족운동연구』, 제5집 (2005); 신용하, "백범 김구의 새 민주문화국가 건설론과 세계평화론," 『백범과 민족운동연구』, 제6집 (2008); 한시준, "백범 김구의 자주독립 통일국가 건설과 세계평화의 꿈," 『동양학』, 제62집 (2016) 등의 연구가 있다.

II. 상민 출신으로 대한민국 임시정부 주석

1. 상민의 삶, 민족과 국가

백범 김구(이하 백범으로 약칭)의 삶은 평범하지 않았다. 그는 일제가 외교적 수단으로 조선을 침략하는 소위 병자수호조약이 체결되던 해에 태어났다. 이후 일제의 침략이 가속화되었고, 결국 1910년 일제에게 나라를 빼앗기고 35년에 걸친 식민지지배를 받게 되었다. 이 시기를 살아가면서, 백범은 삶의 전부를 일제의 침략과 식민지지배에 맞서 조국의 독립과 민족의 해방을 위해 활동하였다.

개인으로서도 평범하지 않은 삶이었다. 백범은 1876년 황해도 해주에서 상민으로 태어났다. 안동 김씨로 양반가문이었지만, 오랜 선조 김자점(金自點)이 반역자가 되면서, 그의 조상들은 황해도 산골로 피신하여 신분을 감추고 상민으로 살았다. 상민 출신인 그는 그의 집안이나 부모들이 양반들로부터 핍박과 모욕을 당하는 것을 보며 자랐다. 뿐만 아니라 자신도 양반들로부터 천대를 받는 삶을 경험하기도 하였다.

지독하게 가난한 삶을 살기도 했다. 아버지 김순영(金淳永)과 어머니 곽낙원(郭樂園)은 가난한 농부였다. 백범은 외아들이었지만, 열 살이 다 될 때까지 옷도 제대로 입지 못할 정도로 집안의 형편은 빈곤했다. 당시 일반인들 대부분이 가난한 삶을 살았지만, 그의 집안은 지독히도 어려웠고, 그 어려움을 겪으며 살았다.

상민으로 태어나 어려운 가정에서 자라난 백범은 이를 벗어나고 싶어

했다. 그 방법은 공부하여 과거시험을 보는 것이었다. 그는 아버지를 졸라 서당에 보내달라고 하였고, 과거시험을 보기도 했다. 그러나 과거시험장에서 본 것은 온갖 부조리와 사회의 부패상뿐이었다.

백범이 새로운 세상을 발견하고, 힘을 얻은 것은 동학이었다. 동학이 '신분의 차별 없이 누구나 평등하다'는 것을 듣고, 동학에 입문하였다. 동학은 그가 세상에 진출하는 길을 열어준 문이나 다름없었다. 그는 교조 최시형(崔時亨)을 만나고, 19살 나이에 동학의 중간 간부인 접주가 되었다. 그리고 1894년 동학교도들이 농민들과 함께 동학농민항쟁을 일으켰을 때, 황해도 해주에서 동학군의 지도자로 활동하였다.[2]

백범은 동학에 이어 유교, 불교, 기독교도 접하였다. 동학군을 일으켰다가 패한 후, 그는 동학군을 토벌하던 안태훈(安泰勳)의 집에 머물게 되었다. 여기서 황해도 지역의 대표적 유학자인 고능선(高能善)을 만나 그의 가르침을 받았다. 그는 고능선의 가르침을 평생토록 잊지 않았고, 스승으로 모셨다. 그리고 뒤에서 언급할 '치하포사건'으로 인천감옥에 갇혔다가 탈옥한 후, 마곡사에서 머리를 깎고 불교에 귀의하여 스님이 되기도 했고, 황해도 지역에서 계몽운동을 전개하면서 기독교 세례를 받고 기독교인으로 활동하기도 했다.

백범은 성장하면서 현실에 안주하거나 자포자기하지 않았다. 끝없는 도전의 삶을 살았고, 새로운 삶을 찾아 나섰다. 상민으로 태어나고 가난한 가정환경이었지만, 이를 극복하고자 하였다. 그리고 스스로 그 길을 찾았

---

2 조동걸, "백범의 청소년기 생활과 의병운동," 『백범과 민족운동연구』, 제1집 (2003), p. 18.

다. 동학에 참여한 것도 그것이고, 이후 유교·불교·기독교 등을 받아들인 것도 그것이었다.

민족, 국가에 대한 것도 마찬가지였다. 백범은 민족과 국가에 대한 문제가 있을 때, 이를 회피하지 않았다. 그 자신은 국가로부터 혜택을 받은 것이 아무 것도 없었다. 그렇지만 민족적 수치를 당하거나 국가가 위태로울 때, 이를 외면하지 않았다. 그는 안태훈의 집에 머물러 있을 때, 만주지역을 답사한 적이 있었다. 서간도에 이르렀을 때, 그곳에 있는 김이언(金利彦)이 국모가 왜구에게 피살된 치욕을 가만히 앉아 볼 수 없다며 의병을 일으키자, 그와 함께 의병을 일으켜 강계성을 공격하는 전투를 감행하였다.

뿐만 아니라 국모를 시해하였다고 의심되는 인물을 처단하기도 하였다. 백범은 치하포의 한 주막에서 조선인으로 위장하고 있는 수상한 일본인을 만났다. 백범은 이 자가 '국모를 시해한 미우라가 아닐까? 만일 아니더라도 공범일 것 같다'는 생각이 들었다. 순간 그는 '저놈 한 명을 죽여서라도 나라의 치욕을 앙갚음 하리라'며, 맨손으로 그를 처단한 것이다.[3]

당시 왜놈은 옷 속에 칼을 차고 있었다. 칼을 가진 자에게 맨손으로 대든다는 것은 위험한 일이고, 대단한 용기가 필요했다. 백범이라고 해서 그것이 얼마나 위험한 일인지를 모르지 않았다. 하지만 국모가 시해되었는데, 국민이 차마 가만히 있을 수 없다는 것이 그로 하여금 왜놈을 처단하게 한 것이다. 당시 백범의 나이 21살이었다. 이로 인해 그는 엄청난 고통을 겪어야 했다. 인천감옥에 투옥되어 악독한 고문을 받았고, 사형선고를 받게 된 것이다.

---

3 김구, 『백범일지–백범학술원총서2』 (파주: 나남출판, 2002), pp. 85~88.

백범은 '치하포 사건'을 계기로 일제에 맞서 투쟁하는 전면에 나서게 되었다. 사형이 집행되기 직전, 인천감옥을 탈옥하였다. 이후 마곡사에 들어가 스님이 되었다가 고향으로 돌아왔다. 그는 안주하지 않았다. 황해도 지역의 기독교 인사들이 학교를 설립하여 신교육운동을 전개하자, 기독교에 입문하고 이들과 함께 국민을 교육하고 계몽하는 활동에 나섰다. 뿐만 아니라 서울에서 활동하고 있던 인사들과 함께 을사늑약 반대운동을 전개하고, 안창호·이동녕 등의 인사들과 신민회를 조직하여 구국운동을 전개하였다.

백범은 구국운동의 주요한 인물이 되었다. 그러나 구국운동으로 일제의 침략을 막아내지 못하였고, 1910년 8월 일제에게 나라를 빼앗기고 말았다. 대한제국의 멸망과 더불어 신민회를 중심으로 활동하던 인사들 6백여 명이 일제가 조작한 데라우찌총독 암살미수사건으로 피체되었고, 이중 105명이 실형을 받고 감옥에 투옥되었다.[4]

백범도 피체되었다. 당시 피체된 인사들은 가혹한 고문을 받았고, 고문을 받다가 죽은 경우도 있었다. 백범도 매번 정신을 잃을 정도로 온갖 악독한 고문을 일곱 차례나 받았다. 그렇지만 "나의 생명은 빼앗을 수 있거니와 내 정신은 빼앗지 못하리라"며 버텨냈고, 살아남았다.

혹독한 고문을 받으면서 백범이 느낀 것이 있었다. 혼절하였다가 정신이 들었을 때, 자신을 고눈하던 순사를 보고 "저 왜구처럼 일에 밤새워 본 적이 몇 번이었던가? 이렇게 자문해보니 온 몸이 바늘방석에 누운 듯 통절한 중에 내가 과연 망국노의 근성이 있지 않은가 싶어 부끄러운 눈물이

4 윤경로, 『105인사건과 신민회 연구』 (서울: 한성대출판부, 2012), p. 32.

눈시울에 가득찼다"고 하였다.[5] 일본 순사는 밤을 새워가며 자기 나라를 위해 고문을 하는 데, 자신은 나라를 구하겠다고 하면서 밤을 새워본 적이 있었는가를 반문한 것이다.

백범은 자신이 국가를 위해 최선을 다하지 못했다는 데 부끄러움을 가지고 있었다. 그는 감옥생활을 하며 다짐하고 또 다짐했다. 빼앗긴 나라를 되찾아 독립국가를 세우고, 독립된 나라에서 살고 싶다는 다짐이었다. 그 결심으로 이름을 구(龜)에서 구(九)로 바꾸었다. 왜의 호적에서 벗어난다는 뜻이다. 또 호도 백범(白凡)으로 고쳤다. "백정범부(白丁凡夫)라도 애국심이 나 정도는 되어야 완전한 독립국민이 되겠다"는 생각 때문이었다.[6] 그리고 "독립정부를 건설하거든 나는 그 집의 뜰도 쓸고 창문도 닦는 일을 해보고 죽게 해달라"고 하느님께 기도하였다.

2. 임시정부 주석

백범 김구는 현실에 안주하거나 좌절하지 않고 스스로 도전하는, 또 새로운 삶을 개척한 인물이었다. 상민으로 태어나 빈곤한 가정에서 자랐고, 체계적인 교육도 받은 적이 없다. 그렇지만 그는 몸으로 민족과 국가를 체득하였고, 민족과 국가를 위해 자신의 전부를 바치는 삶을 살았다. 이러한 삶을 통해 그는 독립운동의 주요 지도자가 되었고, 마침내 대한민국 임시

5 김구, 『백범일지』, p. 214.
6 김구, 『백범일지』, p. 266.

정부의 주석이 되었다.

대한민국 임시정부(이하 임시정부로 약칭)는 3·1독립선언을 계기로 수립되었다. 1919년 3월 1일 "오등(吾等)은 자(玆)에 아조선(我朝鮮)의 독립국(獨立國)임과 조선인(朝鮮人)의 자주민(自主民)임을 선언하노라"고 한 독립선언이 발표되었다. 이어 전국 각지에서 각계각층의 국민들이 참여하여 '대한독립만세'를 외치며 만세시위운동을 일으켰다. 3·1독립선언의 핵심은 '독립국'임을 선언한 데 있었다. '독립국'임을 선언한 후 그 독립국으로 세운 것이 '대한민국'이었고, 대한민국이란 국가를 유지 운영하기 위해 임시정부를 수립한 것이다.

임시정부는 1919년 4월 11일 중국 상해에서 수립되었다. 독립을 선언한 후 국내외에서 활동하던 많은 인사들이 상해로 모였다. 이들은 먼저 국회와 같은 임시의정원(臨時議政院)을 구성하였다. 곧바로 제1차 의정원 회의를 열었다. 가장 먼저 결정한 것은 '독립국'의 국호였다. 국호는 '대한민국'으로 결정되었다. 이어 국무총리를 행정수반으로 하는 관제를 제정하고 국무원을 선출하였다. 그리고 정부를 유지 운영하기 위한 헌법으로 대한민국임시헌장을 제정 통과시켰다.[7] 국호를 '대한민국'으로 한 임시정부를 수립한 것이다. 이것이 대한민국 임시정부였다.

임시정부의 수립은 한국민족의 역사에서 몇가지 중요한 의미를 갖고 있다. 우선 '대한민국'이란 국가를 세웠다는 점이다. 한국민족은 고조선·부여·고구려·백제·신라·고려·조선·대한제국 등 수 많은 국가를 세우며 반

7 김희곤, 『대한민국임시정부 — 상해시기』 (천안: 독립기념관 한국독립운동사연구소, 2008), pp. 58~59.

만년 역사를 유지하여 왔다. 대한제국에 이어 세운 나라가 '대한민국'이었다. 둘째는 임시헌장 제1조에 "대한민국은 민주공화제로 함"이라 하여,[8] 처음으로 국민이 주권을 갖는 민주공화제 정부를 수립하였다. 이로써 한국 민족의 역사가 군주주권에서 국민주권으로, 전제군주제에서 민주공화제로 바뀌었다.

백범은 임시정부가 수립된 직후 상해에 도착하였다. 당시 임시정부는 수립만 되어 있었다. 미국에 있던 도산 안창호(島山 安昌浩)가 5월말 상해에 도착하여 내무총장에 부임하고, 국무총리 대리를 겸임하면서 임시정부가 가동되기 시작하였다. 백범은 내무총장을 찾아갔다. 안창호에게 정부의 문지기를 시켜달라고 부탁하였고, 안창호는 백범을 경무국장에 임명하였다. 이로써 백범은 임시정부에서 경무국장으로 활동을 시작하게 되었다.

임시정부는 1919년 9월 11일 새롭게 출발하였다. 3·1운동 직후 상해 이외에 연해주에서 대한국민의회가, 국내에서 한성정부가 수립되었다. 세 곳의 임시정부가 국내에서 수립된 한성정부를 정통으로 인정한다는 것과 위치는 상해에 둔다는 데 합의하고 통합을 이루었다. 그리고 대통령 중심제로 헌법을 개정하고, 이승만(李承晩) 대통령과 이동휘(李東輝) 국무총리를 중심으로 한 임시정부를 구성한 것이다.[9]

그러나 임시정부는 제대로 운영되지 못하였다. 여러 가지 이유가 있었지만, 가장 핵심적인 것은 대통령이 부임하지 않았던 때문이다. 연해주에서

---

8 국사편찬위원회 편, "大韓民國臨時憲章,"『대한민국임시정부자료집』1권 (과천: 국사편찬위원회, 2005), p. 3.

9 "신내각성립,"《독립신문》, 1919년 9월 16일자.

활동하던 이동휘는 국무총리에 선출된 후 상해로 왔다. 그렇지만 이승만은 이동휘에게 상해의 일은 국무총리가, 미주의 일은 자신이 담당하자는 역할분담을 제의하고, 자신은 미국에서 대통령 역할을 하겠다고 한 것이다.

대통령이 상해에 부임하지 않으면서 문제가 일어났다. 우선 대통령 자신이 "대통령은 임시의정원의 승낙없이 국경을 멋대로 떠날 수 없다"는 헌법을 어긴 것이었다.[10] 또 상해는 목숨을 담보할 수 없는 위험한 지역이고, 경제적으로도 어려운 상황이란 점 등도 있었다. 이로 인해 상해에 있는 국무총리를 비롯한 정부의 각원들과 미국에 있는 대통령 사이에 마찰이 일어났다.

대통령과 국무위원들 사이에 마찰이 일어나면서, 임시정부는 수립 초기부터 파란을 겪게 되었다. 1920년 12월 대통령 이승만이 우여곡절 끝에 상해로 와 부임하였지만, 파란은 수습되지 못하였고, 5개월 만에 미국으로 돌아갔다.[11] 대통령에 이어 국무총리 이동휘를 비롯한 정부의 각원들도 사퇴하고 상해를 떠났다. 이로써 임시정부는 조직도 제대로 갖출 수 없는 상태가 되었다.

임시정부는 이를 수습하고자 하였다. 방법은 대통령을 탄핵하고 헌법을 개정하는 것으로 추진되었다. 1925년 3월 임시의정원은 이승만 대통령을 탄핵하고, 박은식(朴殷植)을 대통령으로 선출하였다. 박은식 대통령은

10 국사편찬위원회 편, "大韓民國臨時憲法," 『대한민국임시정부자료집』, p. 8.

11 한시준, "이승만과 대한민국임시정부," 『이승만연구』 (서울: 연세대출판부, 2000), p. 195.

헌법을 개정하여 대통령제를 국무령제(國務領制)로 바꾸었다. 그리고 만주지역의 대표적 지도자인 이상룡(李相龍)·양기탁(梁起鐸), 이어 안창호(安昌浩)·홍진(洪震) 등을 국무령으로 선출하였다. 그렇지만 국무령이 내각을 구성하지 못하거나 취임하지 않았다.

임시정부가 난국을 겪고 있을 때, 그 수습 책임을 맡은 것이 백범이었다. 백범은 이동녕(李東寧) 등의 권유로 1926년 12월 국무령에 취임하였다.[12] 국무령은 행정수반으로 '대통령'의 명칭을 바꾼 것이다. 이로써 백범은 경무국장으로 시작하여 임시정부의 최고 지도자인 행정수반이 되었다.

백범은 국무령이 되어 무정부상태를 수습하였다. 내무·외무·군무·재무·법무 등 행정부서 책임자를 임명하여 정부의 조직을 갖춘 것이다. 이로써 임시정부는 무정부상태에서 벗어나게 되었다. 이후 백범은 보다 안정적인 정부 운영방안을 모색하였다. 그 방안으로 1927년 4월 헌법을 개정하여 국무령을 중심한 단일지도체제를 국무위원회를 중심한 집단지도체제로 바꾸었다. 이후 임시정부는 1940년까지 행정수반 없이 집단지도체제인 국무위원회제로 운영되었다.

집단지도체제로 운영되는 동안, 사실상 임시정부를 이끌어 간 것은 백범이었다. 1932년 1월 8일 이봉창(李奉昌) 의사의 일왕저격의거와 4월 29일 윤봉길(尹奉吉) 의사의 홍구공원의거를 추진하여, 임시정부의 존재를 되살려냈다. 그리고 1935년 5개 정당 및 단체가 통일하여 민족혁명당을 결성할 때, 존립위기를 맞은 임시정부를 수습하기도 하였다. 민족혁명당의 결성은 임시정부 폐지를 전제로 한 것이었고, 당시 국무위원 7명 중 5명이

12 『대한민국임시정부공보』 제45호, 1926년 12월 17일.

이에 참여하면서 임시정부는 무정부상태가 되었다. 백범은 임시정부 폐지에 반대하고 참여하지 않았다. 그리고 한국국민당을 결성하여, 이를 기초로 임시정부를 유지해 나갔다.[13]

백범은 1940년 중경에서 임시정부 주석으로 선출되었다. 1932년 상해를 떠난 이래 중국 각지로 피난을 다녀야 했던 임시정부는 중경에 정착하면서 크게 두 가지를 추진하였다. 정부의 조직과 체제를 확대 강화하고, 국군으로 한국광복군을 창설한 것이다. 이는 중일전쟁이 중국대륙으로 확대되는 상황에서, 또 유럽에서 제2차 세계대전이 발발하면서, 강력한 지도체제와 전시태세를 갖출 필요가 있었기 때문이었다.

이러한 작업은 임시의정원 회의를 통해 이루어졌다. 임시의정원은 1940년 10월 회의에서 종전의 국무위원회 중심인 집단지도체제를 단일지도체제인 주석제로 바꾸는 것을 핵심으로 한 헌법을 개정하였다. 그리고 개정된 헌법에 의해 주석과 국무위원을 새로 선출하여 정부를 새롭게 구성하였다. 이 과정에서 백범은 10월 9일 주석으로 선출되었다.[14]

주석은 임시정부의 행정수반이었다. 백범은 1926년 국무령으로 행정수반에 선임된 이래 중경에서 다시 주석이란 명칭의 행정수반으로 선출된 것이다. 주석은 국군인 한국광복군의 통수권을 행사하는 권한을 비롯하여, 긴급명령과 정치범을 특사할 수 있는 권한 등, 국가의 원수와 같은 위상이었다. 이후 1945년 해방을 맞아 환국할 때까지, 백범은 주석으로 임시정부를 이끌었다.

13 조범래, "한국국민당연구,"『한국독립운동사연구』, 제4집 (1990), p. 378.

14 국사편찬위원회,『대한민국임시정부자료집 3–임시의정원2』, pp. 8~9.

임시정부는 한국민족 역사상 최초로 국민이 주권을 행사하는 민주공화제 정부였다. 상민 출신의 백범이 주석이 될 수 있었던 것도 이 때문이었다. 백범은 주석으로 한국 최초의 국민주권 국가이자 민주공화제 정부를 유지 운영한 경험을 가진 인물이라는 점을 기억할 필요가 있다.

3. 임시정부의 광복후 독립국가 건설론

백범이 주석으로 활동하면서, 임시정부는 광복 후 독립국가 건설에 대한 계획을 발표하였다. 독립운동은 일제의 식민지 지배로부터 독립을 쟁취하는 것, 그리고 궁극적으로는 독립국가를 건설하는 것을 목표로 삼고 있었다. 임시정부도 국무회의를 통해 독립국가 건설에 대한 계획을 구체적으로 정립하였고, 이를 1941년 11월에 '대한민국건국강령'이란 이름으로 발표하였다.[15]

여기에 백범이 광복 후 어떠한 독립국가를 건설하려고 하였는지가 나타나 있다. 건국강령은 삼균주의(三均主義)를 핵심으로 하고 있다. 삼균주의는 조소앙(趙素昻)이 창안한 것으로, 임시정부의 정치이념이 되었다. 건국강령은 이를 기초로 한 것이다. 삼균주의의 궁극적 목적은 균등사회 실현과 전인류가 균등하게 살 수 있는 세계일가(世界一家)를 지향하고 있다. 그 방법은 우선 정치·경제·교육의 균등을 통해 개인과 개인간의 균등생

15 한시준, "대한민국임시정부의 광복후 민족국가 건설론," 『한국독립운동사연구』, 제3집 (1989) p. 527.

활을 실현하고, 이를 토대로 민족과 민족·국가와 국가간의 균등사회를 실현하며, 나아가 세계일가를 이룬다는 것이었다.[16]

건국강령의 핵심은 국민이 주권을 행사하는 민주주의 국가 건설, 그리고 민족구성원 최대 다수가 행복한 삶을 누릴 수 있는 균등사회를 건설한다는 데 있었다. 이를 실현하기 위한 방법으로 정치·경제·교육의 3부분으로 나누어, 각 부분에서 균등한 사회를 건설하기 위한 방안을 제시하였다.

정치적으로는 인민의 기본권리와 의무를 헌법에 보장하고, 어떤 한 정권이나 특권계급에 의한 독재를 철저히 배격하여 정치적 균등을 실현한다고 하였다. 인민의 기본권리로는 노동권·휴식권·피구제권·피보험권·면비수학권·참정권·선거권·피선거권·남녀평등권 등을, 그리고 만 18세 이상의 남녀는 모두 선거권을 가지며, 만 23세 이상의 남녀에게 모두 피선거권을 부여한다고 하였다.

인민의 자유와 의무도 규정하였다. 인민의 자유는 신체의 자유를 비롯하여 거주·언론·출판·저작·신앙·집회·여행·시위·통신 등으로, 이를 헌법에 보장한다는 것이다. 인민의 의무는 법률을 지키며, 납세·병역·공공복·조국건설보위 등을 들고 있다.

또 독재를 방지하기 위해 지방자치제를 실시한다고 하였다. 중앙정부와 더불어 각 지방 행정단위에 따라 지방정부와 지방의회를 설립한다는 것이다. 즉 도·부·군에 각각 정부와 의회를 설치하여 지방자치를 실행한다고 하였다. 이는 권력의 중앙집권을 막고, 이를 통해 특정한 정권이나 계급에 의한 독재를 막겠다는 것이었다.

---

16 권영건, "조소앙의 삼균주의론" (한양대학교 박사학위논문, 1985), pp. 19~26.

경제적으로는 토지와 대생산기관을 국유로 한다는 전제하에, 경제적 균등을 실현한다고 하였다. 핵심의 하나는 토지의 국유화이다. 조선총독부를 비롯하여 일제 기관이 소유하고 있던 토지와 일본인 소유의 토지, 민족반역자의 토지는 모두 몰수하여 국유로 한다고 하였다. 그리고 몰수한 토지는 농사를 직접 지을 수 있는 자력자경인(自力自耕人)에게 분배하되, 그 순서는 고용농·자작농·소지주농 등 저급으로부터 우선권을 준다고 하였다.

대생산기관도 국유화를 원칙으로 하되, 소규모 및 중소기업은 개인이 경영할 수 있도록 하였다. 일제의 기관이나 일본인이 경영한 은행·광산·어업·철도·병원·전신·교통·공장 등은 모두 몰수하여 국유화한다는 것이다. 그리고 몰수한 재산은 무산자의 이익을 위한 국영·공영의 생산기관에 공급한다고 하였다.

교육적으로는 국비의무교육을 실시한다고 하였다. 6세에서 12세까지의 초등교육은 물론이고, 12세 이상의 고등교육에 대한 일체 비용을 국가에서 부담한다는 것이었다. 그리고 학령초과로 교육을 받지 못한 사람들에게는 면비보습교육을 시행한다고 하였다. 이를 위해 지방에 교육기관을 시설하되, 최소한 1읍 1면에 5개 소학교와 2개 중학교를, 1군 1도에 2개 전문학교를, 1도에 1개 대학을 설립한다는 것이다. 그리고 교과서는 학생들에게 무료로 나누어준다고 하였다.

건국강령은 한마디로, 임시정부가 광복 후 건설할 독립국가의 모습을 제시한 것으로, 개인이나 특정 계급에 의한 독재를 철저히 배격하는 민주주의 국가를 건설하며, 정치·경제·교육적으로 국민전체가 균등한 생활을 영위할 수 있는 균등사회를 실현한다는 것이다.

III. 독립국가 건설과 세계평화

1. 자주독립국가 건설

백범 김구를 이해할 때 유념할 것이 있다. 우선 한국역사상 최초로 수립된 국민주권국가와 민주공화제 정부인 대한민국 임시정부를 유지 운영한 경험을 갖고 있었다는 점이고, 다른 하나는 광복 후 어떠한 독립국가를 건설하겠다는 구상을 하고 있었다는 점이다.

백범은 이러한 경험과 계획을 실현할 수 없었다. 일제의 패망과 더불어 한반도는 38선을 경계로 소련군과 미군에 점령되었고, 미군정이 임시정부를 인정하지 않았기 때문이었다. 미군정은 임시정부를 인정하지 않았고, 개인자격으로 입국하도록 하였다. 백범은 개인자격으로 입국한다는 서약서를 제출하고, 임시정부 요인들과 함께 1945년 11월 23일 환국하였다.[17]

백범은 미군정의 요구에 의해 개인자격으로 환국하였지만, 내부적으로는 임시정부 그대로 활동하고자 하였다. 환국 후 임시정부의 위상을 묻는 기자들에게 "우리 일행이 온 만큼 임시정부도 입국한 것"이라고 하여,[18] 사실상 임시정부가 들어왔고, 앞으로 임시정부로 활동할 것임을 피력한 것이다. 아울러 독립국가 건설에도 적극 나설 것임을 밝혔다. 측근 엄항섭(嚴恒燮)을 통해 발표한 환국성명에서 "오직 완전히 통일된 독립자주의 민주국

17 한시준, "대한민국임시정부의 환국," 『한국근현대사연구』, 제25집 (2003), p. 172.
18 《자유신문》, 1945년 11월 25일자.

가를 완성하기 위하여 여생을 바칠 결심"이라고 하여,[19] 자주독립국가 건설에 남은 삶을 바치겠다고 한 것이다.

그러나 백범의 자주독립국가 건설에 대한 의지는 어려움을 맞게 되었다. 12월 28일 모스크바3상회의에서 한국에 대한 신탁통치안이 결정되었다는 소식이 전해진 것이다. 소식을 접한 백범은 즉각 신탁통치를 반대하는 운동에 나섰다. 신탁통치가 자주독립국가 건설을 가로막는 것이기 때문이었다.

백범이 반탁운동에 나선 데는 별다른 고려가 없었다. 중경에서 이미 반탁운동을 전개한 적이 있었던 때문이었다. 1942년부터 연합국 사이에 전후 한국문제를 '국제공동관리(國際共同管理)'로 해결한다는 내용이 알려지기 시작하였다. 소식을 접한 임시정부는 즉각 반대운동에 나섰다. 우선 외무부장 명의로 전후 한국문제에 대한 국제공동관리를 반대한다는 성명을 발표하고, 한국민족은 절대로 이를 받아들이지 않을 것임을 천명한 것이다.[20]

다른 한편으로는 대규모 집회를 열고, 국제공동관리 반대운동을 전개하였다. 임시정부는 당시 중경에서 활동하던 좌우익 진영의 독립운동 세력들을 집결시켜 대규모 집회를 열었다. 이를 재중자유한인대회(在中自由韓人大會)라고 불렀다. 재중자유한인대회는 1943년 5월 10일 300여명이 참가한 가운데 개최되었다. 여기서 "우리는 완전 독립을 요구하며 소위 국

---

19 백범김구선생전집편찬위원회, 『백범김구전집』 8권 (서울: 대한매일신보사, 1999), p. 52.

20 삼균학회, 『素昻先生文集』 상, (서울: 횃불사, 1979), p. 178.

제감호(國際監護)나 다른 어떠한 형식의 외래간섭도 반대한다"는 결의안을 채택하고,[21] 각 동맹국 원수들에게 임시정부에 대한 승인과 즉각적인 독립을 촉구하는 전문을 발송하였다.

반탁운동은 중경에서 전개한 국제공동관리 반대운동의 연장이었다. 국제공동관리에 반대하였듯이, 신탁통치문제도 받아들일 수 없었던 것이다. 신탁통치 소식이 전해지자, 백범은 긴급 국무회의를 소집하여 신탁통치반대를 결의하고, 각계 인사들을 참여시켜 신탁통치반대국민총동원위원회를 조직하였다.

백범은 전면에 나서서 반탁운동을 주도해 나갔다. 1945년 12월 30일 서울운동장에서 임시정부 주도하에 반탁시민대회를 개최하였다. 수많은 시민들이 이에 호응하여 참여하였고, 이를 계기로 반탁운동의 물결이 크게 확산되어 갔다. 이와 함께 내무부장 명의로 포고문 국자(國字) 1·2호를 발표하였다.[22] 국자 제1호와 제2호는 임시정부가 전국의 행정과 경찰기구를 접수한다는 것으로, 미군정이 행사하고 있던 통치기능을 임시정부가 행사하겠다는 일종의 미군정에 대한 주권선언이나 마찬가지였다.

백범의 반탁운동은 신탁통치를 반대하는 운동인 동시에 자주독립국가 수립운동이었다. 독립국가 건설에 있어서 어떠한 외세의 간섭도 배제하고 완전한 자주독립국가를 수립해야 한다는 것이 그의 생각이었고, 신탁통치가 이러한 자주독립국가 건설을 가로막는 것이기 때문에 반대한 것이다. "우리나라가 독립국만 되면 그 나라에 가장 미천한 자가 되어도 좋다"고

21 "大會決議案,"《獨立新聞》창간호, 1943년 6월 1일.

22 백범김구선생전집편찬위원회, 『백범김구전집』 8권, p. 121.

하였듯이,[23] 백범의 염원은 오직 자주독립국가를 건설하는 데 있었다.

2. 자유국가 건설

백범 김구가 자주독립국가 건설에 있어 가장 중요시 한 것은 '자유'였다. 그는 「나의 소원」이란 글에서 자신의 정치이념을 한마디로 '자유'라고 하였다. 그리고 "우리가 세우려는 나라는 자유의 나라가 되어야 한다"[24]고 하여, 자주독립국가는 자유국가로 건설되어야 할 것임을 강조하였다.

백범이 말하는 자유는 각 개인이 멋대로 사는 자유가 아니었다. 국가생활을 하는 인류에게는 무조건적인 자유는 없는 것이고, 개인의 자유를 규제하는 규범이 법으로 정해져 있었다. 다만 자유국과 비자유국의 구분은 개인의 자유를 속박하는 법이 어디서 오느냐에 달려있다는 것이 백범의 생각이었다. "자유 있는 나라의 법은 국민의 자유로운 의사에서 오고, 자유 없는 나라의 법은 국민 중의 어떤 일개인, 또는 일계급에서 온다"고 하였다. 백범이 고려한 것은 국민의 자유로운 의사를 법적으로 보장할 수 있는 국가였다.

백범은 자유국가의 모델로 미국을 들고 있다. 그가 미국의 민주주의에서 주목한 것은 언론의 자유, 투표의 자유, 다수결에 복종이라는 절차와 방식이었다. 여기에 미국의 민주주의가 독재국과 다른 특색이 있다고 보았

---

23 김구, 『백범일지』, p. 434.

24 김구, 『백범일지』, p. 437.

다. 미국은 "독재국에 비겨서는 심히 통일이 무력한 것 같고 일의 진행이 느린 듯하여도, 그 결과로 보건대 가장 큰 힘을 발하고 있으니 이것은 그 나라의 민주주의 정치의 효과"[25] 때문이라고 하였다.

미국의 민주주의를 높이 평가하고 있지만, 백범은 미국의 민주주의 정치제도를 모방하거나 그대로 따르고자 한 것은 아니었다. 반만년의 역사를 가진 우리나라에도 발달된 정치제도가 있다고 하였다. 백범이 들고 있는 것은 조선시대 홍문관·사헌부·사간원과 과거제도, 암행어사와 같은 제도였다.[26] 남의 나라의 좋은 것을 취하고, 내 나라의 좋은 것을 골라서 우리나라의 실정에 맞는 제도를 만들자는 것이 백범의 생각이었다.

백범은 자유국가를 수립하는데 있어 언론의 자유가 중요하다고 여겼다. 언론의 자유는 독재의 폐단을 방지하고 민주주의를 발전시키는 데 필요하다고 하면서, "오직 언론의 자유가 있는 나라에만 진보가 있는 것"이라고 하여, 언론의 자유를 특별히 강조하고 있다.

언론의 자유와 더불어 백범은 정치·종교·사상의 자유를 강조하였다. "어느 한 학설을 표준으로 하여서 국민의 사상을 속박하는 것은 어느 한 종교를 국교로 정하여서 국민의 신앙을 강제하는 것과 마찬가지로 옳지 아니한 일"이라고 하여, 다양한 학설과 사상이 존재하는 자유국가를 그리고 있었다. 백범은 자신이 추구하는 자유국가의 모습을 다음과 같이 설명하고 있다.

---

25 김구, 『백범일지』, p. 440.
26 김구, 『백범일지』, p. 442.

> 우리가 세우는 나라에는 유교도 성하고, 불교도 예수교도 자유로 발달하고, 또 철학을 보더라도 인류의 위대한 사상이 다 들어와서 꽃이 피고 열매를 맺게 할 것이니, 이러하고야만 비로소 자유의 나라라 할 것이요, 이러한 자유의 나라에서만 인류의 가장 크고 가장 높은 문화가 발생할 것이다.[27]

백범은 누구보다도 다양한 종교적 사상적 경험을 가지고 있었다. 18세 때 동학에 입도한 일이 있었고, 20세가 되었을 때에는 고능선(高能善)의 지도로 유학을 배웠다. 이후 공주 마곡사에 들어가 승려 생활을 하며 잠시 불교에 입문한 적도 있었고, 기독교에 입교하기도 하였다. 다양한 종교적 사상적 경험을 통해 백범이 얻은 것은 종교와 사상의 자유였다.

백범은 근대적 가치관과 서구적 생활을 경험하지는 못하였다. 그렇지만 그는 미국의 민주주의 제도를 이해하였고, 이에 기초하여 한국 실정에 맞는 민주주의를 발전시키고자 하였다. 그가 건설하고자 한 자유국가는 "우리 동포 각 개인이 십분의 언론 자유를 누려서 국민 전체의 의견대로 되는 나라, 일부 당파나 어떤 한 계급의 철학으로 다른 다수를 강제함이 없고, 또 현재의 우리들의 이론으로 우리 자손의 사상과 신앙의 자유를 속박함이 없는 나라"였다.[28]

---

27 김구, 『백범일지』, p. 439.

28 김구, 『백범일지』, p. 441.

3. 문화국가 건설

백범이 건설하고자 하였던 또 하나는 '문화국가'였다. 문화국가를 건설해야 하겠다는 것은 문화의 힘이 우리 자신을 행복하게 만들고, 또 남도 행복하게 만들 수 있다는 생각 때문이었다. 백범은 '내가 원하는 우리나라'에서 이를 다음과 같이 언급하고 있다.

> 나는 우리나라가 세계에 가장 아름다운 나라가 되기를 원한다. 가장 부강한 나라가 되기를 원하는 것은 아니다. 내가 남의 침략에 가슴이 아팠으니 내 나라가 남을 침략하는 것을 원치 아니한다. 우리의 富力은 우리의 생활을 풍족히 할만하고 우리의 强力은 남의 침략을 막을 만하면 족하다. 오직 한없이 가지고 싶은 것은 높은 문화의 힘이다. 문화의 힘은 우리 자신을 행복되게 하고 나아가서 남에게 행복을 주겠기 때문이다.[29]

백범이 원한 것은 부강한 나라도 아니고, 강력한 나라도 아니었다. 그가 원하였던 것은 높은 문화의 힘을 가진 나라를 건설하는 것이었다. 문화가 가지고 있는 힘을 알았기 때문이다. 문화의 힘은 우리 자신을 행복되게 하고, 남에게도 행복을 줄 수 있다는 것이 백범의 생각이었다.

백범은 문화국가를 건설하기 위한 전제 조건으로 두 가지를 꼽았다. 하나는 사상의 자유를 확보하는 정치제도였고, 다른 하나는 국민교육의 완

29 김구, 『백범일지』, p. 442.

비였다. 앞에서도 언급하였지만 백범은 자신의 정치이념을 '자유'로 표현하면서 우리가 세우는 나라는 자유의 나라이며, 이러한 자유의 나라에서 인류의 가장 크고 높은 문화가 발생할 것이라고 하였다.

또 하나는 교육을 꼽았다. 백범은 청년시절 황해도 장련에 광진학교(光進學校)를 세우기도 하고, 서명의숙(西明義塾)과 양산학교(楊山學校) 교사로도 활동하였으며, 해서교육총회 학무총감으로 황해도 각 군을 순회하며 환등회·강연회 등 교육활동에 남다른 정열을 쏟기도 하였다.[30] 그리고 중경에서 임시정부의 광복 후 민족국가 건설에 대한 계획인 건국강령을 발표하면서, 교육에 대해서는 그 제도와 운영 등에 대해 구체적인 계획을 마련해놓았다.

앞에서 언급하였듯이, 건국강령을 통해 제시한 교육정책의 특징은 국비의무교육제도였다. 교육정책의 목표는 '국민도덕과 생활지능과 자치능력을 양성하여 완전한 국민을 달성한다'는 데 있었다. 그리고 이러한 목표를 달성하기 위해 국가에서 교육에 대한 정책·비용·시설 등을 관할하고 책임진다는 것이었다. 국민이면 신분이나 빈부의 차별없이 누구나 다 같이 교육을 받을 수 있도록 하고, 이를 통해 국가건설에 필요한 인재를 양성한다는 의도였다.

환국한 이후에도 백범은 국비의무교육을 강조하였다. 1945년 12월 27일 서울 중앙방송국에서 「삼천만 동포에게 고함」이라는 방송을 한 일이 있다. 이는 환국한 후 처음으로 전국민을 대상으로 한 연설이었다. 이를 통

---

30 최기영, "백범 김구의 애국계몽운동," 『백범과 민족운동연구』 1권 (서울: 백범학술원, 2003), pp. 36~37.

해 백범은 자신의 여러 가지 포부를 언급하였는데, 그 중 "정치·경제·교육의 균등을 기초로 하여 신민주국을 건설"하자고 하면서, "교육의 균등을 실시하기 위하여는 조속히 의무교육을 국비로서 실시하지 않으면 아니 된다고 생각합니다"라고 하여,[31] 국비의무교육 주장하였다.

백범이 주도하고 있던 한국독립당도 교육정책의 핵심을 국비의무교육에 두고 있었다. 한국독립당은 1945년 8월 25일 제5차 대표대회를 개최하고, 해방 후 당이 추진해나갈 정책을 결정하였다. 이 중 교육과 관련하여 "국비교육시설을 완비하여서 기본지식과 필수기능을 보급할 것", "국민의 각종 교육의 경비는 일률로 국가에서 부담할 것"이라고 하여,[32] 국비의무교육을 당의 기본정책으로 삼았다.

백범이 교육의 중요성을 강조한 것은 수준 높은 교육이 있어야 수준 높은 문화국가를 이룰 수 있다고 보았기 때문이다. 수준 높은 문화국가를 건설하려고 한 것은 세계 인류가 모두 우리민족의 문화를 사모하도록 만들려는 의도가 있었다. 백범은 "나는 우리의 힘으로, 특히 교육의 힘으로 반드시 이 일이 이루어질 것을 믿는다. 우리나라의 젊은 남녀가 다 이 마음을 가질진대 아니 이루어지고 어찌하랴"고 하였다.[33] 문화국가를 건설하는 기초는 바로 교육에 있다는 것이었다.

31 백범김구선생전집편찬위원회, 『백범김구전집』 8권, pp. 111~112.

32 백범김구선생전집편찬위원회, 『백범김구전집』 8권, pp. 30~31.

33 김구, 『백범일지』, p. 445.

4. 세계 평화

백범 김구가 문화국가를 건설하고자 한 데는 목표가 있었다. 우리 민족이 세계 평화에 공헌하자는 것이었다. 백범은 자신이 추구하는 이상을 한마디로 "세계 인류가 네요 내요 없이 한집이 되어 사는 것"이라고 하였다.[34] 이를 위해 우리 문화가 최고 문화로 인류의 모범이 되기를 원하였고, 진정한 세계의 평화가 우리나라에서 시작되어 세계에 실현되기를 바랐다. 백범은 세계 인류가 평화롭게 살아갈 수 있는 사회를 건설할 수 있다고 생각하였고, 그 방법을 다음과 같이 설명하고 있다.

> 현실의 진리는 민족마다 최선의 국가를 이루어 최선의 문화를 낳아 길러서 다른 민족과 서로 바꾸고 서로 돕는 일이다. 이것이 내가 믿고 있는 민주주의요. 이것이 인류의 현단계에서는 가장 확실한 진리다. 그러므로 우리 민족으로서 하여야할 최고의 임무는, 첫째로 남의 절제도 아니 받고 남에게 의뢰도 아니하는 완전한 자주독립의 나라를 세우는 일이다. 이것이 없이는 우리 민족의 생활을 보장할 수 없을 뿐더러, 우리 민족의 정신력을 자유로 발휘하여 빛나는 문화를 세울 수가 없기 때문이다. 이렇게 완전 자주독립의 나라를 세운 뒤에는, 둘째로 이 지구상의 인류가 진정한 평화와 복락을 누릴 수 있는 사상을 낳아 그것을 먼저 우리나라에 실현하는 것이다.[35]

---

34 김구, 『백범일지』, p. 435.
35 김구, 『백범일지』, pp. 435~436.

인류역사상 수많은 사상가들이 있었고, 지도자들이 있었다. 이들 중 세계인들로부터 존경받는 이들도 적지 않다. 그렇지만 인류의 자유와 평화를 실현할 수 있는 방법을 백범처럼 쉽고 간단하게 설명한 인물은 찾아보기 어렵다.

백범이 문화국가를 건설하고자 한 궁극적인 목표는 세계 평화였다. 각기 민족마다 최선의 문화를 갖고, 그 문화의 기초위에 각 민족이 서로 돕고 사는 그러한 세계를 실현하고자 한 것이다. 그 단계는 우선 남의 간섭이 없는 완전한 자주독립국가를 건설해야 하고, 민족의 정신력과 문화를 발휘하는 문화국가를 세워야 한다고 하였다. 그리고 이를 기초로 지구상의 인류가 평화와 행복을 누릴 수 있는 세계 평화를 실현하고자 한 것이다.

백범은 이러한 꿈을 실현하는 것이 어렵지 않다고 생각하였다. 그러면서도 남들이 이에 대해 쉽게 공감하지 않고, 우리 민족이 그러한 일을 할 수 있느냐며 이를 '공상'이라 여길 수 있다는 염려도 갖고 있었다.

> 내가 원하는 우리 민족의 사업은 결코 세계를 무력으로 정복하거나 경제력으로 지배하려는 것이 아니다. 오직 사랑의 문화, 평화의 문화로 우리 스스로 잘 살고 인류 전체가 의좋게 살도록 하는 일을 하자는 것이다. 어느 민족도 일찍이 그러한 일을 한 이가 없으니 그것은 공상이라고 하지 마라. 일찍이 아무도 한 자가 없길래 우리가 하자는 것이다.[36]

백범은 세계평화를 실현할 수 있는 길을 보았다. 그 길은 각각의 민족이

36 김구, 『백범일지』, pp. 436~437.

자기 민족의 정신과 문화를 발휘하는 국가를 세우고, 서로 돕는 데 있다고 하였다. 지금까지 이러한 일을 아무도 못하였다고 해서 '공상'이라 하지 말라는 것이다. 아무도 한 일이 없으니, 우리가 하자는 것이었고, 백범은 우리 민족이 그러한 일을 할 수 있다고 믿었다.

> 나는 우리나라가 남의 것을 모방하는 나라가 되지 말고 이러한 높고 새로운 문화의 근원이 되고 목표가 되고 모범이 되기를 원한다. 그래서 진정한 세계의 평화가 우리나라에서, 우리나라로 말미암아서 세계에 실현되기를 원한다.[37]

백범은 세계 평화를 실현할 수 있는 길을 제시하였고, 그 일을 우리 민족이 하자고 하였다. 그 길은 높은 문화를 가진 문화국가를 건설하는 것이었다. 우리 민족이 먼저 문화국가를 건설하고, 이를 세계에 모범이 되도록 하면, 세계 평화를 실현할 수 있다고 보았다. 백범은 세계평화가 우리나라에서 비롯되기를 원하였고, 그것이 가능하다고 믿었다.

IV. 맺음말

백범 김구는 일제의 침략과 식민지시기를 살아가면서, 조국의 독립과

---

37 김구, 『백범일지』, p. 443.

민족의 해방을 위해 삶의 전부를 바친 인물이다. 우리가 독립운동을 일제를 상대로 독립을 쟁취하기 위한 투쟁으로만 본다면, 백범은 한국독립운동의 지도자일 뿐이다. 그렇지만 독립운동을 인류의 자유와 평화를 짓밟는 제국주의를 상대로 인류의 자유와 평화를 지키기 위한 숭고한 투쟁으로 이해한다면, 백범에 대한 이해도 달리 할 수 있다.

독립운동의 궁극적인 목적은 일제에게 빼앗긴 국토와 주권을 되찾아 독립국가를 건설하는 데 있었다. 백범은 대한민국 임시정부를 이끌며 독립운동 지도자로 활동한 인물로, 어떠한 독립국가를 건설하겠다는 구상을 갖고 있었고, 해방 후 이를 '나의 소원'이란 글로 정리하였다.

백범의 독립국가 건설 구상을 이해할 때, 유념하여야 할 몇 가지가 있다. 우선 백범은 상민출신으로 '대한민국'이란 국가의 최고지도자가 되었다는 점을 염두에 두어야 한다. 이렇게 되기까지에는 남들이 가지고 있지 못한, 백범만이 가지고 있는 장점이 있었다는 점이다. 또 주석으로 대한민국 임시정부를 이끌었던 경험과 경륜을 갖고 있다는 점도 염두에 두어야 한다. 더욱이 임시정부는 한국민족 역사상 처음으로 수립된 국민주권국가이고, 민주주의를 기초로 운영된 민주공화제 정부였다는 사실을 유념할 필요가 있다.

백범이 건설하고자 한 것은 '자주독립국가'였다. 그가 자신의 삶을 모두 바쳐 독립운동을 전개한 것은 외세의 간섭 없이 우리 민족 스스로 자수적이고 독립된 국가를 건설하기 위해서였다. 그리고 연합국 사이에서 전후 한국에 대한 국제공동관리 문제가 대두되었을 때, 또 모스크바3상회의에서 신탁통치문제가 대두되었을 때, 이에 적극 반대하며 반대운동을 전개한 것도 자주독립국가 건설에 방해되기 때문이었다.

백범이 건설하고자 한 것은 '자유국가'였다. 백범은 자신의 정치이념을 한마디로 '자유'라고 하였고, 누구보다도 독재를 배격하였다. 독재정치가 국민의 개인생활은 물론이고, 민족의 문화 발전에 커다란 악영향을 끼친다는 것을 알고 있었기 때문이다. 백범은 언론·정치·종교·사상의 자유가 꽃을 피우며 인류의 지고한 문화를 창조할 수 있는 국가를 건설하고자 하였다. 그것이 곧 '자유국가'였다.

백범이 건설하고자 한 것은 '문화국가'였다. 문화국가는 자주독립국가와 자유국가를 바탕으로, 우리 민족과 세계 인류가 평화롭게 살아갈 수 있는 국가를 말하는 것이었다. 문화국가를 건설하기 위해 백범이 중요하게 여겼던 것은 사상의 자유와 교육이었다. 사상의 자유와 교육이 수준 높은 문화국가를 건설할 수 있는 기초라고 본 것이다. 문화국가를 건설하고자 한 궁극적인 목적은 세계 평화에 공헌하는데 있었고, 그가 바란 것은 "세계 인류가 네요 내요 없이 한집이 되어 사는 것"이었다.

백범은 세계 평화를 꿈꾸고 있었다. 백범은 지구상의 인류가 평화와 행복을 누리며 살 수 있는 길을 보았다. 그 길은 우선 남의 간섭이 없는 완전한 자주독립국가를 수립하고, 국민의 자유를 보장하는 자유국가를 세워 수준 높은 문화를 창조할 수 있도록 하며, 각 민족마다 최선의 문화를 갖는 문화국가를 세워 서로 돕고 사는 것이었다. 그 길을 만드는 것이 바로 자주독립국가, 자유국가, 문화국가였다. 백범은 지구상의 인류가 평화와 행복을 누릴 수 있는 세계 평화를 꿈꾸고 있었고, 그것을 우리 민족이 할 수 있다고 믿었다.

2부 통일평화의 다른 한 길

김태우

6장

조봉암의 평화사상 :

'적극적 평화론'의 관점에서의 고찰

I. 머리말

죽산(竹山) 조봉암(曺奉岩, 1899~1959)은 1950년대 한국의 대표적인 정치인 중 한 명이다. 그는 1952년과 1956년의 대통령 선거에서 연속으로 이승만 다음으로 많은 득표수를 기록한 정치인이었다. 제헌국회의 의원이자 헌법기초위원회의 위원으로서 대한민국 헌정질서의 기초를 만든 인물이기도 했다. 인구 구성의 80%가 농민이었던 농업사회에서 초대 농림부장관을 맡아 구 지배체제를 허물어버리기 위한 농지개혁을 선도했다. 그리고 1956년 대선에서 대규모 민중의 지지를 확인한 후, 이를 기반으로 1950년대 극우반공체제의 대한민국에서 평화통일론을 당론으로 내세운 진보당을 만들어 활동하다가 끝내 이승만 정권에 의해 죽임을 당하고 말았다.

조봉암이 살았던 20세기 전반기는 한국사에서 가장 폭력적인 시기 중 하나였다. 청일전쟁(1894~1895), 러일전쟁(1904~1905), 중일전쟁(1937~1945), 태평양전쟁(1941~1945), 한국전쟁(1950~1953)과 같은 전쟁들이 한국인들의 직접적 연루 속에서 지속되었고, 일본 제국주의의 학정과 수탈, 해방 이후의 제주 4·3항쟁과 국민보도연맹사건과 같은 민간인 집단 학살 사건에 이르기까지, 20세기 전반기의 한반도 거주민들은 역사 속에서도 가장 폭력적인 세기를 힘들게 버티며 살아가야만 했다.

조봉암은 위와 같은 일제의 식민지배와 냉전기의 양극적이고 폭력적인 질서에 지속적으로 저항했던 대표적인 평화운동가이자 평화사상가이기도 했다. 한국전쟁 이후 엄혹했던 극우 반공체제의 이승만 정권 하에서 '평화통일'을 주장했다는 사실만으로도 조봉암 평화사상의 선도적 성격을 짐작할 수 있다. 북진을 통한 무력통일론이 정부의 공식적 통일론으로 운위되던 시절에 북한을 대화 상대로 인정하는 평화통일론은 그 자체로 당시에는 위험한 담론이 아닐 수 없었다. 게다가 조봉암은 '피해 대중'을 위한 정치, 차별 없는 사회민주주의 복지국가의 건설 등을 직접적으로 주장했는데, 이 같은 민주주의와 평화에 대한 담론은 적(敵)과 아(我)를 분명하게 구분했던 1950년대 극우반공적 '전쟁정치'[1] 하에서 반드시 제거되어야만 했던 '평화정치'의 목소리였다.

1950년대를 대표하는 정치인인 조봉암에 대해서는 이제껏 다양한 관점의 연구들이 진행되어 왔다. 정태영과 박태균은 주로 조봉암과 진보당을 '민족적' 사회민주주의 노선으로 파악하면서, 그 이념과 조직 과정, 활동내용 등을 밝혀내는 데 성공했고, 서중석은 진보당의 창당 과정과 평화통일론, 사회민주주의론 등을 광범하게 다루면서 '피해 대중'이라는 진보당의 사회적 기반에 대한 분석에 이르기까지 연구 영역을 확장했으며, 윤상현과 박진영은 조봉암의 사회민주주의의 계통적 형성 과정과 내용을 구체적으로 분석했다. 이 모든 연구들은 조봉암의 민족주의적이고 사회민주주의적인 성격을 드러내는 데는 분명한 성과를 거두었다.[2]

이 글은 민족운동가이자 사회민주주의자였던 인간 조봉암을 평화사상가이자 평화운동가라는 관점에서 재조명해보고자 한다. 특히 1960년대 후반 이래 평화연구에 커다란 영향을 미친 갈퉁(Johan Galtung)의 '적극적 평화론'의 관점에서 조봉암을 새롭게 조명해보고자 한다. 갈퉁은 현대 평화연구와 평화사상의 토대를 구축한 대표적 학자로서, 1964년 Journal of Peace Research 창간호를 통해 '소극적 평화(negative peace)'와 '적극적 평화

1 김동춘, 『전쟁정치』 (서울: 길, 2013).

2 박태균, 『조봉암연구』 (서울: 창작과비평사, 1995); 정태영, 『조봉암과 진보당』 (서울: 후마니타스, 2006); 서중석, 『조봉암과 1950년대(상·하)』 (서울: 역사비평사, 1999); 윤상현, "조봉암(1899~1959)의 정치활동과 사회민주주의사상," 『한국사론』, 제52호 (2006); 박진영, "조봉암의 사회민주주의론," 『대구사학』, 제123집 (2016).

(positive peace)' 개념을 선도적으로 제시한 연구자이다. 당시 그는 소극적 평화를 "폭력 부재, 전쟁 부재(absence of violence, absence of war)"의 상태로, 적극적 평화를 "인간 사회의 통합(integration of human society)"의 상태로 성격 규정했다.[3]

그는 '폭력(violence)' 개념 또한 직접적 폭력(direct violence), 구조적 폭력(structural violence), 문화적 폭력(cultural violence) 등의 개념으로 세분화하면서, 소극적 평화는 조직적이고 직접적인 폭력의 부재 상태로, 적극적 평화는 구조적이고 문화적인 폭력의 부재 상태이자, 정의와 조화와 평등이 광범하게 퍼져 있는 상태로 성격 규정했다. 즉, 그는 소극적 평화를 "주요한 인간 집단 사이, 특히 국가뿐만 아니라 계급, 인종, 민족 사이의 조직적이고 집단적인 폭력이 부재한 상태"로 성격 규정했고, 적극적 평화를 "단순한 폭력 부재의 상태를 넘어서 세계 공동체 내부의 모든 좋은 가치들, 특히 인간 집단들 사이의 협력(cooperation)과 통합(integration)의 동의어"로 간주했다.[4] 갈퉁에게 평화란 직접적이고 물리적인 폭력뿐만 아니라, 정치적 억압이나 경제적 착취, 사회적 차별 등과 같은 간접적이고 구조적이며 문화적인 폭력까지 극복된 상태로 이해되었던 것이다. 그리고 이 같은 적극적 평화 개념을 구체화하는 과정 속에서 '통합'의 중요성을 반복적으로 강조했다. 그는 통합을 "두 개 이상의 행위자가 새로운 하나의 행위자로 형성되는 과정"이라고 규정하면서, 평화 연구에서 폭력의 부재라는 프레임으

3 Johan Galtung, "An Editorial," *Journal of Peace Research*, Vol. 1, Issue 1 (1964), p. 2.

4 Johan Galtung, *Theories of Peace: A Synthetic Approach to Peace Thinking*(Oslo: International Peace Research Institute, 1967), p. 12.

로부터 한 걸음 더 나아가 조화, 협력, 통합 등과 같은 적극적 개념을 포함시켜야만 한다고 강조했다.[5]

이상과 같은 갈퉁의 적극적 평화론은 조봉암의 민족해방운동론, 사회민주주의론, 평화통일론 등을 이해하는 데 적잖은 시사점을 던져줄 수 있다. 조봉암은 일제시기 제국주의의 폭력에 직접적으로 저항했던 조선의 대표적인 공산주의 운동가 중 한 명이었다. 본문에서 자세히 후술하겠지만, 그를 일생의 운동가이자 사상가로 이끈 직접적 원인은 일제의 폭력이었다. 그 폭력은 그의 신체에 직접적으로 가해진 고문이나 오랜 감금과 같은 직접적이고 물리적인 폭력일 수도 있고, 민족적 고난의 원인이 된 일제의 정치적 억압이나 경제적 착취, 사회적 차별과 같은 구조적 폭력일 수도 있다. 또한 조봉암은 해방 이후에는 극단적으로 갈등하는 정치세력의 '통합'을 위한 좌우합작운동을 펼쳤고, 대한민국 정부 수립 이후에는 국회의원으로서 민주주의와 평화의 기초를 이루는 중요한 제도적 장치들을 만들어내는 데 결정적으로 기여하기도 했다. 그는 공산주의의 압제도, 자본주의의 착취도 동시에 거부하고 저항했다. 또한 분단체제를 통해 개인적 영리를 독점하던 세력들에 저항하여 평화통일론을 주장했다. 이 같은 활동은 갈퉁의 평화사상의 핵심 개념인 인간 사회의 통합으로서의 적극적 평화의 갈구와 실천에 다름없었다.

5 갈퉁의 '통합' 개념에 대해서는 다음의 글이 자세하다. Johan Galtung, "A Structural Theory of Integration," *Journal of Peace Research*, Vol. 5, Issue. 4 (1968), pp. 375~395.

II. 조봉암 평화사상의 형성 과정(일제시기~해방직후)

1. 일제의 직접적·구조적 폭력에 대한 저항과 사회주의의 수용

조봉암은 1899년 인천시 강화의 시골마을에서 사남매의 둘째 아들로 출생했다. 그는 유소년기 자신의 가정에 대해 "구차하기는 해도 평화스러웠"고, "아버지께서는 거의 절대적인 평화주의자"였다고 회고했다. 천성적으로 폭력을 싫어했던 아버지 덕분에 어린 조봉암은 "자유로운 가정 분위기 속에서" "구김살 없이 의젓하게" 성장할 수 있었다. 그는 자신의 어린 시절에 대해 굉장한 "장난꾼"으로 묘사하면서 다양한 일화를 소개했는데, 이 같은 자유분방함과 명랑함이 일제시기와 냉전기의 폭압적 상황 속에서도 자기 소신을 겁 없이 내세울 수 있었던 기질적 바탕을 형성했는지도 모르겠다.[6]

조봉암이 사상가이자 사회운동가로서 첫발을 내딛게 되는 계기는 1919년의 3·1운동을 통해서였다. 스무 살의 청년 조봉암은 강화에서 유봉진의 지도 하에 "철저한 평화적 시위"를 펼치다가 독립선전문을 배포한 혐의로 체포되어 서대문형무소에 수감되었다. 그는 형무소에 투옥된 이후에도 감옥 내 만세 시위를 전개했는데, 이 같은 행위는 응당 "온몸이 피투성이가

6 조봉암, "내가 걸어온 길," 『희망』, 2, 3, 5월호 (1957) (정태영 외 편, 『죽산 조봉전집』 1권 (서울: 세명서관, 1999), pp. 325~326.)

되어서 기절"할 정도의 혹독한 체벌과 고문으로 이어지곤 했다.[7] 조봉암은 1년의 수감생활 직후 YMCA 중학부에 들어가서 새롭게 학업을 시작하려 했으나, 얼마 지나지 않아 YMCA 대동단사건의 연루자로 오해받아 평안남도 경찰부에서 또 다시 혹독한 고문을 감내해야만 했다.[8] 조봉암은 개인의 사회적 가치관 형성에서 매우 중요한 시기인 20대 초반 시기에 일본 제국주의의 폭력이라는 거대한 힘과 직접적으로 대면했던 것이다.

당시는 제국주의의 폭력성이 그 정점에 달해있던 시기로 볼 수 있다. 1876년부터 1915년까지 세계 육지 면적의 1/4이 제국주의 국가들에 의해 새롭게 복속되어 재분배되었고, 1914년부터 1918년까지는 제1차 세계대전을 통해 전장에서 수백만 명의 젊은이들이 목숨을 잃기도 했다. 유럽 제국들은 아시아와 아프리카에서 새로운 식민지를 확보하기 위해 경쟁하면서 서로 전쟁을 벌이기도 했고, 비유럽인들을 정복하는 과정에서 무차별적인 폭력을 행사하기도 했다. 유럽인들은 자신들의 폭력을 '개화의 사명'이라는 고상한 목적으로 포장했고, 일본 제국주의 또한 '아시아의 평화'를 위한다는 명분 하에 자신의 침략과 폭력을 적극적으로 정당화했다.

일본의 한국 지배는 특히 더 노골적인 폭력성을 보여주었다. 3·1운동 이전 시기까지 일제의 소위 '무단통치(武斷統治)'는 물리적·직접적 폭력 장치를 통해 지배를 관철하는 체제였다. 육·해군 대장 출신의 조선총독부 총독은 권력 견제 장치가 부재한 상황 속에서 입법·사법·행정의 삼권을 완벽히 장악할 수 있었다. 또한 일제는 세계사에서도 유례를 찾기 어려운

---

7 위의 글, pp. 330~332.

8 《동아일보》, 1920년 6월 18일자; 위의 글, pp. 333~335.

폭력 장치로서의 '헌병경찰제도'를 실시했는데, 헌병경찰은 사법재판을 거치지 않고 조선인에게 벌금, 태형, 구류 등의 사법적 처벌을 개인적으로 가할 수 있었다. 조선인에 대한 개인적 폭력 행사가 합법적으로 허용되었던 것이다.[9] 일제는 제도 자체를 통해 조선을 강압적·폭력적·독재적으로 통치하고자 하는 의지를 직접적으로 표현했고, 약관의 조봉암은 이 같은 압제와 폭력에 맞서고자 하는 의지를 직접적으로 표출했던 것이다.

젊은 나이에 감당해야 했던 육체적 고문 또한 개인의 폭력 인식과 평화사상의 형성 과정에서 중요하게 살펴볼 수 있다. 조봉암 스스로 묘사한 고문의 장면은 실로 가혹하기 그지 없었다. 소위 "주릿대 방망이에 학춤을 춘다"는 고문은 그의 두 팔을 뒤로 묶고, 그 묶은 손목을 끈으로 매어서 천정으로 끌어올렸다 내렸다 하는 가혹행위를 지칭했다. 그는 의자 위에서 혁대나 죽도로 마구 두들겨 맞기도 했고, 엉덩이를 담뱃불로 지지는 고문을 당하기도 했다. 이런 고문이 15일 내내 이어졌다고 한다.[10] 실제 1910년대 조선인 독립운동가들에게 행해진 일제의 혹독한 고문의 사례들은 조봉암의 묘사가 절대 과장된 것이 아님을 방증하고 있다.[11]

---

9 세계자본주의체제 속에서도 당대 조선에 가해진 외압이 여타 식민지국가보다 훨씬 더 폭력성을 띠게된 이유와 관련하여, 상대적으로 자본주의적 성장이 미숙했던 일본에 의해 조선이 개항되었기 때문이라는 분석이 존재한다. 하원호, "근대사회성격론," 『한국사 길잡이(하)』 (서울: 지식산업사, 2008), p. 14.

10 조봉암, "내가 걸어온 길," 『죽산 조봉암 전집』, 1권, pp. 333~335.

11 1911년105인사건 당시 일제는 민족운동가들로부터 허위자백을 받아내기 위해대나무 못을 손톱과 발톱에 박기, 널빤지에 못을 박아 눕게 하기, 온몸에 기름을 바른 후 인두와 담뱃불로 지지기, 거꾸로 매달고 코에 물붓기 등의 무자비한고문을 가했다. 윤경로, 『105인사건과 신민회 연구』 (일지사, 1990).

젊은 날의 혹독한 육체적 고문의 경험은 개인사(個人史)에서 의외로 매우 중요한 부분을 차지할 수 있다. 제국주의, 국가, 폭력, 평화 등에 대한 인식에서는 더욱 그러할 수 있다. 예컨대 제2차 세계대전 당시 나치독일로부터 혹독한 고문을 당했던 장 아메리(Jean Améry)는 자신의 저서『죄와 속죄의 저편』을 통해, "고문은 한 인간이 내면에 간직할 수 있는 가장 끔찍한 사건"이며, "나의 모든 개인적 체험을 넘어 제3국에서는 고문이 우연한 일이 아니라 핵심이었다"고 역설했다.[12] 환언컨대, 조봉암의 몸을 덮친 육체적 고문은 단순한 개인적 체험이 아닌, 일제의 본질적 속성을 보여주는 '핵심'일 수 있으며, 조봉암 또한 제국주의의 '직접적 폭력'으로서의 고문의 경험을 통해 그 이전과는 완전히 다른 유형의 인간으로 변했을 수도 있다는 것이다.

실제 그런 변화가 발생했다. 조봉암 자신의 표현에 의하면, 그는 과거와는 "전연 딴 사람"이 되어 있었다. "세상에 대한 눈이 떠졌고 애국심에 불타게 됐다." "나라를 위한 일이라면 무슨 일이라도" 하고자 했고, "안 하고는 못 배기겠고 몸살이 날 지경"이 되었다.[13] 그래서 그는 홀로 호랑이굴로 들어간다는 심정으로 1921년 도쿄로 갔다. 그리고 그곳에서 만난 조선인 청년들과의 교류와 방대한 독서를 통해 사회주의의 세례를 받게 되었다.

당시 일본에서는 아나키즘, 생디칼리즘, 볼셰비즘, 페이비언주의 등과 같은 온갖 부류의 사회주의 사상이 풍미하던 시기였다. 1920년경 일본에

12 장아메리 저, 안미현 역,『죄와 속죄의 저편: 정복당한 사람의 극복을 위한 시도』(서울: 도서출판 길, 2012).

13 조봉암, "내가 걸어온 길,"『죽산 조봉암 전집』1권, p. 335.

머물던 980여명의 조선인 유학생들 대부분은 당대 일본에서 유행하던 사회주의 사상의 영향을 받아 아나키즘이나 공산주의 관련 사상단체에 몰려 있었다.[14] 조봉암도 중앙대학 전문부 정치과에 적을 두고, 이 같은 일본 유학생들의 분위기에 자연스럽게 동화되었다.

당시 사회주의 사상은 다양한 이론적·실천적 관점에서 '제국주의 폭력'의 본질에 대해 자세하게 해설해주고 있었다. 조봉암은 사회주의 서적을 탐독하던 과정에서, "이러한 진리가 있는 것을 모르고 살아온 것을 생각하니 서글프기도 했고 통분하기도 했다." 그래서 그는 제국주의 폭력에 직접적으로 맞서고자 사회주의자가 되기로 결심했다. "나는 사회주의를 연구하고 사회주의자가 되고 사회주의 운동을 하기로 했다. 일본제국주의의 강도 같은 침략과 민족적 수탈이 어째서 생기고 어떻게 이루어지는가를 알게 되었고 우리 민족이 어째서 이렇게 압제를 당하고 무엇 때문에 이렇게 못살게 되었는가도 알게 되었다. (…) 모든 사람이 자유롭고 모든 사람이 잘 살고 호사할 수 있는 좋은 나라를 만들어야겠다고 결심했다."[15]

조봉암의 결심은 즉각 행동으로 이어졌다. 그는 1921년 아나키즘 계열의 흑도회를 조직하는 일에 참여했고, 무정부주의자 박열 주도 하의 박살단에서도 활동하며 사회주의자로 행세하기 시작했다.[16] 그러나 그 자신의

---

14 김명섭, "흑도회의 결성과 활동(1921~1922)," 『사학지』, 제31호 (1998), pp. 479~484.

15 조봉암, "내가 걸어온 길," 『죽산 조봉암 전집』 1권, pp. 337~338.

16 윤상현, "조봉암(1899~1959)의정치활동과 사회민주주의사상," p. 133; 김학준, "진보당 평화통일노선의 재평가," 정태영 외, 『죽산 조봉암 전집』 6권 (세명서관, 1999), p. 178.

표현에 의하면 당시 활동은 "관념적 유희"에 머무는 한계를 지니고 있었다. 그는 모든 면에 부정적이고 파괴적인 성격이 짙었던 아나키즘에 회의감을 품기 시작했다. 그러던 중 조봉암은 현존체제의 파괴에만 머무는 것이 아니라 새로운 사회의 건설을 지향한다는 볼셰비즘에 매력을 느끼기 시작했다. 그리고 볼셰비즘이 일제의 조선 침략에 반대하여 조선인 항일운동을 지원한다는 사실을 알게 되었다. 이후 조봉암은 급속히 볼셰비즘으로 기울기 시작했다. 조봉암은 1922년 8월 서울로 돌아왔고, 10월에 러시아로 떠났다. 통합된 단일의 조선공산당 창당을 위해서였다.[17]

이후 1927년까지 제1차 조선공산당 조직 활동에서 조봉암은 완연한 그 핵심적 인물로서 활약했다. 그는 1924년 조선공산당의 조직적 기초로서 조선노농총동맹, 조선청년동맹, 화요회 등을 발족시켰고, 1925년 4월17에는 서울에서 김재봉을 책임비서로 하는 조선공산당을 창당했으며, 다음날에는 박헌영을 책임비서로 하는 고려공산청년동맹을 발족시켰다. 조봉암은 조선공산당의 검사위원과 고려공산청년동맹의 중앙집행위원으로 선출되었다. 이 두 조직에서 각각 중앙기관을 선출하는 3인 전형위원회 위원으로 동시에 선출된 사람은 조봉암뿐이었다. 당시 조선 공산주의운동에서 그가 차지하는 위상을 말해준다.[18]

이후 조봉암은 모스크바와 상해 등의 지역을 오가며 공산주의 활동을 전개하다가, 1932년 11월 상해에서 검거되어 신의주형무소에서 7년간 복역한 후 1939년 출옥했다. 1926년 조봉암은 제1차 조선공산당 창립당원

---

17 김창순·김준엽, 『한국공산주의운동사』1 (서울: 청계연구소, 1986), pp. 396~398.
18 김학준, "진보당 평화통일노선의 재평가," p. 181.

으로서 「조선공산당선언」을 통해 자신의 공산당 활동의 목적을 다음과 같이 밝혔다. "조선 공산주의자들은 일본 제국주의의 압박에서 조선을 절대로 해방한다는 것으로써 당면의 과업으로" 삼는다는 것이었다.[19] 1919년 3·1운동 참여 이래 지속적으로 일제의 폭력에 저항하여 '조선의 해방'을 제일의 과업으로 간주했던 것이다. 그리고 그 같은 해방운동의 연장선상에서, 조봉암은 일제의 폭력을 상징했던 형무소에서 무려 7년이나 장기 복역하며 개인적인 고통과 회한의 시간을 보내야만 했다.[20]

2. '통합'의 중요성에 대한 각성과 '제3의 길'의 선택

조봉암은 1945년 1월 해외와 연락했다는 혐의로 서대문형무소에 재구금되었다. 그리고 같은 해 8월 형무소에서 해방을 맞았다. 일제시기 조선공산당 창당의 중심에 있었고, 일제 감옥에서 해방을 맞은 인물이라면 의례히 해방 후 정치활동에서 중심적 역할을 담당할 만했다. 그러나 조봉암은 중앙정계 활동 대신 인천 지역의 건국준비위원회와 인민위원회 결성 등에만 참여했다. 그의 일제시기 경력을 놓고 보면 사실상 은둔에 가까운

---

19 "조선공산당선언," 『불꽃』, 제7호, 1926년 9월 1일.

20 형무소의 생활은 그 자체로 생사의 경계를 넘나드는 일제 폭력과의 사투였다. 조봉암은 일제 감옥 생활에 대해 "사람으로서는 견딜 수 없는 일이 많다"고 단언했다. 조봉암의 옥중 생활에 대해서는 다음의 글이 자세하다. 조봉암, "나의옥중 생활기: 눈물겹고도 감명 깊은 혁명가의 담담한 회상록," 『죽산 조봉암 전집』 1권(서울: 세명서관, 1999), pp. 503~519.

활동이었다.

1946년 조봉암은 조선공산당 책임비서 박헌영에게 보내는 편지에서 "내가 양심적으로 진실로 죄로 생각하는 것은 일하지 못한 것"이라고 말하면서, "혁명가로서는 물론이고 인간적 양심으로도 도저히 할 수 없는 짓을 한 자들이 동지를 속이고 계급을 속이고 뻔뻔히 군중 면전에 나타나서 꺼떡대는 것은 참으로 용서할 수 없는 현상"이라고 말한 적이 있다.[21] 그는 아마도 1939년 출소 이후 1945년 재구금 되기까지 일제말의 여러 해 동안 인천 비강조합(粃糠組合)에서 그저 자신의 생계를 돌보며 비루하게 살았던 이력에 대해 이렇듯 자기반성적으로 언급한 것으로 추측된다. 그는 일제 감옥 안에서 해방을 맞았음에도 불구하고 일제말기 약 5년 동안의 공산당 활동 부재에 대해 부끄럽게 여겨 중앙정치 활동을 삼갔던 것이다.

그런데 조봉암이 박헌영에게 개인적으로 보냈던 앞의 서한은 지극히 개인적인 내용의 편지였음에도 불구하고 인천CIC에 의해 강제적으로 압수당한 후 여러 언론에 의해 일방적으로 공개되어 조봉암을 매우 곤란한 상황에 빠뜨렸다. 이를테면 《동아일보》는 조봉암의 서한이 "공산당의 무기력, 종파적, 봉건적인 점을 들어서 비판을 가하는 등, 독자 여러분의 참고할 점이 만키로 이에 전문을 소개"한다는 편집자의 소개문을 첨가해서 3회에 걸쳐 조봉암의 편지를 연재했다.[22] 실제 조봉암의 편지는 '① 민족통일전선 및 대중투쟁 문제와 그 운영에 대해서, ② 당 인사 문제에 대해서, ③ 반중앙파에 대해서, ④ 나 자신의 비판' 등으로 구성된 장문의 조선공

21 《현대일보》, 1946년 5월 15일자.

22 《동아일보》, 1946년 5월 7일자.

산당 비판문이자 자기비판문이었다. 조봉암은 신문에 등장한 자신의 편지가 대체로 윤곽은 같지만, "고의로 문구를 개악(改惡)하고 없는 것을 써넣은 것도 있다"고 말하면서 분노했다.[23]

이 편지의 실제 작성 시점은 1946년 3월경이었는데, 당시까지만 해도 조봉암은 공산주의 노선을 완전히 버리지는 않았던 것으로 판단된다. 그는 편지를 쓰는 이유에 대해 "나 자신이 좋은 볼셰비키가 되는 유일한 방법으로 믿기 때문"이라고 박헌영에게 말하고 있었다. 그러나 개인서한이 언론을 통해 대서특필된 후 약 한 달 뒤인 6월 22일, 조봉암은 인천 도림동 공설운동장에서 개최된 민주주의민족전선 인천시민대회장과 여러 관공서, 신문사 등에 사실상의 전향 성명서를 배포하면서 자신의 정치적 전향을 공식화했다. 그는 전향의 이유로 "공산당이나 민주의원의 독점 정부"가 아닌 "통일된 정부"의 수립이 필요하고, "지금 공산당과 같이 소련에만 의존하고 미국의 이상을 반대하는 태도는 옳지 않"기 때문이라고 비판하면서, "노동계급의 독재나 자본계급의 전제를 반대한다"는 문장으로 성명서를 마무리했다.[24]

그런데 이 성명서는 조봉암이 6월 11일 인천CIC에 검거되었다가 6월 22일 석방된 직후에 발표되었다는 점에서 정황적으로 석연치 않은 부분이 많다.[25] 발표 방식도 좌익 진영의 대규모 행사장과 신문사 등에 성명서가 동시다발적으로 대량 살포되는 방식이었다는 점에서 더욱 그러하다. 그

23 《현대일보》, 1946년 5월 15일자.

24 《동아일보》, 1946년 6월 26일자.

25 《동아일보》, 1946년 6월 25일자.

럼에도 불구하고 성명서 내용이 미군정 후원하의 민주의원을 공산당과 같은 수준에서 비판하고, 미국식 자본주의의 무조건적 수용을 반대하는 일종의 '제3의 길'을 직접적으로 제시하고 있다는 점에서, 미군정의 요구가 일방적으로 관철된 전향으로 보기 힘든 측면이 분명하게 존재하다. 그 스스로도 "독점자본가를 위해서 또는 모기관의 조종으로 일할 사람이라고 믿는 분은 한 사람도 없을 게다"라고 말하기도 했는데,[26] 일제의 모진 고문과 오랜 감금 속에서도 자신의 소신을 꺾지 않았던 조봉암이 미군정의 수일의 언어적 설득만으로 갑자기 전향을 발표했다고 보기 어려운 측면이 강하다. 박헌영에게 보냈던 '개인적' 편지의 공산당 비판에서 볼 수 있는 것처럼, 조봉암의 사상적 전환은 일제시기부터 민족주의적 성향이 강했던 그 자신의 조선공산당 정책—소련 편향적 정책—에 대한 깊은 실망감의 표현으로 볼 수 있을 듯하다.

이후 조봉암은 비소비미(非蘇非美)의 민족주의적 성격이 짙은 중도적 '제3의 길'을 일관되게 걷게 된다. 1946년 8월 조봉암은 남북한의 지배세력으로 급부상한 극우와 극좌적 세력을 다음과 같이 동시에 비판했다.

> 한편에서는 시대도 국정도 고려 못하고 무산계급 독재를 꿈꾸며 그의 영도권이 아니면 전민족의 분열도 불원하는 태도를 취하고, 다른 한편에서는 지금 조선에 있어서는 전연 사회적 조건이 없는 자산계급 전성(專政) 즉 중국 국민당식 자산계급 전정을 꿈꾸며 인민의 위에 군림하여 팟쇼적인 정권을 삼으려니까 필연적으로 반민족적인 민족분열적인

26 《동아일보》, 1947년 7월 30일자.

고집을 부리는 것이다.[27]

조봉암은 민족의 통일과 독립이 국제적으로는 미국과 소련의 협력을 통해, 국내적으로는 좌익과 우익의 협력을 통해서만 달성 가능하다고 믿었다. 그가 이러한 신념 아래 1946년 8월 말 좌우합작운동을 지지하는 성명을 발표한 것은 매우 당연한 순리적 과정으로 간주될 수 있다.[28] 미군정은 1946년 12월에 남조선 과도입법의원을 출범시키고 조봉암에게 합류할 것을 요청했지만, 조봉암은 미군정의 요청을 거절한 후 직접 중도세력의 조직화에 나서 1947년 3월 조선민주주의독립전선을 발족시키기도 했다. 그러나 조봉암의 중도노선은 좌·우익은 물론 그의 공산주의 경력을 의심의 눈초리로 바라보았던 중도세력과의 연대에 있어서도 어려움을 초래할 수밖에 없었다. 그가 자신의 제3의 길을 현실정치에서 본격적으로 펼 수 있는 실질적 계기는 오히려 남북한 분단정부 수립 이후에 주어지게 된다. 김구의 한독당을 비롯한 중도세력의 상당수가 대한민국 초기의 현실정치 참여를 거부한 상황 속에서, 조봉암의 중도노선은 당대 국회와 정부의 제도적 장치와 정책들이 극우 반공주의적으로 극단화되는 것을 제어할 수 있는 현실기제로 작용할 수 있었다.

---

27 《대중일보》, 1946년 8월 11일자.

28 『미군정 정보보고서』 3권 (서울: 일월서각, 1986), p. 213.

Ⅲ. 적극적 평화론의 현실적 전개(정부 수립 이후)

1. 사회민주주의적 경제 정책의 법제화와 현실적 추구

1948년 제헌국회 구성을 위한 5·10선거를 앞두고 조봉암은 "김규식 등 여러 선배에게는 총선거에 참가함이 옳다"고 주장하면서 적극적으로 설득해 보았다.[29] 현실정치 참여를 통해 사회를 개혁하고 통일을 도모하는 것이 옳다고 보았던 것이다. 그러나 주지하다시피 그의 설득은 실패했다. 그는 단독정부 반대 세력의 비난을 감수하며 선거운동을 전개할 수밖에 없었지만, 선거 결과는 성공적이었다. 조봉암은 일제시기 유력한 공산주의자라는 이력에도 불구하고 경기도 인천시 을구에서 무소속으로 당선에 성공했다. 수십 년 동안 자신의 이상을 실현하기 위해 분투했던 비합법적 투쟁가가 현실정치에 공식적인 첫발을 내딛는 순간이었다.

분단되긴 했지만 해방된 조국의 국회에서 국민을 위한 제도와 정책을 만드는 과정은 그 자체로 조봉암에게 커다란 희열을 안겨주었다. 그는 "확성기 달린 테이블 앞에서 국사(國事)를 말할 수 있었고, 내가 옳다고 믿는 일에 찬성의 거수를 할 수 있"는 상황 자체가 너무나 행복했다. 그에게 의사당은 "둘도 없는 활동무대요 낙원"이었으며, "하루라도 떠나고 싶지 않

29 조봉암, "나의 정치백서," 『신태양』, 5월호 (1957) (『죽산 조봉암 전집』 1권, p. 391).

고 언어 이상으로 국회가 사랑"스러웠다.[30] 그는 일제의 감옥이나 인천 비강조합에서의 은둔적 삶 대신, 해방된 조국에서 민중을 위해 헌신할 수 있는 현실정치인으로서의 자신의 역할에 대해 무한한 기쁨을 느끼고 있었던 것이다.

조봉암은 국회에서 자신의 정치적 이상을 현실화하고자 노력했다. 그 대표적 예로는 헌법기초위원으로서의 활약상을 들 수 있다. 국가 수립기였던 당대 시점에 모든 법률의 기초를 이루는 헌법의 기본적 내용과 형식을 만드는 일은 실로 매우 중요한 정치적 과업이었다. 주지하다시피 한국 헌법의 초안은 대부분 헌법 문제에 관한 당대의 일인자인 유진오의 구상으로 나온 것이었으나, 그 최종 산물은 여러 다양한 성격의 정치인들 사이의 타협의 결과로 볼 수 있을 것이다. 그리고 이 중요한 역사의 현장에서 조봉암은 민주주의 문제와 함께, 주로 생활의 기본적 수요, 균형 있는 국민경제 발전, 토지개혁 등과 같은 '경제조항'의 정초에 주력한 것으로 알려져 있다.[31]

실제 그가 헌법기초위원회 내에서 구체적으로 어떤 주장을 개진하여 어떤 성과를 획득해냈는지 직접적으로 보여주는 자료는 부재하다. 그러나 1948년 8월에 발표된 조봉암 개인의 경제 및 노동문제에 대한 생각을 보여주는 자료는 존재한다. 조봉암은 이 글에서 당대 노동문제 해결의 중요성과 그의 '제도화'에 대해 반복적으로 강조했다.

30 조봉암, "5년간의 의회생활," 『국회보』, 제3호 (국회사무처, 1953), pp. 5~7.
31 임홍빈, "죽산 조봉암은 왜 죽어야했나," 『신동아』, 1983년 3월호, p. 132.

노동문제에 있어 우리가 최초로 가져야 할 것은 이러한 인간에 대한 차별 없는 세계관이오, 인생관이다. 인간을 하나의 노예로 만들지 말 것이며, 또한 인간이 자본의 제왕이 되지 못하게 하며, 각 개인이 국가 생활이나 사회생활에 있어 모든 문제는 일체의 영역에 있어 **아무런 정치적 계급적 권력적 차별이 없는 공동의 자유와 권리를 향수하고 주장**할 수 있게 하는 데 있다. (…) 그러나 노동문제 해결에 있어 이러한 것은 하나의 이념에 불과하다. 이념만을 가지고 해결되지 않는 것이 또한 노동문제이다. 이념은 그것이 이해를 기본으로 하는 노동문제와 같은 것일 때, 그것은 **반드시 정책화되고 제도화되지 않으면 안 된다.** 아무리 인간을 동등히 바라보아도 무자본가는 자본가에게 노예가 되고 무권력자는 권력자에게 굴복치 않을 수 없는 것이기 때문이다. 그러므로 이것을 정책으로 방비하고 제도로서 해소시켜야 하는 것이다. 여기에 노동문제가 발생한다. 그러면 **우리는 인간에 대한 평등한 인생관을 어떠한 정책이나 제도로서 구체화하고 실현할 것인가**, 이것은 퍽 중대하고도 곤란한 문제이다. (…) 우리는 급진적으로서가 아니라 점진적으로 이 문제를 해결해가야 할 것이다.[32] (강조는 인용자)

조봉암은 이 글을 통해 일제시기 이래 자신의 사회주의적 민중관과 노동관을 직접적으로 보여주었다. 반면에 그 같은 현실의 '노동문제'를 실질적으로 해결하기 위해서는 기존 체제 내에서 '정책화', '제도화'해내는 것이

32 조봉암, "노동문제의 이념과 정책," 『대호(大湖)』, 1948년 8월호, pp. 63~64.(『죽산 조봉암 전집』, 1권, pp. 47~48).

중요하며, "급진적으로서가 아니라 점진적으로" 문제를 해결해가야 한다는 사회민주주의적 문제의식을 직접적으로 드러내기도 했다. "**농지는 농민에게 분배**하며 그 분배의 방법, 소유의 한도, 소유권의 내용과 한계는 법률로서 정한다"[33](강조는 인용자)는 제헌헌법 제86조의 토지개혁관련 조항은 노동문제의 제도화를 추구했던 조봉암과 같은 헌법기초위원의 주도적 주장에 의해 관철되었을 것이다.

조봉암은 단순히 헌법기초위원으로서 토지개혁의 법률적 제도화에 그친 것이 아니라, 이승만 정부의 초대 농림부장관으로 임명되어 '농지개혁'이라는 이름하에 개혁을 현실화할 수 있는 기회까지 포착하게 되었다. 당대 인구 구성의 절대다수가 농민이었던 농업사회에서 농림부장관은 권력의 실세 중에서도 실세였다고 볼 수 있을 것이다. 게다가 대한민국의 초대 농림부장관은 헌법에 명시된 토지개혁을 진두지휘해야만 하는 인물이었다. 당시의 토지개혁은 단순한 경제정책의 추진을 의미하는 것이 아니라, 구 지배체제의 경제적 기반을 박탈하는 사실상의 정치·사회적 변혁에 가까운 일이었다. 이승만은 이 막중한 업무를 일제시기 조선공산당의 핵심인물 중 하나였던 조봉암에게 맡겼던 것이다. 파격적 조치가 아닐 수 없었다.

이승만의 조봉암 선임은 그의 정치적 의도의 반영이었다. 이승만 개인의 입장에서는 토지개혁의 실시가 손해될 일이 없었다. 전 국민의 추앙을 받는 국부(國父)를 꿈꿨던 이승만에게 토지개혁은 좌우 대립을 넘어 광범한 국민적 지지를 확보할 수 있는 기회를 제공해줄 것이고, 제주 4·3항쟁

---

33 유진오, 『憲法解義』 (서울: 명세당, 1949), p. 181.

이나 여순사건과 같은 정치·사회적 불안정을 단기간에 안정화시켜줄 수 있는 최적의 장치였다. 당대의 미국 또한 한국의 공산화를 막기 위해 토지개혁을 최대한 빨리 성사시켜야 한다고 주장하고 있었다. 이승만은 이 같은 토지개혁의 강행을 위해 지주 계층이 중심을 이룬 한민당 계열의 인물에게 농림부장관을 맡기지 않고, 헌법기초위원회 등에서 토지개혁의 필요성을 주장했던 조봉암에게 그 막중한 임무를 맡겼던 것으로 판단된다. 조봉암과 그의 비서 이영근의 회고에 의하면, 조봉암은 몇 차례 사양 끝에 이승만의 실질적 개혁 의지를 확인한 후 농림부장관의 직임을 맡았다고 한다.[34]

당시는 1946년에 실시되었던 북한의 무상몰수·무상분배 방식의 토지개혁에 대응하여 유상매수·유상분배의 농지개혁론으로 일차 정리되는 주요한 분기점이었다.[35] 이를 반영한 농지개혁은 헌법의 '농지는 농민에게 분배한다'는 대원칙을 어떤 핵심적 목표 하에, 어떻게 현실적으로 구현해내느냐가 중요한 관건이었다.

조봉암은 토지개혁의 핵심 사안을 소작제도의 철폐로 보았다. 그는 토지개혁의 핵심을 두고 논란이 분분하자 이를 '소작제 폐지'로 간단히 정리해 버렸다. 그는 국회에서 '농지개혁'의 의의에 대해 다음과 같이 설명했다. "소작제도라는 이 수천 년 내려오는 제도를 고치자는 것이예요. 없애 버리자는 것이예요. 이것이 개혁이예요. 개혁이란 그렇게 무서운 것도 아니고

34 조봉암, "나의 정치백서," p. 392; 정태영, 『조봉암과 진보당』, p. 165.

35 방기중, "농지개혁의 사상 전통과 농정이념," 『농지개혁연구』 (연세대출판부, 2001), p. 116.

어려운 것도 아닙니다. 그 문자가 결코 무서운 문자가 아니예요. 그런 까닭에 소작제도를 없애고 우리나라의 봉건적인 사회조직을 근대적인 자본주의 제도로 발전시키기 위한 노력이올시다."[36]

이 간략하면서도 거침없는 주장은 조봉암의 농지개혁에 대한 인식을 선명하게 보여준다. 그는 농지개혁의 목적이 단순한 봉건적 경제체제 해체가 아니라, 한국의 "봉건적인 사회조직"의 해체의 문제이자, "근대적인 자본주의 제도"의 형성의 문제라고 파악했다. 따라서 그 봉건적 제도의 핵심을 이루는 소작제도의 폐지가 가장 중요한 핵심 사안이라고 주장하고 있는 것이다.

초대 농림부장관 조봉암은 농지개혁 법안의 작성과 실행을 서둘렀다. 실무총책이었던 농지국장 강진국에 의하면, 조봉암은 정부 수립 직후부터 "농지개혁을 하루라도 서둘러야겠으니 빨리 법을 만들어 내라"고 독촉했다.[37] 그 결과 최초로 서둘러 계획된 농지개혁안은 강진국의 표현에 따르면, "농토의 유상매수도 아니고 무상흡수도 아닌, 즉 적당한 보상을 주고 공공의 복리를 위해서 수용하려는 것"이었다. 다시 말해 북한식의 무상몰수·무상분배도 아니고, 유상매수·유상분배도 아닌 또 다른 '제3의 길'을 채택하려는 것이었다.[38] 조봉암은 무상분배 후 높은 세금을 부과하는 북한의 방식이나, 상환액이 15~20%에 이르는 유상분배 방식 모두 불합리하다고 주장하며, 지주와 농민에게 모두 유리할 수 있는 중간적 입장을 취하

---

36 국회사무처, "제2회 정기회의 속기록 제69호,"『대한민국 국회 제2회 정기회의속기록』, p. 8.

37 동아일보,『비화 제일공화국』 1권 (서울: 홍자출판사, 1975), p. 314.

38 김성호 외,『농지개혁사연구』 (서울: 한국농촌경제연구원, 1989), pp. 474~476.

고자 했다.[39]

그러나 조봉암은 위와 같은 자신의 계획을 완전히 현실화하는 데는 실패했다. 1949년 2월 조봉암은 양곡수매에서 정부 측의 강권발동 조치에 대한 이견으로 결국 사임하게 되었던 것이다.[40] 국회의원 최태규는 조봉암의 사임과 관련해 "토지개혁을 묵살시키려고 하는 음모가 있다는 것이 민중의 여론"이라고 지적했다. 그리고 실제 조봉암의 지휘 하에 작성된 최초의 농림부안은 정부의 공식 정책으로 채택되지 못했다. 그러나 조봉암이 주장한 제3의 길이 완전히 사장된 것은 아니었다. 그는 국회의원의 신분으로 국회 내 소장파 의원들과 지주보상율 15할 개정 농지개혁법안을 1950년 3월 통과시키는 데 성공했다.[41] 이후 한국 정부의 농지개혁은 한국전쟁을 거치며 빠르게 유상매수·유상분배의 방식으로 완료되어 갔지만, 영농개혁과 이를 주도할 농민조직 창출을 법적으로 보장하지 못하는 한계 속에서, 지주제 농업체제를 자본주의 영세소농 체제로 전환시키는 것에 만족해야만 했다.[42]

조봉암 생전의 사회민주주의적 경제 노선은 1956년 11월 10일 진보당 창당대회에서 발표된 당 강령에 집대성되어 있다. 진보당 강령은 경제적 부분에서의 사회민주주의 지향을 분명하게 밝히고 있다. 강령은 제1차 세

39 국회사무처, "제2회 정기회의 속기록 제57호," 『대한민국 국회 제2회 정기회의속기록』, p. 15; 강진국, "남한농지개혁의 전망," 『민성』, 1949년 3월, p. 16.
40 김성보, "이승만정권기 양곡유통 정책의 추이와 농가경제 변화," 『한국사연구』, 제108호 (2000), p. 157.
41 박진영, "조봉암의 사회민주주의," 『대구사학』, 제123호 (2016), p. 19.
42 정진아, "제1공화국 초기(1949–1950)의 경제정책 연구," 『한국사연구』, 제106호 (1999), pp. 252~259.

계대전 이후 세계 자본주의의 자기 수정 노력에 대해 지적함과 동시에, 이를 결코 과대평가해서도 과소평가해서도 안 된다고 강조했다. 과대평가해서는 안 되는 이유는 "민주적 복지사회의 건설이 자본주의의 자기 수정적 노력에 의해서가 아니라 근로대중을 대표하는 변혁적 주체적 세력의 적극적 실천에 의하여 달성되어야" 하기 때문이며, 과소평가되어서는 안 되는 이유는 자본주의의 자기 수정 노선이 "민주주의적 평화적 방식에 의하여 자본주의의 변혁을 달성하여야 할 우리의 근본적인 사회 민주주의적 입장과 합치"되는 부분이 있기 때문이었다.[43]

진보당은 선진적 경제 건설을 위해 "낡은 자유민주주의=자유자본주의적 방식은 무력하고 무효할 뿐만 아니라 도리어 유해하다"고 주장하면서, 폭력적이고 독재적인 볼셰비즘적 방식과 자유민주주의적 방식을 단호히 배격하여, "대중적이고 과학적인 '사회민주주의=계획적 민주주의'의 방식과 원칙에 의거하지 않으면 아니 되는 것"이라고 역설했다.[44] 진보당은 자신의 최대 강령으로 '진정한 사회적 복지국가의 실현'을 분명하게 내세웠고, 1950년대 후반 한국전쟁 직후의 극우 반공주의적 사회분위기에도 불구하고 비자본주의적이고 비공산주의적인 '제3의 길'을 직접적으로 표방했다. 이를 통해 이승만 극우 반공체제의 정치·경제적 한계를 한 번에 뛰어넘고자 했던 것이다. 물론 주지하다시피 그 같은 진보당의 이상은 진보당 당수 조봉암의 죽음과 함께 침몰할 수밖에 없었다.

---

43 "진보당 창당대회," 정태영 외, 『죽산 조봉암 전집』 4권, p. 64.

44 위의 글, p. 95.

2. 평화통일론의 전개

냉전과 남북분단이라는 양극적 질서 속에서 중도적인 '제3의 길'을 선택한다는 것은 온갖 사회적 비난과 죽음을 예고하는 행위나 마찬가지였다. 아마도 해방공간에서의 여운형은 그 대표적 사례일 것이다. 여운형은 좌우 양측으로부터 지속적으로 공격받다가 끝내 우익 청년의 테러에 의해 죽음을 맞고 말았다. 그리고 조봉암 또한 양극적인 한반도 냉전과 분단체제 속에서 상대방의 존재를 인정하는 평화적인 방식에 의한 통일노선을 주장하다가 끝내 죽음에 이르고 말았다. 지금은 남북통일론의 당연한 전제인 평화통일론이 조봉암 죽음의 결정적 이유였던 것이다. 이 같은 불행한 역사적 사건은 어떻게 발생할 수 있었을까?

조봉암은 원래 유명한 공산주의자였지만, 본질적으로 민족주의적 성향이 매우 강한 인물이었다. 1919년 3·1운동을 통해 사회와 민족에 대해 눈떴고, 일본 유학시절에는 아나키즘에 먼저 매혹되었지만 볼셰비즘이 한국 독립운동을 후원한다는 사실을 확인한 후에는 주저 없이 공산주의자가 되고자 했다. 해방 이후에는 남북한 공산주의자들이 지나치게 소련 의존적이라는 이유로 전향을 했고, 대한민국의 정치인이 된 후에는 1948년 시점부터 지속적으로 민족통일의 중요성에 대해 역설했다.

그가 통일 담론으로 대중의 주목을 받기 시작한 시기는 1956년 대통령 선거 과정에서부터였지만, 그는 이미 해방 직후부터 일관되게 좌우합작과 남북통일을 명확하게 주장해오고 있었다. 앞서 살펴보았듯이, 1946년 전향 이후 조봉암은 김규식 등의 중도세력의 배척에도 불구하고 지속적으로 좌우합작의 중요성을 강조했고, 대한민국 제헌국회의 국회의원으로 동참하긴 했지만 여전히 남북통일을 부르짖고 있었다. 이를테면 조봉암은 대한민국 정부 수립 직전인 1948년 7월 24일 국회의원 좌담회에서 다음과 같이 평화통일론을 개진하기도 했다.

> 우리는 무슨 방법으로든지 **하루 속히 평화리에 통일을 완성**하여야 되겠습니다. 그런데 국회라는 것은 잘됐든 못됐든 각색 국민을 대표했다는 기관인 만큼 그 어느 기관보다도 진지한 통일에 대한 공작을 해야 될 의무도 있는 것이요 권리도 있다고 봅니다. 국민의 통일에 대한 요구도 클 뿐만 아니라 국회 자체에 있어서도 이 통일을 요구하는 기운이 농후해져서 이 앞으로 **국회 안에서도 통일촉진기관을 따로 설치**하여서 전적으로 그 문제를 취급할 것이고 동시에 **국민으로서도 남북통일운동을 적극 추진**하여 국회와 국민운동이 표리일체가 되어야 할 것으로 압니다. (…) 국민의 이런 운동을 적극 조장하고 협력하여 주어야 할 것입니다.[45] (강조는 인용자)

위의 글은 조봉암의 5·10선거 참여가 결코 남북 분단에 대한 동의를 뜻하는 것이 아니라는 사실을 직접적으로 보여준다. 조봉암은 냉전이라는 국제적 갈등 상황 속에서 남북분단의 길을 걸을 수밖에 없었던 조국의 현실적 상황을 받아들이고, 그 대립적 현실에 직접 뛰어드는 '참여적 방식'을 통해 분단을 극복하고자 했던 것이다. 따라서 그는 국회 내의 통일촉진기관 설립을 주장했을 뿐만 아니라, 대중의 통일운동도 "적극 조장하고 협

---

45 『민정』, 1948년 9월호, 정태영 외, 『죽산 조봉암 전집』 1권, pp. 51~52.

력”해야 한다고 역설했던 것이다.

1950년대 조봉암의 통일과 평화에 대한 인식에는 ‘한국전쟁’과 국제적 ‘냉전’ 질서에 대한 인식이 직접적으로 영향을 주고 있었다. 특히 한국전쟁이라는 직접적이고 파괴적인 폭력을 경험한 이후, 조봉암은 단순히 같은 민족이라는 당위성에 기초한 통일이 아니라 ‘반전(反戰)’에 기초한 ‘평화적 통일’을 중요하게 강조했다.

우선 진보당 강령을 살펴보면, 한국전쟁은 “크레믈린의 적극적인 팽창 정책으로 말미암아 점차로 격화되고 있던 양대 진영 간의 냉전”이 “한국에서 국지적 열전으로 화하였”던 역사적 사건이었고, “크레믈린은 그의 소위 평화정책을 내세우면서 그 자신의 평화 애호성을 극구 선전하였지마는 그는 죄악적 한국전쟁을 야기시킴으로써 소비에트 공산주의의 잔인 무비한 폭력적 성격과 무력적 팽창주의 정책을 사실로 증시(證示)”하고 만 것으로 설명된다. 또한 한국인들은 이 처참한 전쟁을 통해 “폭력적이고 독재적이고 팽창주의적인 소비에트 공산주의”의 실체에 대해 완연히 알게 되었다.

조봉암과 진보당은 소련과 북한의 전쟁 발발 책임에 대해 추호의 의구심도 없었고, 한국전쟁이라는 파괴적 현실의 체험을 통해 무력적 주장에 의한 남북통일의 가능성이 사실상 사라졌다고 주장했다. 따라서 조봉암과 진보당은 한국전쟁의 가장 중요한 교훈을 오히려 평화와 사회적 복지국가 건설의 필요성으로 연결시켰다. 진보당은 “한국 민중은 그들 자신의 처절 심각한 체험을 통하여 하나의 정치적 사상적 확신”, 즉 “사회적 민주주의만이 우리 민족을 자유와 진보와 행복에로 인도할 수 있는 유일한 길”이라는 확신에 도달했다고 주장했다.[46]

국제적 냉전 상황에 대한 인식도 조봉암의 평화 인식에 직접적으로 영향을 주었다. 1954년에 작성된 "우리의 당면 과업"이라는 조봉암의 글을 살펴보자.

> 소련 측은 평화산업의 증강을 슬로건으로 내걸고 소위 평화공세를 취함으로써 전비 강화의 시간 획득과 철의 장막의 강화를 위하여 초려(焦慮)하는 꼴이 현격히 나타나고 있는 것이니, 최근의 백림 사상(四相)회의에 있어서도 평화론과 소위 공존공영론을 입으로는 제법 장식했던 것이다. (…) 미국의 존재는 20세기 자유주의자들의 희망의 원천이 되고 있으나 크레믈린의 세계 침략의 야망은 날이 갈수록 도를 가할 것이며 그자들의 평화의 '탈'은 내부 정리와 전쟁에의 시간 쟁취에 불과한 것으로서 정치적 해결이 요원할 것임은 자명한 일인 것이다.[47]

이 글은 조봉암의 냉전 인식을 명확하게 보여준다. 미국은 "20세기 자유주의자들의 희망의 원천"이고, 소련은 "전쟁에의 시간" 확보를 위해 평화공세를 취하는 위선적이고 폭력적인 존재에 불과하다. 특히 1948년 이래 전 세계 진보적 지식인들과 문화인들에게 커다란 영향을 주었던 소련의 '평화공세'에 대해 "전비 강화의 시간 획득과 철의 장막 강화"를 위한 조치라는 단정적 표현을 사용한 것이 눈에 띈다. "평화의 탈"이라는 표현

---

46 "진보당 창당대회," 정태영 외, 『죽산 조봉암 전집』 4권, pp. 74~78.

47 조봉암, "우리의 당면과업(1954)," 정태영 외, 『죽산 조봉암 전집』 1권, p. 178.

도 흥미롭다.[48] 조봉암은 소련과 북한을 포함한 공산주의 진영을 완벽하게 불신하고 있었던 것이다.

그럼에도 불구하고 조봉암은 상호 인정을 전제하는 평화통일론만이 당대 시점에서 가장 바람직하고 현실적인 통일론이라고 강조했다. 그리고 이렇듯 그가 평화통일의 중요성을 강조했던 배경에는 전쟁이라는 직접적 폭력에 저항하기 위한 목적과 함께, '분단체제'라는 한반도의 구조적 폭력을 극복해야 한다는 문제의식이 중요하게 작용하고 있었다. 즉, 분단이 남북한 모두에서 정치·경제·일상생활까지 포함한 전반적 현실을 제약하는 하나의 체제로 작용하고 있으며, 이 같은 분단 상황을 활용해 자신의 배타적 이익을 배가시키려는 세력이 남북 모두에 존재하기 때문에 이를 극복하는 것이 중요하다는 문제의식의 발현이었던 것이다.[49]

조봉암은 남북한에서 공히 자신의 정치·사회적 권력의 강화를 위해 사실상 통일을 원치 않는 세력이 존재한다는 사실을 강조했다. 조봉암은 공산주의자들이 약소민족의 해방을 부르짖고 분노계급의 이익을 위한다고 주장하면서도, "사실에 있어서는 독재 지배자들이 얼마나 흉포하게도 모든 인민들을 착취하고, 모든 인민들을 공포의 구렁텅이로 몰아가고" 있는지 신랄하게 성토했다.[50] 동시에 그는 남한 지역에도 "대공 승리를 절규하

48 냉전 초기 소련의 평화공세에 대해서는 다음의 글을 참조하시오. 김태우, "사회주의진영의 평화론과 북한," 서울대학교 평화인문학연구단 편, 『평화인문학이란 무엇인가』 (서울: 아카넷, 2013).

49 분단체제론에 대해서는 다음의 책을 참조할 수 있다. 백낙청, 『분단체제와 변혁의 공부길』 (서울: 창작과 비평사, 1994).

50 조봉암, "광복절 기념사(1956)," 정태영 외, 『죽산 조봉암 전집』 1권, p. 158.

면서도 공산당을 타도하기 위한 민주세력 강화에는 전연 관심이 없고", "국가를 들어 편협한 파당의 싸움터로 만들기에 바쁘"며, "민주주의 수호를 부르짖으면서도 민주 발전을 저해하는" 이들이 있다는 사실을 강조하며, 이 같은 "권력의 무질서한 남용"은 부지불식간에 "민주주의를 거세하는 방향으로 흐르게" 된다고 경고했다.[51]

이 같은 당대 한국 극우 반공세력에 대한 조봉암의 비판과 평화통일론의 전개는 필연적으로 그를 죽음으로 인도할 수밖에 없었다. 그의 행위는 적대적인 적의 존재를 필요로 하는 '전쟁국가'의 존재의 이유를 뒤흔들고 있었다. 당시 이승만은 현실적으로 실현 가능성이 없었던 군사적 수단을 통한 북진통일론을 여전히 공식적으로 주장하고 있었다. 그 같은 이승만에게 북한의 존재를 인정하는 통일정책이란 자신의 존립 기반인 분단체제 자체를 위기에 빠뜨리는 조치였기 때문에 절대로 용납될 수 없었다. 양극적인 국제 냉전 질서 하에서 전쟁을 겪은 남한의 사회민주주의 수용도 불가능에 가까웠지만, 평화적 통일 주장조차도 당시에는 소통 불가능한 주장에 가까웠던 것이다.

51 조봉암, "우리의 당면과업(1954)," 정태영 외, 『죽산 조봉암 전집』 1권, pp. 176~177.

Ⅳ. 맺음말

현대 평화 연구에 커다란 영향을 미친 갈퉁에 의하면, 평화란 직접적이고 물리적인 폭력에 반대하는 '소극적 평화'는 물론, 정치적 억압이나 경제적 착취, 사회적 차별과 같은 구조적 폭력에 반대하는 '적극적 평화'의 문제의식을 포괄할 때 진정으로 달성 가능한 것으로 평가된다. 이를 한국 근현대사에 빗대어 말하자면, 한국전쟁이나 제주 4·3학살과 같은 직접적이고 물리적인 폭력이나 전쟁에 반대하는 '소극적 평화' 뿐만 아니라, 일제의 민족차별 정책이나, 지주층의 경제적 착취, 혹은 국민보도연맹원들을 비국민(非國民)으로 설정했던 대한민국 정부의 사회적 차별 등에 반대하는 '적극적 평화'의 문제의식까지 포괄해야만 '평화'가 달성 가능함을 뜻한다. 또한 갈퉁은 위와 같은 정치적·경제적·사회적 차별을 없애기 위한 '통합'의 실천을 적극적 평화의 핵심 가치로 강조했는데, 1950년대 극우 반공적인 한국사회에서 통합의 실천 또한 현실적 평화의 달성을 위해 더할 나위 없이 중요한 가치의 추구였다고 볼 수 있을 것이다.

앞서 살펴본 조봉암의 인생 역정과 개인적 사상은 그를 적극적 평화운동가이자 평화사상가로 평가하기에 손색없음을 확인시켜준다. 그는 20대 초반의 나이에 일제의 감옥 안에서 혹독한 고문과 감금이라는 직접적 폭력의 상황을 견뎌내야만 했고, 조국의 해방을 위해 투신했던 공산당 활동 속에서 일제의 정치적 억압과 사회적 차별이라는 구조적 폭력의 존재 양태에 대해서도 생생하게 확인할 수 있었다. 그는 일본 유학 시절 사회주의 서적의 탐독을 통해 "일본 제국주의의 강도 같은 침략과 민족적 수탈이

어째서 생기고 어떻게 이루어지는가"를 알게 되었다고 말했는데, 이는 일제의 구조적 폭력의 실체와 적극적 평화 추구의 필요성에 대한 자각의 다른 표현이나 마찬가지였다. 그의 공산주의 계열의 독립운동은 일제의 민족적 수탈의 구조를 깨달은 젊은 청년의 적극적 평화의 갈구로 이해될 수 있을 것이다.

해방 직후 현실정치인 조봉암의 정치활동은 한국사회의 구조적 폭력에 저항한 적극적 평화운동가의 모습을 여실히 보여준다. 조봉암은 제헌국회의 국회의원이자 헌법기초위원의 한 사람으로서, 그리고 대한민국의 초대 농림부장관으로서 당대의 착취적이고 차별적인 사회·경제구조의 개혁을 위해 분투했던 대표적 인물이었다. 그는 헌법기초위원으로서 균형 있는 국민경제 발전과 생활의 기본적 수요, 토지개혁 등과 같은 진보적 경제조항의 정초에 주력했고, 정부 수립 이후에는 토지개혁의 현실화를 위해 부단히 노력했다. 이 같은 모습은 사회·경제적 차별과 불평등한 구조에 저항했던 적극적 평화주의자의 전형적인 모습이었다.

게다가 그는 적극적 평화의 중요한 구성 개념 중 하나인 '통합'의 가치를 좌우합작운동과 평화통일론으로 보여준 인물이기도 했다. 조봉암은 냉전과 분단의 양극적 현실 속에서 차별적이고 대립적이며 폭력적이었던 한반도의 정치·경제적 현실을 실천적으로 극복하고자 했던 완연한 적극적 평화주의자였다.

심지어 그는 극좌와 극우세력뿐만 아니라 중도세력의 오해와 비난을 감수하면서까지 자신의 '제3의 길'과 '통합'의 가치를 현실정치 속에서 실천적으로 풀어나가기 위해 헌법기초위원으로서, 농림부장관으로서, 진보정당의 당수로서 표현 그대로 악전고투(惡戰苦鬪)했다. 조봉암은 1950년대 극우 반공적 정치현실 속에서 표현 가능했던 적극적 평화론의 최대치로서 사회민주주의와 평화통일의 달성을 주장했고, 그에 대한 폭력적 대가로서 죽음을 맞을 수밖에 없었다. 그의 죽음은 1950년대 '전쟁정치'에 의한 '평화정치'의 희생과 좌절에 다름없었다.

7장

문익환의 평화사상 :

그의 '발바닥 언어'가 지상에 기록한 것들에 대하여

I. 20세기에 대한 기억

한나 아렌트는 20세기를 폭력의 세기라고 부른다. 제국주의는 침략하기 위해서, 식민지는 해방과 혁명을 위해서 폭력을 사용했다는 것이다. 한반도는 20세기의 폭력이 광범위하게 자행된 반(反)생명의 장소로 손꼽히는 곳이었다. 수십 년에 걸친 식민지 체험과 민족분단, 정치적 소요, 무참한 전쟁, 수백만 인구의 죽음과 이동 그리고 절망적인 분단과 가난…. 한국인의 내면은 외세에 대한 피해의식으로 범벅이 되었다. 문제는 거듭되는 수난과 시련 속에서 형성된 배타적 감정이 인간을 한사코 수동태로 만들어 간다는 점이다.[1] 그런데 이 시기에 어떤 악조건 속에서도 인간의 품위를 잃지 않고 꿈과 사랑을 보여준 생명의 서사는 없을까? 만약 있다면 한반도에서 21세기를 맞는 사람들이 계승할 길은 그곳이어야 할 것이다. 나는 이를 전하기 위해 『문익환 평전』을 썼다. 그리고 결말을 이렇게 맺었다.

> 한반도에서 지난 한 세기 동안 인간성을 위협해온 '냉전 감정'이라는 위험한 심리는 누구보다도 그를 통해서 물러났다. 그리고 그로 인해 우리는 잘못된 수치심 없이 저 아득한 20세기의 나날들을 다시 들여다볼 수 있게 되었고, 또 분단·전쟁·국가폭력 같은 두려운 단어들이 아닌

---

1 전성태의 소설 『국경을 넘는 일』은 한국인이 국경을 넘을 때 발생하는 인지부조화적 감정 상태를 그린다. "박은 등골이 오싹해지면서 심장이 뛰는 것을 느꼈다. 누군가 등 뒤에서 총부리를 들이대고 있으리라는 공포가 엄습해왔다. 그런 심리의 변화는 아주 순식간이었다. 착각이라는 사실을 그 자신도 잘 알았지만 박은 뒤를 돌아볼 염이 나지 않았다. 금방이라도 등에 총알이 날아와 박힐 것 같은 공포감에 그는 옴짝달싹할 수 없었다. 그때 어디선가 호루라기 소리가 들렸고 박은 저도 모르게 뛰기 시작했다." (137쪽) 한국인의 내면에 감추어진 이 '특수 감정'은 극단적 반공지대에서 신원미상의 상대를 언제나 불편한 타자로 만들고 울타리 너머를 적으로 상상하게 만들어왔다. 간첩 경계, 탈주 불안증을 졸업하지 못한 상태에서 한국인들은 지금 격렬한 글로벌리즘과 배타적 로컬리즘이 충돌하는 시대를 살고 있다.

따뜻한 언어로도 우리의 역사를 기록할 수 있다는 사실도 배웠다.[2]

바로 이 사람을 가장 근거리에서 목격한 시인 고은은 "아무도 문익환을 표절할 수 없다."고 회고한다.[3] 문익환을 표절하는 일은 그의 사상을 표절할 수 있어야 가능해질 것이다. 이 글은 그 점을 해명하고자 구상된 것이다.

II. 언어의 달인

한 인간의 사상을 추적하는 일은 흔히 그가 남긴 언어를 근거로 하기 마련이다. 하지만 문익환의 언어처럼 형용 모순이 많은 경우는 없다. 남들이 "과거는 현재를 거쳐 미래로 흐른다."고 말할 때 그는 "역사는 꿈을 통해 부활한다."고 했고, 분단의 상식을 절대화할 때 "역사를 산다는 것은 벽을 문으로 알고 부딪치는 것"이라고 역설했다. 1993년 76세의 나이로 가석방되어 외친 제일성도 "통일은 됐어."였다. 그로부터 24년이 지난 지금도 일촉즉발 전쟁의 위기 앞에 서 있는 입장에서 보면 참으로 난처한 주장이 아닐 수 없다. 그토록 무지막지한 비(非)논리가 어떻게 가능했을까? 그와 관련해 문익환의 연보는 놀라운 사실을 제공한다. 당대 구약학의 대가, 신

2 출처를 밝히지 않은 인용 단락은 모두 김형수, 『문익환 평전』(서울: 실천문학사, 2004)에서 따온 것임.

3 문익환 10주기에 제작된 회고 영상, 2004년 온북TV 자료.

학자, 시인, 무엇보다 중요하게는 목사였다.

목사란 원칙적으로 '말씀에의 봉직'을 숙명으로 하는 자이다. 태초에 말씀이 있었다는 표현은 종교적 언술이기 이전에 하나의 철학적 명제에 속한다. 인간은 천변만화하는 우주에 가득 찬 사물과 현상을 명명(命名)과 언술을 통하여 '자아와 세계의 관계'로 직조해낸다. 하이데거는 말을 '존재의 집'이라 했다. 문익환은 '말씀'의 귀재였다. 조선어를 사용하는 가정에서 태어나 중국어로 된 사회와 일본어를 쓰는 세상에서 성장하고, 영어로 학문의 길에 들어 히브리어 전공자로 거장의 반열에 오른다. 그는 자신이 몸담았던 사회의 언어들을 당대 최고급 수준에서 구사했다는 평이 자자하다.[4] 생애를 통틀어 섬광처럼 빛나는 일화들도 대부분 언어 능력에서 기인한 것이었다.

역시 그럴 만한 내력이 없지 않았다. 소싯적에 그를 가르친 북간도 명동학교 교사들 중 장지영은 한글학자였고, 박태환은 주시경『우리말본』의 서문을 썼던 바, 둘 다 문익환 집안과 각별한 사이였다. 훗날 성서번역을 함께 한 전택부는 용정 유학시절에 만난 학우들 중에서 문익환, 윤동주의 언어관이 남달랐다고 술회한다.[5] 한국전쟁 때는 유엔극동사령부에서 한글학교를 세워 교장을 지냈고, 판문점 통역자로서 '분단 회담'(휴전협정이 분단을 확정지었다)에 부역하는 중에도 우리말을 베푼다는 사실만큼은 숨김없

4 일본어 수준에 대해서는 6월항쟁 때 한국의 민주화운동을 인터뷰한 일본 NHK 기자의 소감, 또 영어 능력에 대해서는 문동환의 아내 페이문 여사의 소감 등이 유명하다.

5 송우혜의『윤동주 평전』(서울: 푸른역사, 2004)에는 그들의 어투 안에 세종조 어간의 발음이 가장 온전한 형태로 남아 있었다는 증언이 소개돼 있다.

이 기쁨을 누렸다고 정경모도 증언한다.[6] 목회자, 신학자로 나선 뒤 공동성서의 번역책임자로, 또 시인으로 거듭 약진했던 까닭도 본질이 우리말 사랑에 있었다. 그는 밥상머리에서도 성서의 첫 마디 "태초에"를 "한 처음에"로 고쳐 번역한 사실에 긍지를 피력하곤 했다. 학문의 길에서 벗어나 민주주의를 위한 운동, 민중을 위한 운동, 통일운동에 투신하면서도 우리말 사랑을 놓지 않았으며, 징역을 살 때도 우리말 표기의 진화를 꿈꾸고 고민하며 혼자서 연구, 실습했던 흔적이 남아 있다. 심지어 문익환 사후 남북관계가 경색된 뒤에도 단절되지 않은 '겨레말큰사전 남북공동편찬사업'도 그의 후광으로 지속되는 셈이다.

미국의 명문 프린스턴신학대학교에 유학한 한국인학생 2호 문익환이 개념적 수사학(修辭學)을 얼마나 능란하게 발휘했는지를 증명할 논문은 차고도 넘친다. 어쩌면 1956년 한신대 개학강연에서 설파한 「예언자와 역사」는 언어의 달인 문익환이 맞춤법에 입각한 교과서적 문장론을 박차고 나오기 직전의 상태를 보여주는 예라 할 것이다.

> 예언자들의 역사관은 정지된 것이 아니고 앞으로 움직여 나가는 것이었다. 그들은 현재에 배태되어 있는 미래를 보았던 것이다. 현재에는 불원에 드러날 미래가 감추어져 있었던 것이다. 그들은 선견자적인 깊은 통찰력을 가지고 현재가 불가피하게 초래할 미래를 과거의 일처럼 말할 수 있었던 것이다. 그래서 그들은 미래의 일을 말하는 문장에 완료형

---

6 정경모는 문익환과 함께 판문점 통역을 전담했다. 1989년 두 사람의 방북이 여기에서 연원한다.

(마침법)을 썼다. 이것이 소위 '예언적 완료형'이다.

문익환이 '예언적 완료형'의 말씀을 강조하기 시작하는 이 미세한 변화를 당시에는 아무도 주목하지 않았고, 또 주목할 필요도 없었다.

III. 장애물 넘기

그러나 역설적이게도 문익환의 사상에 접근할 때 가장 장애가 되는 것은 언어의 장벽을 넘는 일이다. 그는 말씀 하나하나를 하층민의 귀에 닿도록 주의를 기울여 사용했지만, 그 뜻은 맞춤법적으로 신뢰하면 오류가 나기 십상이었다. 가령, 문익환은 중국 길림성 화룡현 지신진에서 태어났음에도 출생지를 밝힐 때 언제나 중국 주소를 사용하지 않고 북간도 명동 출신이라 표기한다. 국가와 체제, 행정의 영역을 표기하는 지도에는 나오지 않는 장소이다. 문익환을 설명할 때 단골로 언급되는 윤동주 콤플렉스, 장준하 콤플렉스도 대표적으로 어려운 '민중적 암호(?)'에 속한다. 윤동주는 1917년생 문익환은 1918년생인데, 윤동주의 시에 나오는 그 유명한 '십자가'가 있는 '교회'(문익환의 아버지가 장로, 윤동주의 아버지가 소사 일을 보았다)를 떠난 뒤 상급학교 진학에서 윤동주가 두 번이나 낙방하여 2년 이상의 차이가 벌여지게 된다. 그러니까 문익환의 윤동주 콤플렉스는 세속적 가치관으로는 측량할 수 없는 '좌절 속에서도 위엄을 잃지 않는 한 고독한 존재'에 대한 진정한 섬김의 표현에 다름 아니라 할 것이다. 장준하에 대한 콤플렉스도 문익환의 독창적인 가치관이 발견해낸 '희귀한 결여 의식'의 발로이다.

> 장준하 선생은 저보다 나이로 말하면 몇 달 늦고 학교로 말하면 제 동생과 한 반이어서 3년 후배지요. 늘 동생처럼 생각해 왔고 그러다가 해방 후 서울에 와서 같이 지내면서 보니까 너무너무 내 눈이 미치지 않을 정도로 앞서가고 있는 대선배라고 하는 것을 발견하고 깜짝 놀랐습니다.

같은 논법으로 말하자면 윤동주, 장준하보다 훨씬 먼저 언급해야 할 대상은 그들보다 어림에도 불구하고 어깨를 나란히 했던 동생 문동환이어야 했다. 이 같은 언어를 가장 빈번히 접한 아내 박용길도 옥중서신을 읽다가 오독하는 경험을 하는 게 한두 번이 아니다.

> 당신은 어제 내가 스님이 되는 거 싫다고 했지요. 목사가 스님이 된다거나 스님이 목사가 된다는 문제가 아니지요. 종교적인 경험을 말로, 논리로 표현해 버릴 수 있는 것이 아닌데 기독교는 말로 다 해버릴 수라도 있는 듯이 '말씀' '말씀'을 지나치게 강조해 왔거든요.

그가 '말씀'을 대하는 태도는 탁월해 보인다.

> 말이란 본래 일회적인 성격이 강한 거 아니겠소? 구체적인 상황에서 구체적인 일에 대한, 그 한 번 있는 일에만 적용이 되고 그 일에만 타당한

판단이 말로 표현되는 것이거든요. 그나마 언제나 그 일의 어느 한 면 밖에 표현할 수 없는 것이 말인데, 그 말이 그대로 보편타당한 진리가 되어 버리는 데 기독교 신학의 중대한 문제가 있다고 느끼던 차에 불교가 강조하는 '마음'에 눈을 돌리게 되었던 거죠.

언어는 거대 현실의 복잡하고 다기한 측면들을 한 몫에 감당하기에는 너무나 섬세하고 예리한 매체에 속한다. 인간의 말이 미치지 못하는 '언어도단'과 '불립문자'의 영역을 문익환은 늘 염두에 두고 살았다. 그래서 장준하의 『돌베개』 표4에 남긴 말에서도 평면적 접근을 단번에 차단시켜 버린다.

온몸으로 민족의 문제를 안고 씨름하며 살아간 그의 뜨거운 가슴, 고요하면서도 단호한 그의 몸가짐에 비겨보면 그의 사상의 평가 같은 건 검불과도 같은 것이다.

심지어 허병섭 목사의 『넝마 공동체』를 읽었을 때도 옥중서신을 통해 거듭 상찬해마지 않고서는 놀라운 한 마디로 허를 찌른다.

그래봐야 허목사도 아류밖에 더 되겠어요? 예수님의 아류, 나처럼.

'지식'이나 '발언'으로 표출된 가치, 즉, 어떤 해설이나 주석을 '아류'라 하고, 그것의 실제인 삶 자체를 '원본'이라 한다면, 예수의 아류라는 표현은 의미심장한 것으로 보인다.

> 하루는 사무실에서 김 목사님(김재준)과 단둘이 마주앉아 담소할 기회를 얻었다. 나는 이 비슷한 말씀을 드렸다. "교인들이 문 밖에 나서기 전에 잊어버리는 설교를 왜 해야 하는 겁니까?" 김 목사님은 지나가는 소리처럼, "콩나물에 물 주기니라" 하시는 것이 아닌가! 나는 정신이 와짝 드는 것을 느꼈다.

그는 이렇게 언어의 표현적 자질에 대한 한없는 기대와 무지막지한 회의를 놓치지 않고 평생 성찰을 지속한 것으로 보인다. 그리하여 터득한 언술형식의 본령을 일목요연하게 보여주는 것은 함석헌을 논하는 자리에서이다.

> 함 선생님의 저서를 읽어보면 초기에는 소위 학문적인 관심이 있었습니다.『뜻으로 본 한국역사』라든지『뜻으로 본 세계역사』라든지(…) 그러나 차츰 연륜이 드시면서 함 선생님은 그런 학문적인 관심을 버리신 것 같습니다. 달리 말을 하면 거대한 체계를 갖춘 사고를 형성해 보려고 하는 그런 생각을 갖지 않으셨습니다. 다만 이 민족과 같이 고난을 받으면서 하루하루를 생각하시면서 그 생각하시는 것을 말씀하시고 적어놓으신 것뿐입니다.

함석헌이 '예수님의 아류', 즉 기독교사상에서 추출된 가치의 전달자에서 벗어나는 지점을 포착하는 언술이다. 문어체는 흔히 서술자가 역사의 축적물을 대변하는 형식을 취한다. 하지만 구어체에서는 서술자가 낮은 곳으로 내려와 수용자와 어깨를 나란히 하게 된다. 언어가 곧장 행위의 한 구성물로 전환되는 것이다. 그렇다면 학자가 글의 함정을 경계하고 현학보다 구어체를 선호하며 자신의 언어를 학문이 아니라 생활 속에 담아두려는 '비우기'를 익힌 후 닿을 곳은 어디일까? 문익환은 바로 그곳에 도달하기 위해 혼신의 노력을 다했던 사람으로 보인다.

IV. 예언자의 시

문익환이 자칭 '아류'의 처지를 극복하는 것은 1972년의 어느 날 꿈과 부활에 관한 의지를 시로 쓰면서부터가 아닌가 한다. (이 대목에서 문익환 생애 후반의 동반자가 시였다는 사실을 눈여겨 볼 필요가 있다.) 그는 자신의 다양한 신분에서 시인이라는 직함을 가장 자랑스럽게 생각했다. 나는 『문익환 평전』에서 그의 호 늦봄이 탄생되는 지점을 첫 시집 『새삼스런 하루』로 추정한바 있다. 4·19를 겪고 숱한 절망의 시간들을 거친 뒤 '말씀의 수용자'에서 일거에 '말씀의 창조자'로 전환하는 반전의 수단이 시집 출간이었다.[7] 고은도 시를 통해 그가 "히브리인이 아니고 한국인임을 깨달았다"고 쓴다. 예리한 통찰이다.

> 그것은 잔디 씨 속에 이는 봄바람이다.//그것은 눈먼 아이 가슴에서 자

---

7 문익환 시집 『새삼스런 하루』(서울: 월간문학사, 1973)는 자신이 스스로 말씀이 되는 순간의 새삼스러움을 반영한 제목이다.

라는 태양이다.//그것은 언 땅속에서 부릅뜬 개구리의 눈망울이다.//그것은 시인의 말 속에서 태동하는 애기 숨소리다.// 그것은,//그것은 오늘을 내일처럼 바라는 마음이요, 오늘을 내일처럼 믿는 마음이다.

"믿음은 바라는 것들의 실상이요 보지 못 하는 것들의 증거"라는 성서의 구절을 빌어, 그날그날을 살아가는 사람들이 '보지 못하는 것들'을 암시하는 시 「히브리서 11장 1절」의 주제어는 '믿음'이다.

우리는 흔히 믿음과 행위는 반대되는 것처럼 생각합니다. 믿음은 행위가 아니라고 생각하기 쉽습니다. (…) 고데라는 주석가는 "믿음은 최고의 행위"라고 말합니다. 왜냐하면 믿음은 자신을 내어 맡기는 일이거든요. (…) 물을 믿고 배는 뜨고, 공기를 믿고 비행기는 나는 것입니다.

문익환이 앞의 시를 쓴 의도는 성서의 뜻풀이에 있는 것이 아니라 바로 전 해에 있었던 전태일의 '죽음'이 '바라던 것의 실상', 즉 전태일이 목숨을 바쳐서까지 보여주고 싶었던 것이 무엇이었던가를 말하려는 데 있다고 볼 수 있다. 하지만 '잔디 씨'에서 봄바람을 읽고, '눈먼 아이'에서 '태양'을 읽는 여섯 줄의 시에 담긴 사상적 실체를 통상적인 문학비평의 눈으로 해독하기는 어려워 보인다. 언제나 마술과 곡예의 불꽃을 뿜는 감각적인 시인들의 도취된 산문과 비교해보면 문익환의 글은 냉정하고 침착하고 아무 색채가 없다. 누구도 선동하지 않고 구애(求愛)하지 않으며, 시적인 밑그림도 음악적인 율동도 포기한 문체! 이는 오늘날 문예창작학과에서 연마하는 화려한 언어조탁 능력의 정반대편을 질주하는 것이다.

까닭에 문익환 시집의 발문에서 백낙청은 그의 시를 한용운의 경우에 비유한다. 소위 문단 바깥의 성취라는 것인데, 아니나 다를까 문익환의 시를 애송하는 독자는 문예주의자들이 아니었다. 한국 문단이 매해 이어오고 있는 탄생 100주년 기념행사에서도 그를 선정할지 그렇지 않을지 알 수 없다. 문단은 문단의 관행이 있기 때문이다. 한 마디로 말해서, 화려한 언어 성찬의 경연장에서 읽기에 그의 시는 미학적 유행 사조(思潮)와 너무나 동떨어진 것이었다.「꿈을 비는 마음」,「오월의 양심」[8],「잠꼬대 아닌 잠꼬대」처럼 동시대적 감수성의 지평을 바꿔버리는 엄청난 성취를 후배 문청(文靑)들이 학습하거나 계승할 엄두를 내지 않는 가장 큰 이유는 그의 어문구조가 갖는 파격적인 '체제 전복성' 때문일 것이다.

하지만 그의 시편들은 한 사람의 언술 체계에 내포된 사상 구조를 명료하게 드러낸다.『신학사상』 1994년 여름호에 발표된 김기석의 글「생명의 바

8 가장 쉬운 말로 쓰였으면서도 가장 어려운 '관념'을 담고 있는 이 시는 문익환이 쓴 명시 중 하나에 속하지만 문단의 조명을 전혀 받지 못 했다. 나는『문익환 평전』에서 이렇게 소개했다. "여기서 문익환이 말하는 '그들', 곧 히브리인이자 한국 민중이요 또 광주시민이었던 그들의 이름을 80년대는 내내 '오월'이라고 불렀다. 그렇다, 오월! 김대중, 문익환 등의 구속과 함께 태어난 그 '오월'은 한국 시간으로 1980년 5월 27일 오후 2시 경 광주 도청 옥상에서 최후 사살되었지만 한국인들의 의식 속에서는 끝까지 절명해 버리지 않았다. 부상한 채로, 그 '부서진 오월'은 묵시의 언어들을 발설하며 다시 숱한 젊은이들을 몽롱하고 달콤한 '비(非) 정치의 지대'에서 깨어나게 만들었다. 그리하여 새로 태어나는 오월의 자식들은 다시는, 릴케의 시에 나오는 저 아름다운 은빛의 계절들 속에 파묻히는 게 불가능한 사람들이 되어야 했다. 그들의 성장에 의해 반도 곳곳에서, 삶을 오직 개인의 안락을 위하는 일에만 사용하던 모든 '사적(私的) 인간'들의 권리는 점점 박탈되었다. 그 전까지 맹위를 떨치던 세속적 출세자들의 영광은 이내 한국사의 변두리로 떠밀려갔다. 오월의 양심이 개인에게서 '우리'에게로, 우리로부터 다시 역사에게로 크고 둥그런 파장을 그리며 멀리멀리 퍼져갔던 것이다."

다에 통일배 띄우고—문익환의 시세계」는 문익환 사상의 열쇠어라 할 '꿈'을 지목하여, "꿈은 기존의 것을 부정하면서 끊임없이 더 나은 것을 추구하는 이들에게 무한정으로 열려 있는 공간"으로 "체제의 논리를 해체하는 힘을 갖고 있(음)"(74쪽)을 밝히면서 "길은 염원만으로, 기다림만으로는 열리지 않는다. 문익환의 삶은 지금 여기에서 '기다림의 내용을 선취(先取)'하는 삶이다"(73쪽)라고 분석한다. 기다림의 내용을 '쟁취'해 나가는 게 아니라 '선취'한다는 말은 '엄숙하게 싸운다'는 말이 아니라 '기쁘게 살아버린다'는 말을 뜻한다. 그리고 결론을 "(문익환) 시인은 '길' 위에서 생각하고, '길' 위에서 살다가, '길'이 된 사람"으로서 문익환의 통일 이야기가 결국은 정치가 아니라 '생명'의 바다에 이르는 것이라고 아귀 짓는다. 중요한 지적이다. 문익환의 시는 길에서 부르는 노래였다. 다시 말해 그의 시는 픽션의 세계가 아니라 삶의 실제에 속한다는 의미인바, 표현의 과잉은 있지만 실천의 과잉은 없다는 뜻에서, 문익환의 시적 특성이 존재의 특성과 일치된다는 얘기이다.

내 생각에 문익환의 시에서 확인되는 독창성은 크게 세 가지로 요약된다. 하나는 시적 화자가 보여주는 섬김의 태도이다. 그의 언술 속에서 자화상은 언제나 폄하되어 있다. 문익환의 겸손이 세계를 가공하는 솜씨는 그와 반대 되는 캐릭터와 정확히 대칭된다. 예컨대 히틀러는 평생 자신을 포장하려고 했다.[9] 히틀러가 '자아를 구성하는 요소들'을 미화시키려 했다면 문익환은 '세계를 구성하는 요소들'을 미화시키려 했다.

---

9 요하임 C. 페스트가 쓴 『히틀러 평전』(파주: 푸른숲, 2001)의 관점이 여기에 있다.

또 하나는 시적 어조가 발산하는 예언자적 확신이다. 세계를 사건들의 인과적 연속으로 축소시키는 것에 맞서서 시는 정신의 자유로움과 탈선을 부추기는 불온한 것이다. 문익환이 시에 빠져들기 시작한 것은 바로 이러한 시의 불온성이 예언자 정신의 본질이라 본 까닭이었다. 그는 예언자에 대해『히브리 민중사』에서 이렇게 설명한다.

> 앞으로 올 일을 미리 점쳐 말할 수 있는 사람을 예언자라고 생각하기 십상이지요. 물론 예언자가 하는 일 가운데 이 일이 포함되지 않은 건 아닙니다. 그러나 예언자로 번역된 히브리어 '나비'라는 말에는 그런 뜻이 없습니다. 어떤 학자는 이 말이 '입에 거품을 문다'는 말에서 왔다고 하지요. 입에 거품을 물고 땅바닥을 뒹구는 사람, 이를테면 접신 상태에 빠진 사람이라는 거지요.

'꿈'을 '실제'로 여기고 '하늘의 뜻'과 '지상의 삶'을 동일화시켜버리는 무당 같은 존재를 예언자라 한다는 것이다.

그리고 마지막 하나는 문익환의 시에서 맞춤법 파괴의 마술을 빚는 생명 충동의 발산이다. 박정철의 논문「문익환의 시세계에 나타난 생명사상」은 그것을 문익환 사상의 단초로 본다.

> 삶은 선택을 허락하지 않는다. 생(生)은 명(命)이다. 살려면 살고 말려면 마는 것이 아니라 살지 않으면 아니 되는 것. 따라서 생명은 불가피하게 자라려고 하는 힘을 갖는다. 생명의 마음, 생명의 본능은 내일을 지향한다. 생명은 '지금 있는 것'이면서 '장차 있어야 할 것에 대한 꿈'을

> 내포하고 있다. 전태일이 받아 든 '생'의 '명'은 죽음이었고, 그 죽음은 '죽임'을 파괴하는 부활의 길을 향하고 있었다.(요지)

문익환 사상의 내부로 들어갈 수 있는 비상구가 바로 이곳에 있는 게 아닌가 한다.

V. 문익환의 '발바닥론'

이상의 고찰을 통해 명백해진 사실의 하나는 문익환이 언어를 독자적인 텍스트의 성채로 여기지 않는다는 점이다. 그에 의하면 언어는 발바닥이 땅에 남긴 것을 보충하는 주석(註釋)에 다름 아니다. 이를 '말보다 실천이 중요하다'는 국민윤리적 덕목으로 이해하는 것은 경솔한 태도일 것이다. 말년의 대표작이라 할 『히브리 민중사』에는 그가 '발바닥'에 주목하는 이유가 이렇게 펼쳐진다.

> 모든 기쁨, 모든 영광을 남에게 돌리면서 자신은 말없이 땅을 밟을 뿐인 발바닥!

인류가 이룬 모든 생존과 문화의 밑거름이요 원동력인 이 발바닥의 노고가 제도화된 역사 속에서는 언제나 묻히고 소멸된다. 왜? 역사는 기록할 수 있는 권력을 가진 자들이 전달하는 일종의 가공물이기 때문이다.

그는 발바닥이 아니라 손으로 쓰는 사상 같은 것도 신뢰하지 않았다. 권력을 쟁취한 자들만이 역사를 문자로 보관한다. 더욱이 문자는 현실을 재편집해 버린다. 그래서 『성서』까지도 히브리 민중사였던 것이 끝내 이스라엘 왕궁사로 둔갑되고 말았다.

여기서 제기되는 중요한 점 한 가지가 권력이 지탱하고 있는 '제도'와 생명이 처해 있는 '현실'이 동일하지 않음을 그가 직시한다는 사실이다. 가령, 5·18의 주역들에 대한 다음의 논평에서도 그 같은 태도가 드러난다.

> 그들은 결코 나라를 절대화하지 않았습니다. 나라가 최고도 아니요. 나라에 대한 충성이 우리의 마지막 충성일 수 없다는 것입니다. 나라의 명령이면, 누구나 절대 복종해야 하는 것도 아니었습니다. 그들은 나라라고 하는 무인격적인 힘을 절대적인 것이라고 생각하지 않았습니다.

편의상 구분하자면 '존재'의 문제가 있고 '관계'의 문제가 있는데, 현실 속에서는 둘이 충돌하는 현상이 부지기수로 일어난다.

> "문익점이가 누구 허락 받고 목화씨를 붓두껍에 넣어 왔더냐? 그 목화가 이 백성을 얼마나 따스하게 했는데. 그 자손이라 할 수 없구먼." 어떤 할머니가 이런 말을 해서 나를 기쁘게 해주는 거 있죠. (…) 문익점 할아버지. 국제 밀수꾼 제1호지만, 이 불쌍한 겨레는 솜옷을 입을 때마다 그냥그냥 고맙기만 했던 것 아니겠어요?

그가 노년에 쓴 이 편지에 일말의 이기심이 숨어 있는 게 아닌지 의심하는 것은 매우 자연스런 일일 수 있다. 사회적으로 봤을 때 흔히 준법정신이라 하는 말에 담긴 질서 존중의 가치를 임의로 경시하는 것은 단견에 속하는 것이다. 하지만 문익환의 자리에 들어가면 전혀 다른 것이 보인다. 역시 『히브리 민중사』에 나오는 단락이다.

> 헌법을 공동체의 기틀이라고 할 때 거기에는 겉 기틀과 속 기틀 둘이 있습니다. 겉 기틀을 권력구조라 한다면 속 기틀은 민초의 인권보장이지요. 여기서 우리는 본말을 뒤엎어서는 안 됩니다. 겉 기틀은 속 기틀을 위한 것이거든요. 속 기틀이 목적이라면 겉 기틀은 수단에 지나지 않는다는 말이죠. 속 기틀이 절대적이라면 겉 기틀은 상대적이라는 말도 되구요.

'겉 기틀'이 권력의 측면을 가리키고 '속 기틀'이 생명의 측면을 가리킨다면 권력에게 정당성을 부여하는 것–권력을 끌고 가는 것은 '이념'이요, 생명에게 정당성을 부여하는 것–생명을 끌고 가는 것은 '꿈'이라는 생각을 펼치면서 생명은 '목적'이요 권력은 '수단'이라고 주장한 셈이다. 그러니까 '존재'의 문제(하느님의 것)가 선차적인 것이고, '관계'의 문제(인간의 것)가 후차적인 것이므로, 그는 어떤 문제에 접근할 때도 '존재'에 관한 것을 중심에 세우고 '관계'에 관한 것들을 정돈해 들어가야 된다고 생각했다. 이 같은 인식을 가장 적나라하게 보여준 예가 「예수와 묵자」를 이야기하면서 촉발된 기세춘과의 논쟁이 아닌가 한다.

흔히 '예수'와 '묵자'에 대한 해석의 차이로 발생했다고 얘기되는 이 논쟁의 본질은 사실은 유목민에 대한 인식의 차이에서 빚어진 평화운동에 대한 논쟁이다. 본디 기세춘의 연구에 찬사를 보내기 위해서 주고받던 편지에서 문익환이 불가피하게 반론을 내놓기 시작하는 것은 기세춘이 유목민적 생존형식의 본질을 미리 '침략문명'으로 단정함으로써 생산적인 논란을 사전에 봉쇄한다는 점에 있다.

> 유목이란 자급자족적인 경제체제가 아니며, 사회적 기능에서도 그 자체로 독자적인 내적 법칙을 갖는 체계가 아니며, 발전단계로 보아도 특정 단계의 독특한 사회정치적 체계로 볼 수 없다는 점은 같습니다.(『예수와 묵자』 260쪽)

기세춘은 스탈린의 규정을 무조건 따르는 게 아니라고 말하지만 이 같은 인식은 사실상 스탈린 치하 소비에트 과학아카데미의 입장에서 벗어나지 않는다.[10] 정주사회에서 유포된 다음과 같은 주장도 유물사관의 논거에서 파생된 것이다.

> 어쨌든 종속적 의존이거나 복속과 약탈이거나 유목사회와 정주사회 사이는 숙명적으로 강압적 관계라는 것을 누구나 인정하고 또 역사가 증명하는 사실입니다.(265쪽)

두 사람의 서신교환은 본디 기세춘의 묵자 연구에 문익환이 감동을 받

---

10 소비에트 연구자들의 이 같은 견해를 극복한 기념비적인 저술이 블라디미르초프가 쓴 『몽골사회제도사』(주채혁 역, 서울: 대한교과서주식회사, 1990)이다.

은 데서 비롯되었고, 학문적으로 방치된 영역에 대한 기세춘의 천착과 성과가 실로 지대함을 높이 사고 싶었던 자리임으로 딱히 의견 차이를 드러낼 상황은 아니었다. 무엇보다도 앞서 언급한 함석헌에 대한 해석이 말해주듯이 문익환은 이론을 구축하고 지식체계를 확립해가는 것보다 훨씬 중요한 경지가 있다고 믿었던 입장에서, 그것도 옥중에서까지 논쟁을 펴가고 싶은 생각은 추호도 없었을 것이다. 그런데 이어지는 논란으로부터 발을 빼지 못한 이유는 그만큼 중요한 내용이 건드려진다고 생각했기 때문이었던 것으로 보인다. 가령, 기세춘의 다음과 같은 표현을 보면서 문익환은 유목문명을 토대로 전개된 성서의 언어들이 모두 보편성을 결여한 것으로 희화화 되는 것을 기독교 연구자의 입장에서 간과하기 어려웠을 것이다.

> 저는 평등사상은 고사하고 더구나 평화사상은 유목전통에서는 나올 수 없다고 확신에 가까운 믿음을 갖고 있습니다.(266쪽)

그래서 문익환은 "목자들이 바라는 것은 평등이요 평화였음"을 알리기 위해 열심히 다양한 예를 들어 설득해보려 한다.

> 묵자가 생각했던 것처럼 의(義)에도 양(羊)이 있거든요. 양 같은 '나(我)'가 의(義)이군요. 그동안 짧은 운동경험에서 양 같이 약한 듯한데 착하고 어진 사람들이 정의감이 강하다는 것을 발견하고 놀라게 되더군요. 그리고 그 정의감은 양 같은 평화를 지향하는 것이라는 것도 알게 되었습니다.

양은 스텝 지역 생태계의 생명줄인 초지의 제1차 소비자에 속한다. 포유류이면서도 초원 계 먹이사슬의 최하층에 놓이는 생명체로서 양은 위기에 처할 때마다 자신보다 강한 존재를 따르며 의탁하는 습성이 있다. 그래서 양이 목자를 대하는 마음은 신실하기 그지없어서 심지어는 목자가 도살하려고 심장 부위를 칼로 쨀 때조차도 눈물을 흘릴 뿐 저항하지 않는다. 그렇다면 목자는 '한가로이 피리나 부는 낭만적인 목동의 상'에 안주할 여지가 없다. 자신에게 목숨을 내맡긴 양의 건강상태를 매일 점검하여, 그에 마땅한 '일용할 양식' 즉 풀포기 앞으로 안내해야 한다는 도리에 쫓기게 된다. 적어도 초원에서 목자의 헌신이 절대적일 수밖에 없는 이유는 양의 순종이 절대적이기 때문에 생겨나는 것이다. 성서가 은유의 기초로 사용하는 "주는 나의 목자시요 나는 주님의 종"이라는 언술은 이곳에서 나왔다. 문익환의 설명에는 바로 그에 대한 심도 깊은 인식이 전제되어 있다.

> 양(羊)에게서 의(義)만 본 것이 아니라 선(善)도 보았고 미(美)도 보았던 것 아닙니까? 양을 의와 선과 미의 실체로 보았다면 양을 치는 목자들도 긍정적으로 보았던 것이 아니겠습니까? 유목민에 대한 기선생의 생리적인 거부감이 어디서 생긴 것인지는 모르지만 재고돼야 하지 않을까 싶습니다.(172~173쪽)

실로 놀라운 진술이 아닌가 한다. 스텝 지역에서 발생되는 재앙 '조드'는 여름철의 기후 건조로 인한 가뭄 끝에 가을과 겨울에 한파가 몰려옴으로써 광야에 산재된 몇 천만 마리의 짐승이 동시에 숨지는 사태를 말한다. 목자는 봄부터 여기에 대비하여 '조드'로 동사(凍死)할 가축의 수를 최소한으로 줄여야 하기 때문에 겨울을 날 수 없는 허약한 개체를 희생시켜 초지를 절약하는 지혜를 발휘한다. 그래서 목자에게는 어린 양이 자신의 안내를 받아들여 극심한 한파에도 끄떡없을 만큼 살이 올랐을 때 뒤뚱거리는 엉덩이만큼 예쁜 것은 세상에 없다고 말한다.[11] 이것이 문익환이 말하는 양(羊)이 살쪄서 엉덩이가 커(大) 보이는 형상, 곧 미(美)이다.

바로 이 논쟁에서 문익환에게 주목할 것은 두 가지가 아닌가 한다. 하나는, 한 존재(그것이 개인이든, 가족이든, 사회든, 국가든, 문명이든)의 속 기틀을 읽는 눈이다. 그것들의 자아 혹은 정체성을 결속하는 '수단(=권력)'의 눈으로 타자를 읽다보면 개인 중심, 가족 중심, 사회 중심, 국가 중심, 문명 중심의 관점이 우선되기 십상이다. 가령, 문익환은 유목문명의 문제를 정주문명의 눈으로 읽는 게 아니라 '유목문명의 속 기틀'로 읽으려는 태도가 있었다. 문익환이 '보편'을 확보하는 자리가 바로 이 '속 기틀'의 관점에 있어 보인다.

또 하나는 평화의 토대를 평등으로 이해한다는 점이다.

> 평화는 전쟁을 막는 일에서 시작되지요. 그 점에서 묵자는 평화운동의 올바른 출발점에 나섰다고 해야겠지요. 그러나 묵자가 전개한 평화운동의 본론은 평등사회의 건설이었습니다. 그것은 사회의 구조적인 문제인 동시에 사회성원 전체의 의식의 문제이기도 한 것이 아니겠습니까?(183쪽)

11 나는 중세의 유목생활사를 다룬 소설 『조드』를 쓰기 위해 초원에서 1년 넘게 현지 취재를 하면서 유목민들에게 이 이야기를 들었다.

문익환에 의하면 평화의 치명적인 장애요소가 전쟁이지만 그렇다고 전쟁만 없어진다고 해서 평화가 저절로 오는 것은 아니다. 그는 이를 한반도적 불행의 근원인 분단의 문제를 지목해서 다음과 같이 논파한다.

> 전쟁을 막는 것만으로는 평화가 오지 않습니다. 6·25전쟁 이후 우리는 근 30년 동안 전쟁 없이 살아왔습니다.

그렇다면 이 분단이 평화였는가? 아니다. "전쟁의 반대말은 평화가 아니라 일상"이라는 말도 있거니와 폭력의 구조를 내포한 사회의 일상은 결코 평화에 이를 수 없다. 문익환의 평화실천이 사회운동을 향하는 이유도 여기에 있다.

> 지금은 고인이 된 브란트가 주재한 위원회가 제3세계를 조사한 《남북》이라는 책을 보면 평화의 적은 전쟁과 빈곤 두 가지라 하거든요. 빈곤 자체가 평화의 부재인 거죠. 빈곤은 사회적인 온갖 모순과 갈등과 대립의 원인인 거죠. 전쟁과 전쟁준비가 빈곤의 원인도 되고 결과도 되지만 한 원인, 한 결과이지 모든 원인, 모든 결과인 것은 아니지요. 전쟁보다 더 근원적인 것이 폭력 아니겠습니까? 불평등사회를 유지하려고 가진 자들이 휘두르는 힘은 물리적인 힘도 있지만 구조적인 힘이 더 큰 거죠.(184쪽)

북한의 인권문제가 거론되는 자리에서 김대중도 "굶주림보다 큰 인권문제는 없다."고 말한다. 문익환은 전쟁을 막는 것이 평화운동의 출발이라고 보지만 평화운동의 본론은 평등사회의 건설에 있다고 보았다. 그렇다면 평화운동의 결말은 어디로 가야 하는 것일까? 여기서 불평등을 유지시키는 구조적인 힘을 제거하는 일을 '제도정치'가 떠맡는다고 한다면 더 멀고 깊은 실천의 길이 있어야 한다. 그것은 근본적으로 제도정치가 감당할 수 있는 영역이 아니다. 문익환이 말하는 '민의 통일운동'이 제기되는 대목이다.

> 평화의 평(平)은 높낮음이 없는 걸 말하지 않습니까? 평화의 화(和)는 입에 들어가는 양식이 고르다는 것을 말하는 것이구요. 평등이라는 말에는 없는 기쁨이 평화에는 내포되어 있는 거죠.(184쪽)

생명의 환희, 존재의 기쁨이 온전히 표출되는 삶을 문익환은 평화적인 상태로 생각했다. 바로 여기서 '권력'이 '평등'의 문제와 관련돼 있다면 '평화'의 문제와 관련된 것은 생명임을 주목할 필요가 있다. 문익환은 이를 매우 중요한 문제로 생각했다. 평등은 수단이고 평화가 목적이다! 그것이 결코 사변적인 문제가 아니라는 것을 문익환은 윤동주를 설명하는 자리에서 이렇게 밝힌다.

> 동주는 일제 강점 아래 있는 조국을 '감옥'이라고 보지 않고 '병원'이라고 보았다. 깊은 내면적인 침전 끝에 얻은 새로운 안목이다. 강점자의 손아귀에서 풀려나는 해방만으로 새아침이 오리라는 소박한 신념이 부서지고 조국을 병리학적인 눈으로 보게 되었다는 말이겠다. 문제는 강점자에게만 있는 것이 아니라 피점령자, 피억압자 자신에게도 깊이 뿌리박고 있다는 사실에 그는 눈을 돌리게 된 것이다.(『문익환 전집』 6권

360쪽)

평등이 사회적 약속을 재조정해야 되는 일이라면 평화는 신, 즉 우주나 자연의 움직임을 결정하는 자의 축복을 누릴 수 있어야 되는 일에 속한다. 문익환이 사회운동의 본령을 생명 치유 활동으로 보게 되는 계기가 여기에서 주어진다.

> 1992년 12월18일자 편지의 말미에 "예수가 병을 고치는 일에 신명을 바쳤는데 그것이 바로 예수의 특이한 평화운동이었다는 점을 다음 편지에 쓰기로 하겠습니다."(185쪽)

돌이켜보면 19세기를 살았던 강증산이 구릿골에서 만국의원 '광제국'을 거점으로 천지공사를 하고 다녔던 모습도 문익환이 말하는 종류의 평화운동이었다. 1992년 시점에서 후천개벽사상을 계승한 김지하와 구약의 예언자들을 연구한 문익환이 '생명사상'이라는 표현을 동일하게 쓰는 장면도 시사하는 바가 크다. 또한 문익환이 발바닥 치료를 할 수 있는 '파스요법'을 터득하고, 숨져가는 김남주를 살리겠다고 병실을 찾아다닌 일도 상징적인 장면이 아닐 수 없다.[12] 역시 『예수와 묵자』에 나오는 말이다.

---

12 만성 병약자 문익환이 질병의 손아귀에서 벗어나는 것은 첫 번째 감옥에서였다. 이후 징역살이를 하는 민주투사들, 돈이 없어서 병원에 가지 못하는 노동자들에게 질병을 다스릴 수 있는 방법을 가르쳐주어야 한다는 사명감 때문에 독학을 하여 의료 행위의 깊은 영역까지 접근해 갔다. 실험대상은 자신의 몸이었고, 실험도구는 대나무 침이었다. 이 방면의 소양은 나중에 시술하기 까다로운 침 대신에 독

그러면 천륜과 인륜은 어디에서 만나는가? 생명에서 만난다.(190쪽)

이 말을 다른 말로 고쳐 말하면 해방운동(평등운동)과 평화운동은 생명운동에서 만난다는 뜻이 된다. 이렇게 존재의 문제와 관계의 문제를 통일해서 인식할 때 '살림'의 길과 '죽임'의 길이 보이기 시작할 것이다. 이 '살림'의 길을 목숨이 취해야 할 자연(평화)의 상태로 유지시키자는 것이 문익환의 평화사상이요, 제도적 폭력으로 '죽임'의 위기에 처한 존재의 서사를 반전시키려는 운동형식이 '꿈'을 통해 '부활'에 이르게 하는 생명운동인 것이다.

그러나 이를 설명하는 그 어떤 문자 행위도 문익환의 발바닥이 지상에 기록한 족적에는 미치지 못한다.

VI. 자기의 땅에서 유배당한 자들을 위하여

다시 문익환의 발바닥 이야기로 돌아와 보면, 그가 말하는 '발바닥'의

창적으로 파스요법을 고안하기에 이르렀다. 팔과 다리에 몰려 있는 경락을 하나하나 짚어가면서 단 5분 만에 종합건강진단을 끝내고 난 후 그 결과에 따라서 아픈 부위와 연관돼 있는 경락 위에 파스를 붙이면 감쪽같이 병을 낫게 하는 대중요법인데, 그는 이 방법으로 옥중에서 숱한 사람들을 치료하고 나와서 사랑하는 이웃들에게 '말씀'을 주는 것보다도 '파스'를 붙이는 일을 훨씬 더 중요하게 여겼다.

반대말은 '손'이나 '머리'가 아니라 '제도'가 되는 셈이다. 또한 문익환 발바닥 언어론의 즉자적인 해석은 누가 무엇을 말로 주장했는지 아니면 실천으로 보였는지를 가리키는 것이 되지만, 조금 더 나아가 문익환 사상의 본론에 들어가면 그것은 신과 인간의 것을 구분 짓는 종교적 차원의 사유, 우주의 움직임과 사람의 움직임을 가려가면서 논하는 과학적 사유의 것으로 폭넓게 확장된다.

문익환이라는 존재가 한반도적 평화의 한 상징기호로서 저자거리에 등장한 것은 1976년이었다. 이후 18년 동안 여섯 차례 투옥되어 12년을 옥중에서 지낸다. 그 불타는 생의 전개를 일컬어 재야운동권에서는 흔히 통일운동의 대부로 칭한다. 그러나 그 같은 범주화는, 절박한 통일운동의 중요성과는 별개로, 거대한 정신적 실체 하나를 매우 좁은 굴레에 가두는 격이 된다. 문익환과 김일성의 회담이 6·15 정신을 낳았다는 사실도 국가적 의미는 클지언정 사상의 본체가 되지는 못한다. 문익환은 사랑과 결혼, 출산과 양육 등에 이르는 생명의 서사를 충과 효와 같은 체제 이데올로기에 뒤섞지 않고, 또한 공과 사와 같은 국가나 사회제도의 부속품으로도 인식하지 않았다. 한 생명체가 출생에서 죽음에 이르는 길은 문명이나 사상, 체제나 제도 따위가 만드는 것이 아니라 하느님이 내려준 질서이자 생명 고유의 권한으로 이해하고 있었다. 나는 이 같은 경향이 문익환의 삶에서 뚜렷하게 윤곽을 드러낸 정신적 요체로서 그 실천의지가 한국현대사를 통해 눈부시게 발현되고 증명된 '살아있는 종교성'의 예가 되지 않을까 한다.

우리는 문익환의 위대성이 '정치사적 순간'이 아니라 '지난한 생의 과정' 속에 담겨 있음을 간과해서는 안 된다. 예컨대 문익환의 일본 유학 시절 대동아전쟁이 목을 죄어올 때 조선의 모든 젊은이가 역사의 물음 앞에 선적이 있었다. 동시대에 같은 장소에 있었던 네 친구는 모두 다른 방향을 보게 된다. 일제에 맞서, ① 싸울 것인가(송몽규의 선택), ② 탈출할 것인가(장준하의 선택), ③ 견딜 것인가(윤동주의 선택)? 문익환은 ④ 피하는 길을 택했다. 역사, 체제, 구조 안에서 개인의 힘이란 얼마나 미약한 것인지, 실낱 같은 존재가 절벽 같은 세상에 맞선다는 것은 또 얼마나 무모한 것인지, 그 앞의 덧없음으로부터 자유로운 사람은 없다. 한국전쟁 때는 공교롭게도 판문점에서 분단 상태를 지속시키는 휴전협정을 통역해야 했다. 1980년대가 일반적으로 경도된 사회운동의 유물사관적 전망도 그는 공유하지 않았다. 역사가 발전한다는 주장에 대한 그의 비판적 태도는 확고했다.

> 우리 인간이 세계의 주가 아닙니다. 우리는 이 지구를 반대방향으로 돌릴 수는 없습니다. 우리는 역사의 주도 아닙니다. 역사는 우리의 계획대로 움직여가지 않습니다. 역사의 주가 되려던 모든 독재자들은 인류 역사의 패배자들이 되고 말지 않았습니까?

뿐 아니라 국가체제에게는 '실정법 위반'이 되는 일이 하느님 앞에서는 정당한 일이 되는 예도 셀 수 없이 많다. 그리고 그 같은 실천은 때때로 둘도 없는 이웃과도 충돌하게 한다. 문익환도 예외가 아니었다. 그가 용틀임을 할 때마다 재야운동에 일찍 나섰던 동료들은 문익환의 '순진무구함'을 염려하고는 했다.

아무려면 재야운동에도 문법이 없지 않을 것이다. 문익환이 뛰어들어서 '야기한' 세 차례의 '돌발'은 모두 당대의 비체제적 권력집단(재야)의 호

흡에는 안 맞는 일종의 '혁명적 사고'에 속했다. 1976년 3·1구국선언 사건 때도 선배 활동가들이 경계하는 눈길을 보냈고, 김대중내란음모 사건으로 복역하고 나와 민통련 의장을 맡을 때도 동세대 활동가들이 급진성을 경고했으며, 1989년 방북을 감행할 때도 후배 활동가들이 공안정국을 부른다 하여 '부적합' 판정을 내렸다. 거기에서 발생될 수 있는 불화의 소지를 제거한 것은 합리적 논의가 아니라 문익환의 탁월한 '콤플렉스론'이 보여준 겸손의 힘이었다. 그러나 세 차례의 거사가 모두 한국 민주화 운동의 지평을 바꾼 기념비적 비약의 기회가 되었음을 훗날 누구도 부정할 수 없다. 특히 방북 사건은 남, 북, 해외의 민심을 동시에 흔들어버린, 민간인이 도모한 해방 후 최대 사건이었다 해도 될 것이다. 나는 그것이 한반도에서 20세기에 펼쳐진 평화사상의 한 절정이었다고 본다. 왜냐?

우리의 남북관계는 언제나 정치, 군사적 소모전을 되풀이하고 있다. 누구나 여기서 생겨나는 문제들 때문에 '분단 극복'을 이야기해야 한다는 듯이 오직 이 문제에만 관심을 둔다. 그러나 정치, 군사적인 것만이 문제라면 '통일'과 같은 복잡하고 까다로운 문제를 반드시 이루어야 하는가, 개인의 삶에서 '국가'랄까 '국경'이랄까 하는 것의 중요성이 점점 줄어들고 있지 않는가, 하고 생각할 수도 있다. 실제로도 젊은 층이나 청소년 세대에서는 남북이 굳이 통일을 달성해야 하는가, 그냥 각자 알아서 잘 살면 되는 게 아닌가, 하고 반문하는 이가 많다.

그러나 인간에게는 72년 묵은 갈등과 그 극복의 어려움, 복잡함, 지난함이 아무리 피곤해도 절대로 포기할 수 없는 것이 있다. 삶은 국토와 제도 위에서만 전개되는 것이 아니라 생태 공동체, 문화 공동체 안에서도 존속된다. 그래서 그것은 마치 1948년 UN 한국임시위원회가 만들어졌을 때

단장으로 들어온 인도의 크리슈나 메논이, 동일한 언어와 동일한 문화전통을 자랑하는 '국가적 단일체'가 남북으로 이념을 달리하는 2개의 제도적 대립 때문에 괴로워하는 것을 보면서 "신이 합한 것을 사람이 나눌 수 없다!"고 말했던 것처럼 제3자에게도 당연한 것으로 받아들여진다. 누가 어떻게 설명해도 남과 북은 먼 과거부터 몇 천 년에 이르는 삶의 문화를 함께 누렸으며, 앞으로도 이를 인위적으로 단절하기가 어렵기 때문에, 설령 서로가 죽도록 밉고 싫을지라도 매번 자신의 '온전성'을 유지하기 위해서 결국에는 다른 한쪽을 포기할 수 없다는 결론 앞에 이르게 된다. 나는 통일문제가 우리에게 제기하는 가장 큰 질문이 여기에 있다고 본다. 남과 북은 왜 헤어지지 못하는가? 헤어져야 좋을 일이 그토록 많음에도 불구하고 지겹도록 만남을 꿈꾸고 있어야 되는가? 그것은 자연의 권력이 묶어둔 것을 사회의 권력이 나누어버렸기 때문에 생겨난 현상이다.

문익환은 신의 것을 인간들이 토막 내어 가는 과정을 가장 근거리에서 가장 뼈아프게 목격한 사람의 하나였다. 분단권력이 잉태되고 배양되어 견고한 체제로 구축되는 과정을 가족사 안에서 체험한 것이다. 그리하여 윤동주가 일제 강점기를 '감옥'이 아니라 '병실'로 보았던 것처럼 문익환의 통일론도 '해방'이 아니라 '살림'을 주제로 하게 되었다. 문익환의 본령이 '사회운동'보다 '평화사상'에 있었음을 주목해야 할 이유가 여기에 있다. 돌이켜보면, 일제의 '강압적 근대'가 우리에게 가한 폭력의 핵심은 바로 생명의 서사를 정상가동할 수 있게 만드는 존재의 근거지를 파괴한 점이었다. 이 공동체가 일제로부터 감당할 수 없는 폭압을 받을 때 항일 투사는 싸우기 위해 마을을 뜨고, 출세한 친일 부역자는 이웃의 눈총을 피해서 동네를 빠져나가며, 침묵하는 다수는 제국의 부름에 하나하나 징발되어, 나중에는 노동력을 갖지 못한 아녀자들만이 뒤에 남아 아버지와 삼촌, 오빠들을 기다리는 임시의 삶을 지탱했다. 그리고 그 '임시'가 2대째, 3대째 흐르도록 지속되면서 마치 엎어진 성냥통의 성냥개비마냥 다시는 본디 자리를 찾을 수 없게 헝클어지는 것이다. 떠난 사람도 남은 사람도 모두가 이산자 신세였다. 민족의 구성원들이 이렇게 남, 북, 해외로 뿔뿔이 갈라지면서 내면에 새겼던 '나그네 설움'의 정신은 두고두고 우리의 정신적 운명이 되었다.

일제가 물러간 후에도 이러한 사정은 극복되지 않았다. 박정희의 '조국 근대화'로 상징되는 남쪽 사회의 '압축적 근대'는 절대 빈곤을 벗어나기 위해 오직 앞만 보고 달렸던 뿌리 뽑힌 사람들의 슬픈 여로(旅路)였다. 그 길에서 지친 나그네들이 아무리 '고향이 있었던 자리'를 찾으려 해도 그것은 이미 사라지고 없는 「삼포 가는 길」[13]에 불과했다. 존재의 근원적 안식처가 확보되지 않는 한, 이산가족 상봉의 '눈물바다'와도 같은 그 어떤 일시적 감격도 이 민중이 미래를 향해할 수 있도록 놓아주지 않는다. 근거지 상실, 분단의 상처, 복구의 실패…로 인한 피해는 어떤 새로운 시대가 와도 우리에게 여전히 내면의 상처를 치유하지 못하게 하는 것이다. 문익환의 통일운동은 이 같은 과정이 민족을 '죽임'의 상태로 내몰기 때문에 거행된 것이다. 그렇다면 그는 공동체적 내면, 즉 한민족의 집단감정을 치유하는 운동으로서의 통일운동에 투신해온 셈이다. 김일성 주석을 만나는 자리에서 굳이 남북 공동의 응원가, 남북 공동의 사전편찬 같은 민간 문화 사업을 제안한 이유도 똑같은 차원에서 읽어야 할 것이다.

---

13 황석영의 단편 「삼포 가는 길」은 객지에서 떠도는 하층민들이 기를 쓰고 찾아가지만 고향은 이미 어디에도 없게 되는, 근거지를 박탈당한 자들의 슬픈 현실을 그

같은 맥락에서 나는, 과거의 통일운동이 '존재의 온전성'을 회복하려는 근원적 전략을 채택하지 못했던 것은 시대적 한계였다고 본다. 모든 꿈이 1차적으로 독재 정부의 '반(反)민족성'에 막혀 있었기 때문에 노력의 전부를 '전술적 과제'에 쏟아야 했으니, 국가보안법을 해체하고, 대립과 긴장을 재생산하는 세력들을 견제하며, 민족의 화해와 통일의 분위기를 만들어내려는 노력이 그 실체였다. 그러나 통일은 "갈라지기 이전의 자리가 있는 과거의 어느 지점을 찾아"가자는 것이 아니라 '남북이 아직 가보지 못한 미래의 고향'을 만들어가는 일일 것이다.[14] 여기서 문익환의 통일운동은, 지상의 어떤 민족도 외세 때문에, 또한 지상의 어떤 민중도 위정자들 때문에 '존재의 온전성' '세계의 온전성'을 잃고 살 수는 없다는 점을 최종 전략으로 삼았다. 당연히 그의 노선은 민중의 삶의 터전으로서의 대지를 분할해버리지 않는 '통이(通二)·통삼(通三)·통다중(通多衆)으로서의 통일'이었지 딱히 어떤 정치체제를 구현해보려는 형식의 통일이 아니었다. 그래서 "하나가 된다는 것은 더욱 커진다는 것이다!"라는 준열한 외침이 나온다.

VII. 다시 신 앞에 선 인간들에게

역사에서 단일하고 연속적인 진화란 존재하지 않는다. "민주주의는 민

리고 있다.

14 송두율, 『역사는 끝났는가』 (서울: 당대출판사, 1995).

중의 부활이요 통일은 민족의 부활"이라고 외친 문익환의 통일운동 방식은 사회운동 경험의 과학적 축적에서 자라난 것이 아니라 순전히 개인적 체험을[15] 통해서 확립된 문익환 사상의 생명운동적 성격에서 나온 것이다. "통일은 됐어."도 기독교적 상상력의 표출이다. 흔히 김대중의 노선과 변별력이 없었던 것으로 이해되는 통일론 자체도 문익환의 것은 '낮은 단계의 연방론'이라 하는 남과 북의 국가체제만이 아니라 민중의 삶의 터전을 지키는 관점에서 생활공동체의 마지막 단위까지 지방자치제가 이루어지는 것을 지향했다는 점에서 사상적 독자성을 뚜렷이 보여준다. 김대중의 통일론은 체제를 고민한 결과였고, 문익환의 통일론은 자연 즉 생명을 고민한 결과였다.

문익환은 소모적인 논쟁을 불러일으킬 이론 정립에 매달리지 않았지만 정작 그가 남긴 발자국들은 다음의 내용들을 큰 소리로 외치고 있음이 틀림없다. 인간 삶의 영역 중에는 역사단계에 따라 출현하는 특정한 사회제도나 체제가 함부로 취급해서는 안 되는 것들이 있다. 지상의 목숨들이 모여 사는 영토와 생태 공동체, 언어공동체, 문화공동체는 인간관계의 범주를 넘는 하느님의 것이지 정권이나 통치자의 것이 아니다. 따라서 그 어떤 권력도 자신의 존속을 위해서 하느님의 것을 파괴해서는 안 된다. 민중의 삶의 단위를 인위적으로 분할하고 단절시키는 분단 통치도 체제가 하느님의 것을 함부로 망가뜨리는 행위에 속한다.

결론적으로 말해서 문익환의 삶을 통해 우리가 경험한 것은 단지 '정치

15 언어의 결핍감이 여기에 있다. 보다 근접한 개념을 얻기 위해 '영적 체험'이라 지목하는 순간 문익환은 리얼리스트에서 신비주의자로 둔갑되고 만다.

적인 사건'이 아니라 "죽임의 역사를 살림의 역사로 전환하는 것"이었으니 문익환의 실천을 보다 적확히 말하면 그는 생명운동가였다. 그가 통일운동, 인권운동, 환경운동, 언어운동에 미친 영향들은 그것이 한 측면임을 전제로 다시 논평해야 할 것이다. 그러면서 각별히 주의해야 할 것은 20세기를 지배한 근대적 인식이 인간을 '전문화된 분야들의 동굴' 속으로 끌고 들어감으로써 '존재의 망각' 현상을 야기한 문명의 병폐를 문익환이 매우 적극적으로 대처했다는 사실이다. 민중적 관점에서 '전문성'의 문제를 비판하는 문익환의 태도가 가장 빛을 발하는 대목도 방북사건 항고이유서에 나온다. 특히 한반도에서 통일문제를 논할 때마다 문익환이 남북 양 체제 앞에서 애오라지 민(民)의 입장으로 서있고자 했던 까닭이 여기에 있다.

그가 말한 민의 통일운동은 한마디로 하느님의 말씀에 귀를 기울이자는 운동이요, 과학적으로 논해서 우주의 명(命)이라 할 생태질서의 단위를 복구하자는 운동이다. 따라서 그것은 군사작전처럼 삼엄한 것이 아니라 식물이 자라는 것처럼 평화로운 것이어야 옳다. 정반대의 자리에서 지금 당장 핵과 전쟁의 모험 앞에 내몰려 있는 분단체제의 관리자들에게 민중이 엄중히 전해야 할 언어가 이것이 아닐까 한다.

> 우리는 움이 틀 때에 한 번 놀란다. 잎이 날 때 또 한 번 놀란다. 꽃이 필 때 또 다시 한 번 놀란다. 열매가 열릴 때 진정 놀란다. 그리고 그 열매를 먹으면서 비로소 우리는 인생을 놀라움으로 진정 알게 되는 것이다.

내가 문익환에게서 읽고자 했던 문익환의 평화사상이 한반도의 미래에 주는 함의가 여기에 있다.

이경분

8장

윤이상의 음악과 평화사상

I. 윤이상과 백남준

윤이상은 백남준과 함께 20세기와 21세기 문화예술사에서 세계적 명성을 가진 독보적인 한국인이다. 음악이나 비주얼아트 분야에는 노벨상이 없지만, 윤이상과 백남준은 노벨상을 받고도 남을 업적을 남긴 인물이다. 백남준이 민족적 문제와 상관없이 '세계인'으로 살았던 것과 달리, 윤이상은 남북문제와 한반도의 평화통일을 위해 작품뿐만 아니라, 민주화 운동에도 관여했다는 점에서 '민족주의자'였다. 그로 인해 백남준은 외국에서나 한국에서 일관되게 예술가로서 수용되었던 반면, 윤이상은 외국에서는 위대한 작곡가로서 명성이 높았지만, 한국에서는 일차적으로 정치적 인물로 부각되어 배척되어왔다.

남한 음악가, 북한 음악가 또는 독일 음악가라고 말하기 힘든 윤이상이 평생 염원하는 민족적 과제는 한반도의 평화통일이었다. 유럽에서 1959년 작곡가로 데뷔했을 때만해도 윤이상은 오로지 서양음악과 대결하여 작곡가로 살아남는 것에 집중하였고, 〈바라〉, 〈가락〉, 〈노래〉, 〈예악〉 등과 같은 '음악을 위한 음악'을 발표했다. 하지만, 1970년대 중반부터 그의 작품에 변화가 나타난다. 나치에 저항했다가 처형당한 하우스호퍼의 시를 주제로 한 칸타타 〈사선에서〉(1975)를 비롯하여 〈광주여 영원히〉(1981), 〈나의 땅, 나의 민족이여〉(1987), 〈화염 속의 천사〉(1995) 등 민족통일과 희생자 추모 및 평화를 표방하는 '참여적' 작품들을 발표한다. 이러한 변화의 계기는 무엇이었고, 그의 작품이 발신하는 메시지는 어떤 것이었는가?

지금까지 국내학계의 연구에서 윤이상 음악의 평화사상을 따로 집중 분석한 논문은 아직 없는 실정이다. 그 이유는 무엇보다도 음악으로 음악외적 메시지를 발신하는 시도의 근본적인 어려움에서 기인한다고 할 수 있다.[1] 물론 군가나 행진곡, 저항가 및 국가 등의 간단한 노래는 메시지 전

1 물론 〈광주여 영원히〉, 〈사선에서〉, 〈나의 땅 나의 민족이여〉 등의 개별 작품에 대

달에 성공하는 경우가 많다. 하지만 수준 있는 예술작품의 경우는 문제가 간단하지 않다. 음악이 정치에 너무 가까이가면, 유효기간이 짧아진다는 우려 뿐 아니라, 미학적으로 실패할 가능성이 크다고 인식되기 때문이다.

지금까지 음악문화사에서 흔히 보듯이, 창작자 의도와 수용자의 반응이 엇갈리는 경우가 많다. 윤이상의 시도가 예술적으로 성공했는지는 수용자와 창작자의 측면을 구분하여 분석할 필요가 있다. 여기서는 평화사상을 담은 윤이상 음악의 수용 미학적 평가에 대한 자세한 분석은 추후의 과제로 남기고, '창작자의 입장'에서 어떻게 음악으로 평화를 말하고자 했는지 윤이상 평화사상의 가설을 제시해보고자 한다.

II. 윤이상은 누구인가?

윤이상은 세계적 음악가, 위대한 작곡가로 칭송되는데, 그 이유는 무엇인가? 한국에서의 윤이상은 음악가로서의 면모가 피상적인 차원에 머물러 있다. 먼저 윤이상이 세계적 음악가가 된 배경의 궁금증을 풀어보는 것으로 시작하고자 한다.

서구음악사에서 윤이상이 대가로 평가받는 이유는 한마디로 말한다면, 그 이전에 누구도 하지 못한 일을 했기 때문이다. 즉, 길이 없는 곳에

한 논문이 없다는 말은 아니다.

길을 내어 이후 많은 사람들이 그 길을 갈 수 있도록 개척한 것이다.[2] 윤이상이 처음으로 해 낸 것은 동양의 음악미학(음 이미지)을 수준 높은 서양음악언어로 창작해서 보여준 것이다. 이것은 동아시아에 서양음악이 수용된 이래 거의 모든 동아시아 작곡가들이 끊임없이 고민해 온 핵심문제였다. 가장 먼저 체계적으로 서양음악을 수용해 온 일본의 작곡가 야마다 고사쿠(山田耕筰)를 비롯하여 중국, 한국, 타이완의 작곡가들이 일본적, 중국적, 한국적 교향곡을 만들고자 시도했지만, 윤이상 이전에는 누구도 유럽음악계의 인정을 받지 못했다.[3] 재료와 양념은 아시아적이었지만, 이것들이 완전히 용해되어 (원재료를 알아볼 수 없는) 새로운 제3의 창작품이 탄생하는 단계에 이르지는 못했던 것이다. 다시 말해, 음악적, 미학적 본질의 변화에는 무력한 채, 소재주의 차원이나 분위기 차원에서 동양적인 것에 머문 시도는 서양음악계의 인정을 받기 힘들었다.[4]

하지만 윤이상의 음악은 전통선율을 '날 것'으로 인용하는 소재주의가 아닌, 음 하나하나가 살아있다는 음에 대한 한국전통 미학을 반영한다.

---

2 백남준이 위대한 점도 바로 '비디오아트'라는 이전에 없었던 새로운 길을 개척한 것에 있다.

3 윤이상보다 먼저 파리에 유학한 마유즈미 도시로(黛敏郎)도 〈니르바나〉(涅槃交響曲, 1958)를 작곡하여 세계적 주목을 받았지만, 윤이상과 달리 작곡에 전념하지 않고, 1970년대 일본우익의 나팔수가 되었다. (이경분, "음악과 정치: 마유즈미 도시로와 일본우익," 『음악학』, 31호 (2016) pp. 59~91 참고).

4 윤이상도 일본작곡가들이 많은 시도를 한 것을 의식하고 있었고, 이들이 성공하지 못한 이유로서 작곡재료는 현대적이지만, 형식에서는 낡은 서양 형식의 사고방식에서 헤어나지 못한 것을 지적한다. 니시무라·윤이상, 최성만·홍은미 편역, 『尹伊桑의 音樂世界』 (서울: 한길사, 1991), p. 151. 이 말은 일본작곡가들이 첨단 서양현대음악의 원리를 자기화하는 수준에 이르지 못했음을 의미한다.

즉, 음양(陰陽)이라는 아시아적 세계관을 음악의 추진력으로 삼으면서도 유럽음악계가 감탄할 정도로 풍부하고 새로운 음향 이미지를 창조했다. 아이러니하게도 바로 이러한 본질적 차원의 성과는 한국청중이 선뜻 그의 음악을 '한국적'이라고 공감하지 못하는 이유가 되었다.

그런데, 서양음악이 제대로 수용되지도 못한 100년 전 한국에서 출생한 윤이상이 어떻게 이러한 차원에 도달할 수 있었을까? 그 배경을 생각해보면 4가지로 설명이 가능하다.

첫째, 냉혹한 서구 엘리트 예술계에서 무명의 한국작곡가였던 윤이상이 관심을 받을 수 있었던 첫 출발점은 "생사를 걸고 터득한" 서양음악의 기법적 수준 덕분이었다.[5] 뿐만 아니라, 무엇을 하든 철저했던 윤이상은 이미 수많은 시행착오를 거친 40대의 만학도였다는 점, 이전에 오사카나 도쿄에서 잠시 유학했지만, 거의 독학으로 작품을 써왔던 점도 유리했다. 현대음악은 스승에게서 배워서 되는 것이 아니라, 남이 가지 않았던 길을 독자적으로 개척하는 것이 무엇보다 중요했기 때문이었다.[6] 유럽으로 오기 전에 일본어로 번역된 요셉 루퍼(Josef Rufer)의 책 『12음 음악』(Die Komposi-

---

5 루이제 린저, 홍종도 역, 『상처입은 용』 (서울: 한울, 1988), p. 219. 윤이상의 음악이 낯선 느낌에도 불구하고 서양에서 강한 관심을 받고 성공을 거둔 것은 윤이상 음악의 질적 수준에 기인한다. 한스 외쉬: "도(道)의 정신에서 나온 음악 – 〈낙양(洛陽)〉에 관한 고찰," 『尹伊桑의 音樂世界』, p. 331.

6 윤이상, "드뷔시와 나," 『尹伊桑의 音樂世界』, p. 66. 도쿄와 파리 및 베를린의 선생들이 윤이상의 작곡시도를 보고, 바로 제자로 받아준 것도 기법적 세련미는 부족했으나, 독창성이 엿보였기 때문이라 할 수 있다. 파리에서 1년, 베를린에서 2년 수학한 기간은 새로 배우는 시간이라기보다 그동안 윤이상이 한국과 일본에서 독학했던 내용을 점검하고 교정, 보완하는 시간이었다 해도 과언이 아니었다.

tion mit zwölf Tönen)을 독학하였고, 현대음악을 배우려는 열망으로 윤이상은 베를린 유학 2년 후 〈7악기를 위한 음악〉(1959)으로 성공적인 첫 데뷔를 할 수 있었다.[7]

둘째, 1966년 초기 '대표작'중 하나인 〈예악〉으로 세계적 주목을 받는 작곡가가 된 배경에는 시기적 행운이 기여했다. 이 말을 이해하기 위해서는 서양현대음악사적 지식이 필요하지만, 짧게 설명하면, 전쟁이 끝난 후, 서구 현대음악계에서는 이전에 나치시기에 금지되었던 세리얼 음악기법이 한동안 '대세'를 이루었다. 그러다 윤이상이 등장할 무렵에는 오히려 "세리얼 기법의 교조주의에서 벗어날 전망"이 절실한 때였다.[8] 이런 분위기에서 윤이상이 발표한 〈예악〉은 새로운 전망을 제시하는 '음향작곡의 훌륭한 예'로서 세계적 관심을 모을 수 있었다.[9]

셋째, 하지만, 훌륭한 한 두곡의 작품으로 음악사에 남는 세계적 대가가 될 수는 없다. 지속적으로 수준 높은 창작력이 뒷받침되지 않으면, 음악사에서 잊혀지기 마련이다. 일생동안 120여 곡이라는 작품을 통해 윤이상이 지속적으로 수준 높은 창작력을 발휘할 수 있었던 배경에는 통영의 음악적 경험이 기여한바 컸다. 근대화와는 거리가 먼 밤바다 어부들의 남

7 윤이상이 하필이면 '현대아방가르드' 음악을 배우기 위해 유학길에 나서게 된 배경은 더 연구되어야 할 것이다.

8 윤이상도 시기적 행운에 대해 스스로 고백한다(윤이상, "나의 음악에 대하여," 1993.5).

9 윤이상의 〈예악〉은 유럽인에게 처음에는 음향작곡의 산물로 들렸지만, 실제로는 헤테로포니적 조선궁정음악에서 나온 것이었으므로 유럽인들에게는 당황스러운 것이었다(볼프강 부르데, 1985.1.27). 이수자, 『내 남편 윤이상 (하)』 (서울: 창작과비평사, 1998), pp. 222~223 재인용.

도창, 유랑극단과 기생연회, 통영 야외극 오광대, 굿 등 통영의 일상은 풍부한 전통음악으로 꽉 차 있었다. 유럽엘리트 음악가들과 경쟁하는 수준까지 갔던 윤이상이 스스로 서구문화의 '영원한 타자'임을 인식하고 자신이 속한 아시아문화를 재발견했을 때,[10] 통영에서의 풍부한 전통 음악의 경험은 그의 작곡생애(40여 년) 내내 수준 높은 창작품을 길어낼 수 있는 보고(寶庫)가 되었다.[11] 음악과 직접 관련은 없지만 덧붙인다면, 한국에서 소설을 쓰며 닦은 윤이상의 언어적 표현능력도 유럽에서 현대음악의 대가로 인정받는 데 기여했다고 할 수 있다. 현대음악에서는 작곡가의 음악을 이론적, 철학적으로 설명하는 능력도 중요하다. 윤이상은 한국음악의 미학에 기대어 자신의 음악을 '주요음(음향)기법'으로 이론화하여 설명하는 언어적, 철학적 능력도 겸비하였다.

넷째, 윤이상이라는 위대한 작곡가의 탄생에 기여했던 또 하나의 중요한 음악 외적 퍼즐은 윤이상을 고통의 밑바닥까지 깊이 경험하게 한 '동백림사건'이다. 〈예악〉으로 서구 음악계가 '필요로 하는 음악가'로 인정받은 윤이상이 자신의 작품을 설명할 수 있는 주요음 이론을 세우는 일에 골몰하고 있었을 1967년, 한국 중앙정보부 요원들은 그를 서독에서 남한으로 납치하여 북한간첩 혐의로 무기징역 선고를 받게 하였다. 이로 인해 '삶'에 있어서도 '독보적'인 음악가가 된 윤이상은 결국 1969년 한국에서 추방되

10 이경분, "망명음악가 윤이상," 『동양정치사상사』, 제10권 1호 (2011), pp. 200~203 참고.

11 요셉 호이슬러는 윤이상의 작품에서 느끼는 매력은 동양과 서양의 화합이며 자신의 이념을 실현하는 데 쓰는 '형상화의 힘'이라 주장한다. 요셉 호이슬러, "유럽음악과 한국적 전통," 『尹伊桑의 音樂世界』, p. 275.

어 독일로 망명한다. 아이러니하게도 망명은 윤이상을 평생 독일을 중심으로 한 서구 현대음악계의 현장 속에서 살도록 했다. 즉, 망명지 독일은 그의 음악을 듣는 청중, 뛰어난 연주가들, 작품을 위촉하는 주체, 그의 작품을 해석해주는 학자, 평론가들이 있었다. 즉, 망명이라는 조건은 윤이상이 일생동안 긴장하면서 최대의 창작력을 발휘할 수 있는 환경이 되어주었다. 망명 이후 윤이상은 〈광주여 영원히〉, 〈화염 속의 천사〉 등을 작곡하면서 희생자의 편에 서서 인류평화에 목소리를 내는 '현실참여' 음악가가 되었다.

50년 전의 '동백림사건'이 어떻게 그의 삶과 음악에 강렬한 전환점이 되었는지 살펴보자.

III. 윤이상 평화사상의 시대적 배경: 동백림사건과 김대중 납치사건

동백림사건은 중앙정보부가 1967년 7월 8일부터 7월 17일까지 7차에 걸쳐 총194명의 각계각층의 지식 엘리트와 해외유학생 등을 '북괴대남적화공작단'으로 규정하여 국민을 충격으로 몰아넣었던 "박정희식 불온생산체제"의 한 예에 속한다.[12] 언론에서 이 사건은 '건국 이래 최대의 간첩사

12 임유경, "냉전의 지형학과 동백림 사건의 문화정치," 『역사문제연구』, 제32호 (2014), p. 152.

건'으로 보도되었지만,[13] 아이러니하게도 '간첩 없는 간첩단 사건'이 되고 말았다.[14] 국가보안법 위반, 반공법위반, 간첩죄 등의 혐의로 기소된 윤이상, 이응로를 포함한 34명이[15] 1심 선고공판에서 사형 내지 무기징역 등을 선고받았음에도 불구하고 최종심에서는 간첩죄를 인정받은 사람은 단 한 명도 없었고, 모두 특별사면으로 석방되었다.[16]

하지만 한국으로 납치된 직후, 윤이상은 (이응로와 함께) 중앙정보부가 동백림사건의 혐의 대상자 중 A급 인물로 분류한 소위 '간첩단의 두목' 중 한 명이 되어 있었다. 1967년 7월 12일 중앙정보부의 발표문에 따르면, "윤이상은 1959년 1월 이래 동독주재 북괴대사 박일영과 접선, 소련을 거쳐 평양을 왕래하며 간첩활동을 벌여왔으며, 최정길, 최창진을 포섭하여 간첩활동을 하게 했다"고 한다.[17] 물론 윤이상은 북으로 간 친구 최상한의 소

---

13 전명혁, "1960년대 '동백림사건'과 정치·사회적 담론의 변화," 『역사연구』 제22호 (2012), p. 145.

14 임유경, "냉전의 지형학과 동백림 사건의 문화정치," p. 176.

15 전명혁은 1967년 11월 9일 동백림사건 피고인을 33인(구속 26, 불구속 7)으로 서술하지만 오류로 보인다. 전명혁, "1960년대 '동백림사건'과 정치·사회적 담론의 변화," p. 151.

16 박정희 정부는 1969년 8월, 1970년 8월 및 12월 광복절 특사, 연말특사로 동백림 사건 관련자 모두를 석방하였다. 임유경, "냉전의 지형학과 동백림 사건의 문화정치," p. 176.

17 전명혁, "1960년대 '동백림사건'과 정치·사회적 담론의 변화," p. 146. 동백림사건의 발단은 『조선일보』의 이기양 특파원 실종사건이 보도되자, 북한으로 납치된 것이라 확신하고 불안해진 임석진교수가 박정희를 만나 유럽유학생들의 대북 접촉상황을 직접 '제보'하면서 시작되었다. 이수자는 이 사건이 6월 8일 제7대 국회의원선거의 부정선거에 대한 학생시민데모를 무마하기 위해 기획된 것이라는 그 동안의 주장을 따르고 있지만(이수자, 『내 남편 윤이상 (상)』, p. 264), 오히려 차후에 정치적으로 이용되었다고 하는 것이 설득력이 있다. 전명혁, "1960년대 '동백

식을 듣기 위한 목적과 고구려 고분벽화를 직접 보고자 하는 의도로 동백림의 북한대사관과 접촉하였고 1963년 평양을 방문한 적이 있었다.[18]

하지만 이 자체가 '반국가행위', '간첩행위'로 둔갑할 수 있으리라고는 예상하지 못한 일이었다.[19] (지금 생각하는 것과 달리) 1960년대 남한 유학생들이 서베를린보다 저렴한 식료품이나 서적을 구매하기 위해 동베를린을 왕래하는 것은 그리 힘든 일이 아니었다. 당시 북한은 (지금과 달리) 남한에 비해 잘 살았고, 경제적 궁핍에 시달리는 남한 유학생들과 교민들은 적응하기 힘든 독일문화 속에서 오히려 동베를린의 북한대사관에 친근감을 느끼고 식사초대에 응하거나 지원금을 받기도 했다.[20] 더욱이 북한 대사관과의 접촉에 대해 당시 남한기관의 감시나 통제도 거의 없다시피 했으므로, 동베를린을 방문했던 한국인들은 이에 대한 죄의식도 없었다.[21]

림사건'과 정치·사회적 담론의 변화," pp. 147~148; 임유경, "냉전의 지형학과 동백림 사건의 문화정치," p. 173.

18 임유경, "냉전의 지형학과 동백림 사건의 문화정치," p. 156.

19 당시 중앙정보부 수사과장이었던 이용태는 수사의 어려움은 혐의자들이 동백림에 갔다 온 것에 대한 죄의식이 없었던 것을 꼽으며, 수사에 차질을 가져온 것은 핵심인물 윤이상의 자살 시도였다고 회고한다. MBC 〈이제는 말할 수 있다〉 2회 "끝나지 않은 동백림 사건" (1999. 9. 19 방송); 〈https://www.youtube.com/watch?v=ISUudZN6zws〉 (검색일: 2017. 9).

20 당시 북한의 경제는 고도성장을 하는 시기였고, 가난한 남한은 독일로 광부 간호사를 67년까지 약 4,200명을 수출하고 있었다. 남한의 철강생산량은 북한의 20%, 전기는 30%, 1인당 국민소득은 북한의 60%였다(MBC 〈이제는 말할 수 있다〉 2회 "끝나지 않은 동백림 사건").

21 따로 납치되었던 이수자도 당시 북한 사람을 만나는 것이 무슨 죄인지 잘 몰랐을 뿐 아니라, 자신이 만난 북한 사람은 사상적 문제는 언급조차 하지 않았다고 한다. 하지만 엄청난 경험을 한 이후 인생관이 바뀌었다고 고백한다. 이수자, 『내 남편 윤이상 (상)』, pp. 277~278.

윤이상은 1967년 6월 17일 중앙정보원의 유인으로 강제 연행되어 서울로 납치된 후 고문을 받고 자살을 시도하였다. 하지만 전 세계의 저명한 예술인들의 구명운동과 독일정부의 압력 덕분에 그를 비롯한 동백림사건 연루자들은 모두 기적적으로 석방되었다.[22] 죽을 고비를 넘기고, 1969년 2월 극적으로 풀려난 윤이상은 한국에서 추방되어 독일에 망명하였고, 이후 평화와 통일을 추구하는 작곡가가 되었다. 이런 변화의 내적 동기가 바로 동백림사건이라는 것은 두말할 필요도 없을 것이다.

하지만, 남한에서 겪었던 트라우마가 독일로 되돌아간 직후 바로 작품 속에 나타나는 것은 아니다. 오히려 직접 창작적 변화로 나타나는 것은 1970년대 중반에 발표한 칸타타 〈사선에서〉와 〈첼로협주곡〉에서 부터이다.[23] 그런데 왜 하필 1970년대 중반이었을까?

한국에서 추방된 윤이상은 처음에는 정치적 발언을 삼가고 침묵했다. 윤이상은 독일로 망명하기 전 정보부 부장 김형욱에게 납치사실과 고문 및 재판에 관한 세부사실, 한국에 대한 부정적 언사를 하지 않겠다는 서

22 독일 변호사 하인리히 하노버는 동백림사건에 서독 정보기관이 개입했다고 주장(이수자, 『내 남편 윤이상 (상)』, pp. 351~355)한다. 하지만 이는 '독일정부의 압력'으로 윤이상이 석방될 수 있었다는 주장과 모순적으로 보인다. 이 모순은 세 가지로 해명이 가능하다. 첫째, 동백림사건은 독일정보기관과 한국정보기관만의 공동작업이었을 뿐, 독일정부는 개입되지 않았을 가능성, 둘째, 독일정부는 사회당과 기독당의 연립정부였으므로, 정부요인의 일부만 알고 있었을 가능성, 셋째, 독일정부가 처음부터 개입하긴 했지만, 1968년 이후 태도를 바꾸었을 가능성이다. 한국정부에 압력을 가한 사람이 독일 외무상 빌리 브란트(사회당)였다는 윤이상의 말은 세 가지 가능성 모두 타당성이 있을 수 있음을 암시한다.

23 윤이상 스스로 동베를린 사건의 후유증으로 고통 받으며 첼로 협주곡(1975/76)을 썼다고 고백한다. 윤이상, "작곡가 자신의 해설," 『尹伊桑의 音樂世界』, pp. 472~473.

〈사진 1〉 김대중 구출을 위한 음악회 개최 기자회견 (1974년 도쿄)

출처: 『尹伊桑의 音樂世界』 사진 xvii쪽.

명을 해야 했다. 풀려나긴 했으나 생명의 위협에서 완전히 자유로운 것은 아니었다.[24] 하지만, 1973년에 있었던 '김대중 납치사건'이 독일에까지 알려지면서,[25] 박정희정권의 악랄한 수법을 경험했던 윤이상은 그 동안의 침묵을 깨고 군사독재타도와 김대중 구출을 위해 정치적 목소리를 내기 시작했다.

그 첫 행동은 1974년 8월 15일 일본에서 직접 기자회견을 가지고(〈사진

24 이수자, 『내 남편 윤이상 (상)』, pp. 349~350.

25 독일 신문 FAZ (1973. 8. 9.)에 실린 '김대중 도쿄서 납치'라는 기사를 읽고 충격에 휩싸였던 윤이상은 서울에서 계획되었던 오페라 〈심청〉 공연 참석차 일시 귀국할 예정이었으나 포기한다. 이수자, 『내 남편 윤이상 (하)』, p. 43.

1〉), 남한으로 납치되어 고문당한 경험을 처음으로 폭로한 것이었다. 이로써 박정희정부의 끔직한 인권침해를 알려서 일본여론에 김대중 구출을 호소하고자 했던 것이다.[26] 이런 활동이 알려지자 윤이상은 1976년 일본에서 (10여 년 전처럼) 남한의 국가정보원에 의해 다시 납치될 위험을 겪게 되었다. 당시 도쿄에서 있었던 '윤이상 콘서트'에는 윤이상을 보호하기 위해 일본경찰이 우에노 문화회관을 빽빽이 경호하는 살벌한 상황이 벌어지기도 했다.[27]

종합해서 보면, 동백림사건 이후 윤이상의 정치적 의식은 언제든 작품으로 표출될 잠재성이 있었지만, 70년대 중반부터 음악으로 독재에 저항하려는 의지를 적극적으로 밝힌 '직접적인 계기'는 김대중 납치사건이었다고 할 수 있다. 이후 윤이상은 적극적으로 해외에서 민주화운동에 관여하였다. 1977년에는 한민련(한국 민주 민족 통일 해외연합)의 유럽본부 의장으로 추대되어 활동했다.

IV. 음악으로 평화를 말하다

임진각에서 매년 평화 콘서트가 개최되고 있지만, '평화음악'에 대한 내

---

26 일본정부가 김대중 납치사건에 관여했음에도 일본여론은 당국을 비판으로 압박하여 김대중 구출을 위해 기여했다. 김영미, "외교문서를 통해서 본 김대중 납치사건과 한·일 연대," 『한국근현대사연구』, 제58집 (2011), pp. 214~251 참고.

27 윤이상은 1976년을 '충격의 해'라고 토로한다. 루이제 린저, 『상처입은 용』, p. 259.

용적인 고민 없이, '음악=평화'라는 식의 일반적인 프로그램으로 K-Pop이나 클래식 음악연주회가 이루어지고 있다. 하지만, '음악=평화'라는 공식이 항상 맞는 것이 아님은 독일나치 집단수용소 아우슈비츠에서의 활발했던 음악연주의 극단적 예가 보여준다. KZ에서 음악은 가스실에서의 대량학살이라는 끔직한 만행을 숨기고 미화하는 '죽음의 향수'와도 같은 것이었다.[28] 어떤 오용에도 노출되지 않는 평화음악이 가능한가?

작곡가의 입장에서 평화든 인류애든 음악으로 어떤 메시지를 발신하는 것은 서양음악사 이래 쉽지 않은 문제였다. 가장 성공한 평화음악의 예는 베토벤의 9번 교향곡(1824)이라 할 수 있다. 4악장에 '모든 사람은 형제다'라는 메시지의 〈환희의 송가〉를 넣은 것은 초연당시 기악 장르인 교향곡으로서는 파격적인 시도였다. 인류화합을 노래하는 대표적인 음악으로 시공을 초월하는 캐리어를 쌓았던 9번 교향곡은 베토벤의 그 어떤 언설보다 평화와 인류애에 관한 확실한 고백으로 여겨진다.

음악으로 불의에 저항하고 희생자를 위로하고자 한 윤이상은 어떻게 자신의 메시지를 전달하고자 했는가? 윤이상의 시도가 수용 미학적으로 성공했는지에 대한 분석은 지면상 추후 과제로 남기고, 먼저 그가 어떤 시도를 했는지에만 국한하여 살펴보려한다.

4차원에 비교될 수 있는 음악을 쉽게 이해할 수 있는 3차원으로 옮겨올 때 항상 도움이 되는 것은 베토벤의 경우에 그러했듯이 언어이다. 윤이상도 첫 시도로서 텍스트를 기반으로 하는 성악 장르 칸타타 〈사선에서〉

---

28 이경분, "일본 포로수용소에서의 음악과 평화-반도와 구루메를 중심으로," 『인문논총』, 제73권 2호 (2016), p. 460.

(1975)와 〈밤이여 나뉘어라〉(1980)[29]를 발표했다.[30] 베를린에서 반나치 행적으로 처형당한 알브레히트 하우스호퍼(Albrecht Haushofer)의 시집 『모아비트 소네트Moabiter Sonette』를 음악 속의 텍스트로 선택한 것이나[31] 나치의 핍박을 피해 스웨덴으로 망명했던 넬리 작스(Nelly Sachs)의 시를 선택한 것은 윤이상이 나치의 희생자 편에 서 있다는 메시지를 발신한다.

또한 남북한 청중을 위해 쓴 칸타타 〈나의 땅 나의 민족이여!〉(1987)도 있다. 이 작품은 남한 시인 경련, 문병란, 백기완, 문익환, 고은, 양성우, 박봉우, 김남주, 박두진의 시를 바탕으로 한반도의 평화통일이 역사적 필연이라는 메시지를 던진다. 이처럼 분명하게 한반도의 평화통일의 메시지를 담은 음악작품은 한국현대음악사상 처음이라 할 수 있다.[32]

---

29 〈밤이여 나뉘어라〉는 여러 개의 시로 되어 있는데, 그 중에서 윤이상은 "굳게 닫혀진 문"을 음악화했다. 가사는 "굳게 닫혀진 문 / 그 뒤에 끔찍한 일이 벌어졌다…/ 죽음은 열려있고 / 비밀은 그 뒤에 살아있다…:밤이여 나뉘어라/너의 빛나는 두 날개는 경악으로 떨고 있다/ 나는 이제 떠나려고 한다/네게 피비린내 나는 밤을/들려주게 될 것이기에"로 되어 있다.

30 윤이상의 작품세계에서 성악곡은 그리 많지 않다. 유럽 유학 전 한국에서 작곡한 가곡을 제외하면, 유럽에서 탄생한 성악곡은 주로 칸타타와 합창곡이다.

31 "이 삶을 끝내줄 수단들을/ 나는 내눈과 손으로 똑똑히 봐두었다./ 단 한방이면–/ 제 아무리 단단한 감방의 벽도/ 내 영혼을 가두어 둘 수 없으리라"로 시작하는 독일어 가사와 한글 번역은 한스 페터 하이스터, 『尹伊桑의 音樂世界』, pp. 528~531, 533~535 참고.

32 동시에 유럽에서 작곡한 곡 중 '처음으로' 한국어 가사에 곡을 부친 것으로 의미가 있다. 송두율, "윤이상의 예술세계와 민족관," 『尹伊桑의 音樂世界』, p. 87. 남한에서 초연되기를 바랐던 윤이상의 기대는 무너지고, 〈나의 땅 나의 민족이여!〉는 결국 북한에서 1987년 10월 5일 초연되었다. "겨레는 하나이다"(1악장)와 "통일이여~"(4악장)에서 '말하는 듯한 창법(Sprechgesang)'을 사용하여 내용전달이 탁월하다.

베토벤 9번처럼 윤이상도 5번 교향곡에서 텍스트를 이용하여 평화메시지를 발신하고자 했다. 다만 윤이상의 경우 전 악장에 걸쳐 텍스트가 있는 성악을 사용했다는 점에서 (4악장에만 성악이 있는 베토벤 9번과) 큰 차이가 있다. 오히려 윤이상의 5번은 멘델스존의 2번, 구스타프 말러의 8번, 쇼스타코비치의 13번과 14번, 한스 아이슬러의 〈독일교향곡〉, 한스 베르너 헨체의 9번 교향곡 등의 '칸타타 같은 교향곡'의 전통에 속한다고 할 수 있다. 지면상, '평화교향곡'이라고 불리는 윤이상의 5번 교향곡에 대해서는 추후 따로 서술하고자 한다.[33]

물론 가사가 없는 기악음악도 메시지를 전달할 수 있다. 1813년 나폴레옹을 격파한 웰링톤 공작의 빅토리아 전투를 그려낸 베토벤의 〈웰링톤의 승리〉(Wellingtons Sieg oder die Schlacht bei Vittoria op. 91, 1813)처럼 텍스트 없이 기악곡만으로도 강렬한 메시지를 전달할 수 있다. 이것은 1980년 광주사태의 충격을 받아 작곡된 윤이상의 교향시 〈광주여 영원히〉(1981)도 마찬가지다. 둘 다 당대의 사건을 즉각 알 수 있는 '웰링톤', '광주'라는 구체적 단어의 제목으로 추상적인 기악곡을 구체성의 끈으로 묶어 두었다.[34]

---

33 윤이상의 5번 교향곡 (넬리 작스의 시)의 독일어 가사와 한글번역은 『尹伊桑의 音樂世界』, pp. 562~571. 각 악장은 부제를 가지고 있는데, 제1악장은 '기억', 제2악장은 '우리 구원된 자들', 제3악장 '호소', 제4악장은 '그대 방관자들', 제5악장은 '평화'라는 소제목을 가지고 있어 일명 '평화교향곡'이라 칭해진다. 교향곡 5번과 짝을 이루는 작품이 〈나의 땅 나의 민족이여〉라는 주장은 최애경, "미래를 향한 기억: 윤이상 음악에서 한국 문화의 위치와 의미," 『음악학』, 제32권 (2017), p. 86 참고.

34 1981년 5월 8일, 〈광주여 영원히〉의 쾰른 초연 당시, 광주에서의 만행을 듣고 "1년이 지나도 가슴 속의 커다란 흥분이 가라앉지 않았고 무력한 분노로 사람들은 여전히 치를 떨고 있었다"고 베를린 예술대학의 교수 디터 슈네벨(Dieter Schnebel)

하지만, 예술작품이 구체적 사건에 다가갈수록 그 생명력은 짧아질 수밖에 없는 위험이 도사리고 있다. 역사의 흐름에 역행하는 군주제의 승리를 찬양한 베토벤의 〈웰링톤의 승리〉는 비인에서의 초연 당시에는 강렬한 메시지로 열광적인 박수를 받았던 베토벤의 최고 인기곡이었다. 하지만, 음악사에서는 곧 잊혀진 작품이 되고 말았다. 반면, 사건 당시에는 주목을 받지만, 사건의 망각과 함께 작품도 사라질 것을 대비하여 윤이상의 〈광주여 영원히〉는 원어 제목*Exemplum in memoriam Kwangju*에서 보듯이 라틴어 'Exemplum(표본)'이라는 단어가 들어있다. 이로써 군사독재의 비인간적 만행을 고발하는 이 작품은 자유를 위한 투쟁과 희생자를 기억하는 기념비로서 광주를 상징화한 덕분에 어디서든 학살이 있는 곳에서 연주될 여지가 있는 '보편적 차원'을 획득했다.[35] 초연당시 "작곡된 충격"[36]으로

은 고백한다. 쾰른에서의 세계초연 후, 1981년 5월 20일 도쿄에서 다카하시 유지 지휘로 일본 초연되었고, 1984년 10월1일 캐나다 현대음악제에서 뒤뜨와의 지휘로 캐나다에서 초연되었다. 이수자, 『내 남편 윤이상 (하)』, pp. 89~90. 한스 베르너 하이스터는 〈광주여 영원히〉는 청중을 사로잡고 "숨막히게 하는 마력"이 있다고 평가한다. 한스 베르너 하이스터, "집단성과 구체성. 〈광주여 영원히〉에 대하여," p. 427.

35 1980년 한국 내에서는 금지된 내용을 독일 기자 유르겐 힌츠페터(Juergen Hinzpeter)를 비롯한 외신기자 및 외국인이 보도한 광주사태의 광경을 보고 윤이상은 충격에 사로잡힌다. 이후 그가 〈광주여 영원히〉를 쓰는 도중 고통으로 작업을 중단하기도 하여 완성하기까지 반년의 시간이 걸렸다. 한스 베르너 하이스터, "집단성과 구체성. 〈광주여 영원히〉에 대하여," 『尹伊桑의 音樂世界』, p. 424. 2017년 8월 개봉되어 주목받았던 장훈 감독의 〈택시운전사〉에 그 배경이 잘 묘사되어 있다.

36 볼프강 슈파러, "해설," 『尹伊桑의 音樂世界』, pp. 509~510. 작곡가가 충격적 보고를 접한 후 그 충격을 직접적으로 음향화했다는 점에서 쇤베르크의 〈바르샤바의 생존자〉와 비교 가능하다. 〈바르샤바의 생존자〉는 나치 치하의 표현 불가능한 고통을 상상할 수 있도록 음악 뿐 아니라 내러티브(영어, 독일어, 히브리어)도 효

여겨지는 〈광주여 영원히〉는 군사독재정권이 시민들의 민주화운동을 무참하게 탄압하는 생생한 "음악적 보고서"로서, '정의의 행진'은 계속되어야 한다는 메시지를 던진다.[37]

다른 한편, 추상적 기악음악에 언어적 제목을 붙여 '구체성의 끈'으로 묶고자 해도 잘 묶여지지 않는 경우가 대부분이다. 예를 들면, 루이제 린저의 일기책 제목 『어둠에서 노래하다』(Im Dunkeln singen)를 부제로 하는 윤이상의 교향곡 4번에서 음악과 메시지의 관계는 추상적 상태를 벗어나지 못한다. 특히 2악장을 '아시아의 불우한 모든 여성들에게 바친다'는 헌정사는 작곡가의 의도를 알게 하지만, 음악과 메시지와의 연관성은 초연당시의 〈광주여 영원히〉처럼 구속적이지 않다.

또한 '견우직녀' 전설을 바탕으로 한 〈오보에와 하프를 위한 이중협주곡〉이나 "실망과 좌절을 모르고 끊임없이 투쟁하는 한국 청년들"을 위한 〈무궁동〉, 반핵반전을 위한 〈바이올린 협주곡 2번〉[38] 등 기악음악에 평화와 연관된 스토리를 부여해도 피상적 차원에 머무는 것은 어쩔 수 없다. 각 장르의 뼈대를 이루는 형식내적 논리가 이런 스토리와 어떻게 연결될 수 있는지의 의문은 추후 더 연구되어야 할 것이다.

보다 구체적인 메시지 전달을 위한 윤이상의 독특한 시도는 한국의 민

과적으로 사용하여 인간감성에 직접적으로 호소했다. 이경분, "아놀드 쇤베르크의 〈바르샤바의 생존자〉와 망명음악," 『낭만음악』, 통권 45호 (1999), pp. 5~38 참고.

37 한스 페터 하이스터, "집단성과 구체성. 〈광주여 영원히〉에 대하여," p. 425, 454.

38 1983년 일본작곡가들과 도쿄에서 대규모 반전반핵 음악제 위촉작인 이 협주곡의 2악장은 "나비와 원자폭탄의 대화(*Dialog Schmetterling und Atombombe*)"(1983)라는 부제가 있다. 이수자, 『내 남편 윤이상 (하)』, p. 191.

주화 운동을 주제로 한 '기악곡' 〈화염 속의 천사〉를 '성악곡' 〈에필로그〉와 반드시 '한 쌍'으로 연주하도록 한 것이다. 〈화염 속의 천사〉는 기악곡의 추상성에도 불구하고 이어지는 영적인 성악곡 〈에필로그〉로 인해 한국의 민주화를 위해 분신자살한 청년들을 기억하라는 메시지가 훨씬 극적인 성격을 띠게 된다.[39] 다른 한편, 〈에필로그〉는 뜻을 알기 힘든 소프라노와 여성합창의 '사우아예 사예(sa u a ye sa ye)'로 시작하여 '소라아 가야야(sora a gaya ya)'로 끝나는데, 〈화염 속의 천사〉와 함께 연주함으로써 위로를 받아야하는 대상이 보다 구체적이 된다. 〈에필로그〉는 또한 윤이상 최후 작품 중 하나로 모든 것을 '초월'한 듯한 음악이다. 성악가의 목소리가 자음 모음을 가지고 노래하지만, 언어적 의미를 담아내는 것은 아니다. 마치 초상집에서 죽은 영혼을 위로하는 곡소리의 '윤이상적 버전' 같다. 이런 점에서 〈에필로그〉는 윤이상이 일생에서 3번 경험했다고 하는 "음악을 초월하는 음악(음향)"을 상상하게 한다.[40] 윤이상이 말하는 '음악을 초월하는 음악'은 인위적으로 배워서 습득한 것이 아니라, 전해 내려오는 것을 자연스럽게 익힌 음악, 대자연 속의 음악, '심중에서 우러나오는 진실한 노래'등으로 요약될 수 있다. 드라마틱한 교향시 〈화염 속의 천사〉와 윤이상이 "무기질적 상계"로 칭했던 성악곡 〈에필로그〉의 결합은 위대한 청년들의 희생을 기억하고 위로하는 메시지를 보다 '감성적'으로 전달하는 데 기여

39 윤이상은 건강상 이유로 불참했던 도쿄의 초연을 위해 보낸 작곡가 메시지에서 "아시아에서 평화의 원을, 마음의 자유를 높이 받드는 사람들 전부를 위해"쓴 곡이라 한다. 이수자, 『내 남편 윤이상 (하)』, p. 301.

40 이수자, 『내 남편 윤이상 (하)』, pp. 183~185.

한다.[41]

지금까지 음악작품으로 평화의 메시지를 발신하고자한 윤이상의 시도를 두 가지로 요약해보면, 하나는 메시지 전달을 위해, 자신의 음악이 3차원의 언어적 세계와 소통하도록 다양한 방식으로 스토리텔링을 시도하였다는 것이다.[42] 다른 하나는 〈광주여 영원히〉, 〈나의 땅 나의 민족이여〉, 교향곡 5번, 〈화염속의 천사와 에필로그〉 등에서 보듯이 형이상학적이고, 추상적이며, '듣기 힘든' 음악이 아니라, 보다 많은 사람이 이해할 수 있도록, 음악언어는 이전보다 "간소화되고, 직설적"이 되었으며, 협화음적이 되었다.

물론 크게 보면, (외적 차원에서) 교향곡 작곡과 같은 복고적 현상은 1980년대 유럽음악계의 흐름에서도 나타나는 것이었고, (내적 차원에서) 간결한 음악언어의 현상은 작곡가의 만년양식의 자연스러운 경향이라고도 볼 수도 있다. 하지만, 윤이상은 자신의 메시지를 효과적으로 발신하기 위해 이러한 경향들을 거슬러 간 것이 아니라 오히려 적극적으로 활용한 측면이 있다. 평화메시지의 발신을 의도한 〈사선에서〉, 〈광주여 영원히〉, 〈화

41 기악곡에서 상징적인 특정 선율을 인용하여 메시지를 감성적으로 전달하는 방법이 있다. 쇼스타코비치의 〈피아노 트리오 2번〉(1944)이 유명한 예에 속한다. 4악장 ("죽음의 춤")에서 유대인의 춤 선율을 인용하는데, 이 곡은 인간성을 말살시키는 나치들의 상상을 초월하는 그로테스크한 범죄를 감성적으로 고발한다. 윤이상은 민주화운동의 상징이 된 〈아침이슬〉이나 〈님의 행진곡〉 같은 대중적 노래선율은 작품에 인용하지 않았지만, 〈나의 땅, 나의 민족이여!〉에서 민요풍의 멜로디를 부분적으로 사용한다.

42 윤이상 작품의 '스토리성'에 대한 지적은 니시무라 아키라, "무한한 우주의 한 끝에서," 『尹伊桑의 音樂世界』, p. 158.

염속의 천사〉 및 바이올린 협주곡, 교향곡 4번 등 그의 작품이 모두 위촉을 받아서 발표한 것이었듯이, 시대적 흐름과 내적 경향에 귀 기울이며 자신의 창작 에너지를 극대화하는 것은 윤이상에게 자연스러운 일이었다. 즉, 시대적 흐름에 무감각하지 않았던 대가의 자연스런 음악적 귀결이 평화에의 기여라는 음악 외적 목적에 합류한 것이다.

V. 윤이상의 평화사상: 음악의 힘을 믿는 '정의로운 평화'

윤이상의 입장에서 바라보면, 이러한 인류애적 평화의 메시지를 발신하는 작품의 배경에는 세계적 명성을 바탕으로 한 자신의 음악에 대한 믿음이 있었다.[43] 물론 그렇다 해도 음악자체가 평화를 의미한다는 식의 맹신은 아니었으므로 (지금까지 서술에서 보았듯이) 윤이상은 평화메시지를 보다 구체적으로 발신하기 위해 다양한 시도를 했다.

더욱이 자신의 음악이 인간의 삶을 바꿀 수 있는 정치적 영향력을 가졌다고 보지 않았으므로, 음악창작에만 그치지 않고 1970년대 중반부터 한반도의 민주화와 평화통일운동에도 적극 참여했다. 건강상태가 악화되는 1994년까지 베를린에서 범민련(조국통일범민족연합) 해외본부 의장직을 수행했다.

이러한 윤이상의 민주화 운동에의 참여와 음악적 시도를 종합해보면,

43 이수자, 『내 남편 윤이상 (하)』, p. 140.

그의 평화사상은 '정의로운 평화'라고 요약할 수 있다. 즉, 전쟁이 없는 상태에 만족하지 않고, 사회적 약자의 편에 서서 정의를 추구하는 평화개념이다. 반전, 반핵, 전쟁으로 인한 분단 극복이 그의 평화사상에서 중요한 내용이라 할 수 있다.

윤이상이 분단극복을 위해 시도한 중요한 활동은 주로 '남북한 공동음악회'와 관련된 것이었다. 자신의 국제적 명성을 남북화해에 적극 이용하였던 윤이상은 1988년 10월 '휴전선' 위에서 민족 합동의 평화 음악축전 개최라는 대담한 아이디어를 제시했다. 물론 이것을 북한과 남한 정부에 제안하고 기획하였지만 결국 성공하지는 못했다.[44] 이 음악제를 구상한 배경은 삼팔선을 민족 분단 뿐 아니라 세계평화를 위협하는 인류 공동의 문제로 여기고, 민족화해와 통일이 곧 세계평화를 구축하는 역사적 행위라는 의미를 부여한 것이었다.

그 후 삼팔선은 아니지만, 1990년 10월에는 평양에서 〈범민족 통일음악회〉가 성사되었다. 가야금 명인 황병기를 단장으로 한 남한의 국악음악가들이 육로로 삼팔선을 넘어 평양에서 '남북한 공동음악회'를 개최한 것이다. 또한 같은 해 12월에는 33명의 북한 음악가들이 남한으로 넘어와 서울에서 송년음악회를 남북한 공동으로 개최하였는데, 이 획기적인 사건의 중심에 윤이상이 있었다.

창작자로서 윤이상이 음악으로 발신하고자 한 평화메시지는 두 가지

44 1987년 9월 25일 일본 마이니치신문(毎日新聞)과의 인터뷰에서 남북 정부에 38도 선상에서 평화음악축전을 열 것을 제의했고, 1988년 7월 1일 남북 양 정부에 정식으로 민족합동 음악축전을 제안하였으나 남한정부의 비협조로 무산되었다.

측면에서 '정의로운 평화'로 설명될 수 있다. 하나는, 〈사선에서〉나 〈밤이여 나뉘어라〉, 〈화염 속의 천사〉 등 그의 음악은 폭력의 희생자를 기억하고 이들의 편에 서있다고 할 수 있다. 예술로서 희생자를 위로할 뿐만 아니라, 희생자가 기억됨으로써 명예가 회복될 수 있고 억울함을 풀 수 있는 '정당한 사회의 평화'를 추구한다.

다른 하나는 〈나의 땅, 나의 민족이여!〉, 〈광주여 영원히〉에서 말하듯, 윤이상 작품이 의미하는 평화는 단순히 전쟁이 없는 상태의 평화가 아니라, 빼앗긴 자가 빼앗김을 당하고 누르는 자가 눌림을 당해야 한다는 의미의 '정의'가 들어있는 평화이다. 〈광주여 영원히〉은 폭력에 굴복하지 말고, 저항의 행진을 계속해야 한다는 암시로 끝나는데, 폭력에 저항하는 투쟁을 부정하지 않는다.

물론 음악가인 윤이상 자신은 무력이 아니라, 음악으로 저항한다. 1980년대 윤이상은 자신의 음악이 사회적 정의를 위한 것임을 다음과 같이 강조한다.

> "나의 음악은 … 사회적으로는 나의 조국의 불행한 운명과 민족, 민권 질서의 파괴, 국가권력의 횡포에 자극을 받아 음악이 가져야 할 격조와 순도의 한계 안에서 가능한 한 최대의 표현적 언어를 구사하려고 노력한 것이다."[45]

한국 민주화 운동의 맥락에서 윤이상은 자신의 음악이 특권자의 장식

---

45 윤이상, "나의 조국, 나의 음악," 『음악동아』 (1989. 3), pp. 35~36.

품이 아니라 고통 받는 다수의 목소리를 대변하는 것이라고 강조한다. 더 나아가 '정의'를 "민족과 인류의 평화를 추구하는 인도적 정신"[46]으로 서술한다. 즉, '정의'를 추구하는 정신은 '평화'를 추구하는 것과 같다. '가난한 조국에서 태어난 예술가'로서 윤이상은 조국의 민주화와 통일, 그리고 정의로운 사회를 위해 노력하는 것은 당연한 일이라고 강조한다. 이러한 생각에는 한반도의 문제뿐만 아니라, (교향곡 4번에서처럼) '제3세계의 수난 받는 민중에 대한 관심'도 포함되어 있다. 그는 고통이 있는 곳, 불의가 있는 곳에 자신의 음악으로 위로하고, 정의의 편에 서고자 했다.

그런데, '정의로운 평화'라는 표현은 기독교 에쿠메니컬(일치주의) 운동의 핵심적 평화정책이라 할 수 있으며, 윤이상의 정의로운 평화와 비슷한 점이 많다. 즉, 에쿠메니컬적 정의로운 평화는 폭력의 부재에만 만족하지 않고, 인간 개인이 품위 있고 자유로운 삶을 추구할 권리까지 주장한다는 점이다.[47] 따라서 공평한 분배를 통한 빈곤퇴치도 정의로운 평화에서 추구하는 목표 중 하나이다.

하지만, 에쿠메니컬적 정의로운 평화와 윤이상의 정의로운 평화에는 크게 두 가지 차이점이 있다. 하나는 에쿠메니컬적 정의로운 평화의 경우, 폭력에 대해 폭력으로 맞서는 것을 부정한다. 모든 전쟁을 범죄로 여기며, 어떠한 경우에도 폭력을 사용하지 않는 원칙을 가지고 있다.[48] 이것은 윤이

---

46 김언호, "나의 삶, 나의 음악, 나의 민족," 『尹伊桑의 音樂世界』, p. 97.

47 Konrad Raiser, Ulrich Schmitthenner, ed., *Gerechter Friede. Ein Ökumenischer Aufruf zum Gerechten Frieden. Begleitdokument des Ökumenischen Rates der Kirchen* (Münster: Lit, 2012).

48 이 점은 테러와 인종학살에 무기력한 것으로 비판되고 있다. Michael Haspel,

상이 정의를 실천하기 위해 독재자의 폭력에 폭력으로 맞서는 것이 필요하다고 본 것과는 다른 점이다.

다른 하나는 에쿠메니컬적 정의로운 평화는 기독교적 배경을 가지고 있지만, 윤이상의 경우, 동양 철학적 차원을 배경으로 한다. 즉, 윤이상에게 정의를 바탕으로 한 평화는 "인간과 인류에의 신뢰"를 포함한 것이고,[49] 인류에의 신뢰는 '도교적'인 배경을 가진다. 노년의 윤이상은 하늘과 땅, 인간이 조화롭게 살아가는 것을 추구하는 도교 자체가 '영원한 평화'를 의미한다고 보았다. 결과적으로 큰 테두리에서 도교에 근거한 윤이상의 음악 세계 전체가 평화를 추구하는 것이 된다.[50]

물론, '음' 속에 '양'이 들어있고, '양' 속에 '음'이 들어있는 도교적 평화가 가해자와 희생자를 구분하는 정의로운 평화와 모순적으로 보일 수 있다. 다르게 말하면, 윤이상의 평화사상은 두 개의 모순적으로 보이는 면이 공존하며 균형을 요구하고 있다. 즉, 한편에서는 음과 양이라는 원칙에서 움직이는 비폭력적 원칙의 도교적 평화가 그의 작품 전반에 걸친 배경이라

"Gerechter Frieden und Menschenrechtsschutz–Überblick und kritische Anmerkungen zur friedens ethischen Diskussion in der Evangelischen Kirche," In *epd–Dokumentation Gerechter Krieg–ja oder nein?*, No. 41 (Oktober 2003); Horst Scheffler, "Die Ethik vom Gerechten Frieden und die Überwindung des Krieges. Der Gerechte Friede als Ziel aller Politik," In: Gerhard Kümmel·Sabine Collmer, ed.,: *Soldat-Militär-Politik-Gesellschaft* (Baden–Baden, 2003), pp. 141~150.

49 김언호, "나의 삶, 나의 음악, 나의 민족," p. 97.

50 윤이상 인터뷰, Barrie Gavin & Ursula Klein, Isang Yun in memoriam: November–Elegie, 1996 SFB; 〈https://www.youtube.com/watch?v=5CZfu6ztpdc&t=714s〉(검색일: 2017.9.25), 21분 25초부터 25분까지. 윤이상은 도교와 도가를 구분하지 않고 일관되게 '도교'라 칭하므로 이에 따르고자 한다.

면, 정의로운 평화는 구체적으로 1970년대 중반 이후의 '참여적인 작품'에 해당된다고 할 것이다.

그런데, 이러한 윤이상 작품의 평화메시지가 실제로 얼마나 효과적으로 전달될 수 있을 것인가 라는 질문을 해보지 않을 수 없다. 청중과의 친밀도가 떨어지는 현대음악이라는 사운드가 가진 불리함 때문에 그의 평화 메시지가 허공에 흩어져버릴 위험은 없는가? 거의 모두 콘서트홀을 위해서 작곡된 윤이상 작품의 평화메시지가 실제로 고통 받는 제3세계 민중에게 도달하기 힘든 것도 부인할 수 없는 사실이다. '수용 미학적' 측면에서 효과를 가질 수 있는 가능성이 있다면 '정의로운 평화'를 주장하는 기독교적 에큐메니컬 운동과의 연대일 것이다. 전쟁과 같은 폭력이 있고 없는 차원을 넘어서서 '사회적 정의'를 주장할 때, 그의 사회 참여적 작품은 평화운동의 중요한 상징이 될 수 있을 것이다.

윤이상의 '정의로운 평화'와 기독교적 에큐메니컬 운동과의 관련은 지금까지 밝혀진 바 없지만, 성서구절이 인용되어 있는 작품 〈사선에서〉나 〈현자〉(Der weise Mann, 1977) 등은 기독교적 평화운동과의 연관성이 풍부한 음악이다.

본고에서 처음으로 제시한 윤이상의 '정의로운 평화' 사상의 가설은 에큐메니컬 평화운동과의 연관성이라는 측면에서 추후 더 연구되어야 할 것이다.

VI. 한반도의 평화 통일을 위한 윤이상의 기여

윤이상은 1970년대 중반 김대중 납치사건을 계기로 세계평화와 한반도의 민주화를 위해 정치적 발언을 시작한 후, 세계적 명성이 확고한 때인 1980년대에는 평화와 인류애를 표현한 교향곡을 작곡하는 등 인간적 문제를 표방하는 음악을 시도했다. 이러한 그의 주제적, 미학적 변화는 현대음악계의 비판을 받았다. 서구현대음악에서 '교향곡'을 작곡하는 것은 과거에의 회귀를 의미하며, 과거에서 탈피하기 위해 개척한 모든 새로운 시도를 부정하는 것으로 여겨졌다.[51] 1980년대 그의 음악이 '보수화'되었다는 비판이 평소 그의 작품을 사랑하던 친구들로부터 쏟아졌다.[52] 하지만, 동백림사건과 김대중 납치사건을 경험했던 윤이상은 음악적 비난을 감수하고라도 자신의 음악적 메시지를 보다 많은 사람들이 이해할 수 있도록, 5번 교향곡에서처럼 조성적 음향도 마다하지 않았다.

또한, 유럽에서는 '민족주의'가 부정적이고 배타적 의미가 있었고, 진보예술가들이 이에 대해 알레기적 반응을 보였음에도, 그는 한반도 평화통

51 볼프강 부르데는 튀빙엔대학 명예박사를 수여받은 〈윤이상을 위한 축사〉에서 헨체(Hans Werner Henze)의 교향곡 7번과 윤이상의 교향곡 1번을 현대음악의 중요한 공헌이라 강조하는데(이수자, 『내 남편 윤이상 (하)』, p. 224), 현대음악계의 불만을 의식한 것이다.

52 윤이상의 친구 홀리거, 또는 제자 호소카와 도시오 등은 윤이상의 1970년대까지의 음악을 높이 인정한다. 호소카와는 윤이상의 후기 작품에 너무 정치적 메시지가 강해서 좋아하지 않는다고 고백한다. 이경분, "윤이상의 정신. 호소카와 도시오(細川俊夫) 인터뷰," 『오늘의 작곡가 오늘의 작품』, 11호 (2017), p. 99.

일이 이루어질 날을 염원하며 〈나의 땅, 나의 민족이여!〉 같은 소위 나치미학을 연상시키는 제목의 '민족주의적' 작품도 발표했다.[53] 윤이상에게 유럽에서의 민족주의는 '가해자'의 입장에 서 있었지만, 외세에 의해 분단된 한반도에서의 민족주의는 외세에 저항하기 위한 '희생자'의 방편이라는 남북한의 역사적 맥락에 서 있었다. 그렇지 않다면 이런 작품을 쓰지 않았으리라.

유럽 현대음악사에서 〈나의 땅, 나의 민족이여!〉는 작품으로서 별 의미가 없다고도 할 수 있을 것이다. 하지만, 한국사의 맥락에서 보면, 한반도의 평화통일을 위한 윤이상의 준비였다. 한반도가 통일이 되었을 때, 베토벤과 같은 외국작곡가의 작품이 아니라, 남과 북을 통합할 수 있는 한국작곡가의 작품이 연주되어야 한다는 메시지를 던지고 있다. 뿐만 아니라, 통일 되면 남북이 공동으로 연주할 수 있도록, 1960년대 현대음악 연주와 관련해서 열악한 상황에 처한 북한의 연주가와 연주단체를 방문하여 직접 훈련시켜 놓았다. 1986년 바르샤바의 현대음악축제에 참가한 북한 교향악단은 높은 연주수준으로 세계의 주목을 받았고, 매년 평양에서 개최하는 윤이상음악제도 30여년 지속해오고 있다. 남한에서는 2000년부터 통영국제음악제가 시작되면서 통영국제앙상블도 조직되어 현재 남북한이 공동으로 윤이상의 음악을 연주할 수 있는 역량은 충분하다.

하지만 이러한 준비에도 불구하고, 한반도가 통일될 때 휴머니즘과 인

53 나치들은 "피와 땅의 이데올로기(Blut-und-Boden-Ideologie)"로 유대인 핍박을 정당화하는 반유대적이고 인종주의적 사상을 퍼뜨렸다. 윤이상의 작품은 이런 나치이데올로기와 상관이 없지만, 독일의 맥락에서는 제목만으로, 오해받기에 충분했다.

류화합을 상징하는 베토벤 9번이 연주될 가능성이 매우 높다. 1990년 동서독의 통일축하연주회에서 베토벤의 9번 교향곡이 연주되었듯이, 9번 교향곡은 전 세계적으로 대중적 인기를 누리고 있으며,[54] 특히 정치가들이 좋아하는 작품이기 때문이다. 따라서 윤이상의 음악이 음악전문가나 애호가 뿐 아니라, 정책을 결정하는 사람들에게까지 제대로 수용되어야 윤이상의 통일을 위한 준비가 헛되지 않으리라 생각한다. 즉, 윤이상의 '이름'이 아니라, '음악'이 제대로 수용될 수 있기 위해서는 남북 양쪽에서 그의 행적과 사상을 포용할 수 있는 성숙한 문화적 풍토가 형성되어야 할 것이다.[55]

54 이경분, "베토벤 9번 교향곡의 일본화: 일본의 연말 다이쿠(第九) 현상의 비판적 연구," 『음악과문화』, 제38호 (2018), pp. 31~60 참고.

55 보수진영이 비난하는 윤이상의 '친북' 행적은 불행한 남북분단의 왜곡된 상황과 밀접한 관계에 있고, 남한에서의 배척이 오히려 윤이상을 친북으로 기울게 한 것도 사실이다. 윤이상을 창의적 음악문화의 유산으로 수용하기 위해서는 이분법을 뛰어넘는 포용력이 절실하다.

서보혁

9장

리영희의 반전반핵 평화사상

Ⅰ. 들어가는 말

고 리영희(1929.12.2-2010.12.5) 선생은 언론인이자 국제정치학자, 평화운동가 등 다양한 면모를 띠며 한국 현대사를 증언해왔다. 그 과정에서 선생은 시대의 요구와 씨름하며 풍부한 지적 탐구를 전개하는 한편, 민족과 민중이 나아갈 길을 제시하는 풍부한 지혜도 보여주었다. 이 글은 선생의 일생을 '평화주의'의 관점에서 반추하여 그의 평화사상을 발견하고 오늘에 주는 의미를 생각해보는데 목적이 있다.

리영희 선생에 대한 이미지가 다양하고 '실천적 지성'으로서 남긴 유산이 방대하므로 그에 대한 평가를 단순화하기에는 무리가 따를 수밖에 없다. 그간 선생의 저작을 묶어 2006년 한길사가 '리영희 저작집' 시리즈로 출간해 오늘날까지 독자들의 사랑을 받고 있다. 또 일대기를 통해 교훈을 얻는 작업이 이루어져왔고,[1] 선생의 다양하고 풍부한 지적 자산을 여러 분야의 전문가들이 재해석하고 시사점을 찾으려는 공동작업도 이어지고 있다.[2] 이런 다양한 평가에도 불구하고 선생의 사유와 실천을 하나로 묶는다면 언론의 자유와 한반도 평화라고 하는데 이견이 없을 것이다. 특히, 한반도에서 정전체제가 지속되고 있는 가운데 2018년 들어 관련국들 사이의 역동적인 외교에 힘입어 비핵평화 프로세스를 시작하고 있다. 그런 상황에서 선생의 평화사상을 찾아보는 것은 단순한 지적 흥미가 아니라 절실한 시대적 과제와 맞닿아 있다.

리영희 선생이 냉전기와 데탕트, 그리고 탈냉전기를 망라하며 한국과 한반도, 그리고 동아시아를 넘나들며 전쟁과 평화 관련 정세를 평론하고 대안을 궁구해온 것은 널리 알려진 사실이다. 그럼에도 그의 평화사상을

---

1 김삼웅, 『리영희 평전』 (서울: 책보세, 2010); 강준만 편저, 『리영희: 한국 현대사의 길잡이』 (서울: 개마고원, 2004).

2 고병권·구갑우 외, 『리영희를 함께 읽다』 (파주: 창비, 2017); 홍세화·고병권 외, 『리영희 프리즘』 (파주: 사계절, 2010).

체계적으로 정리 평가한 시도는 찾아보기 어렵다. 이런 문제의식에서 본문에서는 선생의 평화사상을 먼저 시대적 배경이 준 영향을 더듬어 본 후에 평화사상과 통일사상으로 나누어 살펴볼 것이다. 평화사상은 반핵 평화주의론, 동아시아 분단체제론, 한반도 평화체제론으로 소절을 만들어 살펴보고, 통일사상은 통일의 조건, 방안, 방향 등으로 나누어 검토할 것이다. 이를 통해 맺음말에서는 그의 평화사상이 오늘 한국인들에 주는 시사점을 생각해보고자 한다.

II. 시대적 배경

리영희 선생의 일생은 그의 생애 시간과 행적, 두 측면에서 한국현대사를 잘 드러내준다. 일제에 의한 국권 상실기, 해방과 전쟁, 산업화와 민주화, 그리고 냉전 해체와 세계화 등등. 여기서는 지면 제약상 선생의 사상에 영향을 준 시대적 배경을 간략히 살펴보고자 한다. 기성세대를 30대부터라고 할 수 있다. 한자문화권에서는 30대를 '이립(而立)'이라고 해서 마음이 확고해져 움직이지 않다고도 말한다. 그렇다면 30대에 들어선 1960년대 초까지 리영희의 경험은 이후 그의 다양한 사회활동과 정치·역사의식에 큰 영향을 미쳤을 것이다.

국권 상실기에 태어난 리영희는 고향 평안북도 삭주에서 부모님 슬하에서 살다가 1942년 경성공립공업학교에 진학했다. 그의 뛰어난 재능이 집안의 경제 사정으로 제약을 받은 터였다. 당시 모든 학생들은 학도병이 아니면 근로동원을 나갔다. 리영희도 근로동원에 나섰는데 1945년 초, 선생은 학도근로단 통솔 반장인 경성전기 전기공 최○남으로부터 태평양전쟁에서 일본의 패전과 종전의 임박함을 들었다. 최 반장은 "조선이 해방되는 날이 머지않았어. 미국·영국·소련이 그렇게 공약했으니까." 하며 얄타선언과 포츠담선언을 알려주었다고 한다. 그런 소식을 들으며 리영희는 민족의식을 싹틔웠다고 회고하였다.[3]

해방의 기쁨은 겨레 모두에게 한가지였지만 민족 분단의 서막이 올랐다. 청년 리영희는 학업성적이 좋았지만 집안 사정으로 일반대학에 가지 못하고 목포에 있는 해양대학에 입학한다. 3학년이 된 1948년 3월 승선 실습이 시작되어 그해 가을 상해행 준비지시가 전달되었지만 중국 내전이 격화되어 취소되었다. 그 후 10월 말경 부산항에서 소금 1천 톤을 싣고 인천으로 갈 배를 타고 거제도를 지날 때 긴급 회항 무선지시를 받았다. '여수·순천 반란사건'이 일어난 것이다. 리영희는 여수항을 입항하려던 천안호 "갑판 위에 반란군의 사격의 사각을 이루는 철제 돌출물들 뒤에 숨어 철모를 쓰고 구경을 했다." 그리고 진압군 지휘관의 명령대로 선장과 1등 항해사를 도우면서 선내와 갑판 위를 뛰어다니기도 했다. 선생은 이 사건을 "동족끼리의 총질"이라고 하면서 전투가 끝난 뒤 "인생 처음으로, 뜻하지 않은 와중에 내던져진 동족상잔의 의미를 생각하게 된 것"이라고 회고했다.[4]

분단이 짙어갈 무렵 민족지도자들의 죽임은 겨레의 미래를 더욱 어둡

3 리영희, 『역정: 나의 청년시대』 (파주: 한길사, 2006), pp. 105~109.

4 위의 책, pp. 139~147.

게 만들었다. 1949년 6월 어느 날 김구 선생의 사망은 리영희에게 충격으로 다가갔다. 40년이 지나서도 당시 추도가 가사와 곡을 잊지 않고 부르는 것을 보면 백범에 대한 존경과 사랑이 컸다고 그 스스로 말한다. 이북에서 월남한 입장의 그 나이의 자신으로서는 김구 선생의 민족애와 애국심 그리고 정의감이 그의 사상과 염원의 전부였다는 것이다. 한편, 해양대학 시절 그의 친교의 기준은 개인적이었고 지역감정을 분열적인 것으로 싫어하고 멸시했다고 말한다. 선생은 그것을 김구 선생의 정신이었다고 생각하면서 그로 말미암은 사회생활에서의 손해를 자위하며 감수했다고 말한다.[5]

한국전쟁 발발 직전인 1950년 3월 리영희 선생은 해양대학을 졸업하고 안동중학교 영어교사로 근무했다. 전쟁이 나서는 육군 유엔군 연락장교단 후보생 교육을 받고 통역장교 일을 시작했다. 한국전쟁은 그의 인생에 가장 큰 영향을 미쳤다.

지리산 빨치산 토벌작전에 통역장교로 뛰어들어 농민들과 대화하는 모험심과 정의감에 불타기도 했지만 죽음 가까이 가보기도 했다. 그에 앞서 "6·25전쟁의 죄악사에서 으뜸가는 인간말살 행위"로 당신이 부른 '국민방위군' 사건을 직접 목도하면서 "단테의 연옥도 불교의 지옥도 그럴 수는 없었다."고 소름 끼쳐했다. 이런 경험을 통해 선생은 이념의 우상에 사로잡혀 이웃과 겨레를 죽이는 야만과 비이성을 멀리 하게 되었다. 그가 괴로워했던 것은 "국가, 지도자, 직업군인, 일제 강점기의 '지원병' 출신 국군장교, 화려한 '애국·반공' 구호와 그 뒤에서 이루어지는 부패와 부정, 전쟁 속에서 치부하고 영달하는 자들과 일장성이만골고(一將成而萬骨枯)로 죽어야

5 위의 책, pp. 151~153.

하는 많은 힘없는 백성들의 처지"였다.[6]

국민방위군 사건에 이어 1951년 2월 10-11일에 리영희가 소속된 연대의 3대대가 관여한 거창 양민학살사건이 일어났다. 처음 피해 규모가 축소되었고 학살 사유가 은폐·거짓 보고되었다. 리영희 자신은 1982년까지 학살 규모(719명)를 187명로 알고 있었다고 부끄러워했고, '빨갱이'라는 이유로 젖먹이, 어린이, 노인 등 양민을 무차별 학살한 잔인성에 괴로워했다.[7] 그의 부끄러움과 괴로움은 다음과 같은 성찰과 결단을 거쳐 평화주의로 승화해나간다.

> 이 나라에서는 인간 말살의 범죄가 '공비'나 '빨갱이'라는 한마디로 이처럼 정당화될 수 있는가 하는 의문이 그 후부터 머리를 떠나지 않게 되었다. 이것은 내가 이데올로기의 광신 사상과 휴머니즘에 대한 멸시를 깨쳐야겠다는 강렬한 사명감 같은 것을 느낀 계기가 되었다.[8]

전화 속에서 리영희의 군대 생활은 7년 동안 흘러갔다. 선생은 대한민국 군대가 인간의 권리라는 것에 대해 '근원적으로' 아무런 인식이 없는 사회였다고 회고하면서 군사주의를 경계했다. 또 전쟁 기간의 군대사회는 일본 군대식의 야만적인 폭력이 어디서나 일상생활처럼 되어 있었다고 하면서 전쟁이 빚어낸 군사주의 문화를 폭로하기도 했다.[9] 전쟁이 끝났지만

---

6 위의 책, pp. 168~202.
7 위의 책, pp. 217~223.
8 위의 책, p. 225.
9 위의 책, p. 279.

부패와 우상화로 물든 이승만 정권 하에서 선생은 "이제는 거의 모든 것을 회의하고… 진실된 가치를 밝혀내어, 진실 이외의 그 무엇에 대해서도 충성을 거부하는 종교 같은 신념"을 만들어갔다.[10]

한편, 리영희에게 미국은 양가적인 것처럼 보인다. 영어에 남다른 재능을 보였던 그가 통역장교를 하고 훗날 언론인으로서, 특히 외신 보도에 전념한 것에는 미국에 대한 관심도 작지 않게 작용했을 것이다. 처음 언론에 발을 들인 〈연합통신〉에서 외신을 담당하고, 기회가 생겨 미국 연수를 다녀오면서 미국의 국제적 영향력과 지위를 실감한 동시에 미국식 자본주의의 백인우월주의를 비롯한 비인간성에 실망했다. 선생은 또 5·16쿠테타 등 한국정치 개입과 분단에 관한 미국의 책임을 언론활동과 연구를 하며 깨달아갔다.[11]

그런 가운데 리영희 선생은 3·15부정선거, 4·19혁명, 5·16군사쿠테타 등 격동의 한국 현대사를 민주주의와 인권의 시각에서 보도하면서 미국 대표 언론의 하나와 '접속'하면서 언론의 자유와 미국 시민사회의 역할을 깨닫게 된다. 특히, 5·16쿠테타 직후 워싱턴에서 가진 박정희-케네디 회담에 대한 특종기사는 박정희 쿠테타 세력의 정권안보 외교가 뜻대로 되지 않았음을 국제사회에 알린 쾌거인 동시에 '자유인' 리영희의 험난한 앞길을 예고한 사건이기도 했다.[12]

---

10 리영희, 『분단을 넘어서』 (서울: 한길사, 1984), p. 312; 강준만 편저, 『리영희』, p. 46에서 재인용.

11 리영희, 대담 임헌영, 『대화: 한 지식인의 삶과 사상』 (파주: 한길사, 2005), pp. 260~263.

12 리영희, 『역정』, pp. 341-434. 기자 리영희가 케네디-박정희 회담을 기획·추진한

쿠테타 직후 박정희 일당은 미국으로부터 지지와 지원을 도모하는 한편, 여론을 조작하고 반공이데올로기를 확산시켜 국민을 통제·동원하고자 했다. 1964년 10월 《조선일보》로 옮긴 리영희는 한일회담 반대시위를 취재하며 '남북한 가입 제안 준비'(11.21)라는 제하의 기사로 반공법 위반 혐의로 구속 기소된다. 그의 첫 필화사건이다. 아시아·아프리카 외상회의에서 남북한 유엔 동시가입을 검토 중이라는 사실 기사였는데, 이것이 미국이 유엔 총회에 남한만을 초청해 '코리안 문제 결의안'을 통과시켜온 관행을 이용해 체제우월의식을 주입한 박정권의 통치방식에 반한 것으로 간주됐다. 풀려난 리영희가 박정권의 베트남 파병에 비판적인 기사를 쓰자 1966년 가을 중앙정보부는 리영희에게 후한 조건으로 정부 입장에 맞는 현지 취재기사를 요청했다. 야당 대표가 베트남 파병에 찬사를 보내는 시절에 선생은 그 유혹을 물리쳤다.[13] 진실과 자유를 향한 그의 투쟁이 본격화된 것이다.

국무성 고위관리를 만나 취재한 결과 케네디 대통령은 박정희 의장에 조속한 민정이양, 그에 앞선 군의 정치관여 금지 및 원대복귀, 경제원조 집행 연기, 군사원조 잠정 동결 등을 언급하며 박 의장의 지원 요청을 수용하지 않았다. 리영희 기자는 이를 1961년 11월 15일자 워싱턴발 기사로 타전했다. 그 파장으로 리영희는 박의장 일행 인사들로부터 협박을 받고 본사로부터 긴급귀국 통지를 받았다. 리영희, "임헌영 대담," 『대화』, pp. 275~280; 리영희, 『역정』, pp. 435~443.

13 강준만, 『리영희』, pp. 76~81.

III. 평화사상

1. 반핵 평화주의론

1977년 11월 11일 새벽에 이리역 대폭발사건이 발생했다. 안전요원의 작동 실수로 발생한 이 사건으로 공업용 화약 60톤이 촛불에서 나는 감지할까말까 할 열기에 감응하는 순간 이리시의 70%가 하늘과 땅으로 사라져버렸다. 리영희 선생은 이 사건을 상기하면서 이리시의 파괴를 위해서는 TNT는 60톤이 필요했는데, 핵폭탄이었다면 3그램짜리면 충분했다고 말한다. 그러나 이리시의 TNT 폭발과 핵무기 폭발 사이에 인간적 과오, 실수라는 끔찍한 유사성이 있다고 선생은 갈파하는 것을 잊지 않는다.[14]

이어 선생은 핵으로 인한 불행이 소련에서만 발생할 까닭이 없다고 하면서 미국에서 일어난 일련의 핵원료 누출사고를 언급한 뒤 한국에서 '사무삼과(四無三過)'에 빠진 국민의식을 질타하였다. 사무는 핵에 대해서 무지하고 무관심하고 무감각하고 무민족적이란 뜻이고, 삼과는 핵에 대해서 인간이성을 과신하고, 기계의 정밀성을 과신하고 또 군사력을 과신한다는 말이다.

선생은 그 중 무민족성과 관련해서 체르노빌 핵유출 사고를 다룬 서울의 유명 신문의 네컷 만화가 그 핵유출이 북한에 일어나도록 기원하는 것

14 리영희, "핵무기 신앙에서의 해방," 리영희·임재경 편, 『반핵: 핵위기의 구조와 한반도』 (서울: 창작과비평사, 1988), pp, 265~266.

을 예시하면서, 동포애도 없고 민족감정도 없다고 말한다. 그것을 광신적 반공주의 교육과 선전 탓으로 본 리 선생은 우리에겐 미국만 있고 민족은 없다고 개탄한다. 또 인간이성, 그 중에서도 미국의 이성과 호의에 대한 과신과 관련해서는 미국 하원 군사위원회의 아래와 같은 한 보고서 내용을 상기시켜 주었다. 그리고 선생은 "군사력 과신병이 반도의 남북 간의 가능한 평화를 얼마나 방해했고 또 지연시켜왔는가!"고 한탄한다.

> "남한에 있는 미국군대의 각급 사령관들은 남한을 세계에서 제일 이상적인 군사훈련장으로 확신하고 있다. … 마음대로 이용할 수 있는 땅, 마음대로 설정할 수 있는 '무제한 사격지역', 휴전선 북쪽에 있는 사격목표로 가장 이상적인 살아있는 인간표적. 그뿐이 아니다. 남한은 지구상에서 우리를 쫓아내려 하지도 않고, 심지어 땅을 쓰는 임대료조차 달라고 하지 않는 유일한 국민이다."[15]

리영희 선생은 핵에너지와 핵무기에 대한 '맹목적 신앙심'을 지적하면서 그것은 핵에 관해 무지한 태도와 상관성이 있다고 지적한다. 선생은 한국인들이 핵에 무지하게 된 원인을 민족 내부문제의 군사적 해결정책, 맹목적 반공이데올로기, 핵무기의 위험성과 핵전쟁의 종말성에 대한 무지, 군대와 군사력 숭배사상이 지배하는 사회는 그 성격상 반평화적, 외국의 핵기지화의 위험성에 대한 인식 착오 등 5가지를 꼽았다.[16]

---

15 위의 글, p. 272.

16 리영희, 『역설의 변증』 (파주: 한길사, 2006), pp. 132~135.

이상과 같이 리영희 선생은 핵문제에 관한 기본 시각을 표명하고 냉전 시기 미국, 소련과 같은 핵강대국들에 의해 한반도가 핵전쟁의 표적이 되고 있음을 고발한다. 선생은 1960-70년대는 미소간 '공포의 균형'이 핵전쟁 발발을 억제해왔다면, 1980년대 들어서는 레이건 정부의 핵우위전략, 동시다발전쟁론으로 한반도에 핵전쟁 가능성이 높아졌다는 점을 미 국방장관 와인버거의 '83년 국방보고서'와 한미 '팀스피리트83' 작전 등으로 지적하고, 그것이 미국의 자의적·독단적 핵무기 발사를 견제하는 북대서양조약기구(NATO) 내 핵자문위원회나 서독의 입장과 크게 다른 것이라고 평가한다. 이와 관련해 그로미코 소련 외상과 오르가코프 소련 육군참모총장의 발언, 그리고 소련 관영 〈타스통신〉 보도 등을 예로 들면서 미소 대결이 아닌 제3의 경우, 곧 일본과 소련의 군사분쟁으로 한반도가 핵전장화 될 가능성까지 제기한다.[17] 또 미 군사평론가 잭 앤더슨이 레이건이 중성자탄 생산을 명령한 1981년에 미 국방성은 남한을 그 저장소로 지목했다고 말했다. 1983년 방한한 에드워드 마이어 미 육군 참모총장은 "레이건 정부의 기본적 전략개념은 재래식 전쟁이 어느 정도 진행되면 전술핵무기를 사용하는 것이며 이 개념은 한국에도 적용된다."고 말했다. 이는 1987년 현재 남한에 4만 명의 미국군대와 약 200여기로 추정되는 핵탄두가 배치되어 있다는 9개의 미 고위관리 발언과 언론보도를 인용한 선생의 분석으로 뒷받침된다.[18]

17 리영희, 『80년대 국제정세와 한반도』 (파주: 한길사, 2006), pp. 286, 288~289, 290.

18 리영희, "한반도의 전쟁 위협과 동북아의 평화," 『역설의 변증』, p. 116~117, 105.

실제 냉전 해체 상황에서도 유럽과 달리 한반도에서는 '군사위기'가 일어났는데 북한의 핵개발 계획, 미국의 위기의식 조성, 한국 군부 책임자의 선제기습공격 의사 표명 등으로 인해 절정에 달했다. 그 가운데 북한의 핵개발 위험보다는 미국의 핵공격 위협이 더 컸다는 것이 리영희 선생의 판단이다. 선생은 1945년 미국의 일본 핵폭탄 투하 이후 35년 사이 미국 군부가 핵폭탄을 사용하기로 결정·구상·협박 또는 준비한 일이 26회 있었는데 그 중 한반도가 핵폭탄 사용 표적으로 정해졌던 것이 5회나 된다고 고발했다.[19] 이어 선생은 1991년 4월 12일, 이종구 국방장관의 북한 핵시설에 대한 선제기습 공격구상 발언을 언급한 후, 그것을 미 군부가 의회에 제출한 〈1991년 종합 합동군사정세 평가〉 보고서, 체니 국방장관, 솔로몬 국무성 동아태 차관보, 리스카시 주한미군 사령관, 칼 포드 국방부 제1부차관보, 파월 합동참모부장 등의 발언을 소개 분석하면서 이 장관의 발언의 위험성을 평가한 바 있다.[20]

이런 핵전쟁 가능성에 대해 한국과 한겨레의 대응책으로 선생은 첫째, 새로운 정황에는 새로운 이념과 가치관, 즉 화해와 평화가 요구되고, 둘째, 분단민족을 뒷받침하는 일본 군사력의 한반도 지향성에 맞서 남·북 단위의 반(半)민족주의가 아니라 대민족주의가 요구되고, 셋째, 언론의 자유와 평화를 희구하는 민주주의를 신장시켜야 한다고 역설한다.[21] 특히, 선생은 한반도에서 반전반핵평화를 실현하기 위해 지식인의 역할을 강조하면서

19 리영희, 『새는 '좌·우'의 날개로 난다』 (파주: 한길사, 2006), pp. 26~27, 31.

20 위의 글, pp. 28~30.

21 리영희, 『80년대 국제정세와 한반도』, pp. 292~293.

남북한의 핵개발 시도를 균형적으로 파악할 것을 주문한 후 "복안적 원근법 속에 미국의 정책과 전략을 넣고 보자."고 제안한다.[22]

2. 동아시아 분단체제론

리영희 선생이 '동아시아 분단체제'론을 언급한 적은 없다. 이 용어는 세계적 냉전체제의 해체에도 불구하고 한반도 분단이 지속되는 현상에 대한 설명을 시도하면서, 한반도 분단체제가 냉전 이후에도 동아시아 냉전구조의 하위 구성 부분이라는 문제의식에서 나온 분석틀이다.[23] 다시 말해 세계 안보질서와 달리 동아시아 안보질서와 한반도 안보질서는 긴밀한 연관을 맺으며 작동한다는 것이다. 이렇게 본다면 리영희 선생의 한반도 분단·정전체제와 동아시아 냉전구조는 동아시아/한반도 분단체제론과 다를 바 없고, 이후 명명된 '동아시아 분단체제론'의 지적 근거를 제공한 것이라 보아도 무방할 것이다.

리영희 선생은 서슬 퍼런 반공독재체제 하에서 한반도 분단·정전체제를 동아시아 비평화의 맥락, 즉 동아시아 분단체제 담론으로 체계적으로

22 리영희, 『새는 '좌·우'의 날개로 난다』, p. 90.

23 이삼성, "동아시아: 대분단체제와 공동체 사이에서," 『민주주의와 인권』, 제6권 제2호 (2006), pp. 5~50; 이삼성, 『동아시아의 전쟁과 평화 1: 전통시대 동아시아 2천년과 한반도』 (파주: 한길사, 2009); 정영신, "동아시아 분단체제와 안보분업구조의 형성," 『사회와 역사』, 제94권 (2012), pp. 5~48; 백원담, 『'냉전' 아시아의 탄생: 신중국과 한국전쟁』 (서울: 문화과학사, 2013).

풀어낸 최초의 학자이다. 미국과 한국의 군사체계의 특이성은 남한 군대가 대한민국 국가원수의 직접 지휘권 하에 있는 독립적 국가방위 및 안전보장의 수단이 아니라는 점에 있다고 밝힌 지 오래다. 한미 상호방위조약에 의해서 군 작전지휘권이 미국 대통령의 위임을 받은 주한미군사령관에게 그 권리가 이양된 지 오래다. 주한 미공군은 일본 요꼬다에 사령부를 둔 미 제5공군에 속한다. 제5공군은 오끼나와를 포함해서 일본 영토와 주변 공군을 통솔하고 있다. 제5공군이 주축이 된 동북아 공군 지휘체제는 일본군 공군과 한국 공군을 사실상 통합된 지휘계통에 편입하고 있다고 선생은 일찍이 갈파해냈던 것이다.[24] 한국군과 미군이 연합군의 형태를 띠고 위계적인 지휘편제를 형성한 것을 공론화 한 것도 리영희 선생이다.[25]

선생은 닉슨독트린이 미국의 베트남전 지속에 대한 부담, 한일 국교정상화와 일본의 경제성장 등을 배경으로 일본이 한반도 안보문제에 보다 적극적인 역할을 하고 그럼으로써 한미일 안보협력체제에 한국이 종속적으로 편입되도록 하는 조치임을 미국과 일본의 각종 외교문서와 관련 정치인들의 발언 등을 종합 검토해 분석한 바 있다. 그에 바탕을 두고 선생은 남북한 쌍방이 그 배후의 강대국들과 더불어 형성하는 군사 공동체제 때문에 남북한 민족이 스스로 긴장을 완화하지 않고 있어 한반도 정세는

24 리영희, 『역설의 변증』, pp. 112~113.

25 한국과 미국은 1972년 닉슨독트린의 발동으로 수도 북방 중서부전선에 배치된 한국군 12개 보병사단과 1개 기갑사단을 그 전역에 배치된 미국군과 합쳐서 제1군을 창설하였다. 그리고 1978년 카터 대통령 재임시 전체 한국 군사력을 주한미군 제8군사령관의 지휘권에 편입하는 형식으로 '한미연합사령부'를 개편·창설했다. 위의 글, pp. 113~114.

70년대에도 '세계에서 가장 위험한 지점'의 상태가 될 것이라고 전망한다.[26] 이는 한미일 3각 군사협력체제의 형성과 남북한 긴장의 상관관계를 적확하게 드러낸 분석이다.

리영희 선생은 동아시아 분단체제, 곧 두 블록 간의 군사적 긴장구조를 하나의 사례분석이나 특정 이론의 규명 차원이 아니라 일련의 사건들의 흐름을 통시적으로 분석한 후 일정한 시사점을 도출해낸다. 한일국교정상화의 정치외교적 의미를 분석한 후 1970년대 한미일 안보관계를 1960년대부터 확립되어 온 미국의 동아시아 정책의 맥락에서 분석한 것은 그 대표적인 연구사례이다.

1970년대 미국의 동아시아정책은 닉슨독트린에 따른 것이다. 리 선생의 분석에 따르면, 닉슨의 아시아 정책은 ① 월남전쟁 종결을 위해 종래의 월남정책을 단계적으로 수정하고, ② 아시아 국가들의 자주국방 강화로 미국의 부담을 축소하고, ③ 아시아 우방국가들의 집단협력체제 강화에 일본의 공헌을 증대하고, ④ 중공과의 접촉 범위를 점차 확대함으로써 장기적으로 미중 관계정상화를 위해 노력한다 등으로 요약된다. 그 중 두 번째와 세 번째 의미는 미국의 한국 안보 책임을 줄이고 그 공백을 일본이 메우는 것을 말하고, 이는 미일 안보협력체제의 발전과 거기에 한국이 편입됨을 의미한다. 선생은 1970년대의 현상이라는 것은 전반적으로 한일 국교정상화의 군사적 의의를 강조한 1964년 길 패트릭 미 국방차관의 구상대로 발전한 것이라고 평가한다.[27] 5년 후 닉슨-사또오 미일 공동성명

26 리영희, 『전환시대의 논리』 (파주: 한길사, 2006), pp. 504~545.

27 패트릭 구상은 한일국교정상화로 한반도 분쟁 시 일본의 개입이 가능해져 미 지

(1969.11.17) 발표 직후 가진 사또오 일본 수상의 내셔널프레스 클럽에서 한 아래를 포함한 연설은 패트릭 구상이 구현된 것에 다름 아니다.

> "만일 한국에 대한 무력공격이 발생하여 이에 대처하기 위해 미국 군대가 일본 국내의 시설·지역을 전쟁 작전행동의 발진기지로 이용해야 할 사태가 생기면 일본정부는 (미국의) 사전협의에 긍정적이고도 재빠른 태도로 결정을 내릴 방침이다."[28]

1980년대 동아시아 분단체제는 무한 군비경쟁으로 그 위험성이 커졌다는 것이 리영희의 분석이다. 미국과 소련의 핵군비경쟁이 가속화 되어 미소는 동맹국가들의 영토를 기지로 삼는 중거리핵미사일 경쟁을 전개하고, 특히 미 레이건 정부는 우주공간으로 핵군비경쟁을 확대시켜 소련을 경제적·군사적으로 약화시키려 하였다. 일본 군사대국화[29]와 일본 군사력의 한반도 지향성도 뚜렷해진다. 선생은 이러한 일본의 군비경쟁에 따라 미국과 소련은 자신의 동맹국가들에게 재래식 군사력 증강을 강력히 요구했다고 말한다. 아래 화살표로 이어진 서술은 리영희 선생이 만든, 두 핵강대국의 군비경쟁이 동맹국들의 군비증강으로 이어지는 연쇄고리들이다. 소련 군

상군 증강 없이 대응이 가능해진다는 발상이다. 패트릭의 발언은《世界週報》, 1964년 5월 7일자; 리영희, 『전환시대의 논리(1974)』 (파주: 한길사, 2006), p. 249에서 재인용.

28 리영희, 『전환시대의 논리』, p. 265.

29 일본은 자위대 창설 3년 후인 1957년부터 5개년 군비증강 계획을 5차례 거듭하고, 1983년도 군사 예산을 국민총생산(GNP) 1% 이하 제한선을 깨고 1.19%로 증대한다. 리영희, 『80년대 국제정세와 한반도』, p. 275.

사력 우위(설)→동맹국들의 군사력 증강→소련의 무제한 군비강화 대응→전 세계적 규모의 군비경쟁 가열화→모든 국가에서 군사주의 득세→군부 지배적 국가이념화→평화·인권·민주주의 애호정신의 질식→무력·전쟁 숭상 기풍→재래식 군사력에 의한 무장·이해관계 해결 유혹→국지적 핵전쟁→전면 핵전쟁→인류 말살![30]

1980년대 들어 한미일 3각 안보협력체제는 마무리 단계에 들어서는 것으로 보인다. 선생은 1983년 1월 22일 서울을 방문한 미 육군참모총장 마이어 대장의 발언을 그 근거로 꼽는다. 마이어 대장은 "한미일 3국의 긴밀한 군사협력체제가 동북아시아의 방위능력 강화에 도움이 될 뿐 아니라, 3국간의 협력은 미국과 일본의 방위 부담을 줄이며 군사적 효율을 높일 것"이라고 언명했다. 한미일 3각 안보협력체제의 아킬레스건이었던 한일관계는 50년대 백지상태에서 60년대의 정치관계, 70년대의 경제관계, 80년대의 군사관계를 거쳐 안정화 단계에 들어섰고, 90년대 입법화 단계, 즉 법적 동맹으로 나아가고 있다는 것이 리 선생의 진단이다.[31] 실제 1990년대 냉전 해체의 순풍이 동북아에서도 부는 것 같았지만 대결 구조에서 벗어나지 못하였다. 소련 해체로 미중 협력관계가 약화되고 대신 미일 안보협력이 증대되었다. 한반도는 일시 대화 후 북핵위기를 거쳐 긴장상태가 가시지 않았다. 선생은 이를 "'제로섬'적 대결 구조"라고 진단하고 한반도 문제의 평화적 전환과 비생산적인 군사통치체제의 청산을 위해서 군축이 절실

30 위의 글, p. 273.

31 위의 글, pp. 279, 281~281.

하다고 주장했다.[32]

3. 한반도 평화체제론

동아시아 분단체제에 관한 리영희 선생의 분석은 한반도 분단·정전체제로 이어지는 동시에 한반도 평화체제 구상의 토대가 된다. 분단·정전체제는 논리적으로는 통일·평화체제의 대립항이고 현실적으로는 통일·평화체제의 기원이다. 이 논문에서는 통일·평화체제를 나누어 통일문제는 뒤에서 다루고, 여기서는 평화체제를 다루고자 한다.

평화체제에 있어서 먼저 평화는 평화의 보호를 의미하는데, 평화의 보호는 평화유지와 평화회복으로 이루어진다. 평화유지와 관련한 조치로는 안전보장조약, 불가침조약이 있다. 남한과 북한은 각각 미국, 구소련 및 중국과 안보조약을 맺었다. 물론 오늘날 북한이 중국, 러시아와 맺은 안보조약의 효용성은 의문을 받고 있다. 또 남북한은 1991년 12월 13일, 남북기본합의서를 채택하면서 불가침을 공약하였고 이후 불가침 부속합의서도 채택했지만(1992. 9. 17.), 법적 구속력은 물론 실질적인 의미도 갖지 못했다. 한편, 평화회복과 관련해서는 휴전조약과 평화조약 등이 있다. 유엔 헌장 제39조는 안전보장이사회에 평화보호를 위한 관련 조치를 취할 권한을 부여하고 있다. 1953년 7월 27일 전쟁 관련 당사자들이 맺은 휴전협정은 한국전쟁을 일시 중단시켰지만 평화조약(혹은 협정)은 아직 체결되지 않고

32 리영희, 『새는 '좌·우'의 날개로 난다』, pp. 270~275.

있다. 이상 평화체제를 구성하는 두 측면에서 살펴볼 때 한반도 평화가 매우 불안정함을 알 수 있다.[33] 그렇다면 리영희 선생은 한반도 평화체제를 어떻게 구상하였는가?

리영희 선생의 평화체제론은 다각적으로 논의할 수 있지만 양자관계의 조합, 즉 한미, 북미, 남북관계의 틀에서 파악해 볼 수도 있다. 실제 선생의 논의에서 정전체제의 근간은 한미 동맹관계와 북미 적대관계이다.

먼저, 선생은 한미동맹관계를 한미상호방위조약 체결 발상 때(1952.3)부터 1990년대 초까지를 5단계로 나누어 다루면서도 불평등 기조 위에서 운영되는 현실에는 변함이 없다고 평가한 바 있다. 1953년 11월 비준된 상호방위조약은 무력 북진통일을 위한 미국의 군사적 보증을 추구하는 이승만의 정치적 의도와, 주한미군 주둔으로 발생할 '연루의 동맹 딜레마(Alliance dilemma of entrapment)'를 한국 영토 사용권으로 상쇄한 미국의 전략적 이익의 타협으로 이루어졌다는 것이다. 선생은 그 결과 대한민국의 대미 예속구조가 법제화 되었다고 결론 내린다.[34]

종속적인 한미상호방위조약은 군 작전통제권은 말할 것도 없고 무기도입 협상, 방위비 분담금, 주한미군 범죄 처리 등에서 미국의 고압적인 자세와 한국의 저자세로 이어지고 있다. 한 예로 주한미군 주둔비 분담금 협상은 주한미군에 대한 성역화 된 한국인의 인식으로 인해 항상 한국에 불리하게 결정되어 왔다. 이에 관해 선생은 주한미군이 전적으로 한국(국민)의 생존보호를 위해서 주둔하고 있다는 착각과 주둔비 분담률에서 이미

33 서보혁, "한반도 평화체제," 『안보현안분석』, 136호 (2017년 10월호), p. 5.

34 리영희, 『새는 '좌·우'의 날개로 난다』, pp. 173~192.

1982년에 미국 동맹국 가운데 최고의 영예를 수여받고 있는 현실 사이의 상관성을 지적한 바 있다. 한국이 주한미군의 임대료를 요구하지 않는 나라라는 미 하원군사위원회의 보고서는 위에서 언급했고, 주한미군의 역할과 관련해서도 선생은 "미국의 이익을 위해서"라는 미 국방부 윌리엄 하워드 태프트 부장관의 발언을 인용하고 있다.[35]

다음으로 북미관계를 논하면서 선생은 정신외상 후 스트레스 장애(P.T.S.D)라는 의학용어를 원용한 바 있다.[36] 선생은 분단 이후부터 현재까지 한반도는 세계 어느 곳보다 미군의 매력적인 전쟁 훈련장의 역할을 수행하고 있고, 지구상에서 미국 군대가 평시에도 전시를 상정한 전쟁훈련을 마음 놓고 할 수 있는 지역으로서, 미 군부는 매년 한국에 35억 달러어치의 무기판매 결정권을 행사하고 있고, 남한에는 41개의 미국기지(1989.11.2 현재)를 설치 운용하고 있다고 진단한다. 그러고 나서 선생은 북한이 핵무기 개발의사를 포기한다면 미국이 북한에 대한 공격태도를 바꿀 것인가 라고 질문한다. 그에 대하여 선생은 미군의 군사전략과 미군 장성들의 발언을 분석한 뒤 부정적인 답을 내린다. 북한에 대한 미국 군부의 공격의지는 북한의 핵시설 유무 차원의 문제가 아니라고.

선생은 이어 미국이 북한에 대해 '풀지 못한 원한'을 6·25전쟁에 승리 없이 비긴 것을 비롯해 9가지로 열거하고 이를 P.T.S.D. 증후군으로 규정한다. 동시에 북한측 역시 '조국통일전쟁'을 승리하지 못하고 미국으로부터 항시적으로 핵공격 위협에 노출되어 있는 상태를 '역 P.T.S.D 증후군'

---

35 리영희, 『자유인』 (파주: 한길사, 2006), pp. 213, 215~216.

36 이하 리영희, 『새는 '좌·우'의 날개로 난다』, pp. 58~80.

환자와 같다고 말하고 있다. 선생은 그 연장선상에서 북한이 핵개발을 감행했다고 분석하고 북미 간 적대관계 청산과 평화조약 체결을 근본적인 해결책이라고 제안하고 있다.

또 다른 논문에서는 선생은 좀 더 과감하게 한반도 위기의 주 요인이 '미국에 있다'고 주장한다. 위 논문을 발전시킨 것으로 보이는 1999년 논문에서 선생은 북미 미사일 대결 구도를 분석하고 이어 한반도에서 핵·미사일 위협의 역사적 전개를 논의한 뒤에 미국의 책임을 부각시킨다. 정전체제 하에서 미국의 한반도 전장화 및 대북 핵·미사일 공격 계획 지속, 핵비보유국에 대한 핵선제공격 독트린 채택 등을 지적한다. 그 논리의 연장으로 한반도 군사 위기의 해법도 미국에 달려 있다고 리 선생은 결론짓는다.[37]

남북관계 측면에서도 리영희의 평화체제론의 일단을 엿볼 수 있다. 광주민중학살로 집권한 전두환 일당이 1982년 1월 '남북기본관계에 관한 잠정협정'(이하 잠정협정안)을 제의하였다. 그것은 남북 통일의지 결집〉 통일헌법 제정〉 통일국가 수립을 골격으로 하는데, 거기에 분쟁의 평화적 해결, 정전체제 유지 및 군비경쟁 지양, 자유 왕래와 다각적인 교류 등 몇 가지 제안을 담고 있다. 선생은 잠정협정안을 동서독 기본조약(1972.11.8 조인)과 비교 검토한다. 리영희 선생은 잠정협정안이 독일방식을 토대로 하거나 모방하려 할 때 거기에는 적지 않는 모순이 수반된다고 지적하면서 잠정협정안이 남북관계 개선보다는 분단 고착화로 갈 우려가 있다고 보았다. 사실 정전체제를 유지하는 상태에서 군비경쟁을 지양하고 상호 내정에 불간

---

37 리영희, 『반세기의 신화』 (파주: 한길사, 2006), pp. 141~184.

섭한다는 사항이 담긴 것이 그런 우려를 자아낸다. 또 선생은 남북 간에 평화조약의 체결이 지연되거나 거부된다면 제5항(자유 왕래와 다각적인 교류)을 포함해 관계정상화를 진심으로 원하는 남한의 의사가 오해될 수 있다고 지적한다.[38] 남북관계의 발전을 통한 통일 환경 조성을 위해서는 군비 축소와 평화조약 체결이 필요하다는 것이 선생의 지론이다.

1988년 7월 7일, 노태우 대통령은 남북관계 개선의 이정표로 평가받고 있는 '민족자존과 통일번영을 위한 특별선언'(7·7선언)을 발표하였다. 북한 체제를 인정하고 상호 교차승인을 바탕으로 대화와 협력을 하자는 선언이었다. 이 선언에 대해 리영희 선생은 일본《아사히신문》과의 대담(1988.7.12)에서 7·7선언 그 자체는 환영한다고 하면서도 "그러나 전체적으로는 통일을 위한 선언이 아니라 분단의 합법화를 위한 선언으로 해석한다."고 비판한다. 선생은 비판에 그치지 않고 한반도 문제의 핵심이 남북의 군사대결임을 전제하고, 현 정전체제를 그대로 두고는 선언이 효과를 갖는다고 기대하기는 어렵다고 주장한다. 그래서 "선언에 새 항목을 하나 추가해 7개 항으로 만들어야 한다."며 현 군사대결 체제를 없애는 "40년 묵은 한국전쟁의 현 휴전협정을 협정 조인 당사자들에 의해 평화협정으로 바"꾼 것을 제안한다. 선생은 평화조약의 내용으로 남북한 군대와 군사비의 축소, 한반도에 있는 외국 기지와 핵무기의 철폐 등을 제안한다.[39]

리영희 선생은 한반도에서 전쟁위기를 제거하고 잠정적인 정전협정을 확고하고 영구적인 평화조약으로 대치함으로써 새로운 평화질서를 구축

---

38 리영희, 『역설의 변증』, pp. 55~103.

39 리영희, 『자유인』, pp. 58~60.

하는 노력이 절실하다고 기회 있을 때마다 주장해왔다. 그것만이 한반도가 다시 동북아시아에서 핵전쟁의 방아쇠 역할을 하지 않고, 나아가 동북아시아의 평화를 통해서 세계의 평화를 유도하는 길이라고 확신했기 때문이다.[40] 그가 보기에 독일과 달리, 반도의 남북 사이에는 베를린 문제와 같은 어려운 문제도, 제3국과 관련된 국경선 분쟁도 없는 훨씬 단순한 조건이다. 선생은 소련도 중국도 북한 지역에 군대와 군사기지를 두지 않고 있으므로 평화조약 체결에서 불이익을 받을 것이 없는데, 단지 평화조약 체제가 될 때 불이익을 보게 되는 관계국은 미합중국이다.[41] 선생은 미국이 평화조약에 응해 정전체제를 평화체제로 전환하는 방법으로 북미 간 적대관계 청산과 남북관계 발전의 선순환을 제시해왔다.

이상 살펴본 것처럼 리영희 선생은 한반도 평화체제 수립을 위해 주요 당사자인 남북미 사이 세 양자관계의 정상화와 평화조약 등 제도적인 대안을 제시하였다. 그럼에도 주류 연구자들과 달리 선생이 일관되게 강조한 것은 군축이라는 점을 간과할 수 없다. 군축과 같은 실질적 조치 없이 관계정상화와 평화조약과 같은 법제도적 합의는 허약하고 기만적일 수도 있기 때문이다. 나아가 리영희 선생은 광적인 반공·반북의식과 숭미사대의식과 같은 마음의 우상을 타파하고 평화주의 의식으로 전환할 것도 평화체제 수립의 주요 조건으로 제시한 점을 덧붙여야 하겠다.

40 리영희, 『80년대 국제정세와 한반도』, p. 131.

41 리영희, 『역설의 변증』, pp. 93~94.

IV. 통일사상

1. 통일의 조건

평생을 평화·군축연구에 헌신해온 리영희 선생은 통일문제 역시 평화주의의 시각에서 파악하고 접근하였다. 무엇보다 통일이 긴장완화와 군비축소 등을 통한 신뢰구축과 전쟁 가능성 축소의 조건 속에서 평화적으로 추진할 것을 누차 강조하였다.

선생은 국가이익 중심의 국제관계가 활기를 띠던 1970년대에도 무력으로는 국익은 물론 통일도 어렵다는 점을 제1·2차 세계대전 시 최강으로 알려진 프랑스 육군이 마지노선을 구할 수 없었다는 교훈에서 도출해냈다. 그러면서 국방이나 안보 개념의 재인식이 필요하다고 말한다. 그리고 한반도에서 긴장을 완화하고 장기적인 생존방식을 상호간에 정립하지 않는 한 같은 민족의 군비경쟁은 그칠 수 없을 것이라고 말했다. 선생은 그렇게 하지 않으면 강대국에 대한 경제·군사·정치적 의존상태를 영속화 할 위험에서 벗어나지 못하고 유혈 없는 민족통일이라는 역사적·민족적 목표에 도움이 되기 어려울 것이라고 전망한 바 있다.[42]

평화적 통일을 위해 가장 중요한 조치 중 하나가 정전체제를 평화체제로 전환하는 일인데, 선생은 그 주요 방안으로 휴전협정을 평화조약으로 대체할 것을 제시한다. 선생은 "평화조약으로 휴전협정을 대체하지 않는

---

42 리영희, 『전환시대의 논리』, pp. 285~286.

한 남북은 언제까지나 '전쟁 당사자'적 관계의 제약에서 벗어날 수 없다." 고 역설한다. 물론 전쟁 당사자 사이에 평화조약의 체결 없이 '공동선언' 채택의 방식 등으로 관계 정상화를 도모하는 방식이 있지만, 선생은 그런 방법은 평화조약 체결 의사가 있다는 전제 하에서 당면한 문제들을 처리하기 위한 과도 합의로 그 의미를 한정하고 있다. 또 각 분야의 교류협력을 본격화하려면 그 분야와 문제의 활동을 규정하는 많은 조약·협정·각서 등의 외교적·법적 조치가 수반되는데, 그것도 평화조약을 근거로 해서만 가능하다고 선생은 강조하며 미일, 중일, 일소 등 양자간 선례를 예시하기도 했다.[43]

선생은 또 주체적인 태도 역시 통일의 조건으로 거론했다. 궁극 목표인 통일에 앞서 우리 자신과 반도 내외의 조건을 능동적으로, 그리고 주체성을 갖고 초강대국들의 핵폭탄의 불세례를 불러들이지 않는 것을 목표로 해야 할 것이라고 말했다. 선생은 군사우위사상과 군비경쟁열은 한 국가사회의 체질적 군사화를 초래하기 쉽다고 경고하면서 질적으로 변한 한반도 정세에 대한 대응책으로 국제적 차원에서는 화해와 평화, 민족 차원에서는 대민족주의, 사회적 차원에서는 언론 자유와 민주주의 신장을 촉구했다.[44]

리영희 선생은 1994년 군을 대표해서 통일과정을 연구하는 기관의 유력인사와 토론회를 가졌던 경험을 소개하면서 그때 무엇보다 반가웠던 일은 그 연구기관이 그리는 이상적인 '통일된 국가의 상'이 "물리적으로는 작

43 리영희, 『역설의 변증』, pp. 96~98.

44 리영희, 『80년대 국제정세와 한반도』, pp. 292~293.

지만 힘 있고 건강한 국가"라고 회고하며, 그것이 당신이 그리는 통일국가상과 일치한다고 기뻐했다. 다만, 선생은 '건강한' 또는 '건전한' 국가란 무엇보다도 평등·반예속·자주·자존·독립국가로 정의하면서, 그쪽의 해석은 통일 과정이나 통일 후에도 그 '통일국가'는 현재와 다름없이 미국 군대의 기지여야 하고 미국군대가 그대로 주둔해 있어야 한다는 전제가 다른 점이라고 말했다. 결국 선생은 대한민국 군대의 작전통제권을 주한미군사령관에게서 환수한다는 것이 '작지한 건강한 통일국가' 수립의 한 전제조건으로 꼽았다.[45]

리영희 선생은 또 민족정기, 민주주의와 인권 신장도 통일의 주요 전제조건으로 언급해왔다. 베를린 장벽 붕괴 10여일 후에 노태우 대통령과 폰 바이체커 대통령이 가진 한독 정상회담에서 생긴 일화를 소개하면서 통일의 조건을 제시했다. 베를린 장벽 후 한국인들에게도 '낡은 관념', 특히 군사주의와 냉전사상에 변화를 기대했지만 노태우 대통령의 발언에 실망했다는 것이다. 노 대통령은 바이체커 대통령과의 정상회담에서 "대한민국에는 정치범이 한 사람도 없다"고 말했는데, 이에 대해 바이체커 대통령은 "국민의 북한 왕래를 범죄 취급하지 마시오"라고 충고했다. 동독의 변화를 부러워한 노 대통령은 서독 지도자들에게 "북한이 동독 같았으면 남북한 문제가 잘 풀릴 텐데…"라고 개탄했다고 한다. 이에 대해 선생은 '동감'을 표하면서도 노 대통령이 같은 논리로 "남한이 서독 같았으면 남북한 문제가 잘 풀릴 텐데…"라는 개탄 역시 진실이라고 인식하지 못한 것 같다고 지적했다. 그리고 통일을 위해서 우리가 자기비판에 허심탄회해야 한다

45 리영희, 『새는 '좌·우'의 날개로 난다』, p. 208.

고 말하면서 서독과 한국의 차이를 6가지로 열거하며 통일을 위한 우리의 반성과 독일의 교훈을 배울 것을 지적했다. 그것은 첫째, 동서독과 달리, 남한은 친일 민족반역 행위자를 처벌하지 못해 국가의 덕성과 인격이 쌓지 못했고, 둘째, 서독은 남한과 달리, 동독을 '괴뢰'니 '반란집단' 등으로 대하지 않는다. 국가보안법이 있는 남한과 달리 서독은 시민의 권리와 자유가 널리 보장되어 있다. 셋째, 서독에서는 정부에 의한 이데올로기 교육이 없다. 무슨 사상이건 그것은 개인의 자유와 권리다. 정부가 주도하는 반공주의 교육이 팽배한 한국과 대조적이다. 넷째, 서독에는 군대는 있지만 군사주의 사회가 아니라 평화·반전·반핵 지향적 사회다. 다섯째, 서독에는 사회주의 정당이 있고 세계 최고 수준의 사회복지정책으로 근로대중들에게 고루 부를 분배하고 있다. 여섯째, 서독의 군사 주권은 어느 외국에 양도돼 있지 않다. 미국의 핵무기 정책에도 큰 발언권을 갖는다.[46]

2. 통일 방안

리영희 선생은 한반도 통일이 갖는 세계사적 의미를 민족공동체의 재현, 동북아 평화에 공헌, 제국주의 유산 청산, 2차 대전의 실질적 종결, 냉전체제의 실질적 종식, 비자주적 역사 청산, 인류사회 공헌 및 민족 번영의 국가이념 설정 등 다각적으로 언급하였다. 그리고 한반도 통일 가능성을 얄타협정 등 전후 14가지 분쟁처리방식을 비교 검토하면서 각각 통합과

---

46 리영희, 『자유인』, pp. 224~226.

분할, 평화적 방법과 비평화적 방법 등 단일한 형태를 띠지 않았다고 평가한다. 이어 선생은 남북한 모두 극단적 대결만 일삼아온 데 대한 자기비판을 촉구하면서 체제구조 결정론 및 광적 반공주의 비판, 역사적 배경에 대한 객관적 이해, 남북 간의 모든 문제는 인과관계의 구조 안에서 생각할 것, 남북한 이질화에 대한 균형적 이해 등을 촉구했다. 특히 냉전 해체 이후 북한이 미국과 남한의 위협을 항시적으로 느끼고 있는 시점에서는 군축이 전제되지 않고는 실질적인 관계발전을 이루기가 어렵다는 점도 강조했다. 그런 논리의 연장선상에서 선생은 통일방안으로 일종의 수렴형 통일론을 제시한다. "궁극적으로는 북한이 변화하는 것만큼 남한도 인간다운 삶의 사회로 탈바꿈해야만 사람이 살 만한 가치 있는 통일국가를 기대할 수 있다."는 것이다.[47]

리영희 선생의 수렴형 통일론은 장기간의 분단과 지속·강화된 군사적 대결을 배경으로 하고, 다른 한편으로는 흡수통일론에 대한 비판적 인식이 작용하고 있다. 선생은 냉전 해체가 '제로섬'적인 대결구도에 기반을 둔 냉전적 흡수통일이 더 이상 어렵게 되었다고 판단했다. 1990년대 초 한소, 한중 수교가 남한에게 유리하지만 북한의 대응은 정확히 진단하기 어렵다고 보았다. 북한이 대화로 나올지 도발을 준비할지는 모른다는 것이다. 다만, 구소련과 중국은 독일 통일 경험을 목도하면서 흡수통일 혹은 북한체제 붕괴가 초래할 역내 혼란을 우려해 흡수통일을 지지하지 않는다는 것이 선생의 판단이었다. 나아가 미국과 일본의 군사 패권주의, 중국과 소련의 시장경제화를 통한 대변혁과 북한의 내외적 불안요소 증대 등 동북아

47 리영희, 『스핑크스의 코』 (파주: 한길사, 2006), pp. 250~276.

정세의 복합적인 불안정 요소들도 흡수통일의 가능성을 낮출 수 있다는 것이다.[48] 여기에 남한의 성공, 북한의 실패로 요약되는 남북한 교차승인 구도의 미완성은 북한의 위협의식을 고조시켜 북한체제의 대내 결속과 주변 긴장고조를 초래할 가능성도 흡수통일의 비현실성과 평화정착을 우선한 점진적인 통일의 당위성을 말해주었다.

리영희 선생은 위와 같이 냉전 해체 이후 동북아 정세를 둘러본 뒤 통일 가능성과 통일 방안을 다음 두 단계로 전망한 바 있다. 통일 가능성과 관련해서는 5년 이내에 일정한 남북연합이 이루어지지라 생각한다고 보았는데, 일방적 점령·흡수가 아닌 바에야 정치적으로 무슨 용어를 쓰건 두 개의 국가가 연립하는 단계를 어떤 형식으로든 거치지 않을 수 없다는 것이 그의 소신이었다. 그렇지만 양측의 체제가 완전히 단일화되는 완전한 통일은 그 시기를 단정하기 어렵다고 전제하고 남북한의 공동 변화 없이는 재앙이 일어날 가능성을 경고했다. 여기서 선생은 다시 수렴형 통일의 필요성을 역설한다. "남한이 서독으로 수준으로 민주화되고 북한도 동독 정도로 자유화가 진전되지 않은 상태에서 현 상태대로 통일이 된다면 동서독과는 전혀 차원이 다른 불행한 사태가 초래될 것"이라고.[49]

흡수통일론과 함께 남한에서는 분단고착화를 방조하는 주의주장도 지속되어 왔다. 냉전시대 권위주의 정권의 통일론도 거기에서 자유롭지 못하다. 예를 들어 전두환 씨가 1982년 발표한 삼성협성안노 일종의 흡수통일

48 리영희, 『새는 '좌·우'의 날개로 난다』, pp. 270~272.

49 위의 책, p. 116.

방안이라는 게 리영희 선생의 결론이다.[50] 선생은 잠정협정안을 평가하기 위해 동서독이 체결한 '기본조약을 검토하고 있다. 그에 따르면 기본조약은 통일 언급을 하지 않은 채 독일 분단을 합법화 하고, 통일은 상호합의에 의해서 거론될 필요도 없고 또 법적으로도 할 수 없게 되었다는 것이다.

선생은 잠정협정안이 기본적으로 동서독 기본조약의 틀을 원용하고 있다고 인정하면서 다음 세 가지를 언급하면서 동서독이 통일을 추진할 수 없는 경우와 다른 길을 제시한다. 그 세 가지는 첫째, 한반도 민족이 통일된 단일 정치단위로서 내정을 관리하고 밖으로 자주독립의 실체와 노선을 효과적으로 유지할 수 있다면 주변 열강은 반드시 통일국가를 반대하지 않는다는 점이다. 둘째, 자주독립·완충적 기능을 견지하지 못할 경우에 비로소 분할의 발상이 생긴다. 셋째, 자주독립·완충 기능을 국제화 하는 중립화 통일 방안의 가능성을 추구하는 것이다. 선생은 이 세 측면을 풍부한 역사적 사례를 들면서 논증하고 있다.

리영희는 이어 전두환 정권의 잠정협정안의 7개항을 조목조목 분석하면서 흡수통일의 유혹에서 벗어나지 못하고 있다고 지적한다. 가령, 제2항 '분쟁의 평화적 해결'은 남북관계의 중대한 변화를 의미하지만, 6·23선언에도 불구하고 박정희 대통령이 북한을 국가로 승인하지 않는다고 강조한 점과 휴전협정 언급 없이 이 조항을 제의한 것은 모순이라고 지적한다. 이어 제4항 '긴장완화와 전쟁방지를 위하여 정전체제를 유지하면서 군사적 대치상태 해소' 대목이다. 선생은 제4항이 잠정협정안의 핵심을 이루는 내

---

50 이하 리영희, 『역설의 변증』, pp. 62~103.

용이자 잠정협정안의 동기에서 목표까지 이 항목에 압축되어 있다고 평가한다. 그러나 "정전체제가 존속되는 한 '군사적 대치상태'는 당연한 상황논리로서 지속되게 마련이다. 그러니까 "제4항은 실제 상황과 그 상황의 논리를 거꾸로 결합시키고 있다."고 지적한다. 선생은 또 제5항 '자유 왕래와 다각적인 교류'가 동서독 기본조약과 마찬가지로 과학 분야가 빠진 것은 군사과학 지식의 유출을 우려한 것이라고 말한다. 또 제6항 '쌍방의 기존 국제조약의 존중'은 통일 후가 아니라 통일 과정에서 방해가 되는 조약들은 서로가 수정하거나 폐기·소멸시키는 노력을 다해야 도리에 맞는다고 주장하면서 한미상호방위조약, 조소상호원조조약, 조중상호원조조약, 그리고 남한의 작전지휘권 문제 등을 거론한다.

3. 통일 방향

리영희 선생이 밝힌 통일의 방향은 크게 두 차원에서 논의해볼 수 있다. 첫째, 국제적 차원에서 통일의 방향은 평화통일의 환경을 조성하는 일이다. 선생은 냉전이 해체되기 시작하는 1987년에 출판한『역설의 변증』의 한 논문에서 40년 만에 해빙되는 한반도의 냉전체제에서 남북한 긴장완화와 통일의 논리를 탐색한다.[51]

선생은 위 논문에서 긴장완화 징후를 북한과 역내 안보정세에서 찾아내는데, 북한 내 징후로 1984년 1월 11일 3자회담 제안을 거론한다. 선생

51 위의 책, pp. 19~54.

은 3자회담 안이 랭군사태로 초래된 북한의 국제적 고립을 타개하기 위한 일시적 책략이라기보다는 경제 발전을 향한 서방국가들과의 교류 및 투자 유도를 위한 평화적 환경을 조성하려는 신정책, '화해의 신호'로 해석한다. 선생은 또 북한의 대중·소 등거리외교의 피로, 중국과 소련의 개혁개방과 그에 유리한 우호적 대외환경 조성, 중국과 소련의 관계정상화 등과 같은 주변 요인들도 긴장완화의 징후로 꼽고 있다.

그러나 선생의 눈에는 그런 징후들로는 평화통일이 다가오지는 않는다. 위기구조를 평화구조로 대치할 제도와 장치들이 구비되어야 한다는 것이다. 거기에는 휴전협정을 평화조약으로 대치하는 관련 당사자들 사이의 고위급 정치회담과 주한 외국군대 주둔 문제의 해결이 포함된다. 선생은 이 두 문제와 관련한 전후 제네바 고위급회담의 실패와 1970년대 유엔 총회에서 유엔한국통일부흥위원단(UNCURK) 폐지 및 유엔사령부 해체 결의 등을 평가하며 관련국들의 적극적인 태도 변화를 촉구한다. 선생은 특히 6·25 이후 얼마 동안 통용되었던 주한미군의 전쟁억지 역할론은 북한의 공격 능력과 그에 대한 소련과 중국의 동조 가능성 등으로 볼 때 설득력을 상실하고 있다고 분석한다.

선생은 이어 평화통일 과정에서 해결해야 할 문제들을 제시하는데 거기에는 통일의 방식, 분단국가 정부의 유일 합법성 문제, 민족문제 해결을 위한 회담 주체, 상호승인·교차승인·유엔동시가입 등을 다루고 있다. 거기서 선생은 1982년 1월 남한정부의 잠정협정안을 정전체제, 곧 한반도의 '전쟁상태'를 그대로 유지하는 방식이고, 1984년 1월 북한의 3자회담 제안은 북미 평화조약 체결〉 남북 불가침선언 채택〉 남북 통일회담 등 단계적인 접근인데 남한이 이를 거부했다고 평가했다. 이어 선생은 평화통일 논의에서 남한이 북한과 대등하고 주도적인 역할을 하려면 종속적인 한미관계에서 벗어나야 한다고 말한다. 당시 남한은 평화체제 수립 입장이 북한에 비해 부실했던 것이 사실이다.

둘째, 민족 차원의 평화통일론을 준비하기 위해서 선생은 분단과 적대를 정당화 해온 일련의 허구의식 타파와 균형된 감각을 강조한다.[52] 리영희 선생이 평생을 전쟁과 평화, 분단과 통일 문제를 궁구하면서 일관되게 견지한 자세가 '실사구시'였다. 선생은 기회 있을 때마다 "글을 쓰는 나의 유일한 목적은 '진실'을 추구하는 오직 그것에서 시작하고 그것에서 그친다."고 강조하면서, 그 과정에서 우상에 도전하는 고통을 무릅써야 인간의 행복과 사회의 진보가 가능하다고 역설했다. 선생이 평화와 통일을 추구하며 광적인 극우·반공주의[53]의 허구의식에 도전한 것은 우연이 아니었다. 선생은 또 맹목적·감정적 애국심도 대표적인 허구의식으로 지목하고, 베트남 전쟁 관련 미국 행정부의 잇따른 거짓에 대한 《뉴욕타임스》, 《워싱턴포스트》의 비판 기사를 언급하면서 언론의 자유와 지식인의 책무를 이렇게 강조했다.

> 나라를 사랑하기 때문에, 민주주의를 사랑하기 때문에, 지배하는 집단이 국민을 속이고 전쟁을 계속하는 배신행위에 대해서 마땅히 지식으

52 이하 리영희, 『반세기의 신화』, pp. 306~344.

53 선생은 광적인 극우·반공주의를 "남북한 관련됐거나 남북한이 당사자일 경우에 그것이 어떤 내용이고 어떤 인과관계로 일어난 것인가 따위의 지성적인 사실 인식의 노력은 접어두고, 무조건 처음부터 조건반사적으로 북한측을 범법자로 규정하고 유죄판결을 내려버리는 정신적 경향성"으로 정의하고 있다. 위의 책, p. 306.

로서 그것을 공개하고 그것을 반대할 의무가 있다. 이게 애국이다. … 소수 '애국'이라는 이름으로 또는 '국가이익'이라는 이름으로, 자신들의 이익밖에 아닌 것을 국가이익이라고 국민에게 강요하는 이러한 파렴치하고 잘못된 관념은 전부 반애국적인 것이다."[54]

리영희 선생은 또 평화통일을 준비하는 자세로 통일의 대상인 북한(문제)을 역사적 맥락에서 바라볼 것을 제안한다. 가령, 베트남전쟁이 격화되는 와중인 1970년대 초 닉슨독트린으로 미국이 한국의 협의 없이 주한미군 일부를 철수하자 박정희 정권이 핵개발을 추진한 한 사실을 상기하면서, 1980년대 후반 소련이 한국과 관계정상화를 추진하자 북한도 핵개발을 추진하게 되었다고 균형된 평가를 하고 있다. 물론 이것이 선생이 북한의 핵개발을 옹호한 것으로 말할 필요는 없다. 도리어 선생은 위 사례를 통해 남북한이 상대방을 쥐구멍으로 몰아넣는 식의 군사적 압박이나 안전에 대한 공포감을 강요해서는 안 된다는 교훈을 이끌어내고 있다.

선생이 북핵문제를 포함한 대북정책 전반에 있어서 반공·반북시각에 물들어 있는 주의주장들과 다를 수밖에 없는 것은 은폐된 사실을 발굴하거나, 편향된 주장을 균형 있게 교정하거나, 일반화의 오류를 새로운 사실로 재구성하는 방식을 일관되게 취해왔기 때문이다. 예를 들면, 선생은 미국이 소련과 동구국가들, 즉 백인종 국가들에게는 '핵선제공격'을 하지 않는다는 원칙을 세웠지만 유독 북한에 대해서만 그 원칙을 공개적으로 선

54 위의 책, p. 314. 리영희 선생의 지식인론에 대해서는 이대근, "다시, 지식인의 책무를 묻다," 홍세화·고병권 외, 『리영희 프리즘』, pp. 126~145 참조.

언하였고, 1990년대 초에 핵확산금지조약(NPT)에도 가입하지 않고 핵사찰도 거부하는 국가가 28개국이나 되었는데 유독 북한에 대해서만 왜 그렇게 못살게 구는가를 생각해볼 것을 제안한다. 또 북한이 핵개발 명분으로 삼고 있는 팀스피리트 훈련과 같은 대규모 고강도 훈련이 냉전시기 유럽에서는 없었다는 점을 거론하며 '전쟁광 북한'의 핵개발론을 회의하였고 북한의 남침위협론을 남북한 군사력에 대한 균형적인 평가로 대체했던 것이다.

선생은 위와 같은 비판적 독해와 실증을 통한 각종 허위의식 폭로에 그치지 않고, 평화통일론에 적합한 시각으로 이중잣대를 거두고 역시사지하는 자세, 역사에서 배우는 자세, 상생하는 균형적인 접근 등을 제안한다. 가령, 핵무기를 포함해 미국과 소련의 군사력이 동서독에 집중해있었기 때문에 (핵)전쟁의 위협도 동서독에 더 많이 있었는데도 서독 정부의 사회복지비는 대체로 군사비의 2배였고, 남한의 군사비가 평균 4배, 상대적으로 말하면 남한의 복지예산은 군사예산의 1/8이었던 사실에 앞에서 성찰하고 변화할 것을 제안하는 식이다.

V. 요약과 교훈

리영희 선생은 국권 상실기부터 한국 현대사를 온몸으로 증언하고 시대의 요구를 대변해온 실천적인 지식인이자 진정한 자유인이었다. 선생은 전쟁과 분단을 거치며 식민주의, 국가주의, 군사주의, 권위주의 등을 배격하고 대신 진실, 자유, 이성, 인권, 그리고 평화를 추구해왔다. 그런 그의 실천과정에서 남북한, 한반도와 세계 사이의 장벽은 없었다. 리영희 선생은 진정 평화주의자였던 것이다.

선생의 평화사상은 민족과 민중의 고난 속에서 그려진 것으로서 비핵평화 프로세스를 내다본 것 같은 선견지명을 가졌다. 좁은 의미에서 선생의 평화사상은 반핵 평화주의론, 동아시아 분단체제론, 한반도 평화체제론 등으로 구성된다. 먼저, 선생의 반핵 평화주의론은 군수용·민수용을 막론하고 핵 일반에 대한 반대 입장으로 요약할 수 있다. 다만, 한반도 정전체제와 동아시아 분단체제 하에서 핵강대국들, 특히 미국의 비핵국가(특히 북한)에 대한 핵공격 독트린이 역내 군사적 긴장을 지속하고 있다는 점을 부각시킨다. 선생은 냉전 해체 이후 북한의 핵개발 과정도 그런 구도하에서 비평하고 있다.

오늘날 한국사회에서 핵발전 정책을 둘러싸고 논란이 있는데 평화를 국제적 차원(국가안보)은 물론 사회적 차원(시민안전)에서 볼 때 선생의 반핵 평화주의론은 더욱 주목 받을 가치가 크다. 또 선생의 반핵 평화주의론은 핵전쟁 위험까지 거론되었던 한반도 냉전구조 하에서 '핵없는 세계(Nuclear free world)'를 목표로 북한의 핵개발 포기와 미국의 구속력 있는 대북 안전보장의 동시이행이 절실함을 말해준다. 이를 위해서는 국민들의 각성과 언론의 분발이 요청되는데 선생의 '사무삼과(四無三過)'론의 의미를 새삼 깨닫게 된다.

한편, 동아시아 분단체제론은 선생의 논지로는 동아시아 냉전구조에 다름 아니다. 이 개념은 세계적 냉전구조의 해체에도 불구하고 동아시아가 공산진영의 대륙권과 자유진영의 해양권으로 대립하고 그 연장선상에서 한반도의 분단·정전체제가 온존하고 있다는 점에서 유용하다. 선생은 냉전시기 동아시아 역내 갈등이 냉전 해체 이후 약화되기는커녕 강화되고 있는 점을 냉전기 미국의 동아시아 안보전략, 특히 위계적인 한미일 안보체제의 확립 과정에서 찾고 있다. 선생은 그 과정에서 한국의 권위주의 정권들이 반공반북이데올로기와 숭미 사대의식을 주입해 국가안보를 미명으로 정권안보를 추구해왔다고 비판한다. 선생의 동아시아 분단체제론은 한미일 3국을 위시한 국제평화운동의 필요성을 부각시켜주는 동시에 민주주의 및 인권 신장이 역내 평화구축과 상호의존관계에 있음을 말해준다.

이상 두 차원의 분석을 바탕으로 선생은 한반도 평화체제의 길을 탐색하고 있는데 정전체제의 평화체제로의 전환, 특히 군축을 제안하고 있다. 선생은 이를 위해 남·북한과 미국 사이의 적대관계 청산과 정치·군사적 신뢰구축을 대안으로 제시한다. 특히, 한국에게는 종속적인 한미동맹관계의 개혁 없이는 남북관계 개선과 평화체제 수립이 난망함을 강조하고 있다. 이런 선생의 지론에서 볼 때, 한반도 평화체제 수립의 길은 기득권 구조로 굳어진 기존 분단·정전체제와 갈등을 수반할 것임을 예고해준다. 가령, 국내정치적 갈등으로 비화해 있는 남북관계 개선과 비핵화 사이의 선후 논쟁은 항구적인 평화체제 구축과는 멀어 보인다. 또 한미동맹관계를 불가침의 영역으로 설정해놓고 평화체제를 논하는 것은 평화구축에 도전하는 커다란 우상을 만드는 것에 다름 아니다. 한반도 문제의 원심력이 커진 오늘날 평화와 통일 모두에 있어 구심력, 곧 남북한 협력을 복원할 필요성이 선생의 지론으로부터 다시 올라온다.

둘째, 선생의 통일사상은 평화사상에 비해서는 그 내용과 체계성에서 상대적으로 미흡한 것이 사실이다. 그럼에도 선생은 통일의 조건으로 평화조약 체결, 자주적 태도, 민주주의 공고화 등을 언급하며 기존의 정치공학적이고 위로부터의 접근을 넘어서고 있다. 통일 방안으로는 흡수통일을 반대하고 평화공존 하에 남북연합을 거친 후 점진적인 수렴형 통일을 제안하고 있다. 통일의 방향으로는 국제적인 차원에서 평화정착을, 민족(남북) 차원에서는 군축을 비롯해 적대와 분열을 조장하는 각종 허위의식 타파, 성찰 및 상호존중의 자세를 촉구한다. 장기화된 한반도 냉전구조를 감안할 때 통일보다는 평화가 우선이라 할 수 있지만, 이와 같은 선생의 통일사상은 평화사상과 일부 중첩되면서 통일과 평화가 동전의 양면이라는 사실을 웅변하고 있다.

리영희 선생의 통일사상이 오늘날 우리에게 주는 교훈은 무엇보다 북한 및 통일문제를 있는 그대로, 그리고 전체적으로 파악하고 서로 차이를 인정하는 동시에 닮아가는 통일을 추구하라는 것이다. 북한을 악마시 하고 그를 통해 한국사회의 치부와 약점을 은폐하는 것은 반공 권위주의체제의 적폐를 온존시키는 것에 다름 아니다. 적대의식에 기반한 대북 강경정책이 낳은 결과는 북핵의 고도화와 지속적인 남북대결 상태에서 잘 나타나고 있다.

리영희 선생이 당신의 평화사상을 만들어가는 과정에서 객관적이고 전체론적인 시각을 취하고 거시와 미시의 연구방법을 결합한 점이 눈의 띄는데, 이는 선생이 진실을 찾아가는 유용한 방법이었다. 이는 평화가 절실한 때에 평화를 궁구하는 지식인들이 계승할 자산으로 남아있다.

방민호

10장

박완서의 『목마른 계절』로 보는 6·25전쟁의 성찰

I. 세대론의 맥락에서 본 박완서의 6·25전쟁 문학

한국문학에서 6·25전쟁은 문학적으로 중요한 논점들을 품고 있다. 이를 전쟁의 경과 과정을 따라 몇 가지로 나누어 정리해 보면 다음과 같다.

첫째, 이 전쟁은 해방과 더불어 개시된 월북과 월남이 일단락되는 시기다. 둘째, 국민보도연맹원 학살 등에서 나타나는 학살 문제가 탐구되어야 한다. 셋째, 이른바 도강파와 잔류파 문제는 문학 내 이데올로기 적대 문제를 분석하는데 꼭 필요하다. 넷째, 빨치산 문제는 이후 문학의 중심적 주제, 소재가 되었다. 다섯째, 피난지 부산은 새로운 문학적 탐구 영역의 하나다. 여섯째, 포로 처리 문제와 전쟁 종결에 관한 문학적 논의들이 가능하다. 일곱째, 이 전쟁은 여성과 남성의 관계를 아우르는 젠더적 문학 연구의 맥락에서 살펴볼 수 있다. 마지막으로 6·25전쟁은 삶과 죽음이라는 인간의 근본 문제를 전쟁이라는 문제와 연관지어 보게 한다.

이 글은 6·25전쟁과 박완서 문학의 관련성을 이른바 잔류파 문제로 분석해 보면서 박완서의 평화에 대한 사유를 살펴보고자 하는 것이다. '전쟁과 평화'라는 말이 있듯이 그녀가 전쟁을 어떻게 이해했는가 하는 문제는 곧 평화에 대한 시각을 살펴볼 수 있는 매개적 방법의 하나일 것이다.

이러한 박완서(1931~2011) 문학은 6·25전쟁과 그 영향을 지속적으로 그려낸 작가다.[1] 그녀가 40세 되던 해 등단작인 『나목』(1970)부터 그렇고, 이 글의 주제를 이루는 『목마른 계절』(1978)과 『그 많던 싱아는 누가 다 먹었을까』(1992), 또 다른 문제작 『그해 겨울은 따뜻했네』(1983) 모두 6·25전쟁에 관련된 것이다.

박완서의 6·25전쟁 문학은 적어도 두 갈래의 전개 방향을 갖고 있는 것으로 보인다. 하나는 앞에서 언급한 『그해 겨울은 따뜻했네』처럼 전쟁의 사회사적 경과 과정이나 여파를 넓고 깊게 살펴가는 것이다. 다른 하나는

1 이 글에서 필자는 의식적으로 "6·25전쟁"이라는 용어를 선택한다.

작가 자신의 삶의 경험을 중심으로 전쟁에 대한 회상을 서사화하는 것이다.『나목』에서 출발한 박완서 소설은 이 두 개의 방향을 모두 내장하면서 서로 뒤얽히는 양상을 보이지만『목마른 계절』을 거치면서 나타난 자전적 계열의 소설들,「엄마의 말뚝」 연작,『그 많던 싱아는 누가 다 먹었을까』,『그 산이 정말 거기 있었을까』 등은 후자의 경향을 대표하는 문제작들이다. 여기서 필자의 가설은 박완서 문학이『나목』에서『목마른 계절』로 나아간 이후 두 개의 방향으로 갈래를 쳐나갔다는 것이다.

박완서의 6·25전쟁에 관한 구체적인 논의에 들어가기에 앞서 여기서는 그의 6·25 문학이 세대론적으로 어떤 의미를 가지는지에 관해 살펴보고자 한다. 이는 그의 6·25 문학이 어떤 의미를 지니는가에 대한 예비적 논의로서 필수적이라고 생각된다. 작가는 그가 출생하여 성장하고 겪어간 시공간으로부터 자유로울 수 없고 그 토양에서 형성된 경험적, 지적 세계 속에서 작품을 창조하게 된다. 그는 불가피하게 그의 세대와 관련을 맺는다.

6·25전쟁을 어떻게 보느냐 하는 문제는 사회·정치학에서만 아니라 한국문학에서도 아주 중요한 문제다. 장용학(1921~1999)은『원형의 전설』(『사상계』, 1962.3~11)에서 전쟁을 원형, 곧 완전한 사상에 다다르기 이전, 불완전한 두 이데올로기의 투쟁으로 이해했으며, 자유와 평등을 추구한 두 근대사상의 대립을 폐절해야 한다고 보았다. 자유와 평등을 기본 이념으로 삼는 근대성 또는 근대사상을 보편 개념으로 설정하면서도 그 이념의 한계를 살피고 그 너머에 대한 전망을 '논의'하고 추구했다는 점에서 그는 한국문학을 이념 초월적인 수준에 올려놓으려 했다 할 수 있다. 장용학, 이병주(1921~992), 손창섭(1922~2010), 박경리(1926~2008) 등 1920년대의 작가

들은 6·25전쟁을 인간 개체의 생존을 억압하는 외부 환경으로 인식했고 근대성의 양면으로 인식된 전쟁의 이념 전체에 맞서 '살아남는다는 것', 또는 인간성을 회복한다는 것의 의미를 성찰하려 한 작가들이었다. 이들은 문학사적으로 "학병세대"(김윤식, 『일제 말기 한국인 학병세대의 체험적 글쓰기론』, 서울대 출판부, 2007)로 명명되기도 하고, 이론적으로 불확실하게 전후작가들이라 통칭되기도 하며, 혹은 1920년대 전반기 출생 작가 그룹으로 분류된다. 세대론적 시각에서 보면 그들은 식민지 시대의 한복판에서 출생하여 성장 및 학업 과정을 일제 말기까지 치러낸 사람들이며 중일전쟁과 태평양전쟁을 각각 '지나사변'과 '대동아전쟁'으로 부르며 조선인이라는 민족적 정체성 대신 일본 국민이라는 국민적 정체성을 우선시하도록 강요한 일본 내셔널리즘의 영향 속에서 성장한 이들이다. 일제 강점기에 그들은 민족적 정체성과 국민적 정체성 사이에서 분열, 괴리를 겪었고 해방과 동시에 냉전체제, 분단, 6·25전쟁으로 연결되는 또 다른 세계사적 경험에 직면해야 했다. 해방 전과 해방 후 또는 태평양 전쟁과 6·25전쟁이라는, 두 개의 시대 또는 두 개의 전쟁을 하나로 연결해서 이해하고 설명해야 하는 과제를 짊어진 세대로서 그들은 근대, 민족, 국민, 자유, 평등 같은 큰 범주들을 통과하여 그 가운데 어떤 것에 귀착하는 양상을 보였다.

박경리와 박인환은 이 세대의 가장 젊은 축이었다. 박경리는 『시장과 전장』(1964)에서 지영이라는 젊은 여성을 내세워 불모의 전쟁과 실존적 삶의 의지를 대립시켰다. 전쟁은 그 이데올로기적 정당화에도 불구하고 궁극적 근본적 견지에서 보면 지극히 허무한 것이었다. 이러한 이념 초극적, 초월적 시각은 비록 6·25전쟁 직전에 쓰이기는 했으나 동세대의 시인 박인환에 '정확히' 표현되어 있다. "나는 불모의 문명 자본과 사상의 불균정한 싸움 속에서 시민정신에 이반된 언어작용만의 어리석음을 깨달았었다."[2] 좌익뿐만 아니라 우익도, 우익뿐만 아니라 좌익도 고대 그리스의 자유민으로서의 '시민'의 정신을 잃어버린 채 그로부터 벗어난 언어작용만을 일삼고 있다는 통찰은 일제말기 태평양전쟁을 겪고 해방공간과 6·25전쟁을 통과해야 했던 이 세대의 이념 이데올로기 '부정'을 잘 대변하고 있다.

6·25전쟁에 대해 1940년 전후 출생 작가들은 이와는 사뭇 다른 태도를 보여준다. 이 세대의 작가들은 한글세대 또는 4·19세대 작가라고도 불리는데, 이 명명법은 그들의 세대론적 위상을 잘 드러낸다. 1920년대 전반기 출생자들과 달리 6·25전쟁은 '연속된' 두 개의 전쟁 중 하나가 아니라 '절대적인' 중요성을 가진 유소년기 체험으로 나타난다. 이청준(1939~2008), 천승세(1939~), 한승원(1939~), 전상국(1940~), 이문구(1941~2003), 현기영(1941~), 김승옥(1941~), 조세희(1942~), 박태순(1942~), 김원일(1942~), 윤흥길(1942~), 조정래(1943~), 황석영(1943~) 등 이 세대의 중요 작가들은 이청준에 있어 '전짓불 앞의 방백'(이청준, 「소문의 벽」, 「가위 밑 그림의 음화와 양화」, 「잔인한 도시」 등)이나 이문구, 김원일, 조정래 등에 있어서의 '빨갱이' 아버지와 같이 근원적인 전쟁 트라우마를 안고 있는 경우가 많다. 그들에게 있어 6·25전쟁 체험은 그들의 작가적 활동의 근간을 이루지만 이 전쟁은 그들이 아닌 그들의 아버지 세대가 벌인 것이었기에 그들은 그것을 유·소년기 체험으로만 경험할 수 있었다. 때문에 그들은 이 전쟁을 예컨대 제3세계론 같은 담론들의 영향과 수용 속에서 이데올로기

2 박인환, "장미의 온도," 『새로운 도시와 시민들의 합창』 (서울: 산호장, 1949), p. 68.

전쟁으로, 냉전 체제의 비극으로 비판적으로 취급하고자 한다. 그들은 그들의 원체험을 담론적으로 재구성한다. 그들의 회귀는 곧 담론적 재구성이다. 조정래의 『태백산맥』이나 황석영의 『손님』에서처럼 그들은 6·25전쟁을 세계사 대 민족사의 맥락에서 거시적으로 다루며 이 속에서 은밀하게 또는 우회적으로 좌 또는 우를 향한 선택적 지향에 기우는 양상을 드러낸다.

박완서는 세대론적으로 보면 이 두 개의 세대 사이에 끼인 존재로 나타난다. 그녀는 박완서, 한말숙(1931~), 이호철(1932~2016), 최인훈(1936~2018) 등으로 연결되는 1930년대 전반기 출생 작가 그룹의 앞부분에 놓인다. 연보에 따르면 그녀는 지금의 황해북도에 해당하는 경기도 개풍군 청교면 묵송리 박적골에서 출생, 일찍 부친을 여의고 서울 숙명여고, 개성 호수돈여고를 다니던 중 해방을 맞이한다. 해방 후 그녀는 숙명여고로 복귀 졸업한 후, 한국 나이로 21세가 되는 1950년 6월 서울대 문리대 국문과에 입학하지만 6·25전쟁으로 학업을 더 이상 이어가지 못하고 1953년 4월에 결혼하면서 1970년 등단하기까지 역사에 '묻힌' 삶을 살았다.

그녀의 학업 과정은 이호철과 최인훈이 원산에서 성장, 해방을 맞은 후 원산고등학교 재학 중에 6·25전쟁으로 월남, 신변상 큰 변화를 겪어야 했던 것을 상기시킨다. 이호철은 단신 월남으로 인해 학업이 중단된 채 독학으로 문학에 나아갔고 일가족이 함께 월남한 최인훈은 목포고를 거쳐 서울대 법대에 입학하지만 군 입대와 작가 등단 등으로 학업을 마치지 못한 채 작품 활동을 이어갔다. 박완서, 이호철, 최인훈 등의 성장기는 해방에서 6·25전쟁으로 나아가는 해방공간에 걸쳐 있으며 지적, 정서적으로 민감한 청소년기에 이념적 대결 양상을 정면으로 경험해야 했다.

이러한 그들의 세대적 경험은 최인훈의 문제작 『화두』(1994)에 그 자신의 원체험으로서 제시되어 있다. 이 소설에서 최인훈은 중학교 시절 소년반을 지도하던 담임선생과 고등학교 조명희 단편소설 「낙동강」을 가르쳐 준 국어 선생의 모습으로, 사회주의(공산주의)의 양면적 이미지를 제시한다. 이 원체험의 위력은 『광장』(1961)에서 포로가 된 주인공 이명준이 제3국행을 선택하고 『회색인』(1963~1964)의 주인공 독고준이 '앙가주망' 아닌 '데가주망'의 논리를 추구하는 것으로 나타난다. 최인훈을 이 세대의 대표자로 이해하는 맥락에서 이와 같은 그의 주인공은, 6·25전쟁을 알레고리적으로 추상화, 이념화 하여 초극할 수도 없고(장용학), 전쟁의 한복판으로 걸어 들어가 전쟁의 이념적 성격을 역사적으로 서사화할 수도 없는(조정래, 황석영) 그들 세대의 고민을 응축해 보여준다.

최인훈, 이호철, 박완서의 세대의 학업 및 성장과정에 이데올로기 대립으로서의 분단 및 6·25전쟁 체험이 각인되어 있으며 이들은 그것을 리얼리스틱한 수법으로 '헤쳐나감으로써만' 이념의 피안에 도달할 수 있다. 그들의 체험에 냉전적, 이념적 대립과 반목, 상쟁이 직접 결부되어 있다는 점에서 그들은 6·25전쟁 문제를 일종의 모럴 감각 없이는 취급할 수 없다. 이는 임화와 이른바 '「물」 논쟁'을 벌이면서 '객관주의'적 마르크시즘으로부터 '주체적' 마르크시즘으로 진화해 간 김남천의 모럴론을 상기시킨다.

김남천은 일반적 진리에 대하여 "일신상의 진리"를, '개인'에 대하여 "자기"를 대립시키면서, 주체로서의 자기를 '통과한' 도덕적 판단, 즉 모럴에 근거한 논리만이 진정한 문학적 입장이 될 수 있다고 생각했다.[3] 이러한

3 김남천, "도덕의 문학적 파악—과학·문학과 모럴 개념," 《조선일보》

의미에서 박완서 세대의 작가들은 6·25전쟁 문제를 "일신상의 진리"의 문제, 차원에서 인식한 '김남천주의자'들이었다고도 할 수 있다. 그들은 성장기, 학업 과정에서, 그리고 실제 전쟁에 참여됨으로써 마르크시즘을 자기에 대한 것으로 이해하고 반응하고 새로운 길을 탐색할 수 있었던 세대의 구성원들이었다. 그리고 이것은 그들의 6·25전쟁 담론이 근대성론(장용학)이나 제3세계론(조정래, 황석영)과 달리 자기의 문제로 나타날 수 있도록, 따라서 일반론을 떠난 자기 탐구의 일부로서 기능할 수 있도록 했다.

이 글은 박완서의 『목마른 계절』에 나타난 6·25전쟁 문제를 이와 같은 '모럴 감각'의 맥락에서 다루고자 하는 것이다. 그리고 이는 이 심포지엄의 대주제라 할 '평화사상'이라는 문제를 '박완서의'라는 관형어로 한정할 수 있게 하는 하나의 방법일 수 있다고 생각한다.

II. '잔류파' 증언의 세 가지 양식과 박완서의 자전적 소설의 문제

역사적인 경험의 증인이 될 수 있는가 하는 문제는 간단치 않다. 이른바 '증언 불가능성'에 대한 논의가 진지하게 논의된 바 있다. 특히 아감벤은 "증인은 필연적으로 '증언 불가능성'을 경험할 수밖에 없다"라고 했다. 증언 불가능성을 증언하는 역설적 상황은 생환자들의 증언이 태생적으로

1938.3.8.~3.12, 참조.

안고 있는 문제이며 그 역설적인 상황이 곧 증언의 출발점이 된다는 것이다.[4] 역사적 참상의 현장에 있던 이가 자신의 경험을 언어로 재현할 수 있는가 하는 문제는 증언문학에 관한 가장 근본적인 질문이라 할 수 있다. 문학을 순전한 '사실'의 기록으로부터 순전한 '허구' 사이에 놓여 있는 광의의 양식이라 하면, 증언문학은 전자에 가장 근접하는 장르라 할 수 있다. 그것은 표현적인 문학이면서도 역사적인 기록이 되고자 하는 역설의 장르며 이로부터 이에 속하는 작품들을 평가할 수 있는 그것대로의 특수한 척도를 가지게 된다. 문학적 진정성authenticity은 여기서, 원리상, 그 언술이, 언어 바깥에 존재할 수밖에 없는 그 경험을 얼마나 '사실'에 부합하게 이야기하는가, 그러면서 분석, 평가하는가 여하에 따라 다르게 나타날 수밖에 없다. 그러나 '사실'에 부합한다는 것은 이 '사실'이 이미 표현되고 해석된 사실이라는 점에서 일종의 아포리아에 해당한다고 할 수 있다. 증언은 증언하는 사람의 세계관, 가치인식, 성향 등과 밀접하게 연관되어 있으며 따라서 그 증언이 겨냥하는 역사적 경험에 관한 '진실'의 총체를 드러내고 전달할 수는 없다. 그럼에도 증언하지 않을 수 없다는 역설 위에 서는 것이 바로 이 증언문학 장르다.

6·25전쟁에 관한 증언적 문학 가운데 가장 흥미로운 현상 가운데 하나는 바로 6·25전쟁 개전 초기에 인민군에 의해 서울이 점령되었던 기간에 관한 '기록'일 것이다. 문학사에서 이 문제는 도강파와 잔류파의 문제로 이

4 이소영, "증인과 증언 불가능성—P.레비, 아감벤, 서경식의 논의를 중심으로," 『이탈리아어문학』, 제48집 (2016), p. 66; 아감벤, 정문영 역, 『아우슈비츠의 남은 자들—문서고와 증인』 (서울: 새물결, 2012) 참조.

미 오래 전부터 제출되어 있으며 최근 들어 이에 관한 연구가 산견된다. 이 문제를 작가 연구의 차원에서 다루고 있는 최근의 중요한 논문은 박죽심의 「최정희 문학 연구」(중앙대학교 박사학위논문, 2010)이며, 「손소희의 초기 소설 연구」(『한국문예비평연구』 제26권, 2008), 서동수의 「한국전쟁기 유진오의 글쓰기와 피난의 윤리성」(『우리말글』 통권52호, 2011)과 「모윤숙의 피난 체험과 도강파의 글쓰기」(『한국문예비평연구』 제33권, 2010), 김미향의 「잔류파의 현실인식과 문학적 증언」(『국어문학』 제59권, 2015), 김정은의 「박완서 전쟁 체험 소설에 나타난 여성 목소리의 의미 연구」(서울대학교 석사학위논문, 2015), 강호정의 「6·25전쟁 도강파와 잔류파의 문학적 생존 방식」(『서정시학』 제26권 3호, 2016), 김영경의 「적 치하 '서울'의 소설적 형상화」(『어문연구』 제45권, 2017) 등도 이 문제를 주제로 삼고 있는 논문들이다.[5] 이 논문들 가운데 박완서의 소설들을 잔류파의 논리와 정서, 감각의 문제로 접근한 것은 김정은 외에는 없다. 김정은은 목마른 계절을 잔류파 문제를 그린 작품으로 본격 부각시키면서 "특히 '적치 3개월'의 서울을 전면적으로 다루었다는 점에서 괄목할 만"[6]한 것으로 평가하고 있으며, 이를 한 챕터에 걸쳐 상세하게 분석하고 있다. 이와 관련하여 중요한 것은 『목마른 계절』에 나타난 여성 주인공 '진'의 태도의 변화 과정일 것이다. 이 소설은 '진'의 변모 과정

5 서동수는 잔류파, 도강파 문제를 다시 잔류파, 지하잠적파, 도강파로 삼분하며("한국전쟁기 유진오의 글쓰기와 피난의 윤리성", 『우리말글』, 통권 52호 (2011)), 김미향은 잔류파와 도강파로 먼저 분류하고 잔류파를 다시 잠적파와 부역자로 재분류한다("잔류파의 현실인식과 문학적 증언," 『국어문학』, 제59권 (2015)).

6 김정은, "박완서 전쟁 체험 소설에 나타난 여성 목소리의 의미 연구" (서울대학교 석사학위논문, 2015), p. 41.

에 대한 하나의 경위서라 할 수 있는데, 이를 앞서 도강파와 잔류파에 대한 분류를 따라 말한다면, 잔류파 가운데에서도 '부역자'의 그것에 해당한다. 실로 『목마른 계절』은 6·25전쟁 중 잔류파 부역자의 심리와 사유를 가장 극명하게 보여준 문학 작품의 하나로 간주될 수 있다.

6·25전쟁 중 잔류파 경험과 관련하여 그 증언은 적어도 세 가지 유형으로 나타날 수 있다. 제1유형은 이병기의 『가람일기』(신구문화사, 1975)나 김성칠의 『역사 앞에서』(창비사, 2009)등에서 볼 수 있는 것과 같은 일기 유형이며, 또 그 일부로서 영혁의 『6·25 난중일기』(도서출판 선인, 2015)나 당시 대학생이었던 박찬웅의 『6·25 일기』(지식산업사, 1990) 등을 꼽을 수 있다. 제2유형은 백철의 『진리와 현실』(박영사, 1975)이나 유진오 등에 의해 씌어진 『고난의 90일』(수선사, 1950) 같은 것이 있으며 이와 같은 회고록 또는 수기 형식의 저술은 훨씬 더 많이 조사될 수 있다.[7] 제3의 유형은 박완서나 김동리 등을 위시한 여러 작가들에게서 발견되는 자전적 소설들이다. 이 세 개의 유형은 각기 다른 양식적 문법에 의해 작성된 것으로 6·25전쟁에 관한 증언적 서술로서 상이한 의미와 역할을 보여준다.

잔류파 부역자 문제는 서울 수복 후 가장 중요하게 부각된 이슈이자 이후에도 두고두고 지식인들의 의식 세계를 '지배한' 끈질긴 '기억'의 하나였다. 이를 앞에서 언급한 6·25전쟁 중 '적치' 90일의 경험에 대한 세 가지 상이한 유형의 증언 양식 속에서 각기 추출해 보면 다음과 같다.

---

7 예컨대, 양주동, 백철, 최정희, 송지영, 장덕조, 박계주, 손소희, 김용호, 오제도 등에 의해 씌어진 『적화 삼삭 구인집』 (서울: 국제보도연맹, 1951)이나 오제도가 편한 『자유를 위하여』 (서울: 문예서림, 1951) 등.

여기서 『목마른 계절』은 물론 제3의 자전적 소설의 형식에 속하는 작품으로 이해된다.

(가) 김성칠 일기, 『역사 앞에서』 중에서

그러나 아니꼽다고 학교에 나오지 않을 수 없는 것이……아무런 일이 없건만 교직원은 날마다 하루 한 번씩 학교에 나오지 않으면 안 된다는 게시가 나붙어서 전에는 없던 출근부까지 만들어서 교통도 임의롭지 못한 이즈음 날마다 몇 십리씩 다리품을 팔아야 하게 마련이고, 그나 그뿐인가, 생각난 듯이 새로운 무슨 동태보고서니 무슨 경력조사서니 하여 "오늘 안으로 써내야 한다. 써내지 않는 자는 심사의 대상에서 제외한다." 하여 우리들에게 가장 두려운 협박 문구를 벼락 식으로 써 붙이기가 일쑤이니 굶주린 창자를 움켜쥐고서라도, 그 아니꼬운 꼴 보러 학교에까지 터덜거리고 나오지 않으면 안 된다.

모든 것을 집어치우고 집에서 농사를 짓거나 그도 아니 되면 산에 들어가 중이라도 되었으면 좋으련만 그도 그럴 수 없는 노릇이……그럭저럭 하다 심사에나 떨어지고 직업에서 퉁겨 나가거나 한다면 마을에서라도 적색분자(赤色分子)나 혹은 부역자(附逆者)가 아닌가 하는 치의(致疑)를 받기가 첩경일 것이고 그러다 자칫하면 수사기관의 신세를 지게 될지도 모를 일이니 인간 가치야 떨어지거나 말거나 꾹 참고 배기는 것이 상책일 것 같다.

때로는 이런 게야말로 '인간의 평가절하'가 아닐까 하여 자조(自嘲)하여 보기도 한다. 이런 굴욕을 참는 버릇이 길러지면 늘그막엔 대체 무엇이 될까 하고 스스로 위구(危懼)의 염을 품어보는 때도 있다. 이처럼 사표(師表)로서의 프라이드를 짓밟아버리고 나중에 무슨 낯으로 다시 교단에 설 수 있을까 하고 사뭇 송구스러워지기도 한다. 그러나 낮에 총 메고 술취한 군인이 집에 찾아와서 주인은 무엇을 하는 사람이며 지금은 어딜 갔느냐 하고 으르대다 갔단 말을 들으면 역시 모든 것을 참고 배겨야 되겠다는 생각이 앞선다.

〈참고〉

교직원 경력조사서 (3통)

신 경력조사서 (1통)

공무원 동태 조사서 (5통)

〈공무원 동태 조사서〉

부·국·과명(部局課名), 직위, 직명(職名), 연령, 주소, 성명

조사 사항

1. 자치위원회 관계: 가입 연월일/담당 사무/출근 일수

2. 괴뢰 기관에의 협력 사항: 채용 연월일/지위/담당 업무/출근 일수(월별)

3. 정당 단체의 가입 상태: 당명 또는 단체명/가입 연월일/소개자 또는 권유자 성명

4. 자수서 제출 상황: 제출 연월일/제출 기관/소개자 또는 권유자 성명

5. 기타[8]

(나) 백철의 회고록, 『속·진리와 현실』 중에서

그때의 일은 그런 것만이 아니었다. 서울에 잔류해 있던 문화 지식인들의 부역 여부에 대한 「군경합동수사반」이란 것이 설치되어 모두 자수 형식으로 출두를 하여 심사를 받도록 되어 있었다. 나 역시 며칠 동안 거기 나가서 심사를 받았다. 그때 경찰 측의 책임자는 吳在道 검사였다. 吳檢事는 본시 사변 전의 보도연맹을 만든 사람으로서 문단인들과 친면이 있는 관계도 있었지만 특히 보도연맹원으로 포섭되어 있던 사람들에 대해서 일종의 정의 같은 것이 있었던지 조사에서도 심한 말을 하지 않고 보도연맹원으로서 용하게 살아남아 있었다고 무사하게 살아남은 것을 좋아했다. 그때 吳 검사는 분명히 내게 이런 말을 하였다. 보도연맹원보다도 도리어 그렇지 않은 사람들이 더 그들의 앞잡이가 되어 날뛴 사실이 많이 있다고 분개하다시피 했다. 내가 조사를 받고 있을 때는 문단인으로선 崔貞熙 여사가 나와서 같이 만났다. 이렇게 해서 하옇든 앞뒤로 6·25의 홍역을 치르고 나니 신변은 겨우 무사하게 되었다는 보증을 받은 셈이었다. 그러나 다시 문단의 관계는 그렇게 사무적으로만 끝나지 않았다. 그 당시 문단의 유행어로 「도강파」니 「비도강파」니 하는 말들이 쓰여지고, 도강파가 세력을 잡고서 비도강파와의 신분관계를 갈라놓고 그 부역에 대한 등급을 정하기도 하였다. 그래서 비도강파…라고 하면 문단에서 차별 대우를 당하는 시기가 있었던 것이

8 김성칠, 『역사 앞에서』 (서울: 창비사, 2009), pp. 249~251.

다.[9]

(가)의 기록은 글쓰기 양식의 속성상 자기 자신만을 위해, 자기 자신의 성찰을 위해 쓰는 글인 일기의 일부다. 일기는 따라서 가장 내밀한 심리와 사유를 담고 있을 가능성이 높으며 통상적으로 이 일기를 남긴 김성칠(1913~1951)은 역사학자로서 전쟁 중에 불의의 사고를 요절하였지만 인민군 점령기와 그 이후 서울대 문리대의 '부역자' 처리 문제와 관련하여 귀중한 기록을 남겨 놓았다.

6·25전쟁 개전 초기의 서울 함락과 수복 사이에서 극심한 정신적 혼란과 고통을 겪어야 했던 집단 가운데 하나는 서울대 문리대다. 특히 국문과 교수들은 '적치' 90일 동안 전개된 일련의 사태로 인해 미증유의 경험을 하게 되는 바, 김성칠의 기록은 이 과정을 매우 상세하게 '증언'하고 있다. 이 '증언'은 일차적으로는 이 일기를 접하게 될 동시대의 독자 집단을 상정하지 않은 채 이루어진 것이 아니기 때문에 서술자 자신의 사유와 감정이 더욱 직접적으로, 솔직하게 드러나 있고, 또한 위의 인용문이 보여주듯이 당시에 문리대에서 이루어진 심사 내용의 '서목'까지 남겨 놓았다는 점에서 중요한 역할을 한다.

김성칠의 기록과 그 밖의 자료들을 종합해 보면 당시 국문과 교수에서 밀려나 있던 이명선이 학교로 돌아와 북한 교육성에 의해 인민군에 의해 접수된 서울대학교의 총책임자로 임명되었다.[10] 이명선은 경성제대 졸업생

9 백철, 『속·진리와 현실』 (서울: 박영사, 1976), p. 441.

10 김성칠, 앞의 책, 1950년 7월 10일자 일기, p. 97.

으로 한국 고전문학을 전공한 국학자였으며 조선문학가동맹에서 조직적인 활동을 벌인 인물이다.[11] 이병기는 제자였던 이명선이 짜놓은 계획에 따라 6월 29일 인민군 수중에 들어간 문리대 임시 자치 위원회 좌장으로 추대되었고 30일에는 임시 자치 위원회 상임위원에 피선된다.[12] 또한 조윤제는 이명선에 의해 주도된 교수 심사에서 제1차 숙청대상이 되어 대학을 떠나게 된다.[13] 9·28 수복이 되자 상황은 전혀 반전되어 이번에는 국문과 교수 방종현이 학교의 임시 책임자가 되어 돌아와 서울에 잔류해 있던 교수들을 상대로 심사를 하는 상황이 벌어진다. 이에 심사 과정에서 문제로 떠오른 사람들이 이희승과 이병기 등 같은 과의 교수들이다. 김성칠은 자신이 방종현을 만나 이희승 구제를 주장한 일을 일기에 다음과 같이 기록해 두고 있다.

> 더욱이 다른 사람 아닌 방 선생이 책임자로 앉아서 한 과에서 가장 가까이 뫼시던 이희승 선생 한 분을 구하시지 못하신다면 천하 후세에

---

11 이명선은 조선문학가동맹 결성 초기부터 주요 인물로 활동하고 있음을 볼 수 있다. 「조선문학동맹 결성, 각부 위원 결정」(《자유신문》, 1945.12.25.)에 따르면 그는 이병기를 위원장으로 내세운 고전문학위원회의 서기장 직책을 맡았고, 이후에도 지속적으로 동맹 관계로 활동을 벌인 것으로 나타난다. 또, 「문학가동맹서 대중운동전개」(《경향신문》, 1947.6.7.)에는 "지난 5일 조선문학가동맹에서는 공위 속개에 따라 자주민주독립국가 건설의 첫 단계로 전 인민이 요구하는 인문과도 정부가 수립되려는데 비추어 종전에 결정지은 대중운동을 한층 더 활발하게 전개하려 각부 위원회와 특수 위원회의 책임자인 안회남, 설정식, 이명선, 김기림, 함세덕, 이근영 씨 등 십여 명이 모여 각 부 운영 상황 보고를 중심으로 토의한 후 구체적 사업 전개를 위하여 각각 위원회를 개최하기로 되었다 한다."라는 기록이 있다.

12 위의 책, 91쪽 및 이병기, 『가람문선』 (서울: 신구문화사, 1966), p. 156 참조.

13 김성칠, 앞의 책, 1950년 10월 9일자 일기, p. 243 참조.

무어라 변명하시렵니까. 같은 경우에 계신 분으로 가람 선생은 문맹(文盟) 관계로 전부터 괜한 소문이 돌고 있으니 말씀드리지 않는 것이고, 박종홍 선생은 나는 잘 알지만 방 선생은 어느 정도까지 아시는지 미심하여 일부러 말씀을 피하는 바입니다. 이희승 선생만은 방 선생이 책임지시고 좋도록 해결지어 주셔야 하겠습니다.[14]

일련의 심사 결과 이병기는 조윤제, 성낙훈 등과 함께 파면을 당하고 이병도, 이희승은 6개월 정직 판정을 받은 것으로 나타난다.[15] 김성칠의 일기는 전쟁 개전 초기 서울대 문리대에서 전개된 극심한 이념 간 적대를 적나라하게 보여준다는 점에서 중요한 가치를 지니고 있으며 잔류해 있었으면서도 인민군 치하에서 밀려나야 했던 그 자신의 독특한 입각점 위에서 사태를 가능한 한 진실에 가깝게 묘사해 내고자 한다.

그의 잔류 일기 기록은 이처럼 교수 사회의 적 치하 3개월을 생생하게 보여준다는 점에서 학생 사회를 중심으로 묘사된 박완서의 자전적 소설 목마른 계절과 함께 당시 서울대 문리대를 둘러싼 상황을 재구성할 수 있게 해주는 중요한 기록이다. 이와 관련하여 김정은은 목마른 계절에 나타난 학생 사회의 자서전 쓰기가 교수 사회의 자술서 쓰기와 평행적이었음을 시사하고 있거니와 위의 인용에 나타난 '공무원 동태 조사서' 양식이 바로 이에 해당한다.[16]

14 위의 책, 1950년 10월 19일자 일기, pp. 254~255.

15 정병준, "김성칠의 삶과 한국전쟁," 『역사 앞에서』 (서울: 창비, 2009), p. 459 참조.

16 김정은, 앞의 논문, p. 43, 주) 710 참조.

한편, (나)의 기록은 그 자신 보도연맹에 가입해야 했던 문학인의 한 사람으로서 인민군 치하의 서울에 체류해 있던 그 자신의 상황을 회고록의 형태로 제시한 것이다. 백철의『진리와 현실』은 일제 강점기를 거쳐 해방과 한국전쟁을 경험한 문학인의 자서전으로는 흔치 않게 긴 분량에 카프 관계 및 해방공간, 한국전쟁 등 이념적인 활동과 관계된 민감한 문제들을 상세하게 다루어 놓고 있다. 그러나 이 자서전의 사상적 토대는 뜻밖에 빈약한 면을 가지는데, 이는 그 자신의 삶의 논리를 "소박한 모랄리티", "잠재적 의식"으로서의 "일종의 성선설" 같은데서 찾고 있는 데서 단적으로 드러난다.[17] 말하자면 자신의 인생을 압축하자면 많은 파란과 부끄러움에도 불구하고 사람의 선함을 믿고 그에 의지하여 살아온 삶이라는 것인데, 이와 같은 '안이한' 자기의식으로는 심원한 내면성을 구축하기는 어려웠으리라는 것이다. 그러나 이 표면성이야말로 그 저자인 백철로 하여금 역사의 험난한 파고 속에서도 끝내 살아남을 수 있도록 한 실체적 요인이었다.

예를 들어 그는 이름 높은 사실 수리를 주장하면서 "금일도 우연이 시대를 지배하고 있는 시대다. 요지음 세계적으로 중대하다는 모든 일이 모도가 개인의 힘과 본능과 미신적인 행위에 동기를 갓고 잇는 것이며 그 때문에 현재는 탐구보다도 표면의 세기요 진리보다도 속사의 시대며 질과 필연이 아니요 양과 우연의 시대라는 것이다."[18] 라고 했던 바, 이는 그가 내면적 주체성의 논리보다는 외부적 환경으로서의 시류에 쉽게 영향 받는 기질의 소유자임을 말해준다. 그의 자서전 진리와 현실에 넘치는 이야기들

17 백철,『속·진리와 현실』(서울: 박영사, 1975), p. 6.
18 백철, "시대적 우연의 수리,"《조선일보》, 1938.12.2.

은 시류를 헤쳐나간 저자(=서술자)의 내면적 성찰보다는 감각과 기분, 즉물적 판단에 기대어 서술되는 양상을 보이며 때문에 자서전에 나타난 시대와 현실은 그야말로 '탐구'보다는 '표면'의 서술에 한계 지워지는 양상을 빚는다. 그의 자서전 서술은 그 자신을 향한 내면적 독백의 형식을 빌리지 않은 채 가까운 곳에 앉아 이야기를 듣는 독자를 향해 말을 건네고 있는 듯한 구술적 문체로 씌어진다. 이 '구술성'으로는 그가 겪은 일들을 깊이 있게 성찰해내기가 어려웠을 것임을 예상해 볼 수 있다.

그러나 이러한 평가는 또한 상대적인 것이며 큰 분량 속에서 자신이 헤쳐 온 세상의 일들을 되돌아보는 이 자서전은 그것들에 대한 크고 작은 정보들을 제공하는 측면이 있다. 비록 카프 활동에서 대일협력으로 이어지는 그 자신의 문학적 여정을 날카롭고도 깊게 성찰하지는 못하고 있다 해도 저자의 시야에 비친 시대와 현실의 추이 및 변화를 살피는 데는 매우 유용한 자료 역할을 한다. 특히 이 글의 주제에 해당하는 6·25전쟁 중 잔류 경험의 증언과 관련하여 그는 긴장되고도 생명에의 위협으로 점철된 당시의 상황을 서술의 행간들을 통하여 의미심장하게 후대의 독자들에게 전달해 준다.

이 저술의 관련된 부분에서 백철은 사상검사로 이름 높았던 오재도(1917~2001)[19]를 매우 유화적인 태도로 언급하고 있지만, 이를 액면 그대로 받아들일 수만은 없다. 보도연맹 창설의 주역 가운데 하나인 오제도는 6·25전쟁 당시는 물론이고 이 자서전이 간행된 1970년대 중반에도 반공

19 여기서 백철은 "오재도"(吳在道)라 말하고 있지만 오제도(吳制道)의 오기인 것으로 추측된다.

주의의 거두로서 실질적인 영향력을 행사하고 있었다. 자서전 중 오제도에 대한 서술 바로 앞에서 백철은 자신이 겪은 사건 하나를 언급한다. 서울이 수복된 다음날인 29일, 시내에 나가려고 파출소 앞을 지나가다 젊은 경찰관에게 붙들리게 된다. 이 경찰관은 그를 "안성인가에서 악질 신문기자로 활동한 부역자"[20]라며 "이런 비상시에는 당신 같은 사람은 이 자리에서 즉각 총살을 해도 책임이 없다"[21]고 한다. 그는 파출소 뒤 임시 구류 시설에 갇혀 있다 성북경찰서까지 끌려가 이틀 동안 구속되어 있다 자신을 알아 본 수사과장에 의해 겨우 풀려나게 된다. 이 사건은 서울 수복 당시 그가 겪은 공포를 잘 보여준다. 뿐만 아니라 그는 그 앞에서는 서울 수복 당시 "소위 부역자를 탐색해내어 마구 총살해 버리는 장면도 벌어졌다"[22]며 신예 평론가 이인수가 영어를 잘 아는 자로서 방송국에 나가 포로 통역을 했다고 해서 끝내 총살을 당하고 만 일화를 소개하고 있기도 하다.

이와 같은 맥락에서라면 그 자신을 서울에 잔류한 보도연맹원으로 대하는 사상검사를 결코 편안하게 보지 못했을 것이다. 더욱이 오제도는 『적화 삼삭 구인집』(국제보도연맹, 1951)에서 이에 실린 글 가운데는 깊은 회한이 나타나 있지 않고 있는 것도 있지만 그렇다고 해서 가면을 쓰고 있다고 말할 수는 없고 좀 더 적극적인 글을 보고 싶다는 의견을 표명하기도 했는데, 박죽심은 이에 해당하는 사람이 최정희, 손소희였을 것이라 추론하고 있다.[23] 최정희는 손소희, 노천명 등과 함께 인민군의 서울 점령중 문학가

20 백철, 앞의 책, p. 440.

21 위의 책, 같은 쪽.

22 위의 책, p. 439.

23 박죽심, "최정희 문학 연구" (중앙대학교 박사학위논문, 2010), p. 158 참조.

동맹에 나아간 잔류파 여성 작가였으며, 이 가운데 노천명은 20년 실형을 언도받고 6개월간 수감생활을 하기도 했다.[24] 여기서 언급되는 오제도의 국민보도연맹은 1949년 4월 21일 창설, 6월 5일 명동 시공관에서 결성식을 가졌으며 약 30여만 명에 달하는 것으로 알려져 있다.[25] 이 조직은 명목상 전향자 단체였지만 실질적으로는 좌익사상과 무관한 사람들까지도 광범위하게 강제 편입될 수밖에 없었던 것으로 평가된다.[26] 개전 초기에 적게는 10만 명, 많게는 30만 명이 불법 학살된 것으로 분석되고 있다.[27] 백철은 『진리와 현실』에서 자신이 점령 중 임화의 『문학가 동맹』에 나가 그 신분증을 얻어 동네에는 그것을 제시하여 현장 동원을 피하고 문학가동맹에는 또 다른 이유를 내세워 협력하는 것을 피한 일화를 제시한다.[28] 이는 회고록 속에서 잔류파로서의 자신의 입장을 '공포'로부터 적극적으로 '변명', '방호'하는 역할을 한다고 할 수 있다.

---

24 위의 논문, 같은 쪽 참조.

25 강성현, "전향에서 감시·동원, 그리고 학살로—국민보도연맹 조직을 중심으로," 『역사연구』, 제14호 (2004), p. 61 참조.

26 위의 논문, p. 66 참조.

27 정병준, "한국전쟁 초기 국민보도연맹원 예비검속·학살사건의 배경과 구조," 『역사와현실』 제54호 (2004), p. 95 참조.

28 백철, 앞의 책, pp. 424~426.

III. 박완서 자전적 소설에 나타난 6·25전쟁 개전 초기 서울 '잔류' - 『목마른 계절』과 『그 많던 싱아는 누가 다 먹었을까』

이제 논의를 잔류파 증언의 세 번째 유형 쪽으로 옮겨 박완서의 『목마른 계절』과 『그 많던 싱아는 누가 다 먹었을까』 쪽으로 옮겨 보고자 한다. 박완서 소설에서 6·25전쟁 중 서울 잔류는 두 번에 걸쳐 이루어진 것으로 나타나며 그 '잔류'의 기록 모두가 아주 중요하다. 그러나 이 글은 박완서의 소설들을 그 이외의 기록들과 함께 다루고 있으므로 제1차 잔류, 즉 6·28 인민군의 서울 점령부터 9·28 서울 수복 및 이후의 잔류파 처리 문제에 한정하여 다루고자 한다.

박완서의 자전적 소설은 그것대로 하나의 심층적인 탐구 대상이 될 수 있을 정도로 복잡하고 다층적이고 또 지속적이다. 『나목』에서 시작되어 앞에서 열거한 장편소설들과, 특히 『그 많던 싱아는 누가 다 먹었을까』의 연작에 해당하는 『그 산이 정말 거기 있었을까』, 「엄마의 말뚝」 연작, 『그 남자네 집』 등의 자전적 소설군은 '반복'과 '다시 쓰기'로 특징 지워진다.[29] 이러한 글쓰기를 향해 "박완서의 자전적 글쓰기가 자기 정체성의 문제와 연관됨은 물론이거니와 타자화되는 자기 경험, 또한 이를 확대시켜서 '여성'과 '공동체'의 경험에 대한 계속된 '말 걸기'라는 차원에서 윤리적인 의미부여가 가능하다"[30]라고 한 진단은 그것을 박완서의 발언과 증언으로서의 문

29 김정은, p. 115.

30 위의 논문, p. 17.

학이라는 관념에 연결 지은 것과 함께 경청할 만하다.

실로 박완서는 자신의 유소년기 체험과 6·25전쟁 체험 등을 오랜 세월에 걸쳐 자전적 소설의 다양한 형태로 새롭게 쓰는 작업을 계속해 간 작가였다. 이 자전적 소설 장르는 분명 텍스트 외부의 지시 대상의 존재를 환기시킨다는 점에서 신비평주의적인 텍스트주의의 한계를 일깨우는 독특한 소설 문법을 내장한다. 이 개념은 불가피하게 소설 텍스트 내부의 인물과 그 외부로서의 작가를 비교, 대조하게 하며 이 두 '항목'이 어느 정도의 유사성을 보이는가에 따라 자전적 소설의 '등급'을 판정하도록 유도한다. 이 판정은 작가의 삶이 남긴 직접적 자료들과 더불어 흔히 수필 같은 '직접적' 글쓰기를 기준 삼아 이루어질 수 있는 것처럼 보인다. 그러나 신변담을 쓴 수필까지 포함하여 모든 자전적 글쓰기 양식은 언어의 한계를 넘어설 수 없다. 그것은 사실 자체를 직접 지시할 수 없다. 때문에 박완서의 자전적 소설들의 경우에도 각각은 서로의 꼬리를 물고 원환을 그리는 듯한 형국을 빚어낸다. 그것들은 '우로보로스' 뱀처럼 서로 물고 물린다. 그것들은 이 작품들을 낳은 박완서라는 작가의 삶과 그것을 살아낸 그녀의 영혼의 내적 '무한성'을 지시하는 것처럼, 작가를 빼어 닮은 인물에서 어렴풋이 닮은 듯한 인물까지 다층적, 다각적인 형상화 양상을 보여주면서 언어적 표현 안에 머문다. 그것들은 상호 보증적이면서 때로 서로의 신뢰성을 깎아 내리기도 하면서 서로가 서로를 그와 같은 연쇄고리로부터 탈락되는 것을 방지하면서 병립한다.

먼저, 『목마른 계절』은 이러한 맥락에서의 박완서의 자전적 소설의 일부를 이룬다. 이 소설을 자전적 소설로 읽을 수 있게 하는 형식상의 '징후'는 무엇보다 이 소설의 연대기적 구성이다. 이 작품은 모두 열한 개의 장으로 구성되어 있으며, 시간적인 순서를 따라 이야기를 전개하는 형식을 취한다. 이 소설의 장 구성은 매우 단순하게 보일 정도인데, 특히 「6월」, 「7월」, 「8월」, 「9월」, 「10월」, 「11월·12월」, 「1월」, 「2월」, 「3월」, 「4월」, 「5월」 등 월별 제목만으로 장 제목을 대신하고 있음을 볼 수 있다. 이러한 구성은, 이 소설이 6·25전쟁이 발발한 1950년 6월부터 1951년 5월에 이르는 시기에 있어 여대생 '하진'이 겪은 이야기를 사실적으로 서술한 것임을 주장하고 있으며, 나아가 다음과 같은 작중 여주인공의 자서전 내용은 이 '진'이 작가 박완서의 분신일 수 있음을 강하게 시사한다.

> 나는 인삼으로 유명한 개성의 근교 개풍군의 호젓한 한 촌에서 태어났습니다. 온통 햇빛 넘치는 푸른 들에 삼포의 갈색 지붕이 드문드문 섞여 그 푸르름이 더욱 신선한 아름다운 고장이었습니다. 집은 가난한 편이었지만 그곳에서 지낸 어린 시절의 행복, 따습고 소박한 인간관계는 지금도 잊을 수 없습니다. 지금 그때의 추억은 거의 동강난 채이지만 나는 동강난 조각들로부터 얼마든지 긴 이야기를 꾸며낼 수도 있습니다.[31]

물론 소설에 도입된 자서전적 서술 양식은 독자들을 어떤 방향으로 읽게끔 유도하는 작가의 서술전략의 일부일 수 있다. 이와 관련하여, 수잔 랜서는 모든 광고나 국가까지 포괄하는 넓은 의미의 '언어적' 텍스트를 부착 텍스트 attached texts, 분리 텍스트detached texts, 애매모호한 텍스트

31 박완서, 『목마른 계절』 (파주: 세계사, 2012), p. 110.

equivocal texts로 구분하는 가운데 문학을 세 번째 유형에 포함시켰다.[32] 작가와 텍스트 안의 인물을 문학에서는 때로는 분리해서, 때로는 결합시켜서 사유하는데, 특히 시에서는 그 결부지음이 관습적으로 두드러지며 자전적 소설에서도 통상 허구적이라 간주되는 소설들에서보다는 훨씬 더 강하게 결부 짓는 경향이 있다. 나아가, 독자들로 하여금 이렇게 작가와 텍스트 내 인물을 결부 짓게 하는데 작용하는 요소를 논자는 단독성singularity, 익명성anonymity, 동일성identity, 신뢰성reliability, 비서사성non-narrativity 등의 다섯 가지로 제시했다.[33]

예를 들어, 이광수의 대표적인 자전적 소설 가운데 하나인 『그의 자서전』은 제목에서부터 자전적임을 두드러지게 내세우고 있고 소설 내 주인공의 삶의 대체적인 경력 또한 상당한 정도로 작가의 그것과 유사함을 보이지만 결정적으로 작가와 전혀 관계없는 이름을 주인공에게 부여함으로써 자전적 소설 양식에 대한 독자들의 기대를 교란하면서 그 소설적, 즉 허구적 장치 안에서 자신의 지난 삶에 대한 서술의 진정성 요구를 비껴간다. 이 과정을 위에서 언급한 다섯 가지 지표를 활용하여 상세하게 분석, 평가할 수 있다.

『목마른 계절』은 앞에서 언급한 작중 자서전 내용 말고도 작중 인물 '진'과 작가 박완서의 상사 관계를 확신할 수 있게 하는 여러 가지 동일성identity 지표를 보여준다. 첫째, 소설에서 그녀는 1950년 봄에 B고녀를 졸

32 서은혜, "이광수 소설의 '암시된 저자' 연구" (서울대학교 대학원 박사학위논문, 2017.2), p. 22.

33 위의 논문, pp. 22~23.

업한 것으로 나타난다. 작중에 '진'과 '향아', "그녀들은 분명 4년제 여고에 입학하였는데, 해방과 더불어 변경된 학제로 부당히도 2년씩이나 더 옹색한 제복과 완고한 교칙 밑에 억류당했던 것이다."[34]라는 정보가 제공되어 있다. 이것은 『그 많던 싱아는 누가 다 먹었을까』에서 상세하게 설명되는 주인공에 관한 정보들과 '합치'되는 양상을 보인다. 여기서 주인공 '나'는 해방 전 숙명고녀에 입학했다 해방 후 학제가 바뀌어 4년제 여자 고등학교가 6년제 여자중학교가 된 상황에서 학교를 더 다니고 1950년 5월에야 졸업, 6월에 서울대 문리대에 입학하게 된다.[35] 다시, 『목마른 계절』의 '진'은 B고녀의 민청 지하조직이 발각되어 무더기로 정학 처분을 받는 중에 함께 끼게 된다. 이 설정은 『그 많던 싱아는 누가 다 먹었을까』에 와서는 상당히 다른 뉘앙스를 띠면서 같지 않은 설정으로 나타난다.

> 결석을 하고 알아본 결과 메이데이 날 결석을 한 아이는 일제히 교무실로 불려가 남산에 갔나 안 갔나 조사를 받고, 갔다 온 것이 알려지면 굉장한 꾸지람을 듣고 학부형까지 불려가 용서를 빌어야 했던 모양이다. 딴 학교에서는 경찰에 넘기기도 했는데 다행히 우리 학교에서는 학내 문제로 온건하게 처리한 것이 그 정도였다. 아무도 내가 간 것을 고해바치지 않아 사나흘 후에 학교에 가니 아무런 문책도 없이 넘어갔다. 그러나 나는 그 일이 두고두고 부끄러웠다. 입장을 바꿔서 생각할 때 얼

34 박완서, 앞의 책, p. 15.
35 박완서, 『그 많던 싱아는 누가 다 먹었을까』 (서울: 웅진출판사, 1992), pp. 201, 148~150, 222, 230 참조.

마나 비겁하게 보였을까, 생각만 해도 자신이 혐오스러웠다. 메이데이 건에 대해선 선생님으로부터 아무런 의심도 안 받았을 뿐 아니라 반 친구들도 내가 그런데 갔으려니 여기는 애가 없었다. 그건 내가 평소 너무도 고지직한 모범생이었기 때문이라고 생각되어 나는 나의 철저한 이중성에도 정나미가 떨어졌다. 그후 민청조직이 와해된 건지 나만 따돌렸는지 다시는 접선이 이루어지지 않았다.[36]

이와 같이 동일한 작가 박완서를 모델로 삼아 쓴 두 작품이 한 곳에서는 적극적인 민청 활동을 벌인 것으로 나타나는 한편, 다른 한 곳에서는 비록 사상관계로 연루되어 있기는 했지만 처벌을 면하면서 자괴감을 갖게 되는 것으로 처리되어 있다. 이 점은 자전적 소설의 장르적 '문법'과 관련하여 자못 흥미롭다. 작품의 표면적 형식상 작가와 다른 인물로 내세운 『목마른 계절』의 주인공은 대학생이 되기 전부터 좌익 활동에 적극 가담했고 대학에 입학하자마자 발발한 6·25전쟁에 대해서도 처음부터 인민군 측을 지지하는 쪽에 선다. 작중 주인공 '나'를 작가 자신이라고 '지시'한 소설 『그 많던 싱아는 누가 다 먹었을까』에서는 그렇지 않다.

자전적 소설이라기보다 소설로 쓴 자전이라고 보아주기를 바랐다고 해야 할 이 소설에서 해방 후부터 6·25전쟁 중 인민군의 서울 점령과 그 뒤 1·4후퇴 전까지의 이야기를 담고 있는 부분은 제10장 「암중모색」부터 제11장 「그 전날 밤의 평화」, 제12장 「찬란한 예감」까지다.

이 부분에서, 해방 후에 주인공이 다니는 중학교에는 자치회라는 게 생

36 위의 책, p. 203.

졌고 그때 주인공도 포함하는 "우리는 그때 자유와 민주주의라는 걸 학생에게 무한한 권리가 있는 것으로 착각했"[37]다. 전임 교장을 지지하고 새 교장이 오는 걸 반대하기도 한다. "나는 그때 그 혼란을 좌익과 우익, 진보와 반동의 대립이라는 이념적 관점에서 바라보고 이해하려 들었고, 내가 박수 치고 역성 들어줘야 할 편은 좌익이라는 생각에 망설임이 없었다."[38] 그것은 무엇보다 오빠의 영향 때문이었다. 올케가 세상을 뜬 후 알 수 없는 사람이 되어간 오빠는 좌익에 가담한 끝에 피해 다니는 신세가 되었다 작은숙부의 도움을 받은 후 우여곡절 끝에 생활인으로 귀환해 간다. 이 과정을 관찰자적으로 목도하는 주인공도 그러한 오빠처럼 이념에 대해 그다지 집착 없는 여성으로 제시된다. 오빠는 새 아내를 맞아 지하운동에서 멀어져 아들까지 얻었고 보도연맹에까지 가입, 고양의 중학교 선생으로 취직한다. 작가는 이 시기를 회고하면서 "골수 공산주의자는 삼팔선을 넘어 월북을 하거나 체포되어 감옥살이를 할 수밖에 없었고, 오빠처럼 이상주의적인 얼치기 빨갱이에겐 보도연맹이라는 퇴로가 마련되어 있었다"[39]라고 썼다.

이러한 상황 전개 속에서 주인공 역시 민청 활동에서 멀어져 모범생으로 수업을 빼먹고 영화관에 가기도 하는 소소한 일탈 속에서 학교를 마치고 대학에 들어간다. 잠시 동안 오빠의 영향으로 사상적인 활동에 가담하기는 했으나 그녀는 새로운 생활에의 기대가 크다. 6·25전쟁은 소설 속에

37 위의 책, p. 195.
38 위의 책, p. 197.
39 위의 책, p. 214.

서 이러한 시점에 일어난 예기치 못한 사태다. 주인공은 전쟁이 발발했다는 소식에도 다음날 동숭동 문리대로 등교하여 수강 과목을 듣고 양주동의 강의를 도강한다. 다음날에도 그녀는 학교에 가면서 미아리 고개를 넘어오는 피난민 행렬을 본다. 그녀는 그들이 순수한 양민은 아니고 악덕지주이거나 경찰가족쯤 될 것이라고 생각하기도 하지만 이러한 판단에 대한 성찰은 "나의 그런 견해는 다분히 좌경사상에서 영향받은 바 없지 않았다"[40]라고 하는 문장으로 가볍게 처리된다. 이날 학교에서는 강의가 없이 여학생들에게는 귀가조치가 내려지고 호국단 간부들이 결의문을 낭독하는 가운데 집으로 돌아오자 어머니와 올케는 피난을 준비하고 있다. 그러나 오빠가 돌아오지 않은 가운데 다시 하룻밤을 지내게 되고 날이 밝자 세상은 바뀌어 인민군 치하가 되어 있다. 이 인민군 치하에서의 7월을 주인공은 다음과 같이 술회한다.

> 나는 진즉부터 학교에 나가고 있었다. 오빠와는 달리 바뀐 세상에 서슴없이 공감했다. 그들이 이승만 정부 욕하는데 공감했고, 노동자 농민에 대한 약속에 공감했다. 거의 잊고 지내던 팸플릿을 보고 맛본 공산주의에 대한 최초의 감동과 매혹까지 생생하게 되살아나 그들의 승승장구에 박수갈채를 보내고 싶었고, 한때 민청조직에 들어 있었다는 걸 대단한 투쟁경력처럼 자부하고 싶은 생각까지 들었다. 게다가 입학한지 얼마 안되는 대학에 대한 애착도 무시 못했다. 나는 바뀐 세상에 참여하고 싶었고 , 내가 속할 만한 데는 대학밖에 없었다. 등교해 보니 문리대

---

40 위의 책, p. 232.

건물은 인민군이 차지하고, 연건동에 있는 수의과대학에서 등록을 받는 걸로 돼 있었다.[41]

인민군 치하에서 막연하지만 새로운 의욕을 품고 학교에 나간 주인공은 그러나 등교 공작이라는 것에 동원된다. 대학생에게 학교에 나와라 마라 하는 활동은 그녀의 "자존심에 관한 문제"[42]였고, 그처럼 "매일매일 말 안 되는 일"[43]이 이어진다. 반동분자 명단을 복사하고 학습시간에는 김일성의 교시를 읽고 또 읽어야 하는 "무한한 복습"[44]에 그녀는 그만 기가 질려 버린다. 남학생과 여학생 사이에서조차 아무런 "이끌림"[45]도 없는 "황폐의 극치"[46] 속에서 그녀는 오빠가 의용군에 붙들려간 것을 기화로 학교에 나가는 걸 그만두고 만다.

이러한 서사적 묘사 속에 나타나는 그녀는 전쟁 발발 직후 잠시 좌익 이념에 동조했을 뿐 나중에는 오히려 반발을 느껴 활동을 멈춘 것이다. 그러고 나서 세상이 바뀐다. "애국은 곧 반공"인 세상이 닥쳐 "빨갱이 족치기"[47]가 이어진다. "고발과 밀고"[48]가 창궐하는 가운데 서울에 잔류했던 사람들은 곧 부역자 취급을 받는 일이 벌어진다. 이러한 상황을 '나'는 다

41 위의 책, p. 246.
42 위의 책, p. 247.
43 위의 책, p. 247.
44 위의 책, p. 248.
45 위의 책, p. 248.
46 위의 책, p. 248.
47 위의 책, p. 252.
48 위의 책, p. 252.

음과 같이 술회한다.

> 이렇듯 서울에 남아 있던 사람에겐 정도의 차이는 있을망정 일단은 부역의 혐의를 걸 수 있는 여지가 있게 마련이었다. 비록 그들이야말로 서울을 사수하겠다는 정부의 말을 액면 그대로 믿은 순수한 양민이었다고 해도 말이다. 정상은 참작되지 않았다. 부역에 있어서 한 점 부끄러움도 없이 결백하다고 주장하기 위해서는 한강 다리를 건너 피난을 갔다 왔다는 게 제일이었다. 그래서 자랑스러운 반공주의자 내에서도 도강파라는 특권 계급이 생겨났다. 시민들은 안심하고 생업에 종사하라고 꾀어 놓고 떠난 사람들 같지 않게 안하무인이었다. 어쩌면 자기 잘못에 대한 자격지심 때문에 선수를 치느라고 그렇게 위세를 부리는지도 몰랐다. 그렇지 않고서야 친일파의 정상은 그렇게도 잘 참작해 주던, 그야말로 성은이 하해와 같던 정부가 부역에는 그다지도 지엄할 수가 없는 노릇이었다.[49]

이와 같은 작중 주인공의 심리를 가리켜 잔류파의 시대인식과 감각을 보여주는 것으로 보아도 크게 어긋나지 않을 것이다. 정부의 잔류파 처리 과정에서 그녀의 집은 가택 수색을 당하고 조리돌림을 당하듯 돌아가며 조사를 받는다. 앞의 인용 대목이 잔류파의 인식과 감각으로 바뀐 세상과 이른바 도강파의 논리를 비판한 것이라면 다음의 인용 대목은 잔류파의 강박적 피해의식을 묘사한 것이다.

---

49 위의 책, p. 253.

그들은 마치 나를 짐승이나 벌레처럼 바라다보았다. 나는 그들이 원하는 대로 돼 주었다. 벌레처럼 기었다. 정말로 그들에겐 징그러운 벌레를 가지고도 오락거리를 삼을 수 있는 어린애 같은 단순성이 있었다. 다행히 그들은 빨갱이를 너무도 혐오했기 때문에 빨갱이의 몸을 가지고 희롱할 생각은 안 했다. 나는 내가 너무 귀족적으로 자란 걸 다 원망했다. 잘 먹고 잘 입고 떠받들여졌다는 소리가 아니라 수모에 길들여질 기회 없이 커 왔다는 뜻이다.

나는 밤마다 벌레가 됐던 시간들을 내 기억 속에서 지우려고 고개를 미친 듯이 흔들며 몸부림쳤다. 그러다가도 문득 그들이 나를 벌레로 기억하는데 나만 기억상실증에 걸린다면 그야말로 정말 벌레가 되는 일이 아닐까 하는 공포감 때문에 어떡하든지 망각을 물리쳐야 한다는 정신이 들곤 했다.

그럼에도 불구하고 잊어버린 부분이 더 많다고 생각한다. 여러 군데서 개별적으로 당한 일들이 한 묶음으로 단순화 돼 남아 있고, 구체적인 사건들을 추상적으로밖에 생각해 낼 수가 없다. 그건 몸으로 벌레처럼 기었을 뿐 아니라 정신적으로도 폭력에 굴복 당했다는 증거겠지만 어쩌랴, 그렇게 생겨먹은 게 보통 사람이 안 미치고 견딜 수 있는 정신력의 한계인 것을.[50]

이와 같은 심리적 고통 속에서 조사를 받으며 시달리는 사이에 숙부네 집은 정치보위부 앞잡이가 되어 호의호식했다는 치명적인 고발을 당하여

---

50 위의 책, pp. 254~255.

처형을 당하고 만다. 그럼에도 산 사람에게는 살아가야 하는 과제가 남아 있다. 공산 치하에서 학교에 나간 것은 명백한 부역임에도 불구하고 그녀는 "양민과 잠복해 있는 적색분자를 구별하려는 목적성"[51]이 강한 시민증을 발부받아야 하고 그러려면 학생증을 발부받아야 한다. 이때의 상황은 다시 다음과 같이 그려진다.

이상에서 나타나는 서울 수복 후의 상황에 대한 '나'의 심리는 지극히 불안정할 뿐만 아니라 지극히 양가적인 것으로 나타난다. 그녀는 한편으로 이른바 빨갱이 족치기 정세에 전전긍긍함과 동시에 이에 대한 또 다른 환멸을 맛본다. 다른 한편으로 그녀는 자신이 다행스럽게도 새로운 체제의 일원으로 받아들여진 것에 안도한다.

『그 많던 싱아는 누가 다 먹었을까』의 이야기는 여기서 더 나아가 다시 전세가 바뀌어 피난을 가야 하는 가운데 의용군으로 끌려갔던 오빠가 돌아온다. 이제 함께 피난을 가야 하건만 다시 시민증이 문제가 된다. 궁여지책으로 몸담고 있던 고향의 학교로 가 시민증 대신 도민증을 받게 된 오빠는 거기서 청년방위군의 실수로 다리에 관통상을 입게 된다. 도저히 피난을 갈 수 없게 된 주인공의 가족은 과거에 살던 현저동으로 피신하게 된다.

문제는 이렇듯 제10장에서 제12장까지에 걸쳐 묘사된 작가의 분신 '나'의 6·25 개전 초기 경험담의 성격일 것이다. 필자의 판단으로는 이 부분에 나타난 6·25전쟁 또는 이와 관련된 '나'의 자기 성찰은 어딘지 모르게 주관적, 자기 본위적인 듯한 인상을 남긴다. '나'의 해방 공간에서의, 그리고

---

51 위의 책, p. 258.

6·25전쟁 중에서의 좌익 가담 활동은 오빠의 영향에 따른 것이며 일시적이고 끝내는 자기 자신에 의해 철회된 것으로 나타난다. 그럼에도 '나'를 둘러싼 정치 세력들, 좌익과 우익은 '똑같이' 살풍경하고 폭력적이다. 단적으로 말해 이야기체에 가까운 『그 많던 싱아는 누가 다 먹었을까』의 '자기'에 관한 서술에 있어 6·25전쟁의 체험담은 작가 자신이 겪은 불행한 '운명'에 초점을 맞추어 이루어지고 있으며 이 때문에 작가 자신의 행위와 사유에 대한 성찰은 어딘지 모르게 생략되거나 은폐되고 있는 것 같은 인상을 자아낸다. 『그 많던 싱아는 누가 다 먹었을까』의 '적치 90일'과 그 이후의 경험담은 다른 증언적 텍스트의 도움 또는 보충을 받아서야 짝이 맞춰질 수 있는 양상을 보인다.

IV. '잔류파'의 6·25전쟁 증언과 성찰, 그 척도로서의 『목마른 계절』

일인칭 자전적 소설이 작가의 자기 서술의 진정성을 보증해 주지 않는다는 가장 중요한 선례는 1940년을 전후로 하여 앞을 다투어 발표된 많은 '사소설'들이다. 이 시기에 채만식, 이태준, 박태원 같은 가장 우수한 작가들이 발표한 '사소설'은 그들로 하여금 자신의 삶을 당대의 정치와 '무관한' 것으로 그려내도록 해준 효율적인 소설 문법적 장치였다. 채만식의 「근일」, 「집」, 「삽화」, 이태준의 「토끼 이야기」, 「석양」, 「무연」, 박태원의 「채가」, 「음우」, 「투도」 등의 '자화상'들은 그들이 어떤 형태로든 일제말기 총독부 체제와 모종의 관련을 맺고 크고 작은 대일 협력적 글쓰기를 하는 동안에 생활인으로서의 자기를 부각시키는 방식으로 씌어졌다. 이들은 따라서 그들의 정치적 무관심을, 불연관성을 입증해주는 듯하다. 그러나 이 시기에 그들은『매일신보』같은 지면에 대일협력적 색채가 강한 장편소설을 발표하기도 하고 때로는 체제가 요구하는 기행문을 쓰기도 했다. 이러한 신변담들은 정치를 최소한도로, 불가피하게 언급하거나 아예 언급하지 않는 양상을 보인다. 그러나 작가는 알고 있다. 그 자신이 체제나 정치 문제, 자신의 안위를 둘러싼 엄중한 상황을 날카롭고도 세심하게, 심지어 강박적으로까지 의식하고 있다는 사실을.

박완서의 수필 가운데「다시 6월에 전쟁과 평화를 사랑한다」라는 글이 있다. 젊은 박완서의 6·25전쟁 중 잔류 문제는 물론 앞에서 열거한 작가들의 체제 협력 문제와 피상적인 수준에서 등치될 수 없다. 그러나 개전 초기의 6·25전쟁에 관해, 그 무렵의 자신에 관해 술회하는 태도는 의도적인 가장에 가까운 것이었다.

> 그때의 세상이 돌아가는 형편이 어떠했는지에 대해선 거의 생각나는 게 없다.
> 한 달 후에 그 끔찍한 난리가 날 양이면 희미하게나마 전운이 감돌았으련만, 막연한 낌새라도 있었으련만, 하다못해 인심이 흉흉하다든가 유언비어가 떠돈다든가 하기라도 했으련만 전혀 그랬던 것 같지 않다. 아마 그런 데 관심을 두지 않았기 때문인지도 모르겠다.
> 그때 나는 세상 돌아가는 일에보다는 나 자신에 너무 열중해 있었다. 입학의 기쁨에 도취해 있었고, 학문에 대한 야망과 정열도 있었고, 이성

에 대한 감미로운 동경도 있었다. 세상이 어떻게 돌아가든 그건 정치하는 사람하고나 관계되는 일이지 개인적인 행복의 꿈이 간섭받게 된다고는 생각하지 않았기 때문에 그런데 대한 관심으로 스스로를 낭비하고 싶지 않았다.

곧 6월이 되었고, 대학 입학식이 있었고, 미처 대학이 어떤 곳인가를 알기도 전에 25일이 되었고, 포성이 들렸다. 그리고 나는 알지 않으면 안 되었다. 세상이 한 번 크게 뒤척이는 앞에서 사사로운 행복의 꿈은 큰 파도 앞의 모래성보다도 유약하고 허망하다는 것을.[52]

작가는 자신의 체험을 소설이나 수필로 옮길 때, 그가 양심적인 한, 첨가보다는 삭제 쪽을 주로 택하며, 첨가할 때조차도 그 자신의 발설하지 않은 '진실'을 의식한다. 그러나 그러한 작가조차도 '진실' 자체를 솔직하게만 고백하는 법은 거의 없으며, 특히 체제나 시대적 현실이 작가의 안위를 얼마든지 위협할 수 있는 상황에서는 더욱더 머리를 쓰며 간지를 발휘한다. 「다시 6월에 전쟁과 평화를 사랑한다」에서 위의 인용 대목을 쓸 때 작가가 취한 방법은 『그 많던 싱아는 누가 다 먹었을까』에서의 개전 초기 잔류 경험을 쓸 때의 가장적 방법 바로 그것이었다. 그러나 그녀는 곧 그와는 다른 태도로 글쓰기를 옮겨 같은 글 안에서도 가장을 벗고 그 자신의 진정한 의도를 드러내는 쪽으로 나아간다.

그 후 나는 귀천 가리지 않고 밥벌이를 하다가 상아탑의 꿈을 단념하

---

52 박완서, 『여자와 남자가 있는 풍경』 (서울: 한길사, 1978), pp. 106~107.

고 결혼해서 아이 낳고 안정했다. 그러나 그때의 악몽은 시시때때로 나를 괴롭혔다. 나는 너무 오래 6·25를 앓았다. 지긋지긋했지만 치료제는 아무 데도 없었다.

〔중략〕

내가 찾아낸 치료의 방법이 글을 쓰는 일이었다면 너무 기상천외한 방법이었을까. 그렇지만 그건 사실이고 가장 내 체질에 맞는 방법이었다. 나의 초기의 작품치고 6·25의 망령이 얼굴을 내밀지 않는 작품이 없다. 무당이 지노귀굿해서 망령을 천도하듯, 나는 내 글쓰기로 내 속에 꼭꼭 가둔 망령을 자유롭게 풀어주고 아울러 나 또한 자유로와질 수 있는 지노귀굿을 삼으려 들었다.

그러나 나는 큰 굿, 작은 푸닥거리를 미련하게 되풀이했을 뿐 아직 성공적인 굿은 못해본 것 같다. 아직도 앓고 있으니 말이다.

요즈음 나는 그런 색채가 가장 농후한 장편 하나를 책으로 내기 위해 교정을 보지 않으면 안되었다. 『목마른 계절』(원제 한발기)이라고, 데뷔하고 나서 첫 번째 장편으로 여성동아에 연재했던 것이다. 벌써 5, 6년 전의 작품이다. 그것을 이제 와서야 책으로 내게 된 것은 무엇보다도 요즈음의 출판 부흥에 힘입은 바 크다 하겠으나, 그 동안 그 작품을 스스로가 숨겨온 까닭도 있겠다.

굳이 숨기고 싶었던 것은 어줍잖은 걸 또 하나 내어 활자공해에 보탬이 될 게 뭐냐는 겸양의 뜻도 있었지만 그 작품의 너무나 푸닥거리스러운 생경하고 절제 안 된 푸념이 남 앞에 민망하기도 해서였다.

책으로 내는 걸 피지 못하게 되자 그런 것을 사정 두지 않고 걸러내려 했지만 되지 않았다. 나는 아직도 그때의 상처를 객관화시킬 수 있을

> 만큼 치유돼 있지 않았던 것이다. 다만 그것을 다시 읽음으로 6·25의 망령과 내 문학과의 끊을 수 없는 상관관계를 재확인했을 뿐이다.[53]

『목마른 계절』에 대한 이와 같은 서술은 이 작품이 그녀 자신의 고통에 대한 치유를 겨냥하고 있음을 알려준다. 흥미로운 것은 이 작품에 대해 "그 동안 그 작품을 스스로가 숨겨온 까닭도 있겠다"라고 이야기하는 대목이다. 그 주된 이유를 그녀는 "그 작품의 너무나 푸닥거리스러운 생경하고 절제 안 된 푸념이 남 앞에 민망하기도 해서였다"는 것에서 찾는다. 이 생경하고 절제 안 됨이란 무엇일까 하고 작가 자신의 체험 내용과 관계 지어 생각할 때, 이 소설은 그 허구적 소설로서의 의장에도 불구하고 그녀 자신의 체험과 그에서 파생된 사유에 관해 다른 어떤 글에서보다 더 큰 '솔직함'을 함유하고 있을 가능성이 있다. 물론 이것은 디테일에 있어서의 '사실' 접근성이 아닐 것이요, 문학이 허구 속에서 진실을 구축한다고 말할 때의 진실에 가까운 것이다.

사실 박완서는 단지 6·25전쟁 중의 생활고 때문에만 대학으로 돌아가지 못한 것은 아니었는지도 모른다.[54] 만약 그러한 가능성이 있다면『목마

53 위의 책, pp. 107~109.

54 물론 이 시대에는 많은 대학생들이 학교로 돌아가지 못했다. "최근에야 문교부에서 겨우 집계를 본 남한의 전대학의 학생 등록수를 보면 남자대학만 삼십팔개교(서울대학교도 계산)에 일만 칠천 육백 오십구명으로 이중에 이번 새 학기에 입한 학생 즉 인문계통 사천칠백십칠 명 자연과학계통 오천이백구십 명을 제하고 나면 육, 이오 사변 전의 남자대학생 약 삼만 명 가운데서 일만 명 가량이 학창에서 떠나 있는 셈이 된다. 여자 대학생은 부산에 등록된 일천 칠백 명이 그 전부로 보아 좋겠고 사변 전에 비해 약 반수가 줄어 들었다 한다. 그리고 남어 있는 대학

른 계절』의 이야기는 당시의 작가의 선택에 관한 해석적 추론을 가능케 한다. 이에 관하여 『그 많던 싱아는 누가 다 먹었을까』는 구체적인 정황을 말해주지 않는다. 이에 반해 '진'을 중심으로 『목마른 계절』의 잔류 이야기는 6·28에서 9·28에 이르는 경과 과정에 대한 구체적 묘사를 통해 독자로 하여금 '진'이 짊어진 마음의 고통과 부담을 깊이 있게 공유하게 하며, 6·25전쟁의 이념의 활극, 그 적대와 증오가 무엇을 의미하며 어떤 문제를 안고 있었는지 함께 성찰하게 한다.

이 소설 속의 '진'은 앞에서도 언급했듯이 1950년 6월에 'S대' 철학과에 입학해 다니고 있고 이는 당시 서울대 국문과에 입학해 다녔던 박완서의 전기적 사실에 매우 가깝게 겹쳐진다. 소설 속의 '진'은 『그 많던 싱아는 누가 다 먹었을까』의 주인공 '나'처럼 어머니와 올케 혜순과 함께 살고 있고 오빠는 서울 근교 능곡의 농업학교 교사로 있으면서 주말에 집에 다니러 온다. 오빠 '열'은 『그 많던 싱아는 누가 다 먹었을까』의 오빠처럼 좌익 사상에 경도되어 있으되 어머니의 극심한 반대 속에 사상적 동요를 겪던 그와 약간 다르게 상부 조직의 지하 운동자였으며 다시 그 오빠와 마찬가지로 현재는 전향자(또는 도피자)로서의 삶을 영위하고 있다.[55] 『목마른 계절』

생을 각 지역별로 보면 부산의 피난대학과 원주대학에 등록된 남자 일천 오백 칠십 명과 여자 일천 칠백명을 제하야 일만 일천명(신입생 포함)이 대구 대전 광주 등지에 분산되여 각지 연합대학에서 수강하고 있는 터이다. 이와 같이 장차의 이 나라 주인공들은 그 수효가 부쩍 줄어들어 있는 터로서 명일의 대한민국의 발전을 위하여 이 남어 있는 대학생만이라도 절대 확보하여야 할 것이고 이러한 견지에서 더욱 학생의 징집 보류 문제가 절실히 요청되여 온 것이다."("서리 맞인 상아탑—대학생 등록 겨우 만칠천," 《자유신문》, 1951.12.16.)

55 위의 책, pp. 35~36.

에 나타나는 이 'S대'는 "원래" "좌익 세력이 센 데"로 "비록 지하로 숨어 들어갔을망정" "골수분자들이 조종하는 조직이 아직도 건재"한 곳으로 나타난다.[56] 이는 앞에서 언급한 서울대 문리대 교수 이명선 등의 행적과 관련하여 시사하는 바가 있다.

이와 같은 소설적 설정들로 인해 『목마른 계절』은 허구적 의장에도 불구하고 강렬한 자전적 소설의 범주 속에서 독해할 수 있다. 작중 '진'은 단순히 허구적인 인물이 아니라 작가 박완서 자신에 관계되는, '분신적' 인물로 제시된 것이며, 박완서는 이 '진'을 통하여 그 자신에 관련된 어떤 '진실'을 강하게 시사하고자 한다. 그러한 가설의 설정이 가능한데, 이것은 수필 「다시 6월에 전쟁과 평화를 사랑한다」에서 작가가 언급한, "생경하고 절제 안 된 푸념"에 관계하는 것이다. 이를 분석해서 밝히는 것은 그녀가 6·25 전쟁을 어떻게 '소화'했는가를 보여주는 것이자 이 전쟁으로 대표되는 이념적 적대와 증오를 지양하는 그녀만의 독특한 방법론을 찾아내는 것이기도 하다.

이 소설에서 『그 많던 싱아는 누가 다 먹었을까』의 마지막 세 개 장에 해당하는 부분은 「6월」, 「7월」, 「8월」, 「9월」, 「10월」, 「11월·12월」의 장이다. 여기서 이 소설의 허구적 의장에 해당하는 가장 큰 장치는 주인공 '진'과 '향아' 사이에 '준식'을 둘러싸고 벌어지는 삼각관계일 것이다. 이것은 소설의 전반부를 지탱하는 큰 뼈대를 이루고 있지만 그 역할은 '그다지' 크지 않다. 첫 장부터 소설은 좌익 조직의 상부에 속해 있다 전향하여 시골 학교 교사가 된 오빠에 대한 '진'의 저항감을 바탕으로 6·25전쟁 개전의 문

---

56 위의 책, p. 39.

제로 신속하게 나아간다.

이 소설에서 처음 6·25전쟁 개전 소식을 접한 '진'의 생각은 다음과 같은 상념에 압축적으로 표현되어 있다.

> 그렇지…… 전쟁이 살육과 파괴만이 목적이 아닐진댄 반드시 썩고 묵은 질서의 붕괴와 찬란한 새로운 질서의 교체가 뒤따를 것이 아닌가? 그렇지! 어쩌면? 그럴 수도, 아니, 확실히 그렇게 될지도![57]

이는 서울이 인민군에 의해 점령된 때의 감상을 그린 다음의 대목에서 다시 한 번 반복되어 표현된다.

> 세상이 바뀐 첫날이자 비 개인 여름날은 사방이 온통 빛에 넘치고 있었다. 티끌이 말끔히 가라앉은 투명한 공간을 통해 모든 전망은 밝고 선명했다.
>
> 진이는 문득 좀 전에 본, 대학병원 뒤뜰에 방치된 국군의 시체들을 생각하고 몸서리를 쳤다. 그곳은 너무도 밝고 너무도 행인들의 시선과 가까웠다. 살육과 파괴가 따르지 않는 전쟁이 어디 있으랴. 전쟁의 명분을 얼굴로 치면, 살육과 파괴는 내장이다. 내장은 누구나 갖고 있으면서 그 노출에 혐오를 느끼는 게 누구나의 생리다. 아름다운 얼굴에 아름다운 내장이 따를 리도 없다. 결국 문제는 내장이 아니라 초면에, 얼굴도 내밀기 전에 내장부터 내보이는 그 무신경과 잔혹성이다. 그녀는

57 박완서, 『목마른 계절』 (서울: 수문서관, 1978), p. 37.

> 다시 그녀가 지금 화내고 있는 대상이 무엇인가에 생각이 미치자 당혹하고 만다. 잠깐 소녀적인 감상이었다고 스스로를 바로 잡는다.
> (혁명이 아닌가? 그리고 난 보통 행인들과 다르다. 적어도 혁명을 예견했고, 투쟁력도 만만찮다. 나는 오늘 환호하고, 감동하고 할 의무가 있다.)[58]

그러나 단순한 반복이 아니다. 전쟁이 시작되고 나서 처음 시신을 접하면서부터 '진'은 "전쟁의 명분"보다도 먼저 "살육과 파괴"를 본 것에 당혹해 한다. 그러면서도 그녀는 자신이 좌익 쪽에 섰던 사람임을 환기하며 전쟁을 긍정하고자 애쓴다.

「7월」에 들어서면 '진'은 인민군 점령 하의 대학에 나가 민청 문리대 위원회에서 일하기 시작한다. 그러나 처음부터 그녀는 일종의 목마름을 느낀다. '진'은 납득할 수 없는 열기에 감싸인 채 훈시, 호소문, 당사 연구를 반복하고 등교 공작에 나가며 위원회 간부의 지시에 따라 전황을 그린 지도를 그리는 가운데 쉽게 민청의 주변부로 지쳐 떨어지고 만다. 7월의 뜨거운 태양 아래서 그녀는 광장의 '한발'을, 목마름을 절감한다.

> 서쪽 창 바로 밑엔 몇 포기 안 되는 칸나가 창 높이 만큼 자라 진홍빛 꽃을 유리에 맞대고 있었다. 그것뿐 인민군들이 웅성대는 본관까지의 제법 아득한 광장이 나무 한 그루 풀 한 포기 없이 작열하는 태양 밑에 희게 마치 백지처럼 희게 무의미하게 펼쳐져 있었다.
> 그것은 아주 혹독한 가뭄의 풍경처럼 공포로왔다.

---

58 위의 책, pp. 55~56.

잎새조차도 푸르지 못하고 붉은 빛이 도는 핏빛 칸나도 마치 오랜 한발 끝에 지심에서 내뿜는 뜨거운 화염처럼 처절한 저주를 주위에 발산하고 있었다.

붉은 건 칸나뿐이 아니었다. 정면 벽 중앙에 늘어진 붉은 깃발, 그 깃발을 중심으로 빽빽이 붙여진 벽보의 핏빛 글씨들—혁명, 원쑤, 투쟁, 당, 인민, 수령, 영광, 애국…… 머리가 아찔하도록 집요한 투지, 집요한 증오, 그리고 집요한 애국. 또다른 벽에는 김일성을 중심으로 한 모택동, 스탈린의 대문짝 같은 초상화와 그 밑의 붉은 지도. 며칠 전 바로 진이가 그린 것으로 그 후도 인민군이 새로운 지역을 해방시킬 때마다 붉게 칠해 가기로 돼 있는 이 지도의 붉은 침윤을 보고 있을라치면 진이는 또 한 번의 한발을 느낀다. 이곳 창밖의 흰 광장에서 비롯된 한발이 온 누리를 덮어가고 있다고 까닭도 없이 그렇게 느끼고는 몸서리를 쳤다. 그러나 그녀가 느낀 가뭄은 실상은 그녀의 심상이었을 뿐, 비오는 날과 개인 날은 알맞게 번갈아 계속되어 땅은 사람들의 전쟁 따위엔 아랑곳없이 화염 아닌 푸르름을 매일매일 생육해 여름은 검푸르게 무성하기만 했다.[59]

이 '한발'이 함축하고 있는 바와 같이 이 소설의 이야기는 이제 「8월」로 나아가 '진'은 인민공화국의 첫 인상은 당과 주권이 동일한 의미를 지니고 있다는 것이었다는 힐난이 들어간 자서전을 쓰고 당세포위원장 최치열로부터 적당한 시기에 당원으로 추천해 주겠다는 언질을 받는다. 폭격이 점

59 위의 책, pp. 83~84.

차 격심해져 가면서 '진'은 비행기 기금 모금 운동에 내몰리고, 의용군에 소집된 오빠는 삼청동 국민학교에 결집했다 미아리 고개 넘어 북쪽으로 끌려간다. '진'은 '준식'이 의용군이 되거나 빨치산으로 가는 것을 막으려 하지만 출신 계급의 치욕을 넘어서려는 준식은 이를 거절한다.

「9월」의 장으로 들어가면 전세는 이제 급격히 바뀌어 S대 민청은 해산의 날을 맞이한다. '진' 그녀와 함께 어울리는 친구들은 오히려 해방감을, 자유에의 예감을 느낀다. 그러나 뒤바뀐 세상은 또다른 광기의 세상이다. '진'은 '향아'에게 자신이 그동안 인민군 쪽에 "협력"했었음을 알리고 나아가 '향아'의 약혼자인 준식과 서로 사랑했노라고 강변한다. 「10월」의 장에 들어 서울은 고발과 복수가 횡행하고 부역자를 색출하여 고문과 살상을 가하는 일이 비일비재하게 벌어진다. 학교에 나가라는 외삼촌의 말에 '진'은 "부역학생"으로 받게 될 벌을 두려워 하면서도 학교에 간다. 교사는 미군이 차지하고 있고 '진'은 어느 교수 관사에서 심사를 받고 자신의 행위를 자백한 후 참상이 담긴 보도사진들을 본다.

> 보도전을 봤대서가 아니라 요즈음의 사람들이 사람을 보는 눈은 남녀의 성별도 용모의 미추도 직업의 귀천도 아니요, 다만 빨갱이냐 흰둥이냐였다. 죄목 중 으뜸가는 것이 빨갱이였고 그 밖의 죄는 어떤 파렴치 죄건 사람들은 관용할 수 있었다.
>
> 천태만상의 진열이 끝난 뒤에도 그녀는 한참 동안 숨을 크게 내쉴 수도 없는 죄송함을 주위의 군중에게 느낀다.
>
> 이렇게 자유로워서는 안 된다는 죄의식을 뚜렷이 느끼면서도 그녀는 자신의 죄명을 빨갱이라고 붙이기만을 망설이고 있었다. 진이는 '저 년

이 빨갱이다'라는 고함이 곧 들려올 듯한 환각에 질겁을 하며 흥분한 군중 속에서 겨우 빠져 나와 혼자가 된다. 진땀이 흐른 등골에 비로소 오한 같은 걸 의식한다.

빨갱이와 흰둥이의 죽고 죽이는 일의 순환에서 벗어날 수 있는 또 하나의 색은 없는 것일까?

설핏한 나뭇가지 사이로 보이는 가을 하늘같이 푸른 색깔은 없는 것일까? 설사 그런 제3의 색이 있다손 치더라도 혼자서 그런 색깔일 수는 없을 것 같다. 외로워서.[60]

여기서 "제3의 색"을 상상하는 '진'의 사유는 잔류파 '부역자'로서의 체험에 뒤바뀐 세상의 새로운 광기까지 아울러 맛본 사람의 것이다. 작중의 '진'은 '향아' 앞에서와 심사를 받으면서, 모두 두 번에 걸쳐 자신의 행위를 '낱낱이' 드러내는 '고백'을 통과한 끝에야 이와 같은 '제3의 길'에 대한 사유로 나아갈 수 있다. 이 소설의 이러한 '고백'적 요소는 이로 하여금 6·25 전쟁 개전 초기 인민군의 서울 점령 기간 중 서울대학교 문리대 상황에 대한 '보고' 내지 '증언'으로 기능하도록 하면서 동시에 두 이념, 두 세계의 허위에 동시에 마주서게 한다.

그리고 이는 박완서와 같은 세대에 속하는 작가라 할 수 있는 최인훈의 『광장』(1961)의 주인공 이명준의 '제3국행', 곧 중립국행과 상응하는 것이다.

나중에 작가 자신의 유소년기 경험과 미국 '체류'의 경험을 유장하게 서

60 위의 책, pp. 239~240.

사화하며 허구적 의장을 벗어던진 대작 『화두』(1994)에 이르러 분명하게 드러났듯이 최인훈은 원산중고등학교 시대에 소년단에서의 혹독한 자기비판 경험과 조명희의 이상주의적인 소설 「낙동강」이 주는 미적 체험의 모순을 자기 문학의 근본적 질문으로까지 승화시켜 나갔다. 북한 사회주의 체제에서 경험한 사회주의 교육의 영향력은 자본주의 체제로서의 남한의 사회체제에 대한 비판을 가능케 하지만 동시에 그것이 곧 폐쇄적인 '밀실' 체제로서의 사회주의 체제를 용인하는 것으로 귀결될 수 없다는 인식, 그것은 최인훈의 문학에 있어 마치 '주박'과 같은 힘으로 작가를 사로잡으며 이 난제를 평생을 바쳐 풀어가도록 강제한다. 『광장』에서 시작하여 『회색인』(1964), 『서유기』(1967)를 거쳐 『화두』에 이르는 도정은 자본주의와 현실사회주의를 함께 지양할 수 있는 원리와 체제를 찾아 나아온 과정이다.[61] 특히 『서유기』에서 독고준은 W시로 향하는 '긴' 내면의 여행 속에서 그곳에 자신의 부끄러움이 효수되어 있다고 여기는데, 이는 그 작가 최인훈이 그 자신의 성장지 원산에서 겪은 정신적 고통을 표상한다. 이 부끄러움은 그 자신만이 맹렬히 폭격 받는 도시 원산을 탈출하여 살아남았다는 데서 오는 부채감을 가리키고 있으며, 이는 다시 그 자신이 한 시절은 가혹하게 또 한 시절은 아름답게 배운 사회주의 이념에 대한 정신적 강박을 시사하기도 한다. 이 사랑 없는 이념을 극복할 수 있는 새로운 원리, 체제, 정신을 발견하지 못한다면 그 자신의 부끄러움은 계속될 수밖에 없다.[62]

61 방민호, "월남문학의 세 유형," 『통일과평화』, 제7집 2호 (2015); 방민호, "데가주망의 논리," 『어문논총』, 제67권 (2016) 참조.

62 방민호, "월남문학의 세 유형," pp. 199~200 참조.

마찬가지로 『목마른 계절』의 '진'이 작가 박완서 자신의 모습과 여러 가지 측면에서 유사하다는 점을 인정할 수 있다면, 이 소설의 「10월」 장에 보이는 "제3의 색"에 대한 사유는 잔류파 부역자의 부채의식을 딛고 남과 북, 좌익과 우익의 대립, 증오, 상쟁을 넘어선 세계에 대한 전망을 엿본 것이라 할 수 있다. 이 새로운 사유가 작중 '진'이 표상하는 작가 박완서의 내밀하고 비참한 '협력'의 경험을 기반으로, 그 실체적 체험을 바탕으로 형성되었다는 점에서, 이를 가리켜 박완서 식의 잔류파의 모럴 감각의 산물이라고 말할 수 있다. 박완서 또한 그녀가 속한 세대, 즉 1930년대 전반기 출생 작가들, 이호철, 최인훈, 박완서로 연결되는 작가적 세대가 자신들의 문학에 6·25전쟁을 '수리'해 나간 독특한 태도를 보여주었다고 할 수 있다.

「11월·12월」의 장에서 '진'과 그녀의 친구들은 교수들이 주도한 일차심사에서 떨어진다. 그러나 "심사에 떨어진 것쯤 아무렇지도 않았다. 이차심사가 있대서가 아니라 아직 자유가 있었으므로 그녀들은, 특히 진이는 자유만을 아주 분에 넘치게 과분한 것으로 허겁지겁 받아들이고 있었다."[63] 그러나 다시 전세가 뒤바뀌어 '진'의 가족도 피난을 가야 할 상황에서 의용군으로 끌려갔던 오빠가 갑자기 돌아오고 시민증을 구하러 N중학교에 갔다 그만 총상을 입고 만다. 그리고 이는 결국 오빠 '열'의 참담한 죽음으로 연결된다. 이 죽음은 『나목』, 「엄마의 말뚝」 연작, 『그 산이 정말 거기 있었을까』 등에 다양한 형태로 변주되어 나타나는 것으로 박완서의 가장 극적인 잘 알려진 6·25전쟁 체험을 가리킨다. 이 소설에서 좌익적 세계관을 품고 개전 초기 전쟁의 폭력과 살상을 정당화 하던 여대생 '진'은 그 자신

63 박완서, 앞의 책, p. 220.

의 부역 체험과 오빠의 죽음이라는 참극을 경유한 끝에 전쟁의 허위를 마침내 분명히 깨닫는다. 전쟁은 어떤 이데올로기를 내세우더라도 무의미하다는 것, 체제 논리를 앞세우는 어떤 폭력과 광기도 용인되어서는 안 된다는 것. 이것은 '진'이 자기 자신의 체험을 바쳐 얻은 교훈인 것이다. 이 작품의 끝부분에서 '진'은 "전쟁으로 말미암은 우리 세대의 죽음엔 무언가 주석을 달아주지 않으면 안 될 것 같"[64]다는 올케의 말에 다음과 같이 화답한다. 이 대화는 전쟁에 대한 박완서의 접근법이나 가치 평가를 이해하는데 중요하다.

> "그렇지만 이 동족 간의 전쟁의 잔학상은 그대로 알려져야 된다고 나는 생각해요. 특히 오빠의 죽음을 닮은 숱한 젊음의 개죽음을, 빨갱이라는 손가락질 한번으로 저 세상으로 간 목숨, 반동이라는 고발로 산 채로 파묻힌 죽음, 재판 없는 즉결 처분, 혈육 간의 총질, 친족 간의 고발, 친우 간의 배신이 만들어낸 무더기의 죽음들, 동족 간의 이념의 싸움 아니면 도저히 있을 수 없는 이런 끔찍한 일들을 고스란히 오래 기억해야 한다고 나는 생각해요."
>
> "왜요? 무엇 때문에? 무용담이나 훈장도 허구 많은데."
>
> "그야 전쟁이 끝나고 나면 한동안 무용담, 훈장이 판을 치겠죠. 또 싸움터에 꽃핀 휴머니즘 이야기라든가 전쟁 중에 치부한 이야기 같은 것까지도. 그렇지만 그런 이야기란 자칫하다간 사람마다에 잠재한 호전성이랄까 영웅심이랄까 그런 걸 자극할 수도 있을 거예요. 그래서 '전쟁

---

64 위의 책, p. 391.

이란 해볼 만한 거다'라는 생각까지도 갖게 할지도 모르죠. '전쟁이란 해볼 만한 거다' 얼마나 철딱서니 없는 위험한 생각이겠어요. 전쟁을 겪은 우린 그저 말만 들어도 소름이 끼치는 이야기죠. 그러니까 결국 오빠의 죽음의 경우 같은 참혹의 기억, 학살의 통계, 어머니의 경우 같은 후유증, 이런 것만이 전쟁을 미리 막아보려는 노력과 인내의 밑바탕이 될 수 있을 거예요. 툭하면 '자유민주주의를 위해서라면', 저쪽에선 '수령이나 사회주의 낙원을 위해서라면' 일전도 불사할 결의를 보여야만 하는 것으로 되어 있는 치졸한 애국애족에서 깨어나 좀 더 깊이 생각하게 될 거예요. 결국은 이데올로기라는 것도 사람을 잘 살게 하기 위해 사람이 만들어낸 거지 이데올로기 나고 사람 난 건 아니잖나 하고."[65]

어떤 이데올로기와 명분도 전쟁의 죄악을 합리화 할 수 없다는 '진'의 귀결점이 중요한 까닭은 그것이 선험적 공리로서 내세워진 것이 아니라 그 자신의 혹독한 체험, 자신의 행위와 사유에 대한 윤리적 고뇌를 통과한 끝에 경험적, 귀납적으로 얻어진 명제라는 점에 있다. 바로 이 점에서 박완서의 『목마른 계절』은 작가 자신을 모델로 삼아 역사의 체험자로서의 증언을 수행한 작품이다.

잔류파 부역자의 무겁고도 깊은 부채감을 딛고 단순한 사상적 전향을 행하는 데로 나아가지 않고, "동족간의 전쟁" 중에 벌어진 윤리적 범죄들에 대한 명징한 인식을 기반 삼아 이념을 내세운 전쟁의 무위성을 증언하

---

65 위의 책, pp. 431~432.

고 불모의 이데올로기를 넘어선 세계를 지향한다는 점에서, 박완서의 문학은 주체적 경험으로서 전쟁의 반의어인 평화의 가치를 성찰적으로 탐구했던 것이다.

11장

김대중의 통일·평화사상

I. 들어가는 말: 통일·평화사상가로서의 김대중

김대중(1924~2009)은 제15대 대통령(1998~2003)을 역임한 정치인으로서 한반도의 통일·평화 문제에 관해 자신만의 이론을 정립하고 이를 평생 실천한 인물이다. 그는 여타 철학자나 사상가들과 달리 현실 정치인으로서 한국 현대사의 주요 정치적 변화들을 직접 경험하며 자신의 관점을 형성했고, 대통령으로서 한국 민주주의 체제 권력구조의 정점에서 이를 실현하려 했다는 유일무이한 경험을 갖고 있다. 역대 대통령에 대한 다양한 평가가 있겠지만, 필자가 보기에 김대중은 한국의 역대 대통령 중에 유일하게 통일에 대한 자신만의 이론을 정립한 인물이고, 동시대에서 가장 국제화된 감각과 세계적 네트워크를 보유한 정치인이었다는 점에서 다른 정치인들과 다른 독보적 지위를 갖고 있다.

역사적 인물에 대한 깊은 학문적 이해는 한 사회가 그 인물이 처했던 역사적 환경과 경험, 사고방식이 형성되고 변화하는 과정, 중요한 결정 과정과 그 효과에 대해 객관적인 기록과 분석을 통해 총체적으로 이해하고 그 경험을 지혜의 공동자원으로 만들어가는 과정에 다름 아니다. 그러나 기존의 사회과학적 연구들은 주로 '김대중 정권'의 특정 '정책들'에 대한 분석과 평가가 주를 이루고 있다. 이러한 연구들은 정권의 성격과 개혁정치의 구조적 한계들[1], 대북정책으로서 햇볕정책의 특성과 장단점[2]에 대한

1 정태환, "김대중 정권의 성격과 개혁정치 : 모순과 한계," 『한국학연구』, 제31집 (2009), pp. 387~416.

2 김근식, "햇볕정책 2년: 평가와 전망," 『통일시론』, 제7권 (2000); 최완규, "햇볕정책의 국내정치적 제약요인분석," 『동북아연구』, 제8권 (2003); 박선원, "햇볕정책과 여론: 지속성과 변용의 관점에서 본 실증분석," 『한국과 국제정치』, 18권 2호 (2002); 이시형, "김대중 정부 대북정책에서의 여당의 위상과 역할," 『21세기정치학회보』, 제14집 2호 (2004), pp. 139~168; 이경호, "김대중 정부 시기 대북정책과 국가자율성에 관한 연구," 『국제정치논총』, 제47집 1호 (2007), pp. 191~213; 허태희·윤황, "민주화 이후 한국정부의 대북정책 성향 및 전략 비교: 김대중-노무현 정부와 이명박 정부를 중심으로," 『국제정치연구』, 제12집 2호 (2010), pp.

당대의 관점에서의 분석이 대부분이다. 김대중 정권과 통일 정책에 대한 역사적 평가[3]가 일부 존재하지만 그의 철학과 사상에 대한 분석과 평가는 거의 이루어지지 않았다.[4] 이는 오랜 냉전 분단체제의 경험과, 소위 87년 체제로 불리는 단임 대통령제가 만들어내는 특유의 정치적 분극화(polarization)와 관련되어 있다는 것이 필자의 판단이지만, 그럴수록 체계적인 학문적 분석과 기록, 평가의 필요성은 더 커진다고 할 수 있다.

이 글은 김대중이 평생에 걸쳐 정립하고 현실화하려고 부단히 노력했던 통일·평화론으로부터 역사적 교훈을 얻기 위해, 그 핵심 가치들의 특성에 주목해 분석하고 평가하려는 하나의 작은 시도이다. 김대중의 통일론은 크게 열린 민족주의(Open Nationalism)에 기반한 '자주', 적극적 평화주의(Positive Peace)의 관점에서의 '평화', 전 지구적 민주주의(Global Democracy)를 지향하는 '민주'라는 세 가지 기본 가치에 기반해 있다는 것이 잘 알려져 있다. 여기서 자주란 통일을 포함해 민족의 모든 문제를 강대국의 결정에 맡기거나 외세에 의존하지 말고 민족 자결의 정신에 입각해 해결하자는 것이지만, 반외세 자주화로 치닫는 폐쇄적 민족주의는 경계했다. 평화란 단순히 전쟁의 부재상태라는 소극적 개념을 넘어서서 적극적 평화개념에 입각해 평화를 만들어내는 것을 의미하며 비핵화, 동북아 다자간 안보

1~37.

3 홍석률, "김대중, 노무현 시대의 역사적 평가," 『내일을 여는 역사』, 제37호 (2009), pp. 26~38; 박태균, "실패한 통일의 신화들," 『황해문화』, 제37호 (2002), pp. 59~72.

4 김삼웅, "김대중의 정치철학과 사상 탐구," 『인물과사상』, 제138호 (2009), pp. 114~126.

협력 체제 등을 포함한다. 민주주의는 일국적 차원을 넘어 제3세계 민족들도 선진국과 같은 자유와 번영, 정의를 누리고, 더 나아가 생명운동을 전개하는 것을 뜻한다.[5] 이 글은 이 세 가지 기본 가치들과 일부 중복되지만, 현재적 의미를 되살리기 위해 그의 사상이 기반하고 있는 세 가지 핵심 가치들에 주목하고자 한다. 첫 번째는 그의 통일·평화론의 국내정치적 기반이 된 민주주의이다. 그에게 민주주의(Democracy)는 다른 모든 사상과 정책의 근간이 되어야할 근본 규범(Grund Norm)이었다. 둘째는 국제적인 감각을 바탕으로 오랜 시간에 걸쳐 만들어낸 한국형 통일 모델이다. 그에게 한반도의 통일이란 독일, 베트남과 다르고 북한의 연방제와 한국의 흡수통일과 다른 점진적 과정이었다. 세 번째는 그만의 통일·평화론을 만들어내고 어떤 도전에도 굴하지 않고 도전했던 창의적 낙관주의(Creative Optimism)이다. 김대중은 기존의 통일, 평화론과 달리 남북연합이라는 차별적인 단계와 제도를 창의적으로 설계했고, 어떤 비관과 어려움에 직면해도 가능성의 미래를 믿는 낙관주의를 체득하고 있었다.

그렇다면 김대중의 민주주의, 한국형 통일모델, 창의적 낙관주의는 어떤 과정을 거쳐 형성되었으며, 구체적으로 어떤 내용으로 구성되어 있을까? 아래에서는 각각의 역사적 배경과 내용을 살펴볼 것이다.

5 아태평화재단, 『김대중의 3단계 통일론: 남북연합을 중심으로』 (서울: 한울, 1995), pp. 23, 33.

II. 민주주의와 평화: '선민주 후통일에서 글로벌 데모크라시로'

1924년에 태어난 김대중은 일제 식민치하와 태평양전쟁, 해방과 분단, 한국전쟁과 냉전, 군부 권위주의와 민주화, 세계화와 탈냉전이라는 한국 현대사의 거시적 변동을 모두 경험했다. 박정희가 주로 식민지배, 독립 국가건설과 냉전대립이라는 시대를 반영한 인물이었다면, 김대중은 무엇보다도 '민주주의라는 시대의 파도'를 탄 인물이었다고 할 수 있다. 김대중의 국내 정치 경험, 국제적 경험, 그리고 향후 정치인으로서의 모든 활동의 근간에는 민주주의에 대한 신념과 경험이 깔려 있다고 할 수 있다.

김대중은 오랫동안 정치 정당생활을 했고, 특히 야당 정치인으로서 경험을 쌓았다. 이미 30대 초반부터 다양한 잡지와 언론에 기고하며 정치적 목소리[6]를 내온 그는, 1950년대 장면, 신익희, 조병옥, 백남훈 등을 중심으로 하는 민주당 신파계 인물로 정치에 입문하였다. 1956년, 33세의 나이로 민주당에 입당한 그는 이듬해 민주당 중앙상무위원으로 선출되었고[7], 4·19 직후 젊은 정치인들이 각광을 받는 상황에서 당시 집권당이었던 민주당의 선전부장 겸 대변인으로 활동했다. 젊은 정치인 김대중은 그때부터 신문에 이름이 오르내리며 세상에 알려지고 주목을 받았다. 그는 1954년 제3대 국회의원 선거에서 목포에서 출마하기 시작한 이후[8], 세 번 낙선

6 연세대학교 김대중 도서관, 『김대중 연보 (1924~2009) Ⅰ』 (서울: 시대의 창, 2011), pp. 28~29.

7 『김대중 연보 Ⅰ』 (2011) pp. 30~40.

8 김대중, 『김대중 자서전 1, 2』 (서울: 삼인, 2010). p. 89.

했고 마침내 1961년 5월 인제군 국회의원 보궐선거에서 당선되었다. 그러나 바로 5·16쿠데타가 발생하여 의원직을 수행하지 못했다. 1960년대 정치인 김대중은 목포에서 연달아 당선되면서 보수 야당의 거물 정치인으로 성장하였다. 당시 그는 민주당의 정책이념을 만들고, 야당으로서 이념 체계와 기본 원칙을 수립하는 역할을 했다. 김대중은 비교적 선명하게 군사 정권에 반대한 야당지도자였다. 1967년 국회의원 선거 때 박정희 대통령은 김대중의 지역구이던 목포에 거물급 여당 인사를 전략공천하고 그를 낙선시키려 했다. 그러나 그때까지도 김대중은 한일회담 반대운동 과정에서 매우 온건한 편에 속했다. 그가 군부 독재 세력에게 위험한 인물로 지목된 것은 1971년 대통령 선거 때문이었다.[9]

1971년은 정치인으로서의 김대중의 생애 경로가 달라지는 결정적 국면이었다. 1969년 9월 14일 박정희 정부는 삼선개헌안을 통과시켜 장기집권을 시도하고 있었다. 이에 대한 신민당 등 야당의 반발이 거세던 상황에서 1970년(47세) 1월 27일 김대중은 『국제신보』에 '40대 기수론'이라는 제목의 칼럼을 기고했다. 당시 박정희 정권이 3선 개헌안을 통과시키자 김영삼, 이철승, 김대중 등 패기 있는 40대 정치인들이 중심이 되어 강력한 대여투쟁을 전개하여 평화적 정권 교체를 이루어야 한다는 내용이었다.[10] 1971년 신민당의 당내경선을 통해 야당 대선후보로 선출된 김대중은 대선후보로서의 굵직한 정책들을 내놓고 대중적 인기를 끌며 박정희와 맞대결하면서 예측을 불허하는 일대 접전을 벌였다.

---

9 홍석률, "김대중, 노무현 시대의 역사적 평가," p. 30.

10 『김대중 연보 Ⅰ』, pp. 221~233; 『김대중 자서전 1, 2』, p. 199.

그는 1970년 10월 16일 대통령 후보로서 기자회견을 갖고 향토예비군의 폐지, 대중 경제 노선의 추진, 미중소일 4대국의 한반도 전쟁 억제 보장, 남북한의 화해와 교류 및 평화 통일론, 공산권 국가들과의 관계 개선과 교역 추진, 초중등학교의 육성회비 징수 폐지, 사치세 신설, 학벌주의 타파, 이중곡가제 실시 등을 제시했다. 그에 따르면 "공약 하나 하나가 엄청난 파급력을 지녔지만, 특히 향토예비군의 폐지와 4대국 안전보장론, 남북 교류와 평화통일론, 대중경제[11] 노선은 국민들이 폭발적 관심을 보였다."[12]

4대국 안전보장론은 한반도 주변의 4대 강국인 미국, 소련, 중국, 일본이 한반도의 평화와 안보를 보장하는 역할을 해야 한다는 내용이었고, 남북 교류와 평화통일론은 계속 한반도에 긴장을 조성해 오던 정부 여당에 큰 충격을 주었다. 하지만 김대중은 1971년 4월 27일 제7대 대선에서 패배했고, 이어서 개최된 5월 총선에서 신민당이 패배하며 국가와 사회사이의 정치적 균형이 무너졌다. 1971년 12월 6일 박정희는 통일준비를 이유로 비상사태를 선포했고, 같은 이유로 1972년 10월 17일 유신을 선포했다.[13] 유신을 선포했을 당시 김대중은 치료차 일본에 체류하고 있었다. 이때부터 김대중은 해외에 체류하며 반독재투쟁을 전개하기로 결심한다.

11 대중경제론은 당시 내외문제연구소를 운영하며 '민족경제론'을 제시한 박현채 교수 등 여러 학자들의 도움을 받으며 완성해 나간 것으로 알려져 있다. 박명림·김대중, "민주적 시장경제와 평화공존에의 여정," 『역사비평』, 제84호 (2008. 8), p. 40.

12 『김대중 자서전 1, 2』, p. 206.

13 『김대중 자서전 1, 2』, pp. 228~246.

"나는 박정권과 맞서 싸우려고 결심했다… 나는 나라 밖에서 자유롭게 내 의사를 피력할 수 있다. 미국, 일본 등 세계 여론에 호소하자. 독재 정권의 해악을 세계에 알려 박 정권과의 유착을 차단하자. 그러면 국내에서도 용기를 가지고 유신 반대 투쟁을 벌일 것이다. 민주화를 바라는 국민들을 위해서라도 해외에서 싸우자. 민주 투쟁을 위한 국제적인 조직도 결성하고, 생각과 뜻이 같은 교포들과도 함께 투쟁해 나가자."[14]

당시 김대중은 일본 신문, 잡지, 텔레비전과의 인터뷰를 통해 한국 상황을 알렸고, 일본의 다양한 정치인들과 시민사회 인사들과 교류하며 국제적인 민주화운동을 전개했다. 미국으로 건너간 그는 1973년 7월 6일 교민들을 연결하여 '한국민주회복통일촉진국민회의'를 창립했다.[15] 왕성한 활동을 하던 그는 1973년 8월 중앙정보부 요원들에 의해 일본 도쿄에서 납치당했다. 김대중 납치사건은 일본과 미국에서 활동한 그가 구축한 네트워크가 더욱 확대되고, 그것이 일본과 미국의 정부, 정치인, 언론, 관료, 지식인들의 중요한 관심사가 된 결정적 계기였다.[16] 예컨대 당시 『세카이』를 중심으로 결합된 일본 지식인들은 한국의 민주화에 관심을 갖고 김대중 구명운동 뿐 아니라 한일 시민사회 연대를 추구하는 활동을 본격적으로 시작하게 된다.[17]

14 『김대중 자서전 1, 2』, p. 270.
15 『김대중 연보 Ⅰ』, pp. 286~307.
16 『김대중 연보 Ⅰ』, pp. 304~329.
17 황석영, 『수인 1: 경계를 넘다』(파주: 문학동네, 2017), pp. 69~90: 김영미, "외교문

이렇게 비교적 젊은 나이에 대통령 후보로서의 성공적인 데뷔를 한 김대중은, 이후로 오랫동안 그 대가를 치러야 했다. 대선후보가 된 김대중은 박정희를 비롯한 경쟁자들로부터 이후 십여 년간 극도의 탄압을 받게 된다. 1973년 납치에서 풀려난 그는 이후 6년간 옥고를 치렀고, 55차례 가택연금을 당했다. 특히 12·12쿠데타와 5·18광주민주화운동의 유혈진압을 통해 등장한 전두환 정권은 김대중에게 사형까지 선고하였다.[18]

이런 큰 고난을 겪게 되기 전까지 그의 민주주의에 대한 이해는 근본적인 수준은 아니었다고 볼 수 있다. 그는 사업가 출신으로서 노동문제에 대해 비교적 진보적 견해를 갖고 있었고, 젊은 세대 정당 정치인으로서 실력과 정책으로 정당성을 구축하기 위해 연구소 활동에 참여하고 스스로 연구소를 설립해 정책을 만드는 훈련을 해왔다.[19] 하지만, 유신체제가 도래한 이후 민주주의와 국제연대가 아니었다면 자신의 생명마저 잃을 수 있었던 경험을 통해 그는 민주주의가 가장 중요하고 그것이 모든 것에 우선해야 하며 근본에 깔려 있어야 한다는 신념을 갖게 된다.

서를 통해서 본 김대중 납치사건과 한·일연대," 『한국근현대사연구』, 제58집 (2011), pp. 214~251; Lee, Misook. "The Japan-Korea Solidarity Movement in the 1970s and 1980s: From Solidarity to Reflexive Democracy," *The Asia-Pacific Journal,* Vol. 12, Issue 38, No. 5 (September 22, 2014); 鄭根珠, "韓國民主化支援運動と日韓關係: 金大中內亂陰謀事件」と日本における救命運動を中心に," 『アジア太平洋討究』, No. 20 (2013).

18 홍석률, "김대중, 노무현 시대의 역사적 평가," p. 31.

19 그는 목포에서 서울로 올라온 직후 한국노동문제 연구소에 상근하며 노동문제에 대한 다양한 진보적 글들을 출판했고, 1964년에는 국제문제에 대한 동향 파악을 위해 한국 내외문제 연구소를 설립했다. 이런 경험은 이후 대통령이 되어 통일정책을 수립하기 위해 아시아태평양재단을 설립한 것으로 이어진다. 『김대중 연보 I』, pp. 28~29; 『김대중 자서전』, pp. 90, 163.

김대중이 보기에 통일이란 주제는 금기가 많았고, 정략적으로 활용되는 경우가 많았다. 1960년대부터 그는 "외부 자극이 있을 때만 발작처럼 일어나는 통일논의는 건전하지도 않고 그것이 통일에 도움을 주지도 않는다"고 보았다.[20] 1971년 박정희 정권이 비상사태를 선포하자 당시 미국과 유럽을 방문 중이던 그는 "민주화 요구가 억누를 수 없는 한계점에 이르자, 박정권은 영구 집권을 위한 최후 수단으로 북한을 끌어들여 긴장감을 조성"한다고 판단했다. "냉전의 물줄기를 끌어와 독재를 획책하는 박 정권이 참으로 한심스럽게" 느껴졌다는 것이다. 1972년 유신 이후에 그는 박정희 정권이 통일을 빌미로 민주 정치를 짓밟고 있고, 통일 세력을 용공분자로 몰 수 있다는 이유로 통일을 우선시하는 운동에 반대하는 '선민주, 후통일' 원칙을 수립한다. "박정희 정권 교체 없이는 통일을 이룰 수 없다"는 입장이었다.[21]

정략적으로 활용되는 통일보다 민주주의를 우선시하는 그의 입장은 수많은 해외 언론들과의 인터뷰, 강연, 질의응답을 통해서 더 확대되고 발전되어갔다. 처음에 그의 민주주의 이해는 군사 독재에 반대하는 것, 대통령을 직선제로 선출하는 것에 머물렀지만, 점차 공산주의와 사회주의 같은 다른 정치 이념을 포괄하는 제도로서, 한 국가에서 뿐만 아니라 전 지구적인 책무를 지는 신념으로서, 인간만이 아니라 자연과 생명에게로 확대되는 사상으로서 진화했다.

예컨대 1986년 9월 하버드 대학 국제문제연구소 방문 시 그는 강연 후

20 《조선일보》 주최 좌담회 발언, 『김대중 연보 Ⅰ』, p. 117.

21 『김대중 연보 Ⅰ』, pp. 256~257, 307~311.

다음과 같은 질문을 받았다. "당신은 지금 망명까지 하면서 한국의 민주주의를 위해서 싸우고 있는데 그것이 과연 가능합니까? 민주주의는 서구사회의 산물입니다. 한국의 전통에는 민주주의 요소가 없지 않습니까? 더욱이 한국은 유교의 영향이 강한 나라이기 때문에 민주주의 가능성이 희박하다고 생각하는데 당신의 견해는 어떻습니까?" 이런 질문에 대해 김대중은 아시아와 한국의 역사와 전통으로부터 민주주의의 기본 원칙과 유산을 찾을 수 있다며 반박했다. 첫째, 동학의 인내천 사상처럼 역사 속에 민본정신이 있다는 것이고, 둘째, 최근 한국의 100년의 역사를 보면 3·1운동, 60년의 4·19, 79년의 부마항쟁, 80년의 광주항쟁까지 민주화 운동이 지속되었다는 것이며, 셋째, 보수적인 전통으로 여겨지는 유교의 근본정신에도 민본주의 원칙이 있음을 설파했고, 넷째, 한국의 교육수준이 세계 정상급이어서 향후 민주적 시민성의 발전가능성이 크다는 것을 알렸다.[22]

이렇게 김대중의 민주주의 인식은, 한국과 아시아 민주주의의 역사적 전통과 경험을 긍정하며 민주주의의 발전에 대한 낙관적 이해로 발전했고[23], 탈냉전 이후 국제적 학술 교류를 통해 더 확대되어 전 지구적 민주주의, 생명철학으로 나아갔다. 1987년 대선에서 양김의 분열로 패배한 그는 영국 케임브리지 대학을 방문해 영국의 여러 학자들을 만났다. 당시 그는 앤서니 기든스, 존 던 교수와 민주주의에 대해 깊은 대화를 나누고, 이제 국

22 『김대중 자서전 1, 2』, pp. 437~438.

23 정근식은 이런 의미에서 1998년 김대중 정권의 수립을 아시아에서 민주주의 모델을 세우고 아시아의 민주화 역사를 말할 때 한국을 중심에 두게 한 역사적 사건으로 해석하고 있다. 정근식, "정권교체, 민주주의 그리고 '광주'," 『당대비평』, 제4호 (1998), pp. 124~143.

민 국가 수준의 민주주의를 차원을 달리하여 새롭게 발전시켜야 한다는 데 서로 뜻을 같이 했다. 세계 곳곳에서 고통받는 사람들도 자유와 정의가 깃든 세상에서 살 권리가 있으며, 나아가 인류의 형제인 모든 생명붙이에게도 평화가 깃들어야 한다는 것이었다. 김대중은 지구상의 모든 존재들(나무, 풀, 동물, 물고기, 날짐승, 공기, 흙)의 생존권이 보장되는 전 지구적 민주주의를 실현하고 싶다고 말했다. 기든스 교수는 이러한 민주주의를 '코스모폴리탄 데모크라시[24]'라고 명명해야 한다고 말했고, 김대중은 글로벌 데모크라시가 어떻겠느냐고 제안했다.[25]

김대중이 생각하는 전 지구적 민주주의는 일국적 차원을 넘어 세계적 차원을 포괄하는 책임성을 지는 일이었다. 각국 내에서 자유와 정의가 실현되고, 나아가 제3세계 민족들도 선진국과 같은 자유와 번영, 정의를 누리도록하자는 것이었다. 더 근본적으로는 생명체의 보전을 위해 생명운동을 전개할 필요가 있었다. 그는 이때 아시아적 민주주의의 포용성이 서구식 민주주의의 한계를 극복하는데 긍정적 영향을 줄 수 있다고 보았다. 동학의 인내천 사상, 문민 주도의 정치, 문화적 전통, 과거제도의 개방성, 언론 자유 존중, 타민족을 침략하지 않은 평화주의, 교육에 대한 열의, 반독

---

24 코스모폴리탄 민주주의는 기든스가 재직해던 런던 정경대학LSE를 중심으로 David Held, Richard Falk, Mary Kaldor 등이 지속적으로 발전시킨 자유 민주주의의 전 지구적 확대와 지구적 거버넌스에 대한 논의이다. David Held, *Democracy and the Global Order* (Cambridge: Polity Press, 1995); 이에 관한 다양한 리뷰와 반대 의견에 대해서는 Daniele Archibugi, "Cosmopolitan Democracy and its Critics: A Review," *European Journal of International Relations,* Vol.10, No.3 (2004), pp. 437~473.

25 『김대중 자서전 1, 2』, p. 573.

재 민주화 투쟁의 교훈 등이 그 근거였다. 그가 보기에 우리의 민주주의가 아시아적 사상과 전통에 뿌리를 둔 새로운 민주주의, 전 지구적 민주주의로 한 단계 높은 경지로 올라설 때 비로소 이상이 실현될 것이었다.[26]

그는 탈냉전 이후 세계사의 흐름에 대해서도 민주주의를 중심에 둔 해석을 했다. 민주주의 체제 내에서 냉전의 양대 이념을 조화시킬 수 있다는 것이었다. 1991년 9월 17일 모스크바 대학 초청 강연에서 그는 다음과 같이 밝혔다.

> "오늘날 공산 국가들이 몰락한 것은 그 나라들이 사회주의를 했기 때문이 아니라 민주주의를 하지 않았기 때문입니다. 사회주의가 패배한 것이 아니라 민주주의를 하지 않은 독재적 사회주의가 패배한 것입니다. 사회주의만이 아니라 자본주의 국가 중에서도 몰락한 나라는 얼마든지 있습니다. 독일의 나치즘과 일본의 군국주의가 그 대표적인 예입니다. 그 나라들 역시 독재 자본주의에 매달려서 민주주의를 하지 않은 나라들입니다. 문제는 민주주의입니다. 민주주의를 하고 있는 나라는 자본주의든 사회주의든 다 같이 성공했습니다. … 20세기는 사회주의에 대한 자본주의의 승리가 아니라 독재에 대한 민주주의의 승리의 역사입니다."[27]

이처럼 김대중은 1971년이라는 결정적 국면을 거쳐 민주주의를 가장

---

26 『김대중의 3단계 통일론』, pp. 33~34.

27 『김대중 자서전 1, 2』, p. 540.

근본적인 규범으로 체득했고, 이를 한국과 아시아의 민주주의 전통과 가능성을 보는 관점으로, 냉전 양대 이념을 조화시키는 제도로, 전 지구적 책임성을 지는 보편적 가치로, 생명과 평화를 포함하는 생태사상으로 확대했다.[28] 이는 야당의 신진 대통령 후보로서, 국제적 민주화운동 연대의 리더로서, 민주화 이후에도 유력 대통령 후보로서 지속적으로 민주주의에 대한 이해와 이상적 담론을 학습하고, 다양한 국제적 소통을 통해 한국적, 아시아적 보편성과 가능성을 확인해간 이상주의자의 형성과정을 보여준다고 할 수 있다.

Ⅲ. 국제적 안목과 한국적 통일이론의 형성

김대중은 다른 정치인들과 달리 "30년에 걸쳐 숙성된 통일관"을 만들어낸 것으로 평가된다. 그의 통일론은 무엇이고 어떤 과정을 통해 형성되었을까. 그는 1960년 12월 민주당이 앞으로 통일문제를 다룰 때, 소극적이고 부정적인 자유당과 달리 보다 적극적이고 이론적인 공세를 펼칠 것을 주창했다. 당시 그의 통일론은 자유당에 비해서는 더 적극적인 대응을 촉구한 것이지만, 시민사회에서 제기되는 중립통일론이나 남북 교류론에 대

28 김근식은 이를 국제정치학이 제기하는 민주평화론(Democratic Peace Theory)으로 해석하고 있다. 김근식, "탈냉전과 한반도 평화 그리고 민주주의," 『평화연구』, 제18권 2호 (2010년 가을).

해서는 인기영합주의라며 비판하는 입장이었다. 하지만 그의 입장은 1960년대 초반 중국이 유엔에 가입하는 것이 국제적으로 논의되자 이에 호의적인 태도를 보이며 바뀌기 시작했다. 국제적 조류가 바뀌는 것에 민감하게 반응하기 시작한 것이었다. 중국이 핵실험에 성공한 1964년에 이르면 그는 통일문제에 대한 주장을 위험한 사상으로 간주하거나 회피해선 안 되며, 강경일변도 보다는 이해와 설득이 필요하며, 통일을 위해 경제력 신장 등의 대책 등 포괄적, 거국적 검토가 필요하다고 주장했다.[29]

1964년 11월『세대』지에는 통일에 대한 국민적 논의를 활성화해야 한다는 글을 기고하여 통일 이슈를 선제적으로 제기하려 했다.[30] 특히 1960년대 초반 베를린 위기와 쿠바미사일 위기 이후 서독을 중심으로 동독의 주권을 인정하지 않고 외교적으로 고립시키는 할슈타인 원칙(Hallstein doctrine)에 대한 비판이 등장하자 김대중은 1966년부터 한국 정부의 냉전적 입장 고수가 '국제적 조류'에 어긋난다며 재검토를 촉구했다. 김대중은 정부의 통일 정책이 부재하다고 비판했고, 할슈타인 원칙을 포기하고 공산국가들과 교류를 시작하자며 실리 외교를 주창했다.[31] 유엔 내부에서 점차 자유주의 사회주의 국가들 간의 세력판도가 변하고 있다는 것도 근거가 되었다.[32]

---

29 『김대중의 3단계 통일론』, p. 281. 정부차원의 통일 연구 기관인 통일원이 설립된 것이 이때부터였다.

30 『김대중 연보 Ⅰ』, pp. 61~64; 『김대중 자서전 1, 2』, p. 166.

31 김대중, 『나의 길 나의 사상: 세계사의 대전환과 민족 통일의 방략』 (서울: 한길사, 1993).

32 『김대중 연보 Ⅰ』, pp. 151~152.

이는 1950년대 이후 북진 통일, 1960년대의 승공 통일론이 북한의 적화 통일론과 대립하던 당시 정치 상황에서 박 정권이 설정해놓은 통일론의 수위를 훨씬 넘는 발언이었다. 박정희 정권은 김대중의 주장을 '북한 공산주의 집단과 우두머리인 소련, 중공과 교류하자'는 것이라며 용공으로 비난했다.

이처럼 김대중의 초기 통일론은 당시의 국제적 흐름을 민감하게 관찰한 산물이었다. 야당 주요 정치인으로서 그에겐 다양한 국제 연수 기회가 주어졌다. 예컨대 1966년 2월 야당 정치인으로서 미 국무성 초청으로 미국으로 떠나, 3개월. 로스앤젤레스, 샌프란시스코, 런던, 뉴델리, 홍콩, 도쿄를 방문했다. 5월 27일에 귀국한 그는 "정부는 지금 세계가 걸어가고 있는 정반대 방향으로만 달리고 있어요. 외국의 번영을 볼 때 국내에서 일어나고 있는 정정을 생각하고 통곡하고 싶었습니다"라고 소회를 밝혔다.[33]

국제적 데탕트 조류를 민감하게 지켜보던 김대중은 1971년 대통령 선거에 나서면서 '4대국에 의한 한반도 평화 보장', '남북 간의 평화 교류 등을 통한 남북관계의 개선과 점진적인 평화 통일'을 본격적으로 제창했다. 향토예비군 폐지나, 4대국 안전보장론, 남북 교류론에 대한 폭발적인 대중적 지지를 경험한 김대중은 1971년 4월 대통령 선거에서 패배한 이후 미국, 일본, 영국, 프랑스, 독일 등 5개국을 순방하고 돌아와 귀국 보고 강연회를 통해 보다 체계화된 형태의 '3단계 통일방안(평화공존, 평화 교류, 평화 통일)'을 국민 앞에 제시하였다. 당시 맥락에서 '3단계 통일방안'은 통일 의지를 결여한 당시 정부를 비판하며 긴장 완화와 전쟁 방지를 통한 평화 공

33 『김대중 연보 Ⅰ』, p. 162.

존 방안을 제시한 것이었다.

아울러 그는 남북 간 기자 교류, 체육 문화 분야 교류를 비롯, 사회 각 분야에서 교류를 확대하여 평화 통일을 실현하자고 역설했다. 당시 김대중의 주장은 파격적인 것이었지만[34], 이 시기는 정확히 서독에서 1969년 빌리 브란트가 총리가 된후 동방정책(Ostpolitik)을 표방한 접근을 통한 변화, 교류 협력 정책이 현실화되고 있던 시기였다. 이런 흐름을 반영해 김대중은 1972년 7월 서울 외신기자 클럽에서 기자회견을 통해 남북한의 UN 동시 가입을 주장하였다. 당시 고조되어 있던 국제적 화해 무드를 일찍 간파하여 나온 진취적인 발상이었다.[35]

하지만 앞서 살펴보았듯이 1972년 10월 17일 박정희 정권이 유신을 선포한 후 김대중은 오랜 기간 국제적 민주화 투쟁과 투옥, 가택연금을 거치며 '선민주, 후통일' 원칙을 고수하는 기간을 거치게 된다. 박정희 정권이 붕괴한 후에도 전두환 정권기에 사형을 선고받으며 정치적 고난의 시기를 보낸 그는 1987년 민주화 이후 대선에서 낙선한 이후 국내외에서 숙고의 시간을 보내며 통일론을 보다 발전시키고 체계화하게 된다.

1980년대에 김대중은 그동안 국제사회의 흐름을 파악하며 한반도에서 현실화시키기 위해 제시한 통일방안에 보다 구체적인 현실성을 부여하기 위해 통일의 제도적 접근을 모색했다. 이 시기부터 그는 '민족의 염원인 통일에의 길을 열기 위해 연방제를 만든다'는 새로운 구상을 그려가기 시작했다. 완전통일로 가기에 과도적으로 연방제 형태가 반드시 필요하다는 인

34 『김대중의 3단계 통일론』, pp. 278~279.

35 『김대중의 3단계 통일론』, p. 285.

식에 기초한 것이었다. 당시 김대중은 공화국 연방이 영연방(Common-wealth) 형태와 비슷한 것으로 보았으나, 느슨한 상징적 연방기구 하에 평화 공존과 교류를 특징으로 하는 것이었다.[36]

이렇게 통일 이전에 과도적인 단계를 설정하고 연방제에 대한 검토를 하며, 김대중의 통일론이 틀을 잡아갈 때, 노태우 정부의 1988년 7·7선언이 발표되었고 북방정책이 추진되었다. 한국은 구동구권 국가들과 수교를 했고, 1991년엔 남북 기본합의서가 체결되었다. 김대중은 이 시기 국가연합단계에서 연방제로, 완전 통일로 이어지는 과정을 구체적으로 보완하는 작업을 했다. 그리고 1990년대에 3단계 통일론을 완성하는데, 1991년 4월에 발표된 남북공화국연합제 통일방안은 기존에 '느슨한 연방단계'라고 표현한 것을 '남북연합단계'라고 명명하고 확립시켰다.[37]

1990년대 김대중의 통일론이 완결된 것은 1994년 1월 그가 염원해왔던 아시아·태평양평화재단을 설립하면서부터이다. 그의 3단계 통일론을 완성하기 위해 임동원 사무총장, 운영위원으로 김남식, 김성훈, 라종일, 박종화, 백경남, 한상진, 재단 연구위원으로 박건영, 박병석, 이강래, 이석수, 이성봉, 최성, 하상식, 함인희, 황주홍 씨가 참여했고, 여러 분야 100여 명의 전문가들이 참여해 1995년 8월 『김대중의 3단계 통일론』을 출간했다.[38]

3단계 통일론은 통일의 3대 원칙을 자주, 평화, 민주로 설정하고 있고, 통일을 3단계로 설정하여, 1단계 남북연합, 2단계로 남과 북의 지역자치정

36 『김대중의 3단계 통일론』, pp. 286~288.
37 『김대중의 3단계 통일론』, pp. 280~289.
38 『김대중 자서전 1, 2』, p. 600.

부로 구성된 연방제, 3단계로 중앙집권 혹은 여러 개의 지역자치정부를 포함하는 세분화된 미국, 독일식 연방제로 완전통일되는 것을 지향했다. 이렇게 단계론적으로 통일론을 만들게 된 것에는 통일과정이 20년 이상 걸리는 장기적 과정이란 것을 인식하고, 이 과정을 평화롭게 관리할 역량과 피해를 최소화하자는 현실주의적 인식에 기반한 것이었다. 그리고 이런 판단에는 독일의 통일 후유증에 대한 그의 해석이 영향을 주었다.

김대중은 1990년대 초반 영국에 머물며 독일을 세 번 방문했는데, 정치적 분단이 청산되었지만 내부의 경제적, 사회적 분단이 지속되고 있는 것을 목격하였다. 이런 이질성을 극복하는 데 적어도 30년은 걸릴 것이라는 관측이 지배적이었다. 통일에 대한 준비가 없었던 것도 많은 시행착오를 겪게 했다. "동독 사람들은 일종의 물신주의적 환상을 가졌다. 통일이 되면 서독의 풍요가 절로 넘어올 것이라 생각했다. 통일의 대가는 혹독했다. 생각지 못한 통일 비용이 엄청나게 생겨났다. 자생력 없는 동독 기업은 거의 문을 닫았고, 동독 경제는 회복 불능의 파국을 맞게 되었다." 따라서 조급해서도, 흡수통일을 해서도 안 되고, 어떻게든 통일만 하는 것도 능사가 아니었다. 분단국가가 체제와 이념의 차이를 극복하고 합치는 것이 결코 쉬운 일이 아니었다. 독일과 비교했을 때, 남북 간에는 전쟁을 치렀고, 같은 민족이지만 서로 증오하며 살아왔다. 그러다 갑자기 통일을 한다면 심각한 갈등과 혼란을 야기할 수 있었다.[39]

김대중은 베트남과 독일의 사례를 늘 비교했다. "우리의 통일은 수백만 명의 남북 민족이 희생된 베트남식 무력통일 방법은 절대로 배제해야 합

39 『김대중 자서전 1, 2』, pp. 575~576.

니다. 또한 극단적 갈등을 면할 수 없는 독일식의 흡수통일도 배제해야 합니다.[40] 통일은 그 자체가 목적이 아니라, 민족이 하나가 되어서 평화롭고 행복하게 살아가는 것이 목적입니다. 그러기 위해서는 우리는 통일의 대원칙으로서 평화공존, 평화교류, 평화통일의 방향을 굳건히 지켜나가야 할 것입니다."[41]

이렇듯 김대중의 3단계 통일방안은 1970년대 초반에 등장했을 때에는 호전적인 냉전 대립이 지속되고 있던 상황에서 매우 혁신적인 것이었다. 적대적인 대립과 갈등보다는 상호 인정에 기반한 평화공존을 먼저 이루고, 그에 기반해 평화로운 교류와 협력을 이어가고, 점진적으로 평화롭게 통일을 이루자는 것이었다. 이런 사고는 서독 동방정책의 방침(rationale)을 거의 그대로 수용한 것으로서 세계의 흐름에 대한 그의 국제적 안목에 바탕을 둔 것이었다. 이렇게 시작된 그의 통일론은 점차 정교해졌다. 북방정책을 추진한 노태우 정부의 한민족 공동체 통일방안과, 오랫동안 '연방제'라는 개념으로 통일론을 제기해온 북한의 통일방안과 상호작용 하며 공통점과 차이점을 만들어 냈다.

무엇보다 아래 〈표 1〉에서도 정리된 것 같이 베트남이 무력 통일을 이루고, 냉전 종식 후 독일 통일이 현실화되자 이런 국제 사례들과 비교하며,

---

40 그런데 베트남을 '무력통일', 독일을 '흡수통일'로 규정하는 것은 정치인의 수사로서 대중적 이미지를 각인시키기엔 효과적이지만, 단순히 두 사례를 무조건 부정하고 지양할 대상으로 생각하는 것은 다소 문제가 있다. 실제로 각 사례의 구체적인 통일 과정과 그 결과를 이해하는 연구는 한반도의 통일 모델을 찾아나가는데 많은 도움이 될 수 있다. 예컨대 1990년 독일의 통일도 1970년대 초반부터 지속된 상호 인정과 교류협력, 화해가 없었으면 결코 이루어질 수 없었을 것이다.

41 『김대중 전집 10권』, p. 4.

한국적이면서도 민주적인 통일 방안을 마련해 나갔던 것이다.

〈표 1〉 다섯 가지 분단과 통일의 유형 국제 비교

구분＼국가	독일	예멘	베트남	중국/대만	남북한
분단원인	강대국 합의 분할 점령	강대국 합의 분할	강대국 합의 분할	내전	강대국 합의 분할, 전쟁
분단유형	국제형	국제형	국제/내쟁형	내쟁형	국제형/내쟁형
통일요인	경제교류 (기능주의)	정치적 협상 (신기능주의)	전쟁	–	–
통일유형	흡수통일	합의통일	흡수통일	일국양제	남북연합 연방제

출처: 임채완, "분단과 통합," 임채완 외,『분단과 통합: 외국의 경험적 사례와 남북한』(파주: 한울, 2006), p. 29에서 수정

IV. 창의적 낙관주의: 남북연합과 변화 가능성

베트남과 독일, 김일성과 노태우의 통일방안과 비교하고 상호작용하며 만들어나간 한국형 통일모델은 1995년 무렵에 완성되었다. 여기엔 오늘의 시점에서 더 주목해야할 창의적 요소가 있었다. 그것은 바로 남북한 화해, 협력을 촉진하는 제도적 장치로서 남북연합(제1단계)을 특히 중시했던 것이다. 영어로는 The Korean Commonwealth라고 칭한 남북연합은 북한의 연방제 통일안의 영어 표기가 Koryo Confederal System인 것을 염두에 두고, 독일식 연방제(Federal system)보다는 영국식의 느슨한 자유주의 국가간 연합을 참조함으로써 용공 시비를 피하려는 의도가 있었던 것으로 보

인다. 이런 호칭을 둘러싼 논쟁 자체가 냉전적 대립과 조응하는 한국의 분극화된 정치지형의 산물이지만, 여기서는 이런 제도적 디자인 자체가 갖고 있는 창의성에 대해 검토해보고자 한다.

국가 연합제는 북한이 1960년대부터 제기해온 연방제 통일안과 노태우 정부가 제기한 한민족공동체 통일안과의 비교, 상호작용 과정에서 도출된 것이다. 김일성은 1960년부터 남북 정부가 독자적으로 존재하지만, 두 정부의 대표로 구성된 최고민족위원회를 조직해 정치적 통합을 제외한 경제 문화 협력을 추구한다는 의미의 남북연방제를 제안했다. 1970년대에는 데탕트의 분위기 속에서 더 적극적인 고려연방제 통일안을 제시했으나, 80–90년대로 들어서며 좀 더 방어적으로 단일 정치제제를 거부하며 상호 체제의 보존과 공존을 추구하는 의미에서 고려민주공화국안과 낮은 단계의 연방제 안을 제시했다.[42]

이에 비해 한국정부는 1989년 '한민족 공동체 통일방안'에서 오래 지속된 분단의 현실을 인정해 통일의 기반을 조성해 나가는 과도기적 통일 과정이 필요하다는 입장을 제시한다. 노태우 정부는 1970년대부터 김대중이 제시해온 3단계 통일론과 그 초기 단계인 공화국연합제[43], 남북연합 아이디어를 받아들여 과도적 통일체제인 '남북연합'개념을 통일방안에 포함시켰다. 하지만 노태우 정부의 통일론의 1단계가 교류 협력을 시작해서 점진적으로 하나의 통일헌법하에서 남북의 완전한 통합과 통일을 이루려 한다

42 통일연구원, 『통일정세분석 2001–08: 제2차 정상회담 대비 남북한 통일방안 분석』, pp. 4~17.

43 김대중, 『공화국연합체』 (서울: 학민사, 1991).

는 점에서, 유럽 통합의 모델로 여겨지는 시장, 안보 중심의 통합인 기능주의 이론(functionalism)의 접근에 기반해 궁극적으론 하나의 중앙정부로 통합된 국가를 수립하려 한 것이다.[44]

하지만 김대중의 3단계 통일방안은 정치적 제도 단일화 자체를 사실상 거부하는 북한의 입장과, 남북연합 단계를 거치지만 기능주의 이론을 통해 궁극적으론 하나의 국가를 수립하려는 노태우 정부의 통일방안에 대한 일종의 중재안으로서의 성격을 갖고 있다.[45] 소위 독일식 흡수통일[46]과 베트남식 적화통일 논란에 대한 한국식 통일론의 성격을 띤 것이다.[47]

그런데 이보다 더 중요한 것은, 북한이 통일에 대해 소극적 입장으로 돌아서고, 한국이 오히려 더 적극적이 되면서 입장이 상충하고, 그 사이에

---

44 『통일정세분석 2001-08』, pp. 17~21.

45 남북 통일 과정에서 연방, 연합제가 등장한 것은 어느 한쪽에 의한 일방적인 통일을 지양하고 권력이 집중된 국가체제 하에서는 통일이 이루어지기 어렵다는 판단을 반영한 사고의 산물이다. 한국, 북한, 일본, 이탈리아 등은 정치 권력이 중앙정부에 집중된 대표적인 단일 집중형(Unitary) 국가이지만, 미국, 독일, 네덜란드, 유럽연합은 좀 더 권력이 분산되고 유연하게 결합된 대표적인 연방제 국가 혹은 국가연합 들이다. 김준석, "국가연합의 역사적 재조명," 『국제정치논총』, 제48집 1호(2006) pp. 143~169; 성경륭, "분권국가와 지역균형 발전: 미래 비전과 과제," 『주민자치』, Vol. 71(2017. 9), p. 71; 남궁영, "국가연합과 낮은 단계 연방제; 쟁점과 과제,"『세계지역연구논총』, 제24집 3호(2006) pp. 89~109.

46 분단된 독일에서도 냉전초기(1949~56)에 국가연합 통일안이 등장했다. 1957년에 동독이 국가연합 통일방안을 제시한 것은 중앙집중주의에 기초해 연방주의 사상 자체를 배격하던 입장에서 변화한 것이었고, 서방중심 통합을 생각하던 서독 정치인들에게도 고려 대상이 아니었다. 이런 상황에서 중립주의자, 연방주의자들이 점차 국가연합 통일방안을 전개해나갔다. 이동기, "'경계인'의 시간들: 분단독일 초기 국가연합 통일안의 등장," 『역사학보』, 제202집(2009), pp. 333~380.

47 보다 상세한 비교는 『김대중의 3단계 통일론』, p. 48. 〈표 1-1〉 남북한 정부의 통일방안과 3단계 통일론 비교.

통일은커녕 체제의 이질화와 대립이 더 오래 지속되는 상황에서, 임시적이고 수사적인 통일 논의보다는 더 적극적인 제도화의 필요성이 제기되었다는 것이다. 무엇보다 점차 한반도의 통일에 회의적이고 소극적이 되어가던 주변국가 들에 한국의 이해관계와 통일방안을 설득하고, 여러 입장 차이를 조율하고 중재해야 했다. 더구나 냉전으로 형성된 동북아시아의 지정학은 늘 제로섬적인 성격을 갖고 있었다. 한미동맹을 강화하면 남북관계가 적대적이 되고, 남북화해를 하면 한미동맹이 흔들리고, 한중이 가까워지면 일본이 견제하는 상황이었다.[48]

이런 상황에서는 보다 장기적으로 통일 과정을 매개할 수 있는 제도적 장치가 필요했다. 즉 김대중은 오히려 남북연합을 먼저 창설함으로써 이 제도(institution)를 통해서 보다 적극적으로 평화공존을 이루고, 평화 교류를 촉진하며, 통일의 단계로 나아가기 위한 과정 자체를 평화롭게 관리하려 했다.

남북연합이란 "남과 북이 현존 상태 그대로 상이한 이념과 이질적인 정치, 경제 체제 및 두 정부를 유지하면서 긴밀한 협력기구를 형성하여, '분단 상황을 평화적으로 관리'하는 한편, '통합 과정을 효율적으로 관리'해 나가는 제도적 장치"를 의미했다. 이는 분단 구조의 영구화를 지향하는 선린우호관계가 아니라 '통일 지향적 특수관계'를 발전시켜 나가려는 노력의 소산이다.[49]

남북연합의 주된 임무는 평화공존, 평화 교류, 평화 통일의 3대 행동강

48 2008년 7월 3일, 계간 『역사비평』 정부 수립 60주년 기념 인터뷰 『김대중 전집 I 제10권』, p. 435.

령을 촉진하는 것이었다. 먼저 평화공존은 남북한을 상호 인정, 체제 공존을 도모, 정치적 신뢰 구축, 무력 대결이 일어나지 않도록 제도적이고 실질적인 평화적 장치를 마련하는 것이다. 남북연합의 두 번째 임무는 평화교류인데, 이는 남북이 정치, 경제, 사회, 문화 등 모든 분야에서 교류 협력을 촉진시켜 상호 이익을 증진하고 민족 동질성 회복에 전력을 다하며, 통일을 향한 징검다리로 승화시키는 것이다. 세 번째 임무는 평화 통일인데, 통일의 기초가 마련되어 연방으로의 진입을 모색하게 될 때, 힘에 의한 무력통일이나 우세한 경제력을 이용한 흡수통일의 가능성을 배제하고, 점진적이고 민주적인 협상 과정을 통해 통일하도록 관리하는 것이다. 이처럼 남북연합은 분단 상태를 평화적으로 관리하고 연방제 통일로 진입을 효율적으로 추진하기 위해 다양한 과제를 실행하는 기구였다.

보다 구체적으로 남북연합은 3대 행동강령을 구현하기 위해 6대 과제를 실천하기로 되어 있다. 첫째, 남북 간의 화해, 협력을 통해 정치적 신뢰를 구축하는 것이다. 둘째, 남북한 군사적 신뢰를 구축하고 축소 지향적 군사력 균형을 달성하여 평화공존의 기틀을 마련하는 것이다. 셋째, 민족경제 공동체를 건설하여 민족 경제의 통일적, 균형적 발전과 민족 복리 증진을 위해 노력하는 것이다. 넷째, 사회, 문화 분야의 남북 교류 협력 활성화를 통해 동질성을 회복하고 이질성을 해소하여 사회 통합 모색하는 것이다. 다섯째, 통일을 저해하는 남과 북의 법규 정비이다. 여섯째, 평화 통일에 유리한 국제 환경을 조성하는 것으로 국제적 협력이 필요한 부문이다.

49 『김대중의 3단계 통일론』, p. 36.

남북연합은 최고의사결정기구로서 정례적으로 개최되는 남북연합 정상회의, 상설 대의 기구로서 남북연합회의, 정책 집행기구로서 남북연합각료회의 등으로 구성되어 있었다. 회의는 남북 각지를 순회하며 개최, 남북 동수로 대표를 구성한다. 의사 결정은 만장일치제로 이뤄진다. 이는 이질적인 사회 집단들 간의 합의를 이끌어내는 데 유용하게 사용되는 의사 결정 방식으로, 종교, 인종, 언어, 문화적 이질성과 갈등구조를 갖고 있는 유럽 민주주의 국가들은 정치 통합과 사회적 합의를 만들어내는 정치적 원리를 협의적 모델(Consociational model)에서 찾고 있다.[50] 남북연합회의가 통일 헌법을 제정하고, 반통일적 법률을 개정 내지 폐지하며, 추후 연방 의회를 구성한다.

남북연합하에서 평화공존을 이루기 위해서는 평화협정 체결, 군비 통제, 남북한 평화공존의 국제적 보장이라는 세 가지 큰 과제가 있다. 먼저 평화협정은, 부정적 평화의 기준에서 단순히 전쟁 상태 종식 선언이 아니라, 보다 적극적인 긍정적 평화의 개념에 기반해 비무장지대 처리 방안, 군사적 적대행위 방지 조치, 남북 간의 축소지향적 군사력 균형, 군사정전위, 중립국감시위의 대체 방안, 국제적 평화보장 조치 등의 포괄적 내용이 포함되어야 한다.[51] 보다 구체적으로 먼저 남과 북이 현 정전 상태를 남북사

---

50 Lijphart, Arend., *Democracies: Patterns of Majoritarian & Consensus Government in Twenty One Countries (*New Haven: Yale University Press, 1984); Lijphart, Arend, *Patterns of Democracy: Government Forms and Performance in Thirty-Six Countries.* 2nd edition (New Haven: Yale University Press, 2012).

51 김대중의 통일론은 '평화협정이 체결되어야 남북연합단계에 진입할 수 있는 것은 아니다'라는 입장을 갖는다는 점에서 평화 프로세스와 교류협력, 통일과정을 모두 병행하는 것으로 설정하고 있다.

이의 공고한 평화상태로 전환시키는 조치를 취하고, 이를 정전 협정 체결의 직접 관련국인 미국과 중국이 추인하여 지지 선언을 한 뒤, UN 안전보장이사회가 승인, 보장하는 방식이 가장 바람직하다. 차선의 방안으로 남북한, 미국, 중국이 당사자로 참여하여 평화협정을 체결하는 4자간 협정 방식이 있다. 이때 주한미군의 문제는 한미 간의 문제라는 원칙을 견지한다.[52]

남북연합 체제는 경제적 교류 협력을 촉진하는 역할을 맡고 있다. 남북 간의 경제 교류 협력에는 다섯 가지 원칙이 있다. 첫째, '민족경제 공동체'의 형성과 융성을 목적으로 진행하고, 교역 제한을 철폐하고, 상품과 자본의 자유이동을 보장하며, 대외 공동 통상정책을 실시하는 단계까지 발전해나가는 것을 목표로 한다. 궁극적으로는 남북이 재정·통화·사회복지 등 경제 정책까지 조정하면서 경제 통합을 이루어 나가야 할 것이다. 둘째, 남북 경제 교류 협력은 정경 분리 원칙에 따른다. 경제 교류 협력은 경제의 원리에 의해 추진되고 지속성이 보장되어야 한다. 경제가 정치에 종속되어서는 안 된다는 것이다. 셋째, 중소기업을 적극 지원이다. 상품의 다양화, 상품 주기 단축, 다품종 소량 생산시대에 유연하게 대처할 수 있는 중소기업의 발전이 중요하다. 넷째, 속도와 양을 유연하게 조절해가며 협력하고,

52 『김대중의 3단계 통일론』, pp. 81~101. 물론 종전선언이나 평화협정 체결 이후에는 주한미군의 지위와 역할, 기능의 변화에 대한 다양한 열린 논의가 전개될 수 있다. 전쟁이 종식되면 외국군이 한반도에 주둔하는 것의 정당성이 사라지기 때문이다. 이에 대한 결정과 논의는 향후 중미 갈등과 균형을 고려하여 남북, 혹은 동북아 차원의 다자 군사, 안보문제에 대한 논의에서 중장기적으로 이루어질 것으로 보인다.

다섯째, 환경친화적 교류 협력을 한다.[53]

이렇듯 남북연합은, 남북관계에서 생겨나는 수많은 문제들을 해결하며, 평화체제를 구축하고, 교류 협력을 촉진하며, 통일 과정을 매개하는 복합적 과제를 수행할 가장 강력한 제도적 해법(institutional solution)으로 구상된 것이었다. 일시적인 회담이나, 임시적인 조치와 합의로는 수십 년간 지속된 분단과 갈등을 해소하기 어렵다는 점에서 고안된 해법이었을 것이다.[54]

3단계 통일론을 완성한 후 1998년에 집권한 김대중 대통령은 2003년까지 5년간 자신의 핵심 과제인 통일 정책을 현실화시키고자 부단한 노력을 기울였다. 이 시기에 이루어진 역사상 최초의 남북 정상회담과 6·15 공동선언 이후 다양한 분야의 남북대화가 개최되어 2003년 1월까지 총 60차례의 회담이 열렸다. 장관급회담 등 정치 분야 13회, 군사회담 17회, 경제 분야 21회, 적십자 등 사회분야 9회를 통해 남북 간 공동보도문 18건, 합의서 22건이 채택되었다.[55]

---

53 『김대중의 3단계 통일론』, pp. 151~175.

54 남북연합은 이렇게 복잡한 문제와 지연되는 통일의 문제를 책임지고 추동할 기구를 수립하는 문제와 함께, 한반도의 통일 공동체가 지역적으로 세계적으로도 모범적인 정치공동체로서의 상징을 담보해야한다는 복합국가론(compound state)적 문제의식과 연결될 필요가 있다. 백영서, "동아시아론과 근대적응·근대극복의 이중과제," 이남주 편, 『이중과제론』 (파주: 창비, 2009) pp. 94~98. 나아가 남북연합은 남북 통일의 중간단계로서 뿐만 아니라 향후 가능한 '동아시아 공동체'의 현실적 단계와 형태를 모색하는 문제의식과도 연결된다. 백낙청, "동아시아 공동체 구상과 한반도," 『역사비평』, 통권92호 (2010), pp. 229~249.

55 통일부, 『대북정책 4년 평화와 협력의 길』 (서울: 통일부, 2002); 통일부, 『대북정책 추진 현황(종합 자료집)』 (서울: 통일부, 2002); 통일부, 『평화와 화해·협력을 위한 대북정책과 남북현안에 대한 입장』 (서울: 통일부, 1999); 통일부, 『해설자료 국민

퇴임 이후에 김대중 정부의 햇볕 정책의 실효성에 대한 다양한 비판이 제기되었지만, 김대중 대통령은 그의 통일과 평화에 대한 낙관적 전망을 결코 굽히지 않았다. 그는 퇴임 이후에도 특히 통일의 경제적 전망에 대한 장기적 희망을 계속해서 강조했다.

"북한 지하자원이 약 2조 달러, 그러니까 우리 돈으로 2천조입니다. 마그네사이트, 텅스텐, 동, 금, 석탄 등 깔려 있습니다. … 관광자원도 아주 풍부하지 않습니까. 북한 노동력은 세계에서 가장 우수합니다. 고교까지 의무교육에 군대에서 10년 교육받았고, 그러면서 임금은 중국 1/3이고 이런 것을 활용해야 합니다. 북한 지하자원 개발하면 돈이 생기고 그때 철도 개설 등 사회간접자본시설 갖추면 됩니다."[56]

그는 이런 전망을 단지 남북관계에 국한하지 않고 동북아 차원의 미래 구상으로 확대했다. 특히 중국의 부상과 함께 한반도 주변 지역 차원에서 한반도의 통일과 평화 정착의 긍정적 결과가 공유되길 희망했다.

"한·중·일 동북아 3국은 경제력에 있어서나, 인구 면에 있어서나 세계와의 무역량에 있어서나 큰 비중을 차지하고 있으며, 이는 날로 더 커져 갈 것입니다. 우리는 그러한 성장을 내다볼수록 동북아의 평화가 필수

의 정부 대북정책』(서울: 통일부, 1998).

56 2008년 5월 13일《한겨레》창간 20주년 특별 인터뷰『김대중 전집 Ⅰ 제10권』, p. 391.

불가결하다는 것을 명심해야 합니다. 평화 없이 발전은 없습니다. 동북아 평화는 무엇보다도 한반도에서의 평화가 전제조건이 됩니다. 동북아 평화안보체제가 이룩되면 중·미·일·러의 4대국은 물론 몽골까지 동북아지역은 안정 속에서 더 큰 발전을 이룩하게 될 것입니다. 그중에서도 남북한과 중국의 동북 3성이 가장 큰 수혜자가 될 것입니다."[57]

교류 협력을 통해 과연 북한이 변화할 것인가 하는 의구심에 대해서는 이미 북한 내부에서 시장화가 진전되며 한국에 대한 이미지가 점차 좋아지는 등 변화가 진행 중이며, 북한과 미국이 국교를 정상화하고 미국이 북한에 안전을 보장하며 개혁 개방을 도와줄 때 북한이 진짜 변할 것이라고 보았다. 북한이 결코 핵을 포기하지 않을 것이라는 의구심에 대해서도 그는, "북한이 핵탄두 몇 개 가지고 뭘 하겠습니까. 핵무기로 주민 밥을 먹이겠습니까."라고 반문하며[58] 비핵화에 상응하는 개혁 개방 가능성을 확신했다. 북핵개발이 계속될수록 과연 북한이 핵을 포기할 것인가에 대한 불신은 더 강화되었다. 하지만 김대중 전 대통령은 계속해서 "핵만 가지고 어떻게 살아 나갑니까?"라고 물으며 미국이 안전보장을 해주고 국교정상화해 국제사회에 나가게 해주면 핵을 포기할 것이라고 확신했다.[59]

그는 타계하기 전인 2009년 6월 4일 《중앙일보》와의 6·15남북공동선

57 2008년 10월 27일, 한반도 평화와 동북아, 중국 인민외교학회와 랴오닝성 정부의 공동주최로 선양에서 열린 〈제2회 동북아지역 발전과 협력 포럼〉의 연설, 『김대중 전집 Ⅰ 제10권』, p. 600.

58 『김대중 전집 Ⅰ 제10권』, p. 520.

59 『김대중 전집 Ⅰ 제10권』, p. 755.

언 9주년 기념 인터뷰에서 북한이 아직도 대화를 바라느냐는 질문에 "아직도가 아니라 영원하지요. 미국하고 관계 개선하지 않으면 북한은 해나갈 힘이 없어요. 더구나 중국까지 화를 내 북한에 대해서 강하게 대하니까요"라며 결국엔 대화로 북미관계를 개선하는 것만이 북핵문제의 궁극적 해결임을 낙관했다.[60]

그는 시간이 걸리더라도 북한과 미국이 결국엔 대화의 길로 돌아올 것이라는 확신과 낙관을 유지했다. 군사력, 제재는 모두 실패했고 결국엔 대화밖에 없다는 것이었다.[61]

> "핵문제가 핵심입니다. 이거 해결되면 평화협상뿐 아니라 북미수교까지 다 됩니다. … 미국이 처음엔 북한에 군사력 쓰려고 했는데, 지금 중동에 발이 묶여서 못했습니다. 다음에 일본이랑 경제제재 해봤는데 우리와 중국이 북한을 도와주니까 별로 성공을 못했습니다. 그렇게 되니까 대화밖에 없는 것입니다."[62]

이처럼 김대중은 독일과 베트남, 북한과 한국 권위주의 정부가 만든 기존의 통일방안의 문제점들을 파악하고, 점차 멀어져가는 통일가능성과 그 긴 과정에서 마주할 복합적인 과제들을 풀어나가기 위해 한국형 통일모델을 만들었다. 그것의 핵심은 3단계 통일론, 그리고 남북연합이었다. 또한 김

60 『김대중 전집 I 제10권』, p. 753.

61 남북관계 70년사에서 다양한 대화의 역사와 그 중요성을 강조하는 연구로는 김연철, 『70년의 대화: 새로 읽는 남북관계사』 (파주: 창비, 2018) 참조.

62 『김대중 전집 I 제10권』, p. 285.

대중은 일생동안 대면했던 다양한 비판들에 대한 답변을 통해, 그가 수십 년간 바닥에서부터 쌓아올린 낙관주의를 끝까지 공유하고자 했다. 어떤 비관적 상황에서도 긍정적 해법을 찾아내고, 유연하지만 분명한 원칙과 방향을 갖고 정책을 지속해야 하는 험난한 길을 가는 하나의 모범적인 귀감을 보여주었다고 할 수 있다.

V. 교훈들

김대중의 통일·평화사상은 오늘날 우리에게 어떤 교훈을 주고 있을까? 김대중은 20세기 중반~21세기 초반의 시대상황에서 수십 년에 걸쳐 민주주의에 대한 신념을 키우고, 한국적인 통일 모델을 개발하고, 그리고 이를 실현하기 위한 구체적 제도를 구상해냈다.

오늘날 우리가 여전히 주목해야 할 김대중의 통일·평화 사상의 핵심적인 교훈은 분명하다. 통일을 추구하기 위해서는 강력한 민주주의의 토대를 갖추어야 한다는 점, 국제적 흐름과 구체적 비교를 통해 한국의 현재 상황에 맞는 정책의 모델을 창의적으로 찾아내야 한다는 점, 그리고 어떤 난관 속에서도 반드시 가능한 해법을 찾아내고 이를 이루어내려는 낙관주의를 갖추어야 한다는 점이다.

얼마전 까지만 해도 임박한 전쟁위협에 시달리던 한반도는 2016년 겨울의 촛불 시민혁명의 힘으로 새로 집권한 문재인 정부의 지속적인 평화외교와 2018년 김정은 위원장의 신년사, 2월의 평창 동계올림픽을 계기로 급격히 평화 프로세스로 전환되었다. 민주주의와 평화를 이루고자 하는 적극적인 평화외교가 이루어낸 성취였다. 그 결과 11년 만에 다시 열린 4·27남북정상회담에서의 판문점 선언은 한반도에서는 다시는 전쟁이 없을 것임을 천명했고, 남북이 평화와 통일 프로세스를 주도할 것임을 분명히 했다. 연이은 남북 정상회담은 미국과 중국 등 주변 강대국이 아니라 한반도의 주인들이 이 문제를 주도할 것임을 보여주었다. 그 결과 개최된 역사상 최초의 6·12북미정상회담은 북미관계 정상화, 평화체제 구축, 한반도 비핵화와 화해조치라는 핵심 쟁점들을 큰 틀에서 합의했다.

한반도 문제(Korean Question)는, 독일이나 베트남과 달리 분단–통일, 전쟁–평화, 핵무기–비핵화라는 3중의 과제로 구성되어 있다. 한 가지 문제만을 푸는데도 많은 어려움과 갈등에 직면할 것이다. 이제 지금까지의 평화프로세스의 모멘텀을 계속 유지하면서도, 비핵화와 평화체제, 북미수교에 도달하기 위한 치밀한 전략, 그것이 평화에 그치지 않고 궁극적으로 통일에 도달하기 위한 비전이 어느 때보다 필요한 시점이다.

김대중의 통일·평화사상에서 배워야 하는 낙관주의란 단순히 현실을 냉정하고 객관적으로 바라보지 못하는 순진한 감상주의를 말하는 것이 아니다. 이는 오히려 끊임없이 변하는 현실을 냉철하게 꿰뚫어 보고, 전진과 후퇴를 거듭하면서도 주어진 조건에서 끊임없이 전략을 만들어내고 목표로 하는 비전을 이루고자 하는 역사적 책임성과 의지를 의미할 것이다. 이는 철저한 전략 없는 순진한 비전도, 정당한 비전이 없는 맹목적 패권 전략도 아니다. 이 시대가 필요로 하는 낙관이란, 전략과 비전의 결합이고, 무엇보다 장기적 역사인식에 기반한 책임성을 깨닫고 한반도의 미래를 열고자 하는 결단의 다른 이름일 것이다.

맺음말

현대 한국인의 평화사상, 그 성격과 과제

서보혁

한국인의 평화사상에는 오랜 굴곡의 역사와 선각자들의 깊은 사유가 오롯이 담겨 있다. 그 사상에서 5천년 역사의 숨결이 느껴진다. 1백년이 채 되지 않는 현대 한국인들의 생각과 삶 속에서도 평화사상은 역동적인 민족사와 함께 다양하게 빚어졌다.

보편성과 특수성

이 책은 현대 한국인들의 평화사상을 다루고 있다. 거기에는 냉전과 세계화 시대 한국인의 사상은 물론 불교와 유교, 기독교, 그리고 노장철학 등 동서고금의 종교와 철학의 영향이 배어 있다. 이는 현대 한국인의 평화사상이 시공간의 측면에서 보편성을 담지하고 있음을 말해준다. 다른 측면에서도 현대 한국인의 평화사상은 맘, 앎, 삶, 민(民), 하늘 등의 차원에서 다뤄지고 있는데 이는 내면, 지식, 실천, 주체, 우주 등 기성 평화학의 논의 차원과 상응한다. 한국인의 평화사상이 나타내는 또 다른 보편성이라 할 수 있다.

나아가 현대 한국인의 평화사상은 소극적 평화와 적극적 평화를 포괄하고 있다는 점에서도 보편적이다. 한국전쟁을 겪고 분단정전체제 하에서 전쟁 위험을 안고 살아온 한국인들에게 평화는 우선 전쟁 종식이란 소극적 평화가 분명하다. 혹자는 소극적 평화를 적극적 평화에 비해 낮춰 생각하는 경우가 있는데 이는 잘못된 판단이다. 보편가치들 사이에 우열이 없는 것처럼 평화들 사이에도 우열이 있을 수 없다. 오히려 보편가치들 사이의 상호의존 및 불가분의 관계가 있는 것처럼 평화들 사이에서도 마찬가지이다. 또 소극적 평화가 달성되기 이전에는 적극적 평화가 불가능하다는 생각도 옳지 않다. 분단정전체제 하에서도 한국인들이 민주화와 인권 신장을 이루어간 경험을 상기할 때 소극적 평화에 제한이 있지만 적극적 평화도 병행 추진해낼 수 있는 것이다. 다만, 소극적 평화가 적극적 평화 구현의 전제조건이라는 점에서 적극적 평화는 소극적 평화를 적극 품어야 자기 실현이 가능하다. 그런 점에서 목하 한반도 비핵화 및 평화체제 구축을 향한 관련국들의 협상은 세계사적인 보편성을 띠고 있는 것이다. 선각자들이 가르쳐준 인간 존엄성 및 평등, 민주주의, 다원성과 공동체의 조화, 만물 생명체 존중, 그리고 상호 이해와 배려를 전제로 한 전체에의 참여

등은 평화주의, 곧 평화적 수단에 의한 평화만들기의 방향과 접근 태도를 잘 보여준다.

현대 한국인의 평화사상이 다른 곳, 다른 사람들의 그것과 상통하는 보편성을 띤다는 것이 한국인 고유의 평화사상이 없다는 것을 의미하지는 않는다. 시대의 요청과 사상가의 관심사에 따라 평화사상의 주요 영역과 실천방법에 차이가 있을 수밖에 없다. 그럼에도 그것은 개인의 특수성으로 환원되지 않고 특정 시기 한국인의 집합적 평화사상으로 융해되었던 것이다.

8·15 해방 직후 좌우 대립과 분단은 동족상잔의 폭력적 이념 대결을 초래하였다. 이때 모든 이념과 정치가 민족을 가를 수 없고 민중을 가를 수 없고, 더 나아가 생명을 죽일 수 없다는 깨달음이 일어났다. 그것이 남북한 공존, 평화통일, 민주주의를 꿈꾸고 실천하는 사상적 기반이 된 것이다. 이때 통일은 민족 재결합만이 아니라 비폭력 윤리공동체, 생명의 환희, 구체적으로 주민자치형 연방제로 상상되기도 하였다. 냉전시기 반공 (군사) 권위주의체제 하에서 그런 평화 상상은 목숨을 내놓아야 하는 경우도 있었으니 그야말로 평화사상은 값비싼 생명사상에 다름 아니다.

또 같은 시대적 배경 속에서 국가폭력과 군사주의 문화에 대한 대안으로 비폭력 무정부주의 사회, 사회민주주의, 남북 평화공존체제를 사유한 것은 현대 한국 평화사상의 특수성을 보여주는 예들이다. 핵무기가 배치되어 있는데도 그 사실을 거의 모든 사람들이 모르고 있을 때, 그리고 이분법에 기초한 냉전의식에 젖어있을 때 핵전쟁의 위험성을 고발하며 남북이 서로 실체를 인정하고 연합하는 것, 또 남북의 경계를 넘어 서로 주체로서 하나됨을 사유하는 것도 한국 특색의 평화사상이다.

물론 현대 한국인의 평화사상에서 보편성과 특수성이 쉽게 구별되는 것은 아니다. 오히려 두 측면을 구별해 이해하기보다는 하나의 전체로 이해하는 것이 더 유익하다. 체제와 이념을 넘어 평화통일을 사유하는 것은 반전평화사상과 탈이념 인간존중의 통일 미래를 희원(希願)하는 것이다. 국가의 폭력과 위계를 넘어 민이 존엄한 인간으로서 서로 인정하고 억압과 차별이 없는 정의로운 평화를 사유하는 것도 분단, 독재, 차별로 점철된 한국 현대사를 평화주의로 전환하려는 보편-특수한 논의의 일단이다. 현대 한국인의 평화사상의 특성은 그 발화자가 사상가로 한정되지 않고 정치가, 예술가, 종교인, 문학인, 시민운동가 등에 걸쳐 다채로운 점에서도 찾을 수 있다. 이들 사이에 직접적인 교류와 정신적인 교통이 있었던 사실도 주목할 만하다. 구체적으로 평화사상을 정치에 구현하려는 접근도 있었고, 그와 달리 부단한 자기성찰을 바탕으로 마을공동체나 사회조직에서 사상을 실천하는 탈이념·탈정치적 흐름도 발견할 수 있다.

특성과 문제의식

이상을 고려하면서 현대 한국인의 평화사상을 크게 둘로 요약해볼 수 있다. 하나는 평화통일을 목표로 한 평화사상이요, 다른 하나는 공동체 안팎에서의 평화만들기이다. 평화통일론은 한국형 평화사상이라 해도 과언이 아니다. 그렇지만 평화통일과 관련한 평화사상은 권력배분 중심의 위로부터의 통일 논의와 질적인 차이를 갖는다. 평화사상으로서의 평화통일론은 민의 생명과 삶의 존중, 그 연장으로서 남북이 서로 주체로서의 인정과 공존을 의미한다. 여기서 제도정치, 남북협상과 같은 현실주의 기획은 그런 사상을 실현시키려는 방도에 다름 아니다.

둘째, 평화공동체 만들기는 국가를 비롯한 기성 정치조직을 통한 평화 기획이 한계가 있다고 판단한다. 대신 평화주의를 공유하는 사람들 간의 소규모 생명·생활공동체를 만들어 대안적인 평화를 추구한다. 이 시각에서 국가는 필요악이 아니라 폭력기구 그 자체이므로 평화가 꽃피기 어렵다는 전제가 들어있다. 그러므로 생명·생활공동체론은 앞의 경우보다 더 자유롭고 더 근본적인 시각에서 비폭력, 무정부주의, 일상에서의 사유와 실천, 인간과 모든 생명체 존중, 우주 및 내면과의 대화, 자기 성찰에 친근하다. 물론 이 두 흐름 사이에 벽이 있다기보다는 상호 소통을 발견하는 것은 기쁜 일이다. 전쟁 시기 공산군 점령지역 잔류인의 윤리적 범죄(부역)와 같은 경험으로 평화의 가치를 성찰적으로 탐구하는 작업이 평화사상에 스며들어 있는 것이다. 또 평화공동체론에서도 독재 대 민주의 비타협적 구도가 명백한 상황에서 적대세력을 용서하고 '더불어, 함께 살아야 한다'는 현대판 화쟁사상을 구현해나가기도 했다. 이런 사실을 통해 한국인의 평화사상이 시대와 맥락을 통과하면서도 그것을 초월하는 수준이라는 것을 깨닫게 된다. 평화사상 사이에 소통과 호환이 안 되면 평화사상이라 할 수 있겠는가. 바로 이 점이 한국 평화사상의 특성이자 장점인 것이다.

그럼에도 현대 한국인의 평화사상을 살펴보면서 갖는 문제의식 하나와 발전적인 평화사상을 위한 제언을 나누고 싶다. 하나의 문제의식은 평화와 정의의 관계이다. 적지 않은 국내외 평화사상에서 평화는 정의를 동반한다거나 평화는 정의의 열매라고 하면서 둘의 깊은 관련성을 인정하고 있다. 그렇지만 야수가 된 인간들이 서로 죽고 죽이고 그 후 오랜 적대와 이질적인 삶을 유지해오다가 화해협력, 공존, 통일을 운위하는 상황에 직면하면 머리가 복잡해진다. 전쟁 세대이거나 그런 아픔을 전승받는 사람들에게 평화와 정의는 결코 간단한 문제가 아니다. 이론적으로도 정의와 함께 하는 평화를 수용할 경우 정의를 어떻게 평화와 관계 지을 것인지가 논쟁점이다. 그 잠정적인 해답은 진실규명→정의 구현→기억과 추모→용서와 화해→통합이다. 분쟁후 사회의 평화구축에 관한 교과서에서 나오는 이론이고 대표적으로 남아프라카공화국 사례가 거론된다.

그러나 그런 이론과 사례에 대한 비판적 논의도 적지 않다. 물론 위와 같은 해법이 하나의 가이드라인으로 참고할 가치는 충분하다. 다만, 비핵평화 프로세스를 밟아가며 평화통일을 전망해야 하는 한반도 현실에서 정의와 평화의 관계 설정은 깊은 토론이 요청되는 이슈로 남아 있다. 정의와 평화가 추구하는 공통된 궁극적 목표를 생각할 때 정의는 '회복적 정의', 평화는 '정의로운 평화'로 서로를 품는 준비가 필요할 것이다.

비전과 과제

평화통일과 평화공동체로 묶을 수 있는 현대 한국인의 평화사상은 한반도의 현실적 필요에 부응하는 한편 세계 평화사상의 발전에 기여하는 이중적 의의가 있다. 이 두 시각은 위와 아래, 혹은 거시적 접근과 미시적 접근의 병행 전개를 통해 미래 통일 코리아의 평화사상으로 수렴될 수도 있을 것이다. 그렇지만 이상 두 흐름을 융합시켜 통일 이후 한국인의 평화사상으로 제시할 과제는 남아있다. 가설적으로 그것을 '통일평화론'으로 이름 짓고 그 기본 방향을 토의하며 평화 상상력을 자극하기를 기대하는 바이다.

현대 한국인의 평화사상은 평-평-평의 흐름으로 전개되고 그 종착점이 바로 통일평화이다. 이 삼평론(三平論)은 평화체제, 평화통일, 평화공동체의 줄임말이고, 이를 담은 통일평화론은 통일 이후 항구적인 한반도 평화공동체를 의미한다. 현재는 일련의 남북 및 북미 정상회담으로 비핵평화 프로세스를 개시한 상태이다. 위 평-평-평의 틀에서 볼 때 1단계 평화체제의 초초기 단계에 해당한다. 비핵평화 프로세스가 달성되면, 혹은 그 최종 단계에서 남북은 평화통일을 적극 추진할 수 있다. 이 두 단계에서 평화는 주로 수단으로서의 평화, 곧 소극적 평화를 뜻한다. 한반도에서 통일이 되지 않으면 소극적 평화는 늘 위험에 빠질 수밖에 없다. 그러나 평화통일이 남북의 민과 세계가 한반도에 기대하는 최종 목표일까 의문이 든다.

평-평-평의 마지막 단계에서 평화는 적극적 평화, 즉 온전하고 지속가능한 평화를 말한다. 그런 수준의 평화가 이루어진 상태를 항구적인 '한반도 평화공동체'라 이름 붙일 수 있을 것이다. 전쟁 위험이 사라지고 남북이 평화통일을 이룩했다고 해서 그 자체가 한반도에 살고 있는 모든 구성원들—불법 외국인 노동자, 입국 허가를 기다리고 있는 난민을 포함하여—에게 인간으로서의 존엄을 보장해주는 것은 아니다. 이 책에서 살펴본 한국인의 평화사상은 인간들 사이의 존중과 배려, 연대와 협력, 인간과 자연의 공존과 조화, 이를 위한 사유와 실천에서 다름의 인정을 통한 더 큰 전체로의 참여를 말하고 있다. 한반도 평화공동체는 전쟁을 비롯한 온갖 폭력이 발생하는 원인과 맥락을 성찰해 폭력이 재발하지 않고, 위와 같은 평화를 영위할 제도를 구비하고 인간의 덕성을 함양하는 일에 똑같은 관심을 둔다. 결국 한반도 평화공동체는 인권, 민주주의, 평화, 그리고 지속가능한 발전 등 오늘날 인류가 공유하고 있는 보편가치들을 조화롭게 구현하는 것을 목표로, 그것을 향해 자발적으로 참여하는 개인과 집단들의 관계의 총체이다. 한국인의 평화사상을 통해 이런 한반도 평화 비전을 수립하려는 것을 공유하고 또 실천하는 과정은 자연스레 동아시아와 세계 평화의 길과 맞닿아 있다. 과거 역사와 선조들의 지혜에서 내일의 평화 비전을 꿈꾸고 현재의 과제와 조건을 창조적으로 전환할 때 평화는 더 커지고 더 아름답고 더 가까이 다가올 것이다. 그 속에서 한국인의 평화사상은 독특한 색깔과 무늬로 세계의 평화사상으로 융해될 것이다.

필자 소개

이찬수

서강대학교 종교학과에서 박사학위를 받았고, 강남대 교수, (일본)코세이가쿠린 객원교수, WCRP 평화연구소, 중앙학술연구소, 난잔종교문화연구소 객원연구원 등을 지냈다. 현재 서울대학교 통일평화연구원 HK연구교수, 한국문화신학회 회장. 종교평화학의 정립을 위한 연구를 하면서, 『종교로 세계 읽기』, 『다르지만 조화한다』, 『평화와 평화들』, 『일본정신』, 『아시아평화공동체』(편저), 『녹색평화란 무엇인가』(공저), 『탈사회주의 체제전환과 발트3국의 길』(공저), 『폭력이란 무엇인가』(공저), 『근대 한국과 일본의 공공성 구상』(공저) 외 다수의 책과 논문을 썼다.

박재순

안창호, 이승훈, 유영모, 함석헌의 철학과 사상을 연구하고 있다. 한국신학연구소 번역실장(국제성서주석 번역), 한신대학교 연구교수, 성공회대학교 겸임교수를 거쳐 함석헌기념사업회 씨ᄋᆞᆯ 사상연구회[현재 씨ᄋᆞᆯ 사상연구원] 초대회장, 씨ᄋᆞᆯ 재단 상임이사겸 씨ᄋᆞᆯ 사상연구소장을 지냈다. 저서로 『다석 유영모』, 『함석헌의 철학과 사상』, 『씨ᄋᆞᆯ 사상』, 『삼일운동의 정신과 철학』 등이 있다.

전호근

성균관대학교와 동대학원에서 유학을 전공했고, 조선 성리학 연구로 박사학위를 받았다. 현재 경희대학교 후마니타스칼리지 부교수로 재직 중이며 한국철학을 비롯해 동아시아 철학 전반을 연구하고 있다. 저서로 『한국철학사』, 『장자강의』 등이 있고, 역서로 『역주장자』 등이 있으며, "유가철학 원전 전승의 문명사적 의의", "유학전통의 보편성과 세계시민개념 재정립 가능성의 모색", "열하일기를 통해 본 박지원 사상의 근대성과 번역의 근대성 문제" 등의 논문이 있다.

김대식

종교학과 철학으로 각각 박사학위를 받은 후 대학 강사로 있으면서 한국종교연합(URI−Korea) 지도위원, 함석헌평화연구소 부소장으로 활동하고 있다. 저서로는 『칸트철학과 타자인식의 해석학』,

『함석헌의 생철학적 징후들』, 『예수와 신앙 언어』, 『함석헌과 이성의 해방』, 『아시아평화공동체』(공저), 『함석헌의 평화론』 등이 있다. 주요 관심분야는 아나키즘을 기반으로 한 함석헌의 철학과 사상, 로자 룩셈 부르크의 사회주의 해석, 현상학적 인식론과 존재론, 환경철학과 정치미학, 해체구성적 종교이다.

박일영

가톨릭대학교 종교학과 교수, 문화영성대학원장, 김수환추기경연구소장을 역임하고, 현재는 명예교수이다. 한국종교학회 부회장, 한국무속학회 회장, 답게-살겠습니다 범종단 국민운동 연구위원장을 맡았다. 스위스 연방 연구재단(Fonds National Suisse) 선발 연구원, 독일 학술교류처(DAAD), 중국 사회과학원, 중국 천주교신철학원, 교황청 라테란대학교 초빙교수, 미국 가톨릭대학교 방문교수를 지냈다. 대표 저서로는 『한국 무교의 이해』, 『한국의 종교와 현대의 선교』, 『고요한 아침의 나라』, 『김수환추기경연구』[공저. 전4권] 외 60여 권이 있으며, "민족화해를 위한 남·북한 종교의 역할" 외 150여 편의 논문을 발표하였다.

한시준

단국대학교 사학과 및 동 대학원을 졸업하고, 인하대학교 대학원에서 문학박사학위를 받았다. 한국근현대사학회 회장, 독립기념관 한국독립운동사연구소 소장, 단국대학교 인문과학대학 학장, 백범학술원 원장, 국가보훈처 독립유공자공적심사위원, 문화재청 근대문화재위원 등을 지냈다. 현재 단국대학교 사학과 교수로 재직하며, 동양학연구원 원장을 맡고 있다. 주요 저서로 『역사농단 : 1948년 건국론과 건국절』, 『대한민국 임시정부의 지도자들』, 『한국광복군 연구』 등이 있다.

김태우

서울대 국사학과에서 박사학위를 받고, 서울대 규장각한국학연구원 선임연구원과 서울대 통일평화연구원 HK연구교수로 재직했다. 현재 한국외국어대학교 한국학과 교수로 재직하고 있다. 『폭격』, 『평화를 걷다』, 『평화인문학이란 무엇인가』(공저), 『폭력이란 무엇인가』(공저), 『분단폭력』(공저) 외 다수의 책과 논문을 집필했다.

김형수

1985년 『민중시2』에 시를, 1966년 계간 『문학동네』에 소설을 발표하며 창작활동을 시작했으며, 1988년 『녹두꽃』을 창간하면서 비평활동을 시작했다. 시집 『빗방울에 대한 추억』, 장편소설 『나의 트로트 시대』, 『조드—가난한 성자들』(전2권), 소설집 『이발소에 두고온 시』, 평론집 『반응할 것인가 저항할 것인가』와 『문익환 평전』 등 다수의 저서가 있다.

이경분

독일 마르부르크 대학에서 망명예술에 관한 논문으로 음악학 박사학위를 받았다. 서울대학교, 한국예술종합학교 강사 및 서울대학교 일본연구소 HK 연구교수를 거쳐 현재 서울대학교 일본연구소 객원연구원. 저서로 『망명음악, 나치음악』, 『프로파간다와 음악』, 『잃어버린 시간 1938—1944. 안익태』, 논문으로 "망명음악가 윤이상", "〈히로시마 내사랑〉에서의 영화음악과 반전 평화의 의미", "일본포로수용소에서의 음악과 평화", "북한 망명음악가 정추 연구" 등이 있다.

서보혁

한국외국어대에서 정치학 박사학위를 받았고 서울대학교 통일평화연구원 HK연구교수를 거쳐, 현재 통일연구원 연구위원으로 근무하고 있다. 현대북한연구회 회장, 북한연구학회 부회장을 역임하였고, 현재 비교평화연구회 회장, 통일부 및 외교부 정책자문위원이다. 최근 저서로 『한국 평화학의 탐구』(근간), 『배반당한 평화』, 『평화학과 평화운동』(공저), 『분단폭력』(공편), *North Korea Human Rights: Crafting a More Effective Framework* 등이 있다.

방민호

서울대학교에서 한국현대문학 전공으로 박사학위를 받았다. 현재 서울대학교 국어국문학과의 교수로 재직 중이다. 주요 연구 주제는 한국의 현대작가 연구와 현대문학사 연구다. 이와 관련하여 대표적 논저는 『이상 문학의 방법론적 독해』와 『일제 말기 한국문학의 담론과 텍스트』 등이 있다.

김학재

서울대학교 통일평화연구원 HK교수. 서울대학교 사회학과에서 박사학위를 하고, 베를린 자유대학 프리드리히 마이네케 연구소 지구사 연구 프로젝트 연구원(2011~2013), 베를린 자유대학 동아시아 대학원 박사 후 전임연구원(2013~2016)으로 일했다. 한반도 평화를 역사사회학적 접근으로 연구하고 있고, 저서로는 『판문점 체제의 기원』, 『The Quality of Democracy in Korea: Three Decades after Democratization』(공저), 논문으로 "냉전과 열전의 지역적 기원", "판문점 체제의 기원과 변화" 등이 있다.

[국문 자료]

가톨릭신앙생활연구소 편.『김수환 추기경 말씀집』. 서울: 가톨릭출판사, 2008.

강성현. "전향에서 감시·동원, 그리고 학살로—국민보도연맹 조직을 중심으로." 『역사연구』, 제14호 (2004).

강영계.『니체와 정신분석학』. 서울: 서광사, 2003.

강영옥 외.『사람답게 사는 삶. 김수환추기경연구소 청소년 인성교육』. 서울: 감사랑, 2014.

강준만 편저.『리영희: 한국 현대사의 길잡이. 서울: 개마고원, 2004.

고병권·구갑우 외.『리영희를 함께 읽다』. 파주: 창비, 2017.

교황 요한 23세. 정규만 역.『지상의 평화』. 서울: 한국천주교중앙협의회, 1963.

국사편찬위원회 편.『대한민국임시정부자료집』. 과천: 국사편찬위원회, 2005.

권영건. "조소앙의 삼균주의론." 한양대학교 박사학위논문, 1985.

김경재. "위기극복의 과제와 종교의 역할."『문명충돌 위기와 종교』. 한국종교인평화회의 주최 2001 하반기 이웃종교 이해강좌, 서울: 종로성당 (2001년 12월 4일).

김 구.『백범일지–백범학술원총서2』. 파주: 나남출판, 2002.

김근식. "탈냉전과 한반도 평화 그리고 민주주의."『평화연구』, 18권 2호 (2010년 가을).

______. "햇볕정책 2년 : 평가와 전망."『통일시론』, 제7권 (2000).

김남천. "도덕의 문학적 파악–과학·문학과 모럴 개념."《조선일보》, 1938.3.8.~3.12.

김대중.『공화국연합체』. 서울: 학민사, 1991.

______.『김대중 자서전 1, 2』. 서울: 삼인, 2011.

______.『나의 길 나의 사상: 세계사의 대전환과 민족 통일의 방략』. 서울: 한길사,

1993.
______.『대중경제론』. 청사, 1996.
______.『옥중서신』. 서울: 시대의 창, 2009.
김동춘.『전쟁정치』. 서울: 길, 2013.
김명섭. "흑도회의 결성과 활동(1921~1922)."『사학지』, 31호 (1998).
김명희. "종교, 폭력, 평화: 현대 평화연구에서 종교의 위치."『종교문화비평』, 제18호 (2010).
김미향. "잔류파의 현실인식과 문학적 증언."『국어문학』, 제59권 (2015).
김민수·홍웅선 편.『다목적 종합 국어사전』. 서울: 어문각, 1977.
김삼웅. "김대중의 정치철학과 사상 탐구."『인물과사상』, 통권 138호 (2009년 10월호).
______.『리영희 평전』. 서울: 책보세, 2010.
______. "백범 김구의 문화국가건설론."『백범과 민족운동연구』, 제1집 (2003).
______.『저항인 함석헌 평전』. 서울: 현암사, 2013.
김성보. "이승만정권기 양곡유통정책의 추이와 농가경제변화."『한국사연구』, 108호 (2000).
김성칠.『역사 앞에서』. 서울: 창비, 2009.
김성호 외.『농지개혁사연구』. 나주: 한국농촌경제연구원, 1989.
김수환추기경전집편찬위원회 편.『김수환 추기경 전집』. 서울: 가톨릭출판사, 2001.
김연철.『70년의 대화: 새로 읽는 남북관계사』. 파주: 창비, 2018.
김영미. "외교문서를 통해서 본 김대중 납치사건과 한·일연대."『한국근현대사연구』, 제58집 (2011).
김영일.『丁若鏞의 上帝思想』. 서울: 경인문화사, 2003.
김익록.『나는 미처 몰랐네 그대가 나였다는 것을』. 서울: 시골생활, 2009.
김정은. "박완서 전쟁 체험 소설에 나타난 여성 목소리의 의미 연구." 서울대학교 석사학위논문, 2015.

김준석. "국가연합의 역사적 재조명." 『국제정치논총』, 제48집 1호 (2006).
김창순·김준엽. 『한국공산주의운동사』 1권. 서울: 청계연구소, 1986.
김태우. "사회주의진영의 평화론과 북한." 『평화인문학이란 무엇인가』. 서울: 아카넷, 2013.
김학준. "진보당 평화통일노선의 재평가." 정태영 외. 『죽산 조봉암 전집』 6권. 서울: 세명서관, 1999.
김형수. 『문익환 평전』. 서울: 실천문학사, 2004.
김흥호. 『다석일지공부』 제6권. 서울: 솔출판사, 2001.
김흥호 편. 『제소리: 다석 유영모 강의록』. 서울: 솔출판사, 2001.
김희곤. 『대한민국임시정부—상해시기』. 천안: 독립기념관 한국독립운동사연구소, 2008.
남경희. 『플라톤 서양철학의 기원과 토대』. 서울: 아카넷, 2006.
남궁영. "국가연합과 낮은 단계 연방제; 쟁점과 과제." 『세계지역연구논총』, 제24집 3호 (2006).
노엄 촘스키. 이정아 역. 『촘스키의 아나키즘』. 서울: 해토, 2007.
다니엘 게랭. 김홍옥 역. 『아나키즘』. 서울: 여름언덕, 2015.
《獨立新聞》
라하반 아이어. 허우성 역. 『진리와 비폭력(하)—마하뜨마 간디의 도덕·정치사상 권2』. 서울: 소명출판, 2004.
류상영 외. 『김대중과 대중경제론』. 서울: 연세대 김대중도서관, 2013.
________. 『김대중과 한국야당사』. 서울: 연세대 출판문화원, 2013.
________. 『김대중과 한일관계사』. 서울: 연세대 출판문화원, 2013.
르네 지라르. 김진식·박무호 역. 『폭력과 성스러움』. 서울: 민음사, 1993.
리영희. 『80년대 국제정세와 한반도』. 파주: 2006, 한길사.
______. 대담 임헌영. 『대화: 한 지식인의 삶과 사상』. 파주: 한길사, 2005.
______. 『반세기의 신화』. 파주: 한길사, 2006.
______. 『분단을 넘어서』. 서울: 한길사, 1984.

______.『새는 '좌·우'의 날개로 난다』. 파주: 한길사, 2006.
______.『스핑크스의 코』. 파주: 한길사, 2006.
______.『역설의 변증』. 파주: 한길사, 2006.
______.『역정: 나의 청년시대』. 파주: 한길사, 2006.
______.『자유인』. 파주: 한길사, 2006.
______.『전환시대의 논리』. 파주: 한길사, 2006.
______. "핵무기 신앙에서의 해방." 리영희·임재경 편.『반핵: 핵위기의 구조와 한반도』. 서울: 창작과비평사, 1988.
마이클 테일러. 송재우 역.『공동체, 아나키, 자유』. 서울: 이학사, 2006.
마테오 리치. 송영배 외 역.『천주실의』. 서울: 서울대학교 출판부, 2003.
마하트마 간디. 최혁순 엮음.『모든 인간은 한 형제』. 서울: 을지출판사, 1983.
무위당사람들.『무위당 서화자료집 I』. 원주: (사)무위당사람들, 2011.
__________. "무위당의 글."『원주에서 세계의 공동체 정신을 돌아보다』. 원주: (사)무위당사람들, 2015.
무위당을 기리는 모임.『너를 보고 나는 부끄러웠네』. 서울: 녹색평론사, 2004.
무위당좁쌀만인계.『무위당 장일순』. 원주: 무위당좁쌀만인계, 2008.
문익환.『새삼스런 하루』. 서울: 월간문학사, 1973.
박노자. "저신뢰 사회, 대한민국."《한겨레신문》. 2016.10.5.
박명림·김대중. "민주적 시장경제와 평화공존에의 여정."『역사비평』, 제84호 (2008. 8).
박선원. "햇볕정책과 여론: 지속성과 변용의 관점에서 본 실증분석."『한국과 국제정치』, 제18권 2호 (2002).
박영호.『진리의 사람 다석 유영모 (上)·(下)』. 서울: 두레, 2001.
박영호 엮음.『多夕 柳永模 어록』. 서울: 두레, 2002.
__________.『죽음에 생명을 절망에 희망을: 씨알의 메아리』. 서울: 홍익재, 1993.
박영호 풀이.『다석 유영모 명상록』. 서울: 두레, 2001.

박완서.『그 많던 싱아는 누가 다 먹었을까』. 서울: 웅진출판, 1992.
______.『목마른 계절』. 서울: 세계사, 2012.
______.『목마른 계절』. 서울: 수문서관, 1978.
______.『여자와 남자가 있는 풍경』. 서울: 한길사, 1978.
박인환.『새로운 도시와 시민들의 합창』. 서울: 산호장, 1949.
박일영. "민족화해를 위한 남·북한 종교의 역할. 통일을 향한 가톨릭교회의 활동을 중심으로."『현대사상연구』, 제7집 (1997).
______. "새 천년, 새 세기를 맞이하는 한국의 가톨릭문화."『21세기 한국사회의 종교문화』. 가톨릭종교문화연구원 주최 창립기념 국제학술회의, 서울 조선호텔, 1999년 1월 21일.
______.『한국의 종교와 현대의 선교』. 서울: 가톨릭출판사, 2008.
박일영 편.『그리운 김수환 추기경』 제3권. 부천: 가톨릭대학교 김수환추기경연구소, 2015.
______.『그리운 김수환 추기경』 제4권. 부천: 가톨릭대학교 김수환추기경연구소, 2016.
박재순.『다석 유영모–동서사상을 아우른 생명철학자』. 서울: 홍성사, 2017.
______.『다석 유영모의 철학과 사상』. 서울: 한울, 2013.
박종대. "평화."『우리말철학사전』 제2권. 서울: 지식산업사, 2002.
박죽심. "최정희 문학 연구." 중앙대학교 박사학위논문, 2010.
박진영. "조봉암의 사회민주주의."『대구사학』, 제123호 (2016).
박태균. "실패한 통일의 신화들."『황해문화』, 통권 37호 (2002).
______.『조봉암연구』. 서울: 창작과비평사, 1995.
박홍규.『함석헌과 간디』. 서울: 들녘, 2015.
방기중. "농지개혁의 사상 전통과 농정이념."『농지개혁연구』. 서울: 연세대출판부, 2001.
방민호. "데가주망의 논리."『어문논총』, 제67권 (2016).
______. "월남문학의 세 유형."『통일과평화』, 제7집 2호 (2015).

백낙청. “동아시아 공동체 구상과 한반도.” 『역사비평』, 통권92호 (2010).

______. 『분단체제와 변혁의 공부길』. 서울: 창작과비평사, 1994.

백범김구선생전집편찬위원회. 『백범김구전집』 8권. 서울: 대한매일신보사, 1999.

백영서. “동아시아론과 근대적응·근대극복의 이중과제.” 이남주 편. 『이중과제론』. 파주: 창비, 2009.

백원담. 『‘냉전’ 아시아의 탄생: 신중국과 한국전쟁』. 서울: 문화과학사, 2013.

백 철. 『속·진리와 현실』, 서울: 박영사, 1976.

______. “시대적 우연의 수리.” 《조선일보》, 1938.12.2.

블라디미르초프. 주채혁 역. 『몽골사회제도사』. 서울: 대한교과서주식회사, 1990.

삼균학회. 『素昻先生文集 (상)』. 서울: 횃불사, 1979.

새뮤얼 헌팅턴. 이희재 역. 『문명의 충돌. 이제 세계 질서 재편의 핵심 변수는 문명이다』. 서울: 김영사, 1997.

서동수. “한국전쟁기 유진오의 글쓰기와 피난의 윤리성.” 『우리말글』, 통권52호 (2011).

서보혁. “한반도 평화체제.” 『안보현안분석』, 136호 (2017년 10월호), 국방대학교 국가안전보장문제연구소.

서은혜. “이광수 소설의 ‘암시된 저자’ 연구.” 서울대학교 대학원 박사학위논문, 2017.2.

서중석. 『조봉암과 1950년대(상·하)』. 서울: 역사비평사, 1999.

성경륭. “분권국가와 지역균형 발전: 미래 비전과 과제.” 『주민자치』, Vol.71 (2017.9)

송두율. 『역사는 끝났는가』. 서울: 당대출판사, 1995.

송우혜. 『윤동주 평전』. 서울: 푸른역사, 2004.

슬라보예 지젝. 박정수 역. 『How to read 라캉』. 서울: 웅진지식하우스, 2007.

신용하. “백범 김구의 새 민주문화국가 건설론과 세계평화론.” 『백범과 민족운동연구』, 제6집 (2008).

아감벤. 정문영 역. 『아우슈비츠의 남은 자들—문서고와 증인』. 서울: 새물결,

2012.
아태평화재단. 『김대중의 3단계 통일론 : 남북연합을 중심으로』. 서울: 한울, 1995.
안병무. "비폭력 저항운동과 평화사상." 함석헌기념사업회 편. 『민족의 큰 사상가 함석헌 선생』. 파주: 한길사, 2001.
양주동·백철 외. 『적화 삼삭 구인집』. 서울: 국제보도연맹, 1951.
에마뉘엘 레비나스. 강영안 역. 『시간과 타자』. 서울: 문예출판사, 2012.
______________. 서동욱 역. 『존재에서 존재자로』. 서울: 민음사, 2009.
연세대 김대중도서관. 『김대중연보 (1924~2009) Ⅰ, Ⅱ』. 서울: 시대의 창, 2011.
연세대 김대중도서관 편. 『김대중 저작목록집』. 서울: 연세대출판문화원, 2015.
__________________. 『김대중 전집 1부』. 서울: 연세대출판문화원, 2015.
오제도 편. 『자유를 위하여』. 서울: 문예서림, 1951.
와카미야 요시부미. 김충식 역. 『화해와 내셔널리즘』. 서울: 나남, 2007.
요하임 C. 페스트. 『히틀러 평전』. 파주: 푸른숲, 2001.
요한 갈퉁. 강종일 외 역. 『평화적 수단에 의한 평화』. 서울: 들녘, 2000.
원 효. 오형근 역. 『대승기신론소병별기(大乘起信論疏幷別記)』. 서울: 대승, 2013.
유석성. "함석헌의 평화사상–예수·간디·함석헌의 비폭력저항." 씨ᄋᆞᆯ사상연구소 편. 『생각하는 백성이라야 산다』. 서울: 나녹, 2010.
유영모. 『다석강의』. 서울: 현암사, 2006.
유영모. 김흥호 편. 『多夕日誌 (上)·(中)·(下)』 (영인본). 1982.
윤경로. 『105인사건과 신민회 연구』. 서울: 일지사, 1990.
_____. "평화와 연합운동으로서의 '3·1혁명'." 『종교와 공동체문화』 한국종교연합 주최 제86차 평화포럼 (2016년 10월 25일).
윤사순. 『韓國儒學思想論』. 서울: 열음사, 1986.
윤상현. "조봉암(1899~1959)의 정치활동과 사회민주주의사상." 『한국사론』, 52호 (2006).

윤신향.『윤이상. 경계선상의 음악』. 파주: 한길사, 2005.
윤이상·루이제 린저. 홍종도 역.『윤이상. 상처입은 용』. 서울: 한울, 1988.
윤이상·볼프강 슈파러. 정교철·양인정 역.『나의 길, 나의 이상, 나의 음악』. 서울: 도서출판 HICE, 1994.
의 상. 선지 역.『화엄일승법계도주(華嚴一乘法界圖註)』. 서울: 문현, 2010.
이경분. "망명음악가 윤이상."『동양정치사상사』, 10권 1호 (2011).
______. "베토벤 수용을 통해 본 나치의 음악정책."『음악이론연구』, 6권 (2001).
______. "아놀드 쇤베르크의 〈바르샤바의 생존자〉와 망명음악."『낭만음악』, 통권 45호 (1999).
______. "윤이상의 정신. 호소카와 도시오(細川俊夫) 인터뷰."『오늘의 작곡가 오늘의 작품』, 11호 (2017).
______. "음악과 정치: 마유즈미 도시로와 일본우익."『음악학』, 31호 (2016).
______. "일본 포로수용소에서의 음악과 평화–반도와 구루메를 중심으로."『인문논총』, 73권 2호 (2016).
______. "일본에서의 윤이상–'동아시아 작곡가'로서 윤이상."『음악과 문화』 24권. 세계음악학회 (2011).
이경호. "김대중 정부 시기 대북정책과 국가자율성에 관한 연구."『국제정치논총』, 제47집 1호 (2007).
이대근. "다시, 지식인의 책무를 묻다." 홍세화·고병권 외.『리영희 프리즘』. 파주: 사계절, 2010.
이동기. "'경계인'의 시간들: 분단 독일 초기 국가연합 통일안의 등장."『역사학보』, 제202집(2009).
이병기.『가람문선』. 서울: 신구문화사, 1966.
이삼성. "동아시아: 대분단체제와 공동체 사이에서."『민주주의와 인권』, 제6권 제2호 (2006).
______.『동아시아의 전쟁과 평화1: 전통시대 동아시아 2천년과 한반도』. 파주: 한길사, 2009.

이소영. “증인과 증언 불가능성-P.레비, 아감벤, 서경식의 논의를 중심으로.” 『이탈리아어문학』, 제48권 (2016).

이수자. 『내 남편 윤이상 (상)·(하)』. 서울: 창작과비평사, 1998.

이시형. “김대중 정부 대북정책에서의 여당의 위상과 역할.” 『21세기정치학회보』, 제14집 2호 (2004).

이재봉. “함석헌의 비폭력사상과 한반도의 비폭력통일.” 함석헌학회 기획. 『생각과 실천2』. 파주: 한길사, 2012.

이찬수. “자연의 타자화, 인간의 사물화, 그리고 ‘세월호’.” 김성철 편. 『재난과 평화』. 서울: 아카넷, 2015.

이찬수·유정원. 『종교신학의 이해-신학총서 32』. 왜관: 분도출판사, 1996.

이창언. “모심과 살림의 삶과 사상: 좁쌀 한 알 장일순 선생.” 『7th Marx Communnale』 맑스코뮤날레 주최, 서울: 서강대학교 (2015.5.16.).

일 연. 김원중 역. 『삼국유사』. 서울: 민음사, 2008.

임유경. “냉전의 지형학과 동백림 사건의 문화정치.” 『역사문제연구』, 제32호 (2014).

《자유신문》

자크 라캉. 맹정현 역. 『자크 라캉 세미나 1권-프로이트의 기술론』. 서울: 새물결출판사, 2016.

자크 랑시에르. 주형일 역. 『미학 안의 불편함』. 서울: 인간사랑, 2008.

장 아메리 저. 안미현 역. 『죄와 속죄의 저편: 정복당한 사람의 극복을 위한 시도』. 서울: 길, 2012.

전명혁. “1960년대 ‘동백림사건’과 정치·사회적 담론의 변화.” 『역사연구』, 제22호 (2012).

전호근. 『한국철학사』. 서울: 메멘토, 2015.

정근식. “정권교체, 민주주의 그리고 ‘광주’.” 『당대비평』, 제4호 (1998).

정대현. 『한국현대철학』. 서울: 이화여자대학교출판문화원, 2016.

정병준. “김성칠의 삶과 한국전쟁.” 『역사 앞에서』, 서울: 창비, 2009.

______. “한국전쟁 초기 국민보도연맹원 예비검속·학살사건의 배경과 구조.” 『역사와 현실』, 제54호 (2004).

丁若鏞.『與猶堂全書』. 서울: 影印刊, 1982.

정영신. “동아시아 분단체제와 안보분업구조의 형성.” 『사회와 역사』, 제94권 (2012).

정진아. “제1공화국 초기(1949-1950)의 경제정책 연구.” 『한국사연구』, 106호 (1999).

정태영.『조봉암과 진보당』. 서울: 후마니타스, 2006.

정태영 외 편.『죽산 조봉암 전집』 1권. 서울: 세명서관, 1999.

정태환. “김대중 정권의 성격과 개혁정치 : 모순과 한계.” 『한국학연구』, 제31집 (2009).

정해구. “김대중 노무현 대통령의 지역주의 극복정책.” 『내일을 여는 역사』, 제37호 (2009).

조동걸. “백범의 청소년기 생활과 의병운동.” 『백범과 민족운동연구』, 제1집 (2003).

조범래. “한국국민당연구.” 『한국독립운동사연구』, 제4집 (1990).

존 디어. 조세종 역.『헨리 나웬. 평화에 이르는 길』. 서울: 성바오로출판사, 2004.

주디스 버틀러. 양효실 역.『지상에서 함께 산다는 것』. 서울: 시대의창, 2016.

____________. 유민석 역.『혐오 발언』. 서울: 알렙, 2016.

채희승. “무위당 장일순의 서화세계.” 채희승 외,『원주얼』, 제18호 (2013).

최기영. “백범 김구의 애국계몽운동.” 『백범과 민족운동연구』 1권. 서울: 백범학술원, 2003.

최성만·홍은미 편역.『尹伊桑의 音樂世界』. 서울: 한길사, 1991.

최성현.『좁쌀 한 알 장일순』. 서울: 도솔, 2004.

최신한.『헤겔철학과 형이상학의 미래』. 서울: 서광사, 2015.

최애경. “미래를 향한 기억: 윤이상 음악에서 한국 문화의 위치와 의미.” 『음악학』, 32권(2017).

_____. “산 자와 죽은 자를 위한 ‘우주적 음향흐름’—윤이상의 「에필로그」(1994).” 『음악학』, 13권 (2006).
최완규. “햇볕정책의 국내정치적 제약요인분석.” 『동북아연구』, 제8권 (2003).
최원극. “유영모 스승.” 『새벽』 (1955년 7월호).
최인식. “함석헌의 교회관.” 『씨알의 소리』, 통권 163호 (2001년 11/12월호).
크리스챤 아카데미 편. 『문명의 전환과 종교의 새로운 비전』. 서울: 아카데미 하우스, 1995.
테리 이글턴. 서정은 역. 『성스러운 테러』. 서울: 생각의나무, 2007.
통일부. 『대북정책 4년 평화와 협력의 길』. 서울: 통일부, 2002.
_____. 『대북정책 추진 현황(종합 자료집)』. 서울: 통일부, 2002.
_____. 『평화와 화해·협력을 위한 대북정책과 남북현안에 대한 입장』. 서울: 통일부, 1999.
_____. 『해설자료 국민의 정부 대북정책』. 서울: 통일부, 1998.
표트르 크로포트킨. 백용식 역. 『아나키즘』. 청주: 충북대학교출판부, 2009.
프리드리히 니체. 정동호 역. 『차라투스트라는 이렇게 말했다』. 서울: 책세상, 2004.
프리들리 리캬르트. 김영경 역. “새로운 천년과 유럽에서의 평화—종교들의 역할.” 『새천년과 평화. 종교의 역할』 가톨릭종교문화연구원 주최 제3회 국제학술세미나, 서울: 조선호텔 (2000년 6월 1일).
__________. 박일영 역. 『현대의 선교. 선교인가 반선교인가』. 서울: 성바오로출판사, 1989.
피터 버거. 이양구 역. 『종교와 사회』. 서울: 종로서적, 1981.
하승수. 『아나키즘』. 서울: 책세상, 2008.
하원호. “근대사회성격론.” 『한국사 길잡이(하)』. 파주:지식산업사, 2008.
한국종교인평화회의. 『문명충돌 위기와 종교』 2001 하반기 이웃종교 이해강좌, 서울: 종로성당 (2001년 12월 4일).
한국천주교 중앙협의회. 『제2차 바티칸공의회 문헌』. 서울: 한국천주교중앙협의회, 개정판: 2002.

한병철. 김태환 역.『피로사회』. 서울: 문학과지성사, 2012.

한스 큉. 안명옥 역.『세계윤리구상』. 왜관: 분도출판사, 1992.

한시준. "대한민국임시정부의 광복후 민족국가 건설론."『한국독립운동사연구』, 제3집 (1989).

______. "대한민국임시정부의 환국."『한국근현대사연구』, 제25집 (2003).

______. "백범 김구의 신국가건설론."『백범과 민족운동연구』, 제5집 (2005).

______. "백범 김구의 자주독립 통일국가 건설과 세계평화의 꿈."『동양학』, 제62집 (2016).

______. "이승만과 대한민국임시정부."『이승만연구』. 서울: 연세대출판부, 2000.

함석헌.『함석헌전집2―인간혁명의 철학』. 서울: 한길사, 1983.

______.『함석헌전집3―한국기독교는 무엇을 하려는가』. 서울: 한길사, 198.

______.『함석헌전집7―간디의 참모습: 간디자서전』. 서울: 한길사, 1984.

______.『함석헌전집9―역사와 민족』. 서울: 한길사, 1983.

______.『함석헌전집11―두려워 말고 외치라』. 서울: 한길사, 1984.

______.『함석헌전집19―영원의 뱃길』. 서울: 한길사, 1985.

허태희·윤황. "민주화 이후 한국정부의 대북정책 성향 및 전략 비교 : 김대중 노무현 정부와 이명박 정부를 중심으로."『국제정치연구』, 제12집 제2호 (2010).

홍 빈. "죽산 조봉암은 왜 죽어야했나."『신동아』 (1983년 3월호).

홍석률. "김대중, 노무현 시대의 역사적 평가."『내일을 여는 역사』, 제37호 (2009).

홍세화·고병권 외.『리영희 프리즘』. 파주: 사계절, 2010.

황보윤식. "함석헌의 세계평화운동에 대한 역사인식론적 검토." 함석헌학회.『생각과 실천2』. 파주: 한길사, 2012.

황석영.『수인 1: 경계를 넘다』. 파주: 문학동네, 2017.

황필호. "비폭력은 폭력의 반대가 아니다."『씨ᄋᆞᆯ의 소리』, 통권 166호 (2002년

5/6월호).

[일문 자료]

鄭根珠. "韓國民主化支援運動と日韓關係:「金大中內亂陰謀事件」と日本における救命運動を中心に."『アジア太平洋討究』, No. 20 (2013).

[영문 자료]

Archibugi, Daniele. "Cosmopolitan Democracy and its Critics: A Review." *European Journal of International Relations,* Vol. 10, No.3 (2004).

Fitzgerald, Timothy. *The Ideology of Religious Studies.* New York, Oxford: Oxford University Press, 2000.

Galtung, Johan. "A Structural Theory of Integration." *Journal of Peace Research,* Vol. 5, Issue 4 (1968).

_____________. "An Editorial." *Journal of Peace Research,* Vol. 1, Issue 1 (1964).

_____________. *Peace by peaceful Means: Peace and Conflict, Development and Civilization.* London: Sage Publication, 1966.

_____________. *Theories of Peace: A Synthetic Approach to Peace Thinking.* Oslo: International Peace Research Institute, 1967.

_____________. "Violence, Peace and Peace Research." In Evangelista, Mattew, ed.. *Peace Studies: Critical Concepts in Political Science,* Vol.1. New York: Routledge, 2005.

Held, David. *Democracy and the Global Order.* Cambridge: Polity Press, 1995.

Lee, Misook. "The Japan–Korea Solidarity Movement in the 1970s and 1980s: From Solidarity to Reflexive Democracy." *The Asia-Pacific Journal,* Vol. 12, Issue 38, No. 5 (2014).

Lijphart, Arend. *Democracies: Patterns of Majoritarian & Consensus Government in Twenty One Countries.* New Haven: Yale University Press, 1984.

____________. *Patterns of Democracy: Government Forms and Performance in Thirty-Six Countries.* New Haven: Yale University Press, 2012.

McGeveran, William A.. *The World Almanac and Book of Facts.* New York: World Almanac Book, 2005.

Smith, Wilfred Cantwell. *Towards a World Theology. Faith and the Comparative History of Religion.* Philadelphia: The Westminster Press, 1981.

Swidler, Leonard, ed.. *Toward a Universal Theology of Religion, Maryknoll.* New York: Orbis Books, 1987.

[독문 자료]

Erikson, Erik. *Gandhis Wahrheit: Über die Ursprünge der militanten Gewaltlosigkeit.* Frankfurt am Main: Insel, 1971.

Friedli, Richard. *Frieden Wagen: Ein Beitrag der Religionen zur Gewaltanalyse und zur Friedensarbeit.* Freiburg/Schweiz: Universitätsverlag Freiburg Schwei, 1981.

____________. "Zivilisierung von Gewalt? Fanatische Strukturen und buddhistische Affektkontrolle." Lähnemann, Johannes, Hg. *Interreligiöse Erziehung 2000.* Hamburg: EB–Verlag, 1998.

Galtung, Johan. *Strukturelle Gewalt. Beiträge zur Friedens-und Konfliktforschung.* rororo aktuell 1877, Reinbek bei Hamburg: aktuell rororo, 1975.

Haspel, Michael. "Gerechter Frieden und Menschenrechtsschutz–Überblick und kritische Anmerkungen zur friedens ethischen Diskussion in der Evangelischen Kirche." In *epd-Dokumentation Gerechter Krieg- ja oder nein?,* No. 41 (Oktober 2003).

Raiser, Konrad. Schmitthenner, Ulrich, ed.. *Gerechter Friede: Ein ökumenischer Aufruf zum Gerechten Frieden. Begleitdokument des Ökumenischen Rates der Kirchen.* Mit Anhang, Münster: Lit, 2012.

Rothenspieler, H.. "Training gewaltfreier Aktion–Möglichkeiten emanzipatorischer Friedenspädagogik." *Probleme des Friedens,* Vol. 10 (1975).

Russell, Elbert W.. "Christentum und Militarismus." *Studien zur Friedensforschung,* Bd. 13, hg. v. W. Huber/ G. Liedke, Stuttgart/ München (1974).

Scheffler, Horst. "Die Ethik vom Gerechten Frieden und die Überwindung des Krieges. Der Gerechte Friede als Ziel aller Politik." In Gerhard Kümmel, Sabine Collmer, ed.. *Soldat-Militär-Politik-Gesellschaft,* Baden–Baden: Nomos, 2003.

Zacharias, Gerhard. *Der Kompromiss. Vermittlung zwischen gegensätzlichen Positionen als Ermöglichung des Friedens.* München: Carl Hanser Verlag, 1974.

[불문 자료]

Bouthoul, Gaston. *La Paix. Que sais-je? 1600.* Paris: Press Universitaires de France, 1974.

Levinas, Emmanuel. *Totalité et Infiniti.* la Haye: Maritinus Nijhoff, 1961.

찾아보기

ㄱ

ㄴ

ㄷ

ㄹ

ㅁ

ㅊ

ㅋ

ㅌ

기타

한국인의 평화사상 Ⅱ

발행일 1쇄 2018년 11월 15일
엮은이 서보혁 · 이찬수
펴낸이 여국동

펴낸곳 도서출판 인간사랑
출판등록 1983. 1. 26. 제일 - 3호
주소 경기도 고양시 일산동구 백석로 108번길 60 - 5 2층
물류센타 경기도 고양시 일산동구 문원길 13 - 34(문봉동)
전화 031)901 - 8144(대표) | 031)907 - 2003(영업부)
팩스 031)905 - 5815
전자우편 igsr@naver.com
페이스북 http://www.facebook.com/igsrpub
블로그 http://blog.naver.com/igsr
인쇄 하정인쇄 **출력** 현대미디어 **종이** 세원지업사

ISBN 978 - 89 - 7418 - 387 - 5 93300

이 도서의 국립중앙도서관 출판시도서목록(CIP)은 서지정보유통지원시스템 홈페이지(http://seoji.nl.go.kr)와 국가자료공동목록시스템(http://www.nl.go.kr/kolisnet)에서 이용하실 수 있습니다.(CIP제어번호: CIP2018036621)

이 저서는 2010년 정부(교육과학기술부)의 재원으로 한국연구재단의 지원을 받아 수행된 연구임(NRF-2010-361-A00017).